彭阳县文化旅游广电志

彭阳县文化旅游广电局　编

方志出版社
Publishing House of Local Records

图书在版编目(CIP)数据

彭阳县文化旅游广电志 / 彭阳县文化旅游广电局编.
北京 ：方志出版社，2024. 9. -- ISBN 978-7-5144
-6226-5

Ⅰ. G127.434；F592.743.4；G229.274.34

中国国家版本馆 CIP 数据核字第 2024JQ6823 号

责任编辑：王娜
责任校对：张玉霞
责任印制：梅中英
出 版 者：方志出版社
地　　址：北京市朝阳区潘家园东里 9 号(国家方志馆 4 层)
邮　　编：100021
网　　址：http://www.zgfzcb.cn
发　　行：方志出版社图书营销中心(010-67110500)
印　　刷：固原博奥彩色印刷有限公司
开　　本：889 毫米×1194 毫米　1/16
印　　张：25
字　　数：492 千字
版　　次：2024 年 9 月第 1 版
印　　次：2024 年 9 月第 1 次印刷
定　　价：298.00 元

《彭阳县文化旅游广电志》编辑部

主　　编：韩文涛

副 主 编：李　凡　苟志程

执行主编：扈正有

编　　辑：张家铎　杨占万　马宏芳　刘克效　甄长青　海　啸　魏恒汉
刘　忠　韩三红　杨宁国　谢　波　朱亮亮　李丽萍　郑　龙
袁转荣　佘永福　杨旭东　高鹏丽　司鹏飞　虎斌勤

资料采集：（排名不分先后）
马白玲　王丽娜　王亚明　王旭东　白晓梅　田建平　古小荣
伏彩梅　乔雅颖　杨　峰　杨淑艳　杨　丽　杨　立　杨佳明
吴进遥　李志森　杜文弟　张　玲　季惠敏　施效利　晁运铎

摄　　影：文　元　杨巨辉　杨宁国　谢　波

版面设计：刘　萍

校　　对：谢　波　刘　萍

特邀统稿：张志海　祁悦章　谢　波

特邀审稿：张家铎　张志海　祁悦章　安振杰　杨占辉

序

习近平总书记2016年11月30日在中国文联十大、中国作协九大开幕式上的讲话:“文化是一个国家、一个民族的灵魂。历史和现实都表明,一个抛弃了或者背叛了自己历史文化的民族,不仅不可能发展起来,而且很可能上演一幕幕历史悲剧。文化自信,是更基础、更广泛、更深厚的自信,是更基本、更深沉、更持久的力量。”“坚定文化自信,离不开对中华民族历史的认知和运用。历史是一面镜子,从历史中,我们能够更好看清世界、参透生活、认识自己;历史也是一位智者,同历史对话,我们能够更好认识过去、把握当下、面向未来。”党的十八大以来,习近平总书记高度重视文化工作,亲自谋划部署、推动实施文化自信战略,作出一系列重要论述,为新时代全面推进文化建设指明了前进方向、提供了根本遵循。坚持人民至上的工作理念,发挥文化振兴的重要作用,扎实推进文化和旅游赋能的各项任务,推动文化繁荣兴盛、旅游蓬勃发展。

彭阳,历史源远流长;文化底蕴深厚,民俗文化璀璨;地域文化颇具特色。地貌自然人文景观多姿旖旎。地处宁夏东南,六盘山东麓,早在3万年前就有人类繁衍生息,是世界针灸鼻祖皇甫谧的故里,是红色革命老区。自秦启迄明,置郡设县。境内秦长城盘亘百里,朝那湫渊、城郭堡寨、石窟寺院星罗其中,风景秀丽的茹河丝绸古道、鬼斧神工的红龙峡、汩汩激荡的茹河瀑布、气势恢宏的黄土大峡谷等亮丽景观自然天成,史称“关中门户”,有“固原东山文化之乡”的美誉。勤劳朴实的彭阳人民坚持小流域综合治理不放松,用铁锹镢头把彭阳大地镌刻成梯田、林带、库坝交相辉映的“大花园,大果园”,呈现出一幅生态文明的“人工画廊”。2012年,茹河瀑布风景区被水利部评为国家水利风景区;2013年,彭阳旱作梯田入选“中国美丽田园”10项梯田景观。

彭阳县成立以来,群众文化事业得以不断发展,40年的风雨历程,在宣传党的方针政策,搜集整理民间文化艺术遗产,组织开展群众文化娱乐活动等诸多方面,做出了不懈的努力并有所建树。编辑出版《彭阳县文化旅游广电志》,是为了把群文事业、旅游事业、文广事业和群文工作者的足迹以及在社会精神文化生活层面上做出的贡献予以历史地、真实地记载,客观地反映群众文化事业发展的趋势。志书记载了彭阳县文化旅游广电局的历史沿革、机构设置、群众文化、文物史记、非物质文化遗产、旅游发展、文学创作等方面的史料。是彭阳文旅工作的阶段性总结，也是对彭阳历史风物的一次集中展示。

彭阳是六盘山下一颗生态明珠，固原东部“生态观光”和“山花观赏”的旅游中心区域。彭阳作为“全国文明县城”“国家园林县城”“全国造林绿化先进单位”“全国绿化模范县”等，在生态小流域治理方面取得了突出成绩。彭阳的生态建设，尤其是小流域治理造就了独特的生态景观资源，以皇甫谧故里为代表的历史文化资源具有很高的旅游开发价值。彭阳是一个革命老区，毛泽东主席率领中央红军长征途经彭阳时曾夜宿小岔沟和乔家渠，把革命火种播撒在这片土地上。任山河战斗打响了解放宁夏第一仗，364 名解放军战士壮烈牺牲，他们用鲜血染红了这片土地。红色文化资源、历史文化资源在区域内积淀深厚。随着宁南区域中心城市和大县城建设的推进，人民生活水平不断提高，旅游的消费需求日益增长，彭阳进一步拉动旅游产业发展，充分利用好彭阳的红色资源、生态资源和人文资源，促进彭阳旅游大发展。

彭阳县广电传媒进入新时代。广播影视作为视听艺术，广播从有线到无线，电视从无线到有线到网络，电视从幻灯到数字，标志着社会的发展进步，民众的安康和谐，充分体现出彭阳县媒体传播的先进性、传播信息的丰富性、传播镜头的纪实性和接受欣赏的家庭性。进入 21 世纪，彭阳县建立起可以覆盖全地域的电视传播网络，跨进了电子传媒时代。

彭阳县境内存在着为数众多、反映人类历史发展轨迹的各类文物遗存，现有古遗址、古墓葬、古建筑、石窟寺等不可移动文物 300 余处，而且文物内涵博大深邃、特征鲜明。文物作为文化的重要载体，是我们民族的宝贵财富，是我们伟大民族精神的生动体现。文物承载灿烂文明，传承历史文化，承续民族精神，是老祖宗留给我们的宝贵遗产，是加强社会主义精神文明建设的深厚滋养。2017 年 4 月考古调查时发现姚河塬西周遗址，是宁夏南部泾水上游地区首次发现的一处大型西周遗址，是近年来西北商周考古的重大发现之一。对研究探讨西周文化的起源和形成、西周王朝建立后对西部边缘地区控制管理模式，以及认识西周时期的西北边陲文化面貌和社会变迁具有非常重要的价值。这些文物从不同侧面反映了县域政治、经济、文化、宗教、军事、风俗及其社会生活的历史形态和发展变迁。

彭阳山有魂、水有灵、人有情、文有脉，我们脚下这片热土拥有深厚历史文化积淀。躬逢盛世伟业，置身锦绣彭阳，面向辽阔未来，彭阳人民有信心和底气铸就文艺繁荣发展的更大辉煌。自彭阳建县以来，文艺战线工作者自觉在思想上行动上同党组织保持高度一致，认真贯彻落实党的文艺路线和方针政策，举旗帜、聚民心、育新人、兴文化、展形象，坚持唱响主旋律、弘扬正能量，热忱讴歌火热实践、豪迈书写时代精神，文艺惠民深入推进，文艺品牌不断产生，艺术创作欣欣向荣，创作各种文艺作品和文学作品，彰显彭阳文化特色、体现彭阳人文精神。广大文艺工作者听党话、跟党走、明大德、树正气，主旋律更加响亮，正能量更加强劲，有力提升了彭阳文化影响力、软实力，为彭阳改革发展特别是文化建设作出了积极贡献。

国民之魂，文以化之；国家之神，文以铸之。文化是一个民族的灵魂之所系、血脉之所依，是一个民族赖以存在和发展的内在根基。中国特色社会主义的伟大事业，离不开社会主义的先进文化。在文化大发展大繁荣的今天，对于构建一个和谐文明彭阳，有着特殊重要的意义。在彭阳这块热土上，厚重的历史文化，绚丽的自然风光，独特的人文景观，浓郁的民俗风情，为艺术家提供了取之不尽、用之不竭的创作题材，也孕育了一支创作活跃的文化艺术、文学爱好者创作队伍。他们在追求着文化自信的同时，以热爱家乡的眷眷情怀宣传着彭阳、推介着彭阳，提升了彭阳的知名度和影响力，推动了文化与旅游的深度融合，为彭阳的经济发展和社会的全面进步，营造了昂扬向上的良好环境。《彭阳县文化旅游广电志》的正式出版，实为我县文化建设的一件盛事，是我县文化苗圃里开出的又一奇葩。文化不仅赋予经济发展的价值意义，而且赋予经济发展极高的组织效能和更强的竞争力。它既是彭阳文旅工作的阶段性总结，也是对彭阳历史风物的一次集中展示，更为广大文化旅游广电人提供了一个牢记历史的载体。希望通过这部志书出版，为推进彭阳文旅事业繁荣发展作出积极的贡献。

是为序。

彭阳县文化旅游广电局党组书记、局长　韩文涛

2023 年 12 月

凡　例

一、《彭阳县文化旅游广电志》(以下简称本志)以马克思列宁主义、毛泽东思想、邓小平理论、“三个代表”重要思想、科学发展观、习近平新时代中国特色社会主义思想为指导,坚持辩证唯物主义和历史唯物主义的立场、观点和方法。全面、客观、系统地记述彭阳县文化、旅游、广播、电视系统的工作和发展历程。力求做到思想性、科学性、资料性的统一。

二、本志覆盖范围限于2023年底彭阳县行政区域。文中县、县内、境内、彭阳、全县指1983年建县以来的宁夏回族自治区彭阳县范围之内。

三、本志记述时限起于1949年,止于2023年12月31日,为记述明晰,有时述记事情的肇启。

四、本志以事分类,以类系事,横排竖写,层次采用章、节、目、子目结构。体裁用述、记、志、传、表、图等。卷首设凡例、概述、大事记,章前写有无题小序。

五、本志数字用法、标点符号用法分别采用国家标准《出版物上数字用法》(GB/T 15835—2011)、《标点符号用法》(GB/T 15834—2011),计量单位采用国家技术监督局1993年12月发布的《量和单位》系列国家标准,农田、土地面积沿用“亩”作为计量单位。

六、本志清朝及以前采用历史纪年,后括注公元纪年;民国时期采用民国纪年,括注公元纪年;中华人民共和国成立后采用公元纪年。如同一历史年号在同一节、目连续出现,仅对此进行首次括注。

七、为行文方便,本志中对字数较多的地域名称、单位名称、领导职务名称等,除在同一章节第一次使用全称后,后文使用通行的规范简称。如“宁夏回族自治区”简称“自治区”,“中国共产党彭阳县委员会”简称“彭阳县委”,“彭阳县文化旅游广电局”简称“县文旅局”。

八、本志人物辑录采用“以事系人”的方法,收录了对彭阳有杰出贡献的人物,表彰类收集了获得市级以上表彰的先进人物。

九、本志资料取自《彭阳县志》、《彭阳年鉴》、《彭阳文史资料》、彭阳县文化旅游广电各部门及二级单位年终总结和公开发表的私人著述。志书中数字取自《彭阳县统计年鉴》《统计公报》。囿于志书体例,不注明出处。

彭阳览胜

彭阳县城全貌　　杨巨辉/摄

彭阳县城夜景　　杨巨辉/摄

文化阵地》

彭阳县广播电视中心办公大楼　　谢　波/摄

彭阳县图书馆　　扈正有/摄

彭阳县文化馆　　杨巨辉/摄

彭阳县博物馆　　谢　波/摄

皇甫谧文化广场　　谢　波/摄

彭阳县体育馆　　高　远/摄

彭阳县游客集散中心　　**县文旅局/提供**

王洼镇崖堡村综合文化服务中心　　**县文化馆/提供**

彭阳县广播电视转播台
虎斌勤/摄

红河镇转播台
虎斌勤/摄

北山台机房
虎斌勤/摄

旅游景点》

茹河瀑布　　林生库/摄

金鸡坪梯田公园　　谢　波/摄

旱作梯田　　杨巨辉/摄

店洼湿地　　袁继科/摄

挂马沟林海　　谢　波/摄

冯庄乡大石峡　　林生库/摄

嘛喇湾 77 号彩虹路　　谢　波/摄

城阳乡五峰山　　杨巨辉/摄

草庙乡杏花岭　　张俊仓/摄

乔家渠红军长征毛泽东宿营地　　谢　波/摄

小岔沟红军长征毛泽东宿营地　　杨巨辉/摄

新集乡姚河塬西周遗址及出土的西周早期玉器和甲骨文(甲骨刻有“获国”)　　马　强/摄

无量山石窟西窟　　杨宁国/摄

冯庄乡明代璎珞宝塔　　谢　波/摄

古城镇汉代朝那湫渊　　白云鹏/摄

文物史迹》

王大户墓地远景及出土的战国项饰　　杨宁国/摄

古城镇任山河烈士陵园　　谢　波/摄

古城村出土的西汉朝那鼎　　县博物馆/提供

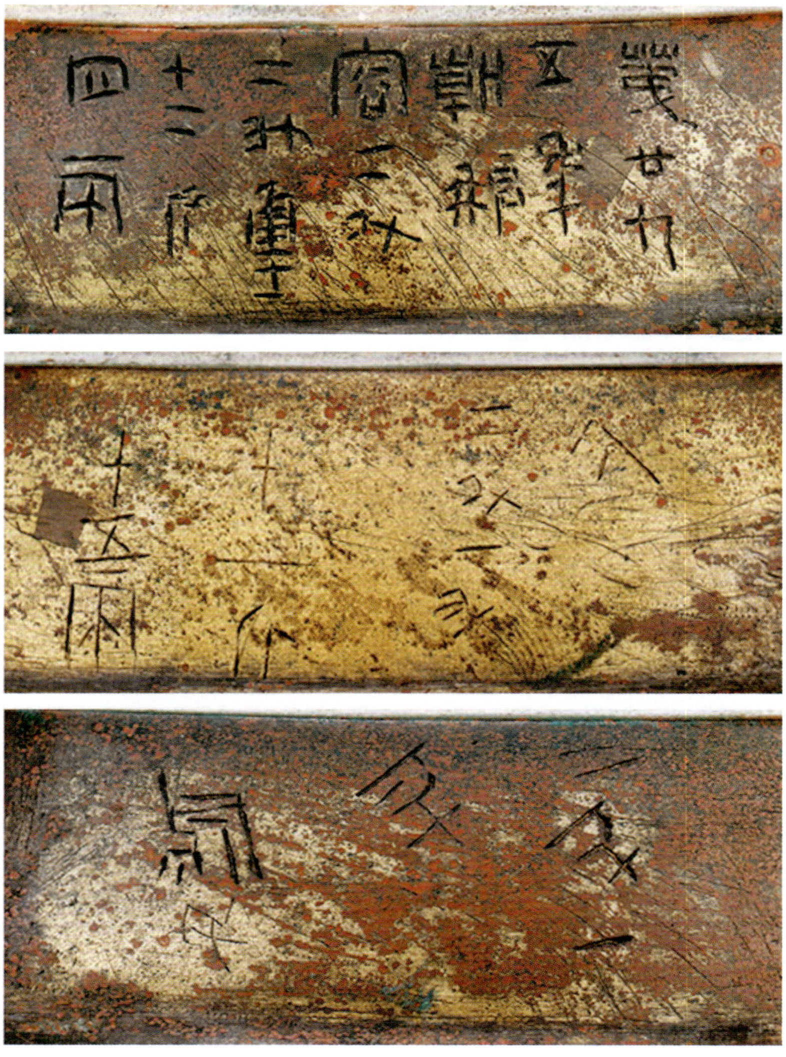

朝那鼎局部图案文字
县博物馆/提供

岭儿旧石器时代遗址出土的2万年前石制品　　县博物馆/提供

彭阳新集北魏墓出土的陶牛车一组　　县博物馆/提供

非遗文化》

根雕工作室　　县文化馆/提供

剪贴麦秆画　　县文化馆/提供

文化活动》

2022 年 7 月，彭阳县文化市场综合执法人员对自治区级文物保护单位——彭阳古城址进行现场勘验　　县文化市场综合执法大队/提供

2022 年 7 月，2022 年文物行政执法集中办案活动暨以案施训培训班在彭阳县文广局举办

县文化市场综合执法大队/提供

1993 年 7 月 29 日，庆祝彭阳建县十周年大会召开　　谢　波/摄

2013 年 7 月 28 日，庆祝彭阳建县 30 周年专题文艺活动举行　　谢　波/摄

2011 年 6 月 23 日，彭阳县庆祝中国共产党成立 90 周年，彭阳县举行“颂歌献给党”文艺演出
谢　波/摄

2013 年 9 月 26 日，自治区党委、政府举行庆祝彭阳县建县 30 周年慰问演出　　谢　波/摄

2013 年 1 月，固原市（彭阳县）文化、科技、卫生“三下乡”活动举行　　县文旅局/提供

2014 年 6 月 30 日，庆祝中国共产党成立 93 周年歌咏晚会在县城怡园广场举行　　谢　波/摄

2017年1月17日,"我们的中国梦——中国文联文艺志愿服务团送欢乐下基层"慰问团在彭阳县体育场演出　孙有亮/摄

2017年3月8日,陡坡村举行文化活动　县文化馆/提供

2019年2月19日，闹元宵·社火展演在悦龙山文化广场举行　　孙有亮/摄

2019年4月10日，第十五届宁夏六盘山山花节暨第七届“梯田花海·魅力彭阳”文化旅游节、陕甘川宁毗邻地区旅游合作联盟互动宣传月活动在悦龙山启动　　王　宇/摄

2019年9月25日，彭阳县庆祝中华人民共和国成立70周年大合唱比赛在怡园广场举行

王　宇/摄

2021年6月28日，《全民阅读书香彭阳——我是朗读者》电视栏目录制

扈正有/摄

2022年6月30日，彭阳县在怡园广场举办“听党话 感党恩 跟党走”“喜迎二十大 奋进新征程”彭阳县庆祝建党101周年文艺晚会，以歌舞、音乐剧、诗朗诵、杂技表演等形式回顾党的百年光辉历程

扈广博/摄

目　　录

概　述

一

彭阳县位于宁夏东南部边缘，六盘山东麓，西连固原市原州区，东、南、北分别环邻甘肃省镇原县、平凉市和环县，1983年由原固原县分设建县，2023年辖4个镇、8个乡，156个行政村、6个居民委员会。2023年末户籍人口24.31万人，常住人口16.16万人，辖区面积2533.49平方千米。属典型的温带半干旱大陆性季风气候，自然灾害相对频繁，经济支柱以农业为主。彭阳是典型的黄土丘陵沟壑区，海拔1248~2418米。属中温带大陆性半阴湿半干旱气候，年平均气温7.9℃，年平均降水量450毫米，主要集中在7—9月。空气质量优良，优良天数达标率90%以上。

彭阳历史悠久。3万年前就有人类在红河、茹河流域繁衍生息。夏朝开始，居住在漠北以戎族为主体的少数民族相继进入当地，与当地民族融合，统称“西戎诸国”，历经夏、商、西周，春秋时期义渠戎统一了戎族各部落，建立义渠国并筑城自守。战国秦昭襄王三十五年（前272），秦灭义渠戎国后在今县境古城镇设立朝那县，秦、汉、魏、晋一直相沿，十六国前秦在县境设平凉郡，北魏及北周设长城郡、黄石县、长城县、平凉县，隋唐设百泉县。唐贞观十年（636）在百泉县驻彭阳折冲都尉府，彭阳之名始于此。唐末五代陷于吐蕃地方政权，宋初设立彭阳县，北宋咸平六年（1003）改为彭阳城，金置东山县，元设广安县又升州，明初撤广安州并入开城县，境内无县级以上建制，明清以后隶属固原州、固原直隶州、固原县。中华人民共和国成立后，彭阳为固原县彭阳区、彭阳公社驻地，1983年7月设立彭阳县。

建县以来，在党中央、国务院亲切关怀，自治区、固原市党委和政府的正确领导下，历届县委、县政府坚持“生态立县，特色富县，科教兴县，工业强县，依法治县”的建县方针，一届接着一届干，一代接着一代干，一张蓝图绘到底，团结带领全县各级组织和广大干部群众，发扬领导苦抓、干部苦帮、群众苦干的“三苦”作风，改土治水，治贫致富，走出了一条符合彭阳实际的科学发展之路。积累了在黄土高原同类地区普遍推广的“勇于探索，团结务实，锲而不舍，艰苦创业”的彭阳经验。

彭阳县先后被评为“国家园林县城”“国家卫生县城”“全国科技进步县”“全国双拥模范县”，并荣获全国健康促进工作示范县、全国造林绿化先进县、全国节水型社会建设达标县、全国民族团结进步创建示范县等称号，2021年被中央文明办确定为全国文明城市提名城市。

截至2022年底，全县共有博物馆、图书馆、文化馆各1个；建成县文化馆分馆1个、图书馆分馆1个；乡镇综合文化站12个；161个村(社区)综合文化服务中心，其中5个社区文化活动中心，156个村综合文化服务中心。全县共有31处旅游资源，其中，以战国秦长城、姚河塬遗址为代表的历史人文遗迹7处，以金鸡坪、茹河瀑布为代表的自然生态景观15处，以乔家渠红军长征毛泽东宿营地、任山河战斗旧址为代表的红色资源9处。县博物馆、金鸡坪梯田公园、茹河瀑布风景区被评定为国家AAA级旅游景区，姚河塬遗址被列入第八批全国重点文物保护单位古遗址名录。星级农家乐经营户27家，其中三星级农家乐20家，四星级农家乐4家，五星级农家乐3家。2022年，到彭阳游客90万人次，实现社会综合收入4亿元，星级农家乐接待量165万人次，收入825万元。彭阳是陕甘宁革命根据地的重要组成部分，红色资源丰富，是宁夏革命老区一类县。有宁夏最早的地下党支部——虎家小园子地下党支部。同时还有峁堡地下交通站旧址、红河地下党支部旧址、鹦哥嘴战斗遗址等。1935年10月，中央红军(陕甘支队)长征过境，毛泽东写下了壮丽诗篇《清平乐·六盘山》初稿。1949年8月，任山河战斗的打响拉开了解放宁夏的序幕；1996年，任山河烈士陵园被国务院批准为全国第三批革命烈士纪念建筑物重点保护单位。

二

悠久的历史，灿烂的文化，众多的贤哲，为彭阳留下了大量的文物古迹。2023年有各级文物保护单位81处，其中战国秦长城、姚河塬遗址被列为全国重点文物保护单位，有自治区级文物保护单位15处、县级文物保护单位64处。文物藏品有6500余件(组)，其中国家一级文物40件，二、三级文物954件(组)。2006年，彭阳文物管理所被国家文物局授予“郑振铎-王冶秋文物保护奖”。2007年，彭阳县被评为“全国文物工作先进县”。

彭阳县旧石器文化遗址的发现，将彭阳历史延伸到距今3万年左右。而彭阳的歌舞、民间工艺、民俗节庆、信仰等呈现出异彩缤纷的文化生态。

彭阳得益于大自然的格外垂青，山峦叠韵，含青吐翠。春来山花烂漫，争奇斗艳；夏季青纱遍野，郁郁葱葱；金秋红叶满山，瓜果飘香；冬季雪落山塬，银装素裹。境内的长城新姿、栖风朝霞、古峡明月、洞天晴瀑，无不使人心驰神往。早在秦汉时期，彭阳的风景就已闻名遐迩，有“襟带西凉，咽喉灵武”的古萧关和“华以西四大名水”的朝那湫，秦始皇首巡北地，汉武帝六巡安定，光武帝亲征高平，都在此驻跸致祭。后来历朝历代的封疆大吏或文人墨客，都对彭阳的山水情有独钟，写下了许多描述边塞风情的瑰丽诗篇。彭阳建县以来，历届县委、县政府坚持科学发展和“生态立县”方针不动摇，使全县境内 90 多条小流域综合治理点连缀成片，流域内绿树笼烟，村庄掩映，如诗如画。这不仅是生态建设之精华，更是游人纵目骋怀之佳境。

三

彭阳文学在西海固文学中占有重要地位。在黄土地上孕育并经历代各民族不断创造和传承的文学，带着北方民族特有的生命力丰富了西海固文学的内在特质。彭阳边塞诗多有奔放、从容之风度。《河湟书事》有载：“阴山铁骑角弓长，闲日原头射白狼。青海无波春雁下，草生碛里见牛羊。”抒情身份的主客移位，使全诗情调尽变，于旷远辽阔中露出几分田园诗的情调，从而改变了文学的内在特质。为中国文学注入新鲜血液。

“西海固文学”是改革开放以来形成的“文学现象”。西海固土生土长的作家群，用各种形式表现西海固人的生活、感情、心理、文化气质和精神追求，突出地域文化特征。这就是西海固文学的基本构成。“彭阳文学”就是本土作家创作的描写和展示西海固地区历史的、文化的图景和西海固人生活与命运的文学，是表现西海固人的感情、性格、心理、文化气质和审美精神的文学，是记录西海固人民的代言人——本土化知识分子的追求、奋斗、反思和梦想的文学，是富于西海固地域文化特色和人性、人道主义精神关怀的文学。“西海固文学”是典型的“地域文学”而不是其他，离开这片地域的水土和历史，就谈不上“西海固文学”。西海固作家视文学为“宁静而神圣的屋子”，把文学视作自己的精神家园；西海固作家的群体意识、帮扶意识，对土地、民族、家园和生存的忧患意识都是域外作家难以体验和理解的。真正要把西海固地域完整的、深层的东西表现出来，把西海固从远古写到现代，把西海固人与自然、人与社会、人与命运的抗争写深写透的，只能是本地作家，那是渗透在血液里的东西。

彭阳非物质文化遗产是各族人民长期生产生活中创造并沿袭下来的民族民间民俗文化的重要组成部分，是各族人民社会生活实践的产物，承载着民族精神与情感，是维系民族团结的文化认同，具有鲜明的地域特色和民族特色。今天六盘山区回族群众中仍然比较完整地保存着本民族特有的风俗习惯，如清真饮食习俗、服饰习俗、婚葬习俗、节日习俗等，这都属于非物质文化遗产范畴。彭阳群众热情豪放、能歌善舞，他们以花喻人、状物、言事、抒情，创造了自己的民歌“山花儿”，在山野即兴高歌，乐调粗犷悠扬，民族风情极为浓郁，因此被誉为“花儿家乡”。群众在生产劳动之余踏歌起舞，兴致勃勃，浪漫热烈的气氛弥漫田野，民间舞蹈更是一种大众活动，参加活动的人们活力四射、充满自信，民族凝聚力油然而生。方棋、口弦、戏曲、社火、绘画、剪纸、刺绣、雕塑等都是各族当地群众生活情趣的写照，是智慧和文明的集中体现。这些历史文化的“活化石”是民族的记忆，既有重要的历史、艺术和科学价值，对传承民族文化血脉有着重要的作用，又是珍贵的旅游资源，具有重要的经济价值。

四

当人类跨进了电子传媒时代，彭阳县的广播电视和电影事业也驶入了发展的快车道，广播影视系统在历届县委、县政府的坚强领导下，进一步解放思想、更新观念、抓住机遇、开拓进取，全面贯彻党的路线、方针、政策和县委、县政府的决策，以促进全县各项事业的发展为目标，把握时代主旋律，弘扬正能量。不断创新宣传形式，打好宣传主动仗，为全面贯彻落实、构建和谐社会提供精神动力和智力支持，营造和谐的舆论宣传氛围。

在建县初期，全县仅有县电视转播台和红河乡电视转播台两个，只能收看 CCTV-1、CCTV-2 两套电视节目。经过数十年的积累和国家大力扶持，广播电视事业快速发展。广播电视事业的社会属性、职能作用以及服务方式都发生了明显的变化，广播电视的社会作用得以体现，促进了彭阳县广播电视事业的进一步发展。至 2023 年底，彭阳县实现了中央广播电视节目无线数字化全域覆盖，全面接收中央和地方广电频道所有节目，极大丰富了人们的精神文化生活。

影视工作者积极制作专题片和拍摄影视剧支持家乡建设，充分发挥专题和影视剧优势，以各类专题片进行深度报道，弘扬社会正能量，凝聚人心，鼓舞士气，激发彭阳人民干事、创新的斗志，真正发挥广播影视工作的作用。

大 事 记

1983 年

11—12 月　在原彭阳乡广播放大站基础上筹建彭阳县广播站，黄玉岐、吴治业、赵继英为临时负责人。

12 月 31 日　县广播站试播成功。播出的第一篇稿件是《一九八四年元月一日开场白——播前话》，作者是杨世林，第一篇新闻稿件是《彭阳中学元旦活动丰富多彩》，作者是彭阳中学（县一中）教师焦忱，编辑杨世林，暂借固原县广播站播音员邵玉燕播音。

1984 年

1 月 1 日　县广播站正式播音，自办节目正式开始。

1 月 11 日　县工委任命杨世堂为县广播站站长。

2 月　县文化馆成立，时有工作人员 8 人。

4 月 6 日　根据自治区机构改革领导小组（宁机改发〔1984〕20 号）文件精神，经地委同意，各县广播站的电视、广播工作由各县文化科领导改为各县委宣传部领导，为科级事业单位（固地党发〔1984〕45 号）。

4 月 20 日　县文教局抽调王治荣、海向春、杨万岐、朱耀全、王志文、惠旭、马成学组成“彭阳县文物普查工作队”，赴固原地区参加由自治区文化厅举办的全区文物普查培训班。

5 月 8—10 日　彭阳县宣传广播通讯工作会议在县城召开，参加会议的有各乡宣传干事（或党委办公室秘书）、县直各部门主管宣传的领导共计 61 人。地委宣传部和县工委领导参加会议并讲话，各乡镇、部门交流新闻通讯工作经验，就如何开创彭阳县宣传广播、通讯新局面进行认真讨论。会议评选出 9 名优秀通讯员，并给予奖励。

5 月 12 日　县工委批转在全县宣传广播通讯工作会议上产生的《彭阳县宣传广播通讯工作会议纪要》。

6 月 12 日　县文物站为期半年的全县文物普查工作在城阳乡拉开序幕。

7月16日　北京大学考古系教授王树林实地考察古城城址，确定该城址为汉代城址。

7月　白阳镇姚河山建成电视差转台。转播CCTV-1节目和宁夏电视台节目。

11月28日　县工委决定成立“彭阳县文物站”。

12月1日　县政府任命王治荣为县文物站站长。

1985年

1月4日　全县广播工作会议召开，总结1984年广播宣传工作，安排部署1985年工作，表彰奖励1984年度先进集体和个人。

1月6日　彭阳县文物站在县图书馆举办为期2个月的首届彭阳县文物展，展出文物150余件。

1月　县广播站和彭阳乡广播放大站分设。

2月5日　在自治区文物普查总结表彰大会暨自治区文物工作会上，彭阳县文物普查队和普查队员王志文、海向春分别被自治区文化厅等单位评为全区文物普查先进集体和全区文物普查工作先进个人，受到大会表彰。

2月9日　县文化教育管理委员会成立，文化馆隶属管理委员会。

3月6日　县文化馆举办全县首届群众文艺调演，新集乡崩堡村、城阳乡城阳村分别荣获演出奖和创作奖。

4月13日　县工委决定将县电视差转台隶属县广播站（之前隶属县委宣传部管理），其人员调配、差转业务、机器设备维护、财务等由县广播站管理。

5月1日　彭计委发〔1985〕058号文件批复建县图书馆楼，面积为1511.45平方米，共投资43万元，于1987年5月交付使用。

8月26日　县人民政府公布彭阳县第一批县级文物保护单位（12处）。即无量山石窟、战国秦长城、璎珞宝塔、古城城址、彭阳城址、城阳城址、马岗堡城址、耳城城址、店洼打石沟遗址、海子遗址、张化遗址、大庄沟古生物化石遗址。

8月27日　县文物站选送28件精品文物参加自治区举办的“文物普查汇报展览”。同时，选送4幅古字画参加固原地区举办的“古字画展览”。

9月　县人民政府批准成立彭阳县广播服务部。

11月22日　县文化馆按照文化部、国家民族事务委员会和中国民间艺术家协会的通知精神，组织人员普查全县民间文学，其后编印《彭阳民间故事》《彭阳民谣》《彭阳谚语》3套民间文学集成丛书。

12月9日　县机关党委批准成立县广播站党支部,杨世堂任党支部书记。

1986年

1月23日　根据固原地区编委(固编发〔1986〕8号)文件通知,固原地区各县文化馆、广播站、文艺队升为副科级事业单位。

2月　在自治区广播电视工作会上,彭阳县发展农村有线广播工作受到表彰。

3月11日　县人民政府颁发《关于加强广播线路管护的通告》。秋季,在县城主街道架设音箱25个。

7月12日　宁夏博物馆研究员许成一行赴彭阳县城阳乡虎沟门、新集乡张化、沟口乡海子等地实地考察古文化遗址。

7月15日　县文物站为全县12处文物保护单位逐个竖立用钢筋混凝土制作的保护标志。

9月20日　彭阳县文物站清理古城碱沟门被雨水冲毁的北宋墓葬,清出《宋故董府君墓志铭》一方。

10月3日　中国历史博物馆专家在彭阳县沟口乡海子、古城乡店洼新石器时代遗址考察,确定其均为齐家文化类型。

10月7日　县土地科在彭阳乡罗堡村小河口队征地0.2公顷,弃耕地1.4亩,作为微波站建造用地,开始建设微波转播站。

10月15日　彭阳县编制委员会下发《关于全县党政群机关和事企业单位机构设置的通知》,文件编号(彭编发〔1986〕9号),批准彭阳县文化馆、图书馆、广播站为副科级事业单位。

12月12日　彭阳县广播站站务会议研究决定微波台于1987年1月1日正式开播。

1987年

1月1日　卫星地面站建成,彭阳县电视差转台迁址杜家沟梁,扩建为地面微波转播台。新建电视发射塔高48米,昼夜接收转播CCTV-1、CCTV-2节目和宁夏电视台节目。

1月6日　彭阳县微波台、差转台、卫星地面接收站合并为“彭阳县电视转播台”。

8月18日　彭阳县文物站选送26件精品文物参加在北京中国历史博物馆和中国

军事博物馆举办的文物展览。

10月1日　彭阳县文物站在县图书馆举办为期1个月的彭阳县第二届文物展览，展出文物200余件。

10月1—10日　县文化馆与县团委、教育科共同举办全县首届儿童书画展，共征集彭阳一中、沟口小学等18所学校288幅少儿作品，展出76幅，其中13幅被固原地区选展，并获奖。

12月4日　县财政科〔1987〕198号文件将原电视差转台地方（包括房屋、地皮、电话、变压器等）全部无偿调拨给县农牧科，作为防雹办公室用（炮点）。

1988年

1月　自治区人民政府公布第二批自治区级文物保护单位。彭阳县有4处，即璎珞宝塔、战国秦长城白岔村段（崾岘乡）和玉塬村段（孟塬乡）、无量山石窟、店洼打石沟新石器时代遗址。

4月6日　彭阳县委宣传部召开全县新闻通讯工作会议，确定乡镇宣传干事、骨干通讯员。

5月19日　县广播站修改完善了各项规章制度。是年，王洼煤矿建成开通有线电视。

8月25日　彭阳县文物站在县图书馆举办为期15天的“庆祝自治区成立三十周年文物展”，展出文物200余件。

9月26日　为庆祝自治区成立30周年，彭阳县文化科组织全县城乡举办文艺活动。

10月11日　彭阳县优秀影片展映开始。

1989年

1月4日　县有线广播遭受雾凇灾害，毁坏水泥杆线24杆千米，中断主杆线42条，断线851档，毁坏水泥杆341根，直接经济损失13000元。

5月13日　县委常委会会议决定乡广播放大站管理权下放到乡（镇）人民政府，业务受县广播站指导。

8月10日　彭阳县编委成立“彭阳县广播电视局”，规格为副科级事业单位。与县广播站合署办公，实行两块牌子、一套班子。

10月1日　县文物站在县图书馆举办为期20天的“庆祝中华人民共和国成立四十周年文物展”，展出文物180余件。

1990 年

3 月 12 日　县文物站举办为期 2 个月的以红、茹河流域为重点的文物调查工作。

6 月 2 日　县白阳镇一小在修建围墙时，挖出宋代银币窖藏，全部被县文物站收藏。

7 月 10 日　县广播电视局升为正科级单位。内部机构调整，设技术股、人秘股、编播组、音响管理股。

8 月 26 日　县文物站清理白阳镇刘沟新石器时代墓葬 3 座，清理出文物 32 件。

9 月 6 日　彭阳县文化科改称“彭阳县文化局”。

10 月 25 日　县文物站举办为期半个月的站藏瓷器建档工作。

11 月 1—6 日　县文化局组织举办全县首届中小学师生书画展，展出作品 105 幅（件），评出优秀作品 37 幅（件），并给予奖励。

是年　记者王成被宁夏日报、“宁夏人民广播电台”评为 1989 年度优秀通讯员，被自治区新闻工作者协会、新闻学会评为全区“优秀新闻工作者”。张库存被宁夏电台和固原日报社评为 1989 年度优秀通讯员。马玉龙被县委、县政府评为 1989 年度先进工作者，受到表彰奖励。

1991 年

3 月 16 日　县文物站在彭阳乡罗堡村塔渠壕清理出一座明代亭阁式石刻墓塔，运回县文物站收藏。该塔在宁夏尚属首次发现。

6 月 17 日　彭阳县文物站抢救性清理城阳乡杨坪汉墓，出土陶器 9 件、半两钱币 9 枚、铜钵 1 件。

7 月 18 日　台维斌、杨宁国骑自行车沿茹河流域到甘肃镇原县城，再从红河流域返回，进行为期 10 余天的文物调查活动。

7 月　为庆祝建党 70 周年，彭阳县文化局举办全县书法、绘画、摄影作品展，展出书法作品 53 幅、绘画作品 31 幅。

10 月 4 日　县人民政府印发《关于加强文物保护的通知》。

是年　彭阳县建成红河乡电视转播台，使 10 个村群众可收到 CCTV-1、CCTV-2 两套电视节目。

1992 年

5 月 13 日　县文物站选送 3 件文物(北魏石佛造像 2 件、战国人驼纹牌饰 1 件)参加日本举办的为期半年的“大黄河·秘宝展”。

7 月 26 日　自治区人民政府主席白立忱到彭阳县参观彭阳馆藏文物。

8 月 14 日　县文物站协商征集回王洼镇路寨村清代石雕羊一对。

8 月 22 日　县文物站给草庙派出所赠送一面书有“保护文物光荣”的锦旗,同时接收铜佛造像一尊。

10 月 29 日　自治区文化厅厅长杨杭生到彭阳县考察文物工作,并实地查看战国秦长城的保护情况。

12 月 8 日　广播电视局实施改革,成立彭阳县广播电视服务中心。

12 月 28 日　县计委〔1992〕103 号文件,批准成立“彭阳县广播电视服务公司”。

1993 年

2 月 18 日　冰霜、冰棱后连降大雪,全县广播中断,主杆断线 54 万米,损失 5.65 万元。

2 月 25 日　向自治区广播电视厅广播电视网管理处、技术处呈送〔1993〕2 号文件《关于解决彭阳县收转宁夏人民广播电台节目信号问题的报告》。

3 月 1 日　中共彭阳县委员会发出《关于进一步加强和改进宣传思想工作的意见》彭党发〔1993〕12 号文件,要求各乡镇党委政府和县广播电视局要“积极办好广播电视事业”。

4 月 2 日　中共自治区委常委、宣传部部长马启智,区广电厅厅长到县调研广播电视工作。

6 月 28 日　向各乡广播放大站发出〔1993〕6 号文件《关于电视转播台迟转电视节目的通报》。

7 月 1 日　自治区人民政府副主席刘仲到彭阳县参观珍藏文物,并指出县政府要拿出资金,强化保护措施,确保文物安全。

9 月 12 日　由日本早稻田大学教授(文学博士)吉村怜带队的日本东方文化考察团一行 15 人到彭阳县考察战国秦长城、璎珞宝塔等文保单位,参观珍藏文物。

10 月 1 日　县文物站在县城怡园展厅举办为期 10 天的“庆祝建县十周年”彭阳精品文物展，展出文物 200 余件。

10 月 5 日　彭阳县 3 万多名群众集会，组成大型仪仗队沿街游行表演，晚上燃放节日焰火。

10 月 5—20 日　彭阳建县 10 周年庆祝期间，县文化局、文化馆举办县庆 10 周年大型文艺活动。

10 月 31 日　向自治区广播电视厅呈送（彭广局发〔1993〕9 号文件）《关于建立调频广播电台的申请》。

12 月　县人民政府批准筹建彭阳县有线电视台。

1994 年

1 月 4 日　彭阳县有线电视正式开播，播放 12 套电视节目，先期开通有线电视终端户 650 户。

2 月 5 日　城区有线电视主支杆线路全部架通，用户有线网络基本形成，发展有线电视用户 1218 户。

3 月 23 日　县文物站组织人员调查城阳乡长城村上台组盗掘古生物化石情况，借此向当地群众宣传文物保护法，并与所在乡、村、组的干部协商确定保护措施。

5 月 28 日至 6 月 3 日　县图书馆开展为期一周的图书服务宣传周活动。举办宣传橱窗 2 期，流通图书 1000 余册，接待读者 2000 人次。

6 月 10 日　《经济信息》《青少年园地》广播节目每周六下午和星期天早晨播出，面向社会征稿，辟有“政策指南”“实用技术”“致富经”“经济话题”“市场动态”“校园短波”“佳作赏析”“故事会”“思想品德教育”“每周一歌”等。

7 月 18 日　由广播电影电视部投资 10 万元，自治区广播电视厅投资 9 万元建设的彭阳 100 瓦调频广播电台正式开通。发射功率为 100 瓦、频率分别为 102.8 兆赫和 103.8 兆赫，发射 CCTV-1、宁夏 1 套节目和本县节目。覆盖彭阳、红河、城阳、古城、沟口、新集、川口、罗岘、孟塬、草庙、王洼和白阳镇 12 个乡镇、96 个行政村。

7 月 31 日　县文物站去新集乡阳洼村阳洼组调查机修农田时出土的北宋窖藏钱币，在沟口派出所的协助下收缴回钱币 8.6 千克。

8 月 8 日　在固原地区召开的文物工作会议上，彭阳县文物站被固原行署、自治区文化厅评为“固原地区文物工作先进单位”，马成学被评为“固原地区先进文物工作者”，并受到表彰。

9月28日　县文物站在县图书馆门前专栏举办为期2个月的“彭阳精品文物图片展”,展出文物照片100余张。

10月5日　局务会议决定在转播台建100瓦调频广播电台,计划投资22万元,区广播厅投资19万元,县上投资3万元。县人民政府副县长赵满礼参加会议。

12月　彭阳县成立文化市场稽查队,丁玉仁任队长、王彦武任副队长,共由6人组成。

是年　在没有摄像机、编辑机和专职电视记者的情况下,与县教育局电教中心合作,开办本县电视新闻节目。先后对县两会、4071项目、P42项目、澳援项目以及县上其他重大活动进行宣传报道,并摄制了《新兴山城》《鸿雁腾飞》2部电视专题片。

1995年

1月21日　县广播电视工作会召开,总结上年度工作,安排部署1995年全年工作,表彰奖励上年度先进个人。

1月　县文化馆干部燕南访被固原地委宣传部评为地区“百名优秀青年”。

4月14日　彭阳县自治区级重点文保单位璎珞宝塔塔室被盗掘,文物站会同文化局、冯庄乡政府前去调查处理。

5月　县广播电影电视部、自治区广播电视厅和县财政共同投资23.6万元,分别在县城建成调频广播电台,在小河口县电视转播台处建成功率100瓦的调频广播发射台。

6月28日　县文化局在县政法委的帮助下草拟《彭阳县文化市场管理办法》,报县人民政府审定发布。

8月　在石岔乡建成功率为30瓦的调频广播转播台,覆盖全乡9个行政村1700户农户。

是月　县文化局、文化馆举办文学创作讲习班20天,开设课程有诗歌、小说、散文、通讯和文艺理论。

10月　县文化局、文协、文化馆征选春联466副,铅印《彭阳对联集》2000册,赠发全县各部门、乡镇、学校。

11月4日　县文物站将城阳乡城阳村岔口门韩姓家祖坟墓碑石刻9件(组)运回文物站收藏。该碑文是研究彭阳清代历史、地理珍遗的实物资料。

12月11日　县邮电局以彭邮局〔1995〕91号、县广播电视局以彭广电〔1995〕14号联合发文，成立彭阳县乡镇有线电视网建设领导小组，负责县境有线电视网建设、资源开发利用。

12月19日　县人民政府办（〔1995〕53号文件）批准成立“彭阳县调频广播电台”，呼号为“彭阳人民广播电台”。

1996年

1月14日　宁夏广播电视厅厅长金晓昀、副厅长杨发颐、宁夏电视台副台长马成江一行到彭阳检查广播电视工作。

2月5日　县人民政府以（彭政发〔1996〕10号文件）发布《彭阳县文化市场管理办法》。

5月1日　宁夏文物局局长雷润泽到彭阳考察文物工作，并就文物站迁址问题同县人民政府副县长杨占川、赵满礼交换意见。

6月　县广电局制定《彭阳县1996—2000年广播电视发展规划》。

7月1日　县人民政府公布“小岔沟毛泽东同志旧居”“中共红河党支部旧址”为第二批县级文物保护单位。

7月中旬　彭阳调频广播电台转播中央人民广播电台第一套节目和彭阳县广播自办节目试播，发射成功。同时，建成石岔广播电视转播站和罗洼电视转播站。调频广播覆盖全县13个乡镇、96个行政村，覆盖率为30%。

7月26日　彭阳县遭受百年不遇的特大暴雨袭击，文物站因地势低洼，库房进水，文物不同程度受损。

7月27日　自治区人民政府副主席周生贤带领区财政厅、区计委、区民政厅等部门领导到彭阳县考察文物站受灾情况，并拨救灾款15万元，用于重建文物站。

8月4日　县文物站馆藏战国人驼纹铜扣饰被送往克罗地亚展出。

9月26日　县文物站馆藏文物新石器时代晚期玉璧，春秋战国人驼纹铜扣饰、双兽首青铜短剑，北魏4件石刻佛造像被国家一级文物鉴定委员会确定为国家一级文物。至此，彭阳县文物站馆藏国家一级文物为7组9件，数量居固原市各县（区）之首。

9月　由自治区党委宣传部，区文化厅举办宁夏首届“广夏杯”群众文化专业岗位技能大赛，彭阳县文化馆组织选送书法作品14幅、摄影作品19幅、论文4篇、工艺制作品2件、文艺节目3个。其中,梁志强的书法作品获银奖,万亚平的美声唱法获铜奖,周香香的工艺制作品获铜奖,郑英风的戏剧表演获铜奖,万亚平、王志文、李永福、梁志强的论文分别获优秀奖。

10月20日　为纪念中国工农红军长征胜利60周年,县委、县政府在小岔沟举行"小岔沟毛泽东同志旧居"揭碑典礼和纪念活动。

12月　年内共播出电视新闻100多条,拍摄制作《希望之光》《"7·27"救灾纪实》《希望与机遇》3部电视专题片。

是年　县图书馆共接待各类读者5600人次。其中,图书借阅1600人次,资料查阅200人次,报刊阅览3800人次。

1997年

1月8日　统计数据显示:全县共有47716户23.8914万人,有乡镇放大站17个,调频广播电台1座,发射功率为100瓦,发射彭阳县自办节目和中央一套广播节目,覆盖7.1674万人,覆盖率为30%。

4月1日　自治区公安厅下发宁公保〔1997〕7号文件《关于彭阳县文物站组建经济民警小队的批复》。

4月18日　经自治区公安厅批准成立彭阳县文物站经济民警小队,这是全自治区各县文物管理部门成立的第一个文物经警队。

7月8日　日本岛根县立国际短期大学教授横田祯昭一行2人到彭阳县考察文物。

7月16日　承担全国《风景这边独好》专题片的宁夏有线电视台到彭阳县拍摄战国秦长城、明代璎珞宝塔等古迹。

8月12日　由宁夏文物局副局长、宁夏文物考古研究所所长李进增任队长的古城汉墓抢救清理工作队成立,历时1个月,清理墓葬2座。

9月2—8日　县图书馆组织开展为期1周的"知识工程"宣传周活动。流通图书资料2000册,接待读者2600人次,并将活动拍摄下来,举办"知识工程"宣传橱窗1期。

10月1—3日　国庆期间,彭阳县图书馆首次组织开展进校园、送书到课堂服务活动。

10月　为庆祝中共十五大胜利召开,迎国庆48周年。彭阳县文化馆组织举办王正鲜个人书画展,共展出作品130多幅,形式有真书、草书、隶书、篆书。县委、县人大、县政府、县政协的领导参加开幕式。

12 月 10 日　自治区广播电视厅〔1997〕197 号文件批准县文旅局开设中央电视台加密频道电视节目。

1998 年

1 月 16 日　彭政办〔1998〕4 号文件批准“彭阳调频广播电台”和“彭阳县有线电视台”合并为“彭阳县广播电视台”。

1 月　以“弘扬彭阳精神”为主题，举办全县大型演讲比赛。

是月　县广电局购置安装 CCTV-4 加密频道解码器和陕西、宁夏卫视数字压缩接收机，使有线电视节目套数增加到 18 套。同时，根据县委、县政府提出的科教兴县战略工作思路，积极争取科技部千县科技扶持项目《星火科技 30 分》录像带，安排每周三晚上在《农业科技》栏目中播出。固定《彭阳新闻》《科技兴农》《党建专题》《戏曲欣赏》等专栏节目。

3 月 6 日　《光明日报》驻宁夏站站长、主任记者庄电一考察彭阳文物，并撰写论文《偏远穷县藏奇珍》分别在《光明日报》《宁夏日报》发表。

4 月 5 日　固原行署副专员张玉翠、区文化厅副厅长乔毅智到彭阳县考察彭阳文物工作。

4 月 10 日　自治区广播电视厅厅长金晓昀在参加完广电厅为石岔乡山庄村捐赠推土机、搞机修农田仪式后，到县文旅局检查工作。

5 月 2 日　县文物站与宁夏文物考古研究所联合对草庙乡张街村进行“春秋战国墓葬”的发掘工作开始，历时 2 个月，发掘墓葬 5 座，出土青铜器、陶器、骨器 83 件。

5 月 20 日　北京大学考古系博士闫亚林到彭阳县参观彭阳文物。

5 月 20—26 日　县图书馆组织开展以“弘扬彭阳精神，实施知识工程，振兴图书馆事业”为主题的图书馆服务宣传周活动。

5 月 30 日　中国农业出版社农经综合编辑室副主任、中国农业历史学会常务理事、副秘书长穆祥桐，中国农业博物馆林正同、张合旺参观彭阳文物。

5—9 月　县文化局配合夏季严打，共进行 7 次集中行动，参加 56 人次，收缴、查禁出版物 35 件，为经营场所建章立制 6 项，签订守法经营承诺书 60 份，有效维护文化经营者和消费者的合法权益。

6 月 1 日　县图书馆对中小学生和农民读者实行免费阅览制度。

6月10—17日　根据自治区文化厅和固原地区文体局关于第二次公共图书馆评估自查自评的工作安排,彭阳县图书馆对县图书馆工作进行自查自评。

6月18日　县图书馆接受自治区第二次公共图书馆评估小组的检查评估。

7月2日　自治区广播电视厅厅长张怀武到彭阳县广电局调研广播电视工作。

7月初　王洼100瓦调频广播电台、城阳10瓦电视转播站建成投入使用。民委批建交岔、沟口转播台。

7月　彭阳县文化局、文化馆以"弘扬彭阳精神"为主题,举办全县性书法、绘画、摄影作品展。共展出县内外作者作品170余幅。同时还邀请历任、现任县委书记、县长、主管县级领导献出墨宝。县委、县人大、县政府、县政协的领导参加开幕式并作重要讲话,其中有46幅优秀作品被县文物站收藏。

9月　彭阳县二中"黑眼睛"文学社成立。文学社的成立及创刊为活跃校园文化生活、培养文学创作新人搭建平台。

10月　县文化局、文化馆组织举办"庆国庆、迎区庆"文艺联演晚会。联演历时8天,组织8个专场,演出文艺节目172个,参演720多人,观众达6600人次。

11月　固原地区第三届文学艺术作品评奖揭晓,彭阳县文化馆组织选送了9位作者22篇(幅)作品。其中,韩聆的报告文学《吴志胜的世界》、杨建虎的诗歌《穿过乡间的谣曲》分别获二等奖,李向荣的小说《十年前的电影》、瓮志罡的评论《弘扬主旋律就是弘扬人的主体精神》、燕南访的歌曲《赞美您啊　老师》分别获三等奖。

12月　彭阳县乡镇"文化站"更名为"宣传文化中心",调配工作人员开始工作,县文广局给各乡镇文化活动中心配备彩电、VCD、音箱、功放、乒乓球台等设备。

是年　彭阳县图书馆共接待各类读者8477人次。其中,图书借阅1599人次,资料查阅444人次,报刊阅览3894人次,过刊阅览2540人次。图书馆被县文化局考评为先进集体。自治区文化厅拨款由彭阳县文化局负责对红河、古城、王洼、交岔、刘塬、川口、新集、城阳8个乡镇文化站危房进行翻修。

1999年

1月25日　投资27万元购置DSR-200AP摄像机2台、DSR-80P编辑机1台、DSR-60P编辑机1台、康佳电视机2台、专用放像机2台及场强仪,即日起正式启用。

1月　自治区文化厅给县图书馆赠书968种,共2014册。

2月　彭阳县文化系统成功举办春节游行表演、花灯展、文艺晚会、焰火晚会、立体电影晚会和义务向城乡群众书赠春联六项大型活动。县委、县人大、县政府、县政协的主要领导及10多万名群众分别观赏了这些文化活动。

3月1日　县组织工程技术人员分2组深入全县各行政村，对广播电视覆盖情况进行调研，为“村村通”做好前期准备工作。在固原地区综合考核中，彭阳县广播电视局被评为先进单位，受到固原地区文化广播电视体育局表彰奖励。

4月　彭阳县广播电视村村通工程开始启动实施。4月中旬，CCTV-4《你我他》栏目编导郭强、海外专题部记者丁樵到彭阳县古城中川、㟃岘中庄姬家大岔采访调查村村通广播电视覆盖情况。

4月30日　宁夏文物局向彭阳县文物站颁发文物执法授权委托书，授予彭阳县文物站在彭阳县域内代行区文物局的文物执法权。

5月13日　县电视台对电视节目进行调整，开设彭阳新闻、专题报道、党建专栏、农业科技、广告信息、秦腔欣赏、点歌台。同时，开展向牺牲的驻南联盟记者许杏虎、朱颖、邵云环学习活动。

5月27日至6月1日　县图书馆组织开展图书馆服务宣传周活动。先后5次下乡宣传，流通图书1800册次；接待各类读者1600人次，召开读者座谈会6场次，参加读者200人次。

5月　在自治区第二届“文明杯”读书征文活动中，彭阳县图书馆组织征文10篇。

6月1日　县图书馆设立少儿科技阅览室。可供少儿阅览的各种书籍3000余册；供农民读者查阅的养殖、栽培等方面的科技资料100多种。

6月17日　县文物站与王洼镇派出所配合，追缴回交岔乡庙庄村马掌组推土压坝时出土的窖藏钱币563枚。

7月1日　配合县委宣传部、组织部拍摄制作反映彭阳县基层组织建设成就的《情洒信合路》等4部专题片；在中华人民共和国成立50周年和建县16周年之际，拍摄制作《彭阳16年》和《彭阳风情》。《彭阳新闻》充分利用新购置的设备，着力突出“新、快、准、高”这一基点，共制作播出新闻215条、专题片7部。

7月15日　刘塬乡30瓦电视转播站正式建成并投入使用。

8月3日　王洼乡50瓦电视转播台建成并投入使用。

8月17日　固原地委委员、宣传部部长李克强一行3人到县广电局检查指导宣传工作。

8月18日　自治区广电厅副厅长、总工程师金振华、科技处处长王建华一行到彭阳县调研村村通工程定点事宜，并实地测试王洼台、刘塬站的信号情况。

9月3日　县文物站与县广电局策划拍摄全面反映彭阳文物的电视专题片《彭阳文物》，这是自治区文博系统拍摄的第一部文物电视专题片。

9月10日　固原地区馆藏文物暨"四有"工作培训会在彭阳县举办。

9月　县文化馆组队，组织选送书画论文作品参加"固原地区首届群众文化岗位技能大赛"，选送作品75幅(篇)。

10月　县文化馆组队，组织选送作品参加"自治区第二届群众文化岗位技能大赛"，选送作品36幅(篇)。

11月25日　自治区广播电视厅厅长张怀武，副厅长、总工程师金振华一行到彭阳县检查指导村村通广播电视工程实施工作。

12月15日　县文物站杨宁国、祁悦章撰写的《彭阳县近年出土的北方系青铜器》，在中国社会科学院主办的杂志《考古》上刊登。

12月20日　沟口、古城、川口10瓦电视转播站建成投入使用。

12月28日　冯庄乡30瓦电视转播站建成投入使用。

是年　县图书馆共接待各类读者15622人次。其中，图书借阅2849人次，资料查阅535人次，报刊阅览6482人次，过刊阅览5756人次。

2000年

1月15日　彭阳县广播电视局卫星地面接收设施管理站成立，由县文旅局统一管理。以分组包乡、责任到人、走村串户的方式进行拉网式清查，为850多户未办证的单位和个人全部补办许可证。

1月26日　县文物站与县委宣传部联合在县委门口宣传栏举办"彭阳精品文物图片展"，展出文物照片80幅、复印文章10余篇。

2月　县文化局成功举办春节系列文化活动，组织17辆彩车、20支游行方队、19支社火队、3000多人参加表演，展出花灯4000多盏。举办家庭文艺晚会、焰火晚会、电影夜市。县委、县人大、县政府、县政协领导和10多万名群众分别观赏了活动。

3月12日　县图书馆组织职工开展岗位技能大练兵活动，促使每个职工都学到不同岗位的专业知识，提高整体业务素质。

4月1—24日　县广电局组织人员对全县卫星地面接收设施进行清理整改，共补办许可证688户。

4月7—8日　国家广播电视总局"村村通"办公室主任赵爱军，同国家计委计财司邢松潞处长一行到古城镇中川、挂马沟等村转播站（点）调研广播电视"村村通"工程进展情况。

5月28—31日　县图书馆组织开展图书馆服务宣传周活动。共印发各种宣传材料1000份，宣传图书2000册次，接待读者1500人次，召开读者座谈会3场次，参加读者120人。

6月16日　宁夏文物局副局长许成、宁夏博物馆保管部主任董宏征到彭阳县考察文物工作。

7月31日　学习"三个代表"重要思想和西部大开发理论培训会召开。

7月　县文化中心活动楼破土动工兴建，总建筑面积2204.5平方米，工程总造价1382984元。县文化中心的建成，极大地改善县城群众的精神文化生活。

8月16日　彭阳县人民政府印发《关于县文化局划定两处县级文保单位保护范围的批复》。

8月28日　宁夏回族自治区图书馆、银川市图书馆、吴忠市图书馆给彭阳县图书馆赠书6664册。其中新书937册，价值1万余元。

10月24日　根据国家广电总局要求和区广电局〔2000〕99号文件精神，成立彭阳县"村村通"广播电视维修中心。

10月25—26日　自治区政府副主席刘仲带领区广播电视厅领导及专家到彭阳县检查指导工作，先后深入古城、刘塬、草庙、王洼、沟口、县转播台、广电局等地，对彭阳县广播电视村村通工程进行实地检查验收。

12月20—26日　举办全县广电系统职工专业知识培训班。是年，自治区计委2次批复建设广电中心大楼投资款项。区广电厅在石岔山庄村建成调频广播点。

是年　县图书馆共接待读者19200人次。其中，图书借阅5316人次；资料查阅942人次；报刊阅览6811人次，其中少儿科技阅览6131人次。

2001年

1月　县文化馆组织举办全县书法、绘画、摄影展，征集工人、农民，师生、干部的各类作品290余幅。

2月10日　自治区党委常委、宣传部部长王正伟考察彭阳县广播电视工作。

2月27日　自治区党委常委宣传部部长王正伟一行考察县文化活动中心楼建设

情况，并向县图书馆赠书 1100 册。

3 月　在自治区文明办、“知识工程”领导小组、文化厅 3 家联合举办的第三届“文明杯”读书征文评奖活动中，彭阳县图书馆李效勇撰写的《引导人生航程、激扬高尚情操》获二等奖、者晓玲撰写的《新时代我们应追求什么》获优秀奖、马少萍撰写的《反腐倡廉的理想读物》获优秀奖。

5 月 23—29 日　彭阳县图书馆组织开展送书下乡宣传“知识工程”活动。携带图书 1500 册，接待读者 2000 余人次。

6 月初至 8 月底　按照县委的统一安排部署，全局开展“三个代表”重要思想学习教育活动，县广电局 10 名干部及全体职工参加学习教育活动。

6 月 21 日　国务院公布“战国秦长城(彭阳段)”为第五批全国重点文物保护单位。

6 月　广播电视中心大楼动工兴建，局属机关搬迁到粮食局办公楼(租借)三楼办公。

是月　为庆祝建党 80 周年，歌颂党的丰功伟绩，文化馆在县城广场组织承办县直单位职工大合唱比赛，有 14 个代表队参赛，演职人员 1500 多人，观众达 3 万余人。

6 月 7 日至8 月 31 日　县图书馆组织职工积极参加“三个代表”重要思想学习教育活动。在学教活动期间共撰写学习心得 30 余篇，调研报告 16 篇，每人还记了 3 万字左右的学习笔记。

7 月 20 日至12 月 30 日　按照自治区、地、县党委宣传部的安排部署，在全局开展“马克思主义新闻观学习教育”活动，全局 17 名从事新闻工作的编辑、记者、播音等人员参加学习教育活动。

7 月 25 日　县广电局以彭广电字〔2001〕16 号文件批复王洼煤矿为王洼街道连接有线电视用户的请求。

8 月 10 日　县文物站馆藏 5 件北魏石造像被选送参加由美国亚洲学会主办的为期 6 个月的“僧侣、商人——甘肃、宁夏丝绸之路文物珍宝展”。

8 月 20 日　宁夏回族自治区图书馆给彭阳图书馆赠书架 36 个、阅览桌 4 张，价值 1 万余元，解决了历年报纸杂志堆放于地的实际困难。

8 月　为了确保“村村通”能长期通，县广播电视局在事业建设中，把此项工作作为重点，常抓不懈，制定下发《广播电视节目播出管理规定》《广播电视站(室)管理规定》，并对 48 台(件)设备进行维修。

10 月　在全国图书馆特色服务与实践研讨会征文活动中，县图书馆张万有撰写的

《21世纪图书馆特色服务发展与研究——对西部图书馆信息资源开发新路子的探讨》被选为大会交流论文，并由中国图书馆学会颁发入选证书。

11月9—25日　根据自治区局转发的宁广电局发〔2001〕262号《关于全面清理境外卫星电视地面接收设施的紧急通知》文件精神，积极会同工商部门对辖区内销售和使用卫星地面接收设施的商家、用户进行一次集中专项清理，共检查经营、安装卫星地面接收设施的商家、用户近300家，依法取缔非法经营个体户1家，没收设施11套，价值2000多元，检查中共补办卫星地面接收设施接收境内电视节目许可证109家。

12月1日　日本学者妹尾信子到彭阳考察、参观文物。

12月4日　台北故宫博物院器物处玉器专家、研究员杨美莉到彭阳县考察彭阳文物。对站藏的玉器逐件进行鉴定，其中9件文物的时代由汉代更正为新石器时代晚期。

12月6日　宁夏固原博物馆举办玉器专题讲座，由台北故宫博物院器物处杨美莉主讲，彭阳县文物站全体专业人员聆听讲座。

2002年

1月8日　中国历史博物馆教授陈斌到彭阳考察文物。

4月5日　宁夏文物考古研究所在彭阳县姚河村岭儿等地发现4处旧石器时代晚期人类活动遗址。这是宁夏南部山区首次发现的旧石器时代遗址。填补了旧石器时代考古的空白，将固原有人类活动的历史提前了近2万年。

4月23日　自治区广播电影电视局科技处派员对彭阳县在转播台安装MMDS(一种点对多点分布、提供宽带业务的无线技术，它适用于中小企业用户和集团用户)分配系统进行覆盖效果测试分析。

7月4日　宁夏文物考古研究所罗丰、王惠民及彭阳文物站杨宁国、郑义完成《彭阳县新建文物陈列室及保护利用“无量山石窟”和“璎珞宝塔”的可行性论证报告》。

7月27日　县委、县人民政府彭党发〔2002〕38号文件《关于县乡机构改革的实施意见》，决定不再保留广播电视局，组建文化广播电视局。原广播电视局、广播电视台不再实行局台合一，将广播电视台分设为文化广播电视局下设事业单位，机构规格为副科级。

8月1日　美国内华达州考古专家，犹他州地质调查局教授，亚利桑那大学人类学系主任、教授，加利福尼亚大学人类学系主任、教授、博士生一行5人，与甘肃省文物考古研究所副所长王辉、兰州大学资源与环境学院院长陈发虎以及宁夏固原博物馆杨明前到彭阳县考察旧石器时代遗址。

8月18日　县委书记叶旭，县委常委、宣传部部长杨忠考察彭阳文物工作。

9月18日　县文物站杨宁国、祁悦章撰写的《宁夏彭阳县近年出土的北方系青铜器》一文在2002年度自治区第五届“群星奖”业余文艺比赛暨自治区第三届群众文化专业岗位技能大赛中获论文类银奖。

9月　广电中心大楼建成交付使用。大楼总体设计为5层双面楼，楼顶竖立广播电视铁塔，并置放卫星电视广播地面接收天线，采用砖混结构，现浇整体混凝土层面建筑，总面积2158平方米，设计总投资241.2万元。

10月27日　彭阳县图书馆张万有撰写的《开拓创新　与时俱进——当代图书馆读者服务工作最响亮的语言》在自治区第五届“群星奖”业余文艺比赛暨自治区第三届群众文化专业岗位技能大赛中荣获优秀奖。

10月　吉林大学考古学系教授杨建华、研究生赵菊梅到彭阳县考察文物。

11月8日　中国历史博物馆教授陈斌到彭阳考察文物。

12月1日　在广播电视转播台建成MMDS多路微波传播发射系统，发射电视节目12套，覆盖周边白阳镇、崾岘乡、彭阳乡2000多户。通过光缆微波传播，基本形成以光缆传播为主、微波传播为辅的立体有线电视传播网络，使用户达到4800户。

12月25日　结合国务院《有线电视管理暂行办法》制定《彭阳县MMDS多路微波电视传输系统管理暂行办法》，上报县人民政府批转，以便规范管理。

12月　全县基本上形成以县调频广播电台为中心的县、乡、村调频广播传输网络，发展调频广播用户2000户。

是年　针对县城有线电视网严重老化、影响收视效果的实际，组织工程技术人员改造维修线路2100米，处理用户投诉10多次。全年发展用户246户，其中郊区农民40户。

是年　借县城兴彭路改造“三线下地”工程和自治区广播电视联网的机遇，投资56万元，对县城有线电视一期干线网络进行改造。从5月初开始施工到10月16日结束，共挖地沟0.26万米，埋梅花管0.26万米，铺设光缆1.9万米，做观察井41口，完成光缆接续32个，光缆终端接续40芯，安装48芯、24芯ODF箱（光纤配线架，是专为光纤通信机房设计的光纤配线设备，具有光缆固定和保护功能、光缆终结功能、调线功能，是信息机房中不可或缺的部分）各1个，安装光分路器4台、光发射机4部、光接收机20部、二芯尾缆21条、线路调测方向21个，并试运行成功。光缆线路传播实现与全区联网。改造后的城区主干光缆线路达到4.7千米，支干线10千米，电视节目由原来的19套增加到27套，并达到高清晰度。

2003年

1月　县文化局、文化馆举办全县象棋、乒乓球比赛，并组织人员深入乡镇、机关单位，向群众义务赠送春联1500余副。

2月23日　宁夏文物局副局长卫忠到彭阳县调研文物工作“五纳入”及各级文物单位保护情况。

3月8日　宁夏文物考古研究所固原市工作站、彭阳县文物站按照《中国文物地图集》编委会的要求，对县境19个乡（镇）重新进行全面、准确、翔实的文物调查，为期1个月，确定各类文物遗存232处。

4月17日　中科院古脊椎动物与古人类研究所研究员黄慰文、高星，副研究员刘武、裴树文与宁夏文物考古研究所研究员钟侃、副研究员王惠民，宁夏固原博物馆馆长陈坤等一行9人再次到彭阳考察岭儿和刘河等地发现的旧石器时代遗址，确定其地质年代距今约2.7万年至3.2万年，属旧石器时代晚期。

6月4日　中央电视台《早八点新闻》栏目播出由宁夏电视台记者姜洪拍摄的《宁夏彭阳发现旧石器时代遗址》新闻。这是全县文化广播系统第一次在央视播出新闻。

7月14日　彭阳县委、县政府召开《彭阳县文物志（送审稿）》评委会。与会人员就书稿展开热烈讨论，提出许多宝贵意见。与会人员一致认为，宁夏第一部文物志的成书，是彭阳文物工作者作出的历史性贡献。

8月10日　《彭阳县文物志》由宁夏人民出版社出版发行，20万字，为宁夏第一部文物专志。

9月　在彭阳20年县庆期间，文广局、文化馆举办全县书法、绘画、摄影、民间艺术作品展，共展出作品200余件。其间排练演出《绿色彭阳》大型晚会，组织10支方队、10辆彩车游行表演，邀请自治区歌舞团和西吉县文工团到县助兴演出，举办郑鄄师生唱奏音乐会和城区秦腔自乐班、新集乡秦腔等小戏调演7个专场，观众累计3万人次。

10月8日　中央电视台《健康之路》现场直播宣传报道工作会召开，安排部署配合现场直播的宣传报道工作。

11月4日　完成“西新工程”2套电视和1套调频广播发射机的安装调试工作。县转播台安装100瓦电视和广播发射机各1套，王洼转播站安装50瓦电视发射机1套。

2004年

1月　县文广局张启龙被评为全国2003年度“广播电视技术维护先进个人(政府奖)”,受到宁夏广播电影电视局、宁夏广播电视学会的表彰奖励。

2月5日　由彭阳县文广局主办,县文化馆承办的“庆新春全县乡镇社火大赛”在县体育场举行,来自各乡镇的7支代表队和县城夕阳红健身队、中老年太极拳健身队共9支代表队参赛。

2月20日　县文广局向县财政局申请经费78万元,购置索尼摄像机及各种附件、非线性编辑机和硬盘字幕播出机等。

4月15日　根据宁广局发〔2004〕66号文件《关于在全区开展卫星电视广播地面接收设施年检工作的通知》精神,对全县境内使用卫星地面接收设施的单位和个人进行全面检查。

4月26日　县文广局成立安全生产领导机构,制定《安全生产制度》《破坏性地震应急预案》《广播电视安全播出应急预案》《卫星电视传输秩序专项整治工作方案》,以及安全保卫、值班、来信来访登记、安全施工等项制度。

4月27日　由彭阳县文明委牵头,县委宣传部、县文明办、县文广局、县总工会、团县委、县妇联等单位联合举办的彭阳县首届“双十星”“双十佳”颁奖晚会在怡园广场举行。

5月23日　在自治区党委宣传部、文化厅、文联联合举办的“全区‘小灵通杯’歌唱宁夏歌手大奖赛”中,彭阳县选送5名歌手参赛。其中,青年歌手李继东、李天峰分别荣获二、三等奖,彭阳县初赛区荣获优秀组织奖。

7月1日　国家广播电影电视总局为彭阳广播电视台颁发广播电视播出机构许可证。

7月14日　截至2004年上半年,全县有乡镇广播电视转播站13座、转播机房52间、发射塔23座。建成10瓦以上广播电视转播站14个、1瓦小功率广播电视转播室14个,已完成行政村通广播电视148个。拥有电视用户总数为3.8万户,占已通行政村的76%,采用模拟设备接收电视信号及CCTV-1电视节目的行政村有148个。全县广播电视覆盖率72%。

8月26日　抽调乡镇文化广播电视服务中心人员对全县卫星电视传播秩序进行

专项整顿。

9月3日　彭阳县王立地、罗丽丽创作的群口快板《绿染彭阳》，代表固原市纪委、彭阳县纪委参加由自治区纪委、自治区党委组织部、宣传部等八部委厅局举办的“赛上清风”文艺晚会，晚会在自治区人民会堂首次演出。

9月24日　在自治区党委宣传部、文明办、文化厅等单位联合主办的首届全区“四进社区”文艺展演暨第五届全区“群星奖”活动中，彭阳县文广局选送的由万亚平作词、燕南访作曲的男女二重唱《欢庆彭阳二十年》，王立地作词、罗丽丽作曲的群口快板《绿染彭阳》分别荣获银奖；由海军作词、燕南访作曲的女声独唱《六盘山我家乡的山》，瓮志罡作词、燕南访作曲的《山清水秀我的家》，王立地作词、尹德智作曲的表演唱《六个老汉逛县城》分别荣获铜奖；燕南访、常国廷分别获社区“优秀辅导员”奖。县文化广播电视局荣获优秀组织奖。

10月19日　县机构编制委员会批准成立彭阳县无量山石窟管理所。

12月27日　县文广局、县建环局联合举办庆元旦“建环杯”全县首届青年歌手、书法大奖赛活动。大赛采取现场表演和素质测评的形式，由县内音乐和书法界业余人士现场量化打分，评选推出10名歌手和书法新秀。

12月28日　县文广局与宁夏移动通信有限责任公司彭阳分公司联合举办“庆元旦‘移动杯’首届秦腔清唱大奖赛”活动，来自全县各乡镇的农民及县城部分干部职工60名选手参加比赛，城阳乡农民韩吉省、蔺聪荣分别荣获一、二等奖。

2005年

1月7日　在固原市委宣传部、市文体局、市广电局、市文联联合举办的“供电杯”六盘情歌手、舞手、乐手大赛活动中，彭阳县歌手李天峰演唱的歌曲《精忠报国》、晁淑红演唱的歌曲《公仆赞》分别荣获二、三等奖，县文广局获优秀组织奖。

1月30日　全县境外卫星专项整治工作结束，经排查全县使用小型卫星地面接收站用户3356户，会同县工商局对违法销售商严肃查处，没收卫星接收设施41套。

1月31日　文化广播电视局保持共产党员先进性教育领导小组成立。至此，全局为期6个月的保持共产党员先进性教育活动全面开展。

3月25日　自治区广播电影电视局局长张克洪到县文化广播电视局调研第二期村村通工程进展情况。

3月　县委宣传部、文广局、文联组织开展“颂歌唱彭阳”活动，其间共征集讴歌、赞美彭阳的歌曲200多首,有31首优秀歌曲被编辑出版《颂歌唱彭阳歌曲集锦》,有15首歌曲分别获特别奖、一、二、三等奖和优秀奖。

5月5—7日　沟口、王洼MMDS转发站建成试播。至此,全县建成14个农村广播电视公共服务分中心。

6月15日　县交通局筹措资金修建田庄村通往无量山石窟1.5千米柏油路，结束了石窟不通公路的历史,为进一步开发利用打下基础。

7月1日　县文广局、文化馆举办全县干部、职工、师生、农民书画作品展,展出作品36幅、77件。作品有人物、山水、真书、草书、隶书、篆书等形式。

7月10日　国家广电总局科技司副司长曾庆军到彭阳县检查农村广播影视公共服务体系建设情况。

8月5日　自治区文物局下拨10万元,彭阳县筹措3万元,用于修建无量山石窟防雨抱厦、台阶等。

9月13日　在第六届全区“群星奖”暨第三届全区群众文化专业岗位技能大赛活动中,彭阳县李永福的《小楷横幅》、梁志强的《四条屏》分别获书法类银奖;万亚平的《斗方》获书法类铜奖;王立地的《中堂》、瓮志罡的《四条屏》、燕南访的《六尺对联》分别获书法类优秀奖。王立地、燕南访创作的《夸夸彭阳县城美》获戏曲类银奖。韩聆创作的《在旱地怎样培植一株玫瑰》获小说类金奖;穹宇的《玉米》获散文类铜奖;杨秉卓的《月光为谁而照》获组诗类铜奖;张万有撰写的《公共图书馆与青少年信息伦理道德探析》获论文类铜奖。

9月15日　自治区广播电视局副局长王正敏一行到彭阳县城阳、沟口、古城等乡镇转播站以及农户,检查了解MMDS直放站信号传输、节目覆盖、工程质量和工程进展情况。

11月　县文物站配合宁夏电视台拍摄制作1期新闻话题《皇甫谧现象》引起思考。

是年　在固原市第三届“群星奖”暨第二届群众文化专业岗位技能大赛活动中,彭阳县文广局王立地、文化馆燕南访创作的群口快板《夸夸彭阳县城美》荣获舞台艺术类金奖;张嵩创作的《茹河我的母亲河》、单永珍创作的《长城塬的风》均荣获舞台艺术类银奖;万亚平、燕南访创作的歌曲《彭阳腾飞的凤凰》荣获舞台艺术类铜奖;计立言的《四条屏》、杜正全的《草书四条屏》分别荣获书法类金奖和银奖。

2006 年

2 月 14 日　县人民政府办公室给各乡镇、县直各部门下发《关于依法加强文物保护工作的通知》(彭政办发〔2006〕5 号)。

4 月 1—2 日　由中国民间文艺家协会副主席，宁夏文联主席、党组书记杨继国带领的自治区、固原市文联艺术家到彭阳调研采风。采风团踏春采风，先后到任山河烈士陵园、朝那古城、战国秦长城、五峰山胜景等地调研采风。

4 月 23 日　宁夏京剧团“黄河万里巡演活动”文艺晚会在彭阳县怡园广场举行。

5 月 12 日　由中共彭阳县委、县人民政府主办，县委宣传部、文明办、文联、文广局承办，宁夏广播电视艺术团，宁夏师范学院艺术系，彭阳县“山杏花”业余合唱团协办的“颂歌唱彭阳”大型文艺晚会在固原市人民会堂首次汇报演出。

6 月 15 日　县文物站杨宁国被自治区团委、自治区劳动与保障厅授予“2005 年度宁夏优秀岗位能手”荣誉称号。

9 月 7 日　县文物管理所被国家文物局授予“郑振铎-王冶秋文物保护奖”先进集体称号。

2007 年

1 月 26 日　彭阳县举行皇甫谧研究会成立大会暨《走进皇甫谧》一书发行仪式。

4 月 29 日　宁夏文物局局长陈坤、副局长卫忠调研彭阳文物保护工作。

7 月 4 日　宁夏文物考古研究所朱存世、车建华在古城镇中川调查被盗的封土堆，并进行测绘与试掘，确定为一汉代建筑遗址。

7 月 15 日　王大户村委会向县文物管理所报案有疑似墓葬被盗挖，随后协同古城派出所民警赶赴现场制止，经仔细观察已有 7 座墓葬被挖毁。县委常委、宣传部部长张立君，副县长李永花带领文广局局长万亚平现场办公，对墓地进行详细考察，初步制定保护措施。协调县供电部门当天架设供电专线，配备照明设施，民政部门调用帐篷一顶，财政部门紧急下拨保护经费。

7 月 16 日　自治区文化厅、文物局向自治区人民政府呈报《关于对彭阳县古城镇王大户村春秋战国墓地紧急保护的请示》，自治区副主席张来武对墓地保护作了重要批示。

7月17日　自治区文化厅、文物局向国家文物局作了汇报，同时委派宁夏文物考古研究所的朱存世、车建华等从银川出发赶赴现场，着手开展现场调查和抢救发掘。

7月19日　经国家文物局批准对王大户墓地进行考古钻探和发掘工作，宁夏文物考古研究所所长罗丰任发掘队长、朱存世任副队长，工作人员有车建华、陈安位，县文物站杨宁国、韩建军和山西大学考古系实习生荀雄、冀瑞宝参加抢救性考古发掘工作。

8月9日　中国文联副主席、中国摄影家协会党组书记、副主席吕厚民、中国文联副主席书记处书记胡珍等到彭阳进行摄影采风活动。

8月13日　著名考古学家、中国考古学会会长张忠培到彭阳县指导王大户春秋战国墓地发掘工作。

9月12日　为了切实加强对第三次全国文物普查工作的组织领导，县人民政府办公室下发《关于成立第三次全国文物普查领导小组的通知》（彭政办发〔2007〕96号），并下发《彭阳县第三次全国文物普查实施方案》。

9月15日　特邀中国社会科学院考古研究所韩康信到彭阳对王大户墓地出土的人体骸骨进行体质人类学方面的鉴定。

9月17日　特邀中国科学院古脊椎动物与古人类研究所研究员齐国琴和国家博物馆研究员安家瑗前后两次到彭阳县对墓地出土的动物骨骼进行动物考古资料整理。

10月12日　县史志办工作人员在古城东海子东西的黄土高台上发现“朝那之湫”石刻文字残片。

10月20日　墓葬发掘结束，历时3个月，发掘墓葬7座，出土文物400多件。

12月10日　按照机构改革的要求，彭阳县文物站更名为彭阳县文物管理所，由原副科级事业单位降为不定级别事业单位。

12月20日　彭阳县被文化部、国家文物局授予“全国文物工作先进县”荣誉称号，县文物站站长杨宁国赴北京参加全国文物工作先进县表彰会。

12月24日　彭阳县被文化部、国家文物局授予“全国文物工作先进县”称号，县文物管理所被区文化厅评为“全国文物保护先进集体”。

2008年

4月12—20日　彭阳县举办“宁夏固原·彭阳春潮笔会暨彭阳对外宣传周”活动，纪念中共中央总书记胡锦涛视察彭阳一周年。

4月20日　自治区党委常委、宣传部部长杨春光一行调研古城镇古城墙和无量山石窟。

5月28日　自治区文化厅厅长杨钰经、市文广局局长杨正武到彭阳调研文物保护工作。

6月12日　彭阳县全面开展第三次全国文物普查。

6月24日　由自治区党委宣传部组织的以“感知宁夏50年和谐辉煌”为主题的第四届网络媒体宁夏——彭阳行采访团到彭阳观摩采访。

7月30日　自治区党委常委、宣传部部长杨春光调研彭阳文物保护工作。

12月25日　县文物站站长杨宁国被宁夏精神文明建设指导委员会授予全区首届道德模范“信德之星”荣誉称号。

2009年

3月26日　借助全国第三个综治宣传月，彭阳县开展主题为“坚持科学发展观促进文物事业跨越式发展”的活动，发放《宁夏回族自治区实施〈中华人民共和国文物保护法〉办法》2000份。

4月8日　宁夏第五届六盘山（彭阳）山花旅游节暨生态旅游节启动仪式在白阳镇白岔村举行。

6月19日　文化稽查队普查员在新集乡白河村韩寺组发现北朝石墓门一扇，运回文管所收藏，为研究北朝时期中西文化交流提供了实物资料。

7月26日　宁夏文物局批准组建考古队对彭阳小河湾进行调查和发掘。

8月9日　彭阳县文化产品在首届中国宁夏国际文化艺术节旅游博览会展出。

10月27日　宁夏考古专家、研究馆员钟侃，史地专家、研究馆员鲁人勇，宁夏大学教授汪一鸣一行考察小河湾遗址。

11月25日　自治区文化厅副厅长陶雨芳带领全区文化局长观摩小河湾遗址发掘工作。

11月26日　鉴于小河湾遗址的重要性以及其所处地理位置的特殊性，由自治区文物局和宁夏文物考古研究所组织，特邀国内从事战国、秦汉考古研究和大遗址保护的资深专家在固原对该遗址的考古学研究价值以及作为大遗址的保护和规划进行论证。特邀中国社会科学院考古研究所所长、研究员刘庆柱，北京大学考古学系徐天进教授，西北大学文博学院王建新教授，陕西省考古研究院院长、研究员张建林和前院长、研究员焦南峰，甘肃省文化厅副厅长、省文物局局长杨惠福，甘肃省文物考古研究所所长、研究员王辉，国家文物局保护司代表张磊等8人以及宁夏文物局局长、研究员卫忠，宁夏文物考古研究所所长、研究员罗丰，宁夏文物考古研究所副所长、研究员孙昌盛，宁夏固原博物馆馆长韩彬，发掘队队长朱存世，文管所所长杨宁国参加论证会。

2010年

1月5日　县图书馆在第四次全国县级以上公共图书馆评估定级中被文化部评为"三级图书馆"。

1月27日　为加强小河湾遗址的保护，彭阳县人民政府办公室对新集乡政府等各有关部门、单位下发《关于加强小河湾遗址及墓地保护工作的通知》(彭政办发〔2010〕8号)，通知要求各部门单位要切实加强领导，各负其责，做好遗址的保护工作。

2月10日　彭阳皇甫谧文化广场一期工程建设竣工，自治区党委宣传部部长杨春光及县领导出席竣工典礼，县委宣传部部长杨忠为雕像揭幕。

3月10日　筹措资金4万元，对20处重要的文物保护单位竖立大理石文物保护标志和铝合金文物导向牌，为逐步完善文物保护单位"四有"建设打下坚实的基础。

3月15日　县文物管理所向自治区文物局上报岭儿遗址和小河湾遗址等11处拟公布为第四批自治区级文物保护单位。

3月16日　由自治区文物局、市文体局组织的专家验收小组对彭阳县的"三普"工作进行详尽的验收，验收评估工作采取听取汇报、查阅文本、电脑对接、对照标本、勘察文物点5个环节进行。通过验收评估，验收小组的领导专家一致认为彭阳县的文物普查"领导重视、措施得力、工作扎实、按期按要求完成了普查任务"，彭阳县在第三次文物普查中整理出的资料全面、准确、规范，在固原市乃至全区都是比较好的。

3月31日　县人民政府《关于公布第三批县级重点文物保护单位的通知》(彭政发〔2010〕30号)，将岭儿遗址等64处文物遗存确定为彭阳县第三批文物保护单位。

4月15日　县人民政府下发《关于公布第三批县级重点文物保护单位保护范围及建设控制地带的通知》(彭政发〔2010〕40号)，对岭儿遗址等64处彭阳县第三批文物保护单位的保护范围及建设控制地带予以依法划定并公布。

5月5日　彭阳县第二届"全民读书月暨书香彭阳"活动启动仪式在怡园广场举行。活动宣读全民读书月活动倡议书，推荐书目，表彰第一届"全民读书月"活动先进个人。

7月6日　经自治区文物局批准，宁夏文物考古研究所组建考古队，对新集乡海子塬隋唐墓地进行发掘。

7月18日 小河湾遗址被国家文物局评为“全国文物普查百大新发现”。

9月7日 新集乡姚河村海子塬发现隋唐墓地。

11月2日 按照自治区文物局的安排，制定《彭阳县文物保护单位定期巡查制度》《彭阳县文物藏品制度》《彭阳县文物安全制度》，并装框上墙，以示警醒，长期坚持。

11月20日 海子塬隋唐墓地发掘结束，发掘墓葬25座，为研究北魏至隋唐时期固原地区的墓葬形制提供了新资料，为寻找和确定隋唐“百泉县”故址及其历史沿革提供了新思路，墓地出土的波斯银币为研究中西经济、文化交流提供了实物资料。

2011年

1月25日 自治区广播电视局领导到彭阳乡草庙乡张街村、曹川开展春节慰问活动，向两村捐赠地面卫星接收设施。

4月7日 县总工会“流动电影”放映启动仪式在县城红阳广场举行。

5月4日 以“传唱红色经典、永远跟党走”为主题的庆祝中国共产党成立90周年青年红歌会在县城怡园广场举行。

5月20日 皇甫谧文化广场建设项目通过验收。

8月27日 人民日报社、中央人民广播电台、新华社等10余家驻宁新闻媒体组织专题采访，以“红绿六盘、文化固原”为主题，到彭阳采访。

12月5日 新集乡小河湾遗址被国家文物局授予“第三次文物普查百大发现”遗址称号。

12月26日 县文管所所长杨宁国当选固原市第三次党代会代表。

2012年

1月16日 自治区电视网络公司副总经理带领专家、技术人员到彭阳对农村广播电视“村村通”工程进行督察。

4月29日 自治区政协副秘书长带领调研组到彭阳就大县城建设、红色旅游和生态建设工作进行调研。

5月4日 彭阳县广场文化启动仪式在怡园广场举行，启动仪式上奖励10名先进工作者。

5月30日 自治区旅游局党组书记带领调研组先后到大沟湾流域、茹河瀑布、长城塬草原区、乔家渠毛泽东长征宿营地进行实地考察。

7月1日　由县委县人民政府主办、宣传部、文广局承办的“优秀歌曲大家唱”大合唱比赛在怡园广场举行。

7月6日　国家水利风景评审委员会专家组在县有关人员陪同下对县长城塬水利风景区建设情况进行评审，先后到茹河生态园、石头崾岘水库、悦龙山、战国秦长城遗址、乔家渠民俗风情园、茹河瀑布等地进行实地考察。

8月20日　县委、县政府决定成立彭阳县博物馆征集文物领导小组，负责征集布展文物。

2013年

1月14日　由市委宣传部、科技局、司法局、文广局、卫生局等20个市直部门和彭阳县有关部门组织的2013年固原市“三下乡”活动在彭阳县城阳乡文化站启动。

3月18日　为配合青彭高速公路修建，经自治区文物局批准，组建打石沟遗址考古队，由朱存世任队长，马强、郭家龙、杨宁国、韩建军参加发掘工作。

4月8日　区党史研究室负责人到彭阳县调研工作，先后到乔家渠毛泽东长征宿营地，区党史研究室“送政策”联系点进行工作调研。

4月25日　自治区文化厅副厅长、文物局局长卫忠调研指导打石沟遗址发掘工作。

7月20日　经自治区文物局批准，对幸福城小区建设中发现的墓葬进行发掘，朱存世、郭家龙、杨宁国、郑祎参加发掘工作。

9月26日　彭阳县庆30周年大会在体育场举行。举办《走向梦想》大型文艺晚会。

是日　幸福城墓地发掘结束，共发掘墓葬10座，出土文物近400件，从出土文物及墓葬形制初步确定墓地时代为秦末汉初。出土器物类别主要有陶器、铜器、铁器、漆器、石器等，其中以青铜器最为精美，器形主要有鼎、坊、壶、蒜头瓶以及车马饰件等。

10月18日　在中央人民广播电台、《中国旅游报》、腾讯网、中国摄影家协会等联合53家电台举办的以“发现最美村镇，感悟美丽中国”为主题的评选活动中，彭阳县城阳乡杨坪村获“中国最美村镇景观奖”。

10月22日　县文联组织编写的《彭阳文化丛书》出版发行。该书由文学评论卷、诗歌卷、散文卷、小说卷、书法卷、报告文学卷、美术工艺卷组成。

2014 年

3 月 26 日　自治区党史研究室第一考察组对任山河烈士陵园按“四有”六项要求标准进行详细考评，认为其符合党史宣传教育基地命名标准，任山河烈士陵园正式列入宁夏第一批党史宣传教育基地命名名单。

4 月 4 日　第十届宁夏六盘山山花旅游节在彭阳县开幕。活动内容有粉红之恋游花海、摄影大赛摄花海、丹青妙手绘花海、有奖征文赞花海、秦风汉雅唱花海、媒体聚焦推花海。

4 月 28 日　《崖堡村志》由宁夏人民出版社出版发行，是彭阳县第一部村志。

9 月 16 日　首届宁夏女职工手工工艺制作大赛暨优秀作品展在银川举办，彭阳县刘粉金获刺绣一等奖，安冬梅获刺绣二等奖，王淑霞获剪纸二等奖，赵香莲获剪纸三等奖，贾荣、祁晓梅获编织类三等奖。

10 月 20 日　宁夏文物考古研究所、彭阳县文物管理所编著的《彭阳海子塬墓地发掘报告》由上海古籍出版社出版发行。

11 月 25 日　中国地方志指导小组办公室期刊处人员专访《崖堡村志》主编高荣峰。

2015 年

1 月 23 日　自治区新闻出版广电局副局长到彭阳调研农家书屋运行情况。调研组一行深入周沟村、高庄村、上王村、友联村及县新华书店、县电视台，实地察看书屋配套设施，出版物配置、制度建设、书屋管理运行及电台安全播出等情况。

8 月 29 日　彭阳县白阳镇白岔村、城阳乡杨坪村获“中国最美乡村旅游模范村”称号。白阳镇王洼村桃源农家乐获“金牌农家乐”称号。

10 月 16 日　中央党史研究室吕世光到彭阳考察，重点了解红军长征经过彭阳的情况。

11 月　彭阳县筹款 127 万元，修复革命旧址 5 处、中共地下支部旧址 19 处、红军长征过境补给点旧址 1 处等，并竖立简介碑。

2016年

2月19日　彭阳县元宵节广场文艺演出在怡园广场、悦龙新区文化广场举行。主要为社火表演大赛。

3月31日　县委、县人民政府承办第十二届六盘山山花旅游节、宁夏休闲农业推进年、第五届“粉红花海、魅力彭阳”杏花旅游文化节。

4月18日　接到罗洼乡张湾村干部电话报告，村民在机修农田时发现古墓1座。经过为期20天的抢救性发掘，发现此墓为宋金时期穹窿顶砖雕墓，由墓道、甬道、墓室三部分组成，墓室内镶嵌的砖雕有120余幅，内容有人物、动物、花卉等，是截至2016年宁夏首次发现的且保存完整的宋金时期的砖雕墓。

4月29日　国家文物局下发《关于战国秦长城彭阳县白岔村段修缮工程设计方案的批复》。

5月25日　县发改局对《彭阳县博物馆陈列展览一期工程初步设计方案》(彭发改发〔2016〕163号)进行批复，估算资金3494.20万元。

6月30日　第二届“同心共筑中国梦”书画摄影展览在县体育馆举行，展示作品300余件。

9月9日　县纪委、文广局、文联开展以“茹河清风”为主题，以弘扬新风正气、清廉文化教育为主要内容廉政文化作品创作活动，评选出一类作品4件、二类作品8件、三类作品9件、优秀作品19件。

9月20日　宁夏文物考古研究所、彭阳县文物管理所编著的《王大户与九龙山——北方青铜文化墓地(上下)》由文物出版社出版发行。

10月14日　县图书馆主体工程验收竣工。

12月20日　陕西普宁工程结构特种技术有限公司编制完成《宁夏彭阳县境内战国秦长城保护利用设施建设项目可行性研究报告》《彭阳县战国秦长城保护设施建设项目设计方案》《彭阳战国秦长城保护设施建设项目文物影响评估报告》。

12月31日　历时3年，县文物管理所完成全国第一次不可移动文物普查工作，通过自治区文物局验收。

2017 年

1 月 30 日　县图书馆标准化建设完成基础装修和设备配置。

2 月 16 日　自治区旅游发展委员会一行到彭阳县调研全域旅游重点项目建设情况，先后考察金鸡坪梯田公园、贞爱花峪建设现场。

4 月 18 日　杨宁国主编的《彭阳近现代史迹与文献选辑》，被自治区党史研究室授予“党史系统优秀党史成果著作类三等奖”。

5 月 2 日　彭阳县成立旅游发展中心，隶属彭阳县文化旅游广电局，设 4 个内设机构，有事业编制 11 人。

5 月 24 日　彭阳县被国家旅游局评为第二批国家全域旅游示范区。

7 月 5 日　宁夏文物考古研究所、彭阳县文物管理所编著的《彭阳海子塬墓地发掘报告》，获“第十三届社会科学优秀成果三等奖”。

7 月 11 日　彭阳县被中央电视台科教频道列入大型纪录片《中国影像方志》采访拍摄名单。

8 月 14 日　宁夏文物局下发《关于战国秦长城彭阳县白岔村段修缮工程设计方案的核准意见》。

10 月 12 日　全区党史工作经验交流会参会人员到彭阳县观摩，参会人员先后对彭阳县博物馆“红色彭阳”展馆、任山河战斗纪念馆、红色彭阳（任山河）专题展和红二十八军军部纪念碑，彭阳革命纪念馆建设、红色专题展陈、革命旧址，红色书籍编纂出版等工作进行实地观摩。

12 月 1 日　新集乡姚河塬遗址专家论坛会召开，国内考古专家王巍、李伯谦等人及区文化厅负责人、县领导出席会议。

是日　县图书馆新馆建成免费对外开放，位于悦龙山新区（彭安大街 7 号）。

2018 年

1 月 2 日　红河镇十字村农家书屋被国家新闻出版广电总局授予“2017 年全国示范农家书屋”称号，书屋管理员秦秉儒被授予“全国优秀农家书屋管理员”称号。

1 月 15 日　姚河塬遗址出土甲骨文。

2 月 29 日　姚河塬商周遗址入围 2017 年度全国考古十大新发现。

4月10日　姚河塬遗址被评为“全国十大考古新发现”，马强、杨宁国在北京参加评选结果发布会。

4月23日　县图书馆举办“4·23”世界读书日暨诵千古美文，做少年君子经典美文诵读活动。

5月28日　县委宣传部、文化旅游广电局、教育体育局联合开展“全民阅读·书香彭阳——我是朗读者”电视专题栏目活动。

5月29日　县人大常委会向县政府上报《关于对全县文物保护工作情况报告的审议意见》。

6月7日　县委、县政府现场办公、研究文化旅游工作，实地察看金鸡坪梯田公园、茹河瀑布旅游区等地，开发、利用、打造“天蓝、地绿、水清、城净、宜居、宜游”彭阳品牌。

6月22日　县博物馆“茹河大讲堂”系列讲座开讲，邀请中国科学院自然科学史研究所所长助理、研究员，中国科学院文化遗产科技认知研究中心主任关晓武，在博物馆报告厅做“古玉制作难解之谜”报告，60多名学者、学生参加听讲。

7月24日　县博物馆馆长杨宁国在全国文物系统会上被授予“全国文物先进工作者”称号。

8月10日　为了进一步提高彭阳县文物保护工作理念，学习借鉴外地考古遗址公园建设经验，由县委常委、宣传部部长杨天峰带队，县发改、财政、国土、文广等部门负责人参加赴青海喇家遗址、陕西大明宫遗址、汉阳陵遗址等地实地考察。

8月13日　县图书馆在第六次全国县级以上公共图书馆评估定级中被文化和旅游部评为“二级图书馆”。

8月18日　县编制委员会下发《关于成立彭阳县博物馆的通知》，挂彭阳县文物管理所、彭阳县无量山石窟管理所牌子，不定级别，编制8人。

8月27日　国家文物局副局长宋新潮一行到彭阳调研指导姚河塬遗址挖掘保护工作。

9月1日　红河地下支部旧址、乔家渠宿营旧址被自治区政府办公厅命名为第五批自治区级文物保护单位。

9月9日　“宁夏文化精准扶贫　共享工程助力发展”文化精准扶贫系列活动在彭阳县图书馆启动。

10月11日　“春雨工程”全国文化志愿者边疆行暨“魅力山西　宁风晋韵”山西省文化志愿者文化交流宁夏行活动举办，山西省图书馆为彭阳县图书馆赠送70幅山西地方特色文化展板。

12月29日　《长城村志》被中国地方志指导小组办公室列入中国名村志文化工程。

2019年

2月19日　彭阳县社火代表队在固原市举办的"非遗过大年,文化进万家"2019全区社火大赛暨元宵节巡回演出活动中获三等奖。

3月7日　第十五届宁夏六盘山山花节暨第七届梯田花海魅力彭阳文化旅游节全国山地自行车越野赛在彭阳开赛。20个省市70家协会、俱乐部500多名运动员参赛。

4月13日　央视《发现之旅》频道美丽家园文艺下基层,走进乡村公益演出,彭阳县专场在体育场举行。

5月3日　彭阳县首届香包节暨端午节传统文化活动在县城举行。以"非遗保护中国实践""保护革命文物、传承红色基因"为主题自然遗产宣传日活动在县城举行。

5月11日　彭阳县2019年戏曲进校园活动在县一小举行,完成15次戏曲展演、戏剧知识讲座。

7月1日　"不忘初心、牢记使命"专题文艺晚会在县城上演。

8月11日　大型现代眉户戏《丁香花儿开》巡演活动在罗洼乡举办。

8月15日　新华社宁夏分社社长王磊参观彭阳县博物馆。

9月5日　县文化旅游广电局筹措资金89万元,对璎珞宝塔地面、排水等基础设施进行修缮。

10月16日　自治区党委书记、人大常委会主任石泰峰,自治区党委常委、秘书长、宣传部部长赵永清一行调研战国秦长城及姚河塬遗址保护与利用工作。

12月20日　新建的县文化馆正式开馆。

2020年

1月8日　中央电视台《星火璀璨·公益慈善》春晚节目在北京录制,彭阳县非遗传承人石贵斌带领6名弟子参加节目录制,通过剪纸作品送上对全国人民的祝福。

1月10日　东昂杯塞上之声2019彭阳县青年歌手大赛在影剧院举行,41位选手成功晋级复赛。

2月19日　2020年春晚文艺演出在悦龙山影视中心举行。

3月17日　彭阳县友联农家大院入选五星级乡村旅游点,江南农庄入选四星级乡村旅游点。

4月3日　第十六届宁夏六盘山山花节暨梯田花海魅力彭阳网络山花节在网上开幕，为期5天，由区内外短视频达人担任直播，以“蓬勃发展绽花海、两天一夜浪花海、桃李春风醉花海、彭阳有礼购花海”为主题进行推介。

7月2日　县委宣传部在县文化观影厅组织开展“红色电影展映活动”，播放红色代表影片《建党伟业》。

7月3日　中央宣传部、财政部、文化和旅游部、国家文物局联合公布革命文物保护利用片区分县名单，彭阳县入选长征片区红一方面军、红二方面军、红四方面军、红二十五军和陕甘宁片区分县名单。

7月16日　自治区党委常委、宣传部部长李金科调研彭阳文物保护与利用工作。

8月13日　自治区党委副秘书长、政研室主任王成峰调研朝那湫遗址（东海子）研究保护工作。

9月28日　自治区政协原副主席、宁夏大学原校长陈育宁参观博物馆。

12月3日　由央视综合频道《黄金100秒、海选宁夏站》彭阳赛区筹备工作全面展开。

2021年

1月28日　受中宣部、中央文明办委托，自治区党委宣传部副部长于小晗到彭阳县看望慰问第七届全国道德模范郭彩利，转达中央领导和中宣部、中央文明办对全国道德模范的亲切关怀。

2月20日　县委、县政府分管领导带领白阳镇、城阳乡、草庙乡、文化旅游广电局负责人及业务人员一行22人前往西吉县龙王坝、将台堡、红军寨，泾源县兴盛乡新旗村考察学习，借鉴两县乡村文化旅游发展经验和具体做法。

4月1日　第十七届宁夏六盘山山花节暨第九届“醉美花海·魅力彭阳”文化旅游节在悦龙山开幕。

4月3日　自治区副主席、固原市委副书记、市长马汉成到古城镇小岔沟和城阳乡长城村乔家渠红军长征毛泽东宿营地旧址调研红色资源保护利用工作。

4月16日　《人民日报》第2版刊登文章《西海固的蜜里，淌着百花香》，报道彭阳县中华蜂养殖。

4月20日　由县委宣传部、县文化旅游广电局组织的彭阳县庆祝中国共产党成立

100周年暨“百场优秀国产影片展映”活动正式拉开序幕。

5月26日　由县委宣传部、县文广局主办，县体育中心、文化馆、体育总会、健身操协会承办的以“永远跟党走·幸福生活舞起来”为主题的文化体育系列活动在县城西门体育场举行。

6月3日　县人民政府公布彭阳县第一批县级非物质文化遗产代表性项目名录5个、保护传承基地4个、第二批县级非物质文化遗产代表性传承人30人。

7月1日　由县委、县政府主办，县委组织部、县委宣传部、县教育体育局、县文化旅游广电局承办的“永远跟党走”——彭阳县庆祝中国共产党成立100周年专场文艺演出在县城西门体育场举行。演出同时通过“彭阳移动、电信”商务平台、彭阳县融媒体中心官方快手、抖音号在线直播。

7月12日　由县委宣传部、县文明办和县文化旅游广电局主办的“学党史　颂党恩　跟党走”红色经典诗词朗诵晚会在雷泽公园体育广场举办。

7月26日　县博物馆、小岔沟红军长征毛泽东宿营地旧址、乔家渠红军长征毛泽东宿营地旧址、中共固原县委（草庙区委）旧址、小岔乡党史教育馆被固原市委党史研究室命名为“固原市党史教育基地”并挂牌。

8月3日　固原市委常委、宣传部部长、政法委书记吴会军带领调研组到彭阳县小岔乡党史教育馆和草庙乡中共固原县委旧址，调研红色文化建设情况。

8月23日　宁夏日报报业集团和自治区林草局联合开展的“走进自然，感受山水宁夏”关注森林媒体走基层新闻采访活动在彭阳县举行。

9月27日　由县委宣传部、县文广局、县文联、县融媒体中心主办，县博物馆协办的彭阳县庆祝中国共产党成立100周年迎国庆书法美术摄影民间艺术展开幕暨《跨越贫困》文学作品集、纪实画册发行仪式在县博物馆举行。

9月30日　由县人民政府主办，县委宣传部、县教育体育局和县文化旅游广电局承办的彭阳县2021年国庆节秦腔展演在县城西门体育场上演。此次活动邀请西安易俗社有限公司演出，连续8天，演出14场。

10月16日　由县文化旅游广电局主办、县文化馆承办的彭阳县“戏曲进乡村”惠民文艺演出活动启动。此次文化惠民演出活动，以文化为纽带，用戏曲传真情，为广大群众送上《打金枝》《探窑》《三娘教子》《华亭相会》等精彩戏曲。

12月3日　由县委宣传部、县文化旅游广电局主办，县文化馆、博物馆、美术家协会、书法家协会承办，宁夏朝沐艺术有限公司协办的“翰墨书香·大美彭阳”2021年彭阳县迎新年全区书法绘画作品邀请展开幕式在县博物馆举行。

12月3—5日　自治区文物局组织吉林大学王立新教授，西北大学罗丰、梁云、豆海锋教授到姚河塬遗址开展2021年度考古发掘项目检查验收工作。

12月7日　县委党校中青年干部培训班学员到任山河革命烈士陵园、红军长征青石嘴战斗遗址、小岔沟红军长征毛主席宿营地旧址开展现场教学。

12月9日　固原市第五届“春草杯”中学生写作大赛彭阳赛区颁奖活动在彭阳一中举行。此次比赛以“理想的我”为主题，彭阳赛区45名学生获奖，其中一等奖3名，二等奖6名，三等奖9名，优秀奖27名。

12月19日　由县委宣传部、红旗飘飘丰碑颂（北京）书画院和自治区关心下一代委员会联合主办的以“百年建党·荣耀中华”文化进万家为主题的书画名家活动走进彭阳县。

2022年

1月8日　固原市委常委、政府副市长陈论生到彭阳县调研文化旅游产业发展情况。

1月13日　自治区文化和旅游厅副厅长蔡菊带领调研组到彭阳县调研文化旅游工作。

1月25日　县博物馆举办“春节序曲·小年迎福——新年灯笼手工制作”主题社教活动，20名儿童在家长的陪同下参加了活动。

2月16日　固原市政府副市长喜晓林带领调研组到彭阳调研民宿建设情况。喜晓林一行先后到大沟湾窑洞民宿、茹河瀑布百窑古村和乔家渠窑洞民宿建设地，对全县民宿建设、运营、规划设想以及民宿与休闲旅游融合协调发展情况进行实地调研。

2月25日　由中共彭阳县委宣传部、县文化旅游广电局、县教育体育局主办的“中国体育彩票杯”宁夏彭阳县第五届农民篮球争霸赛在县体育馆开赛。

3月15日　固原市政协党组副书记、副主席马正学参观博物馆。

3月17日　县编办印发《关于分设彭阳县文物管理所的通知》设立彭阳县文物管理所，挂无量山石窟管理所牌子，核定事业编制6名。

4月2日　第十八届宁夏六盘山山花节暨第十届“梯田花海·醉美彭阳”文化旅游节“云上”开幕。

4月20日　武警宁夏总队副政治委员张学奇参观彭阳县博物馆。

4月21日　县委、县政府召开全县文化旅游配套产业发展情况座谈会。

5月9日　宁夏回族自治区政协副主席许宁一行20余人参观博物馆。

6月3日　固原市委书记冼国义到彭阳县参观博物馆。

6月9日　自治区文化和旅游厅副厅长赵明霞带领调研组，到县图书馆、县文化馆、城阳乡城阳村综合文化服务中心、宁夏建茹文化产业创意有限公司调研彭阳县公共文化服务体系建设和非遗保护工作情况。

6月29日　经彭阳县人民政府研究决定，将中央红军长征十三大队宿营地旧址确定为第四批县级文物保护单位。

6月30日　由自治区农业农村厅、文化和旅游厅和中共彭阳县委员会、彭阳县人民政府联合举办的宁夏(彭阳)红梅杏开园节暨六盘山特色农产品线上线下展销活动在彭阳县城启动，分会场设在城阳乡杨塬村欧洼红梅杏采摘点。

是日　由中共彭阳县委员会、彭阳县人民政府主办，中共彭阳县委宣传部、县文化旅游广电局承办的“听党话、感党恩、跟党走”“喜迎二十大　奋进新征程”庆祝建党101周年文艺晚会在县城举办。

7月6日　城阳乡长城村被宁夏回族自治区文化和旅游厅评为第二批宁夏特色旅游村。

7月23日　中共彭阳县委宣传部、彭阳县教育体育局、彭阳县文化旅游广电局主办，彭阳县图书馆承办的“喜迎二十大·奋进新征程”红色经典诗词朗诵诗会在乔家渠红军长征毛泽东宿营地举行。

8月1日　孟塬乡草滩村中央红军长征十三大队宿营地旧址被固原市委党史研究室命名为固原党史宣传教育基地，并举行现场授牌仪式。

9月6日　何氏眼科集团党委书记、常务副总裁赵国华参观博物馆。

9月7日　县博物馆VR线上博物馆正式上线运营。

11月22日　彭阳县图书馆新建残障人士阅览室、老年人阅览室、休闲阅读区及人大代表、政协委员阅览区。

12月28日　中国宋庆龄基金会、中海油基金会投资100万元援助建成彭阳县图书馆数字国学馆。

2023年

2月7日　自治区文旅厅副厅长张玉进一行到彭阳调研姚河塬遗址保护及基础设

施建设项目、长征文化公园项目建设情况，姚河塬遗址和无量山石窟保护利用情况及县博物馆馆藏文物档案建设情况。

3月31日　市人民政府党组成员、宁夏六盘山旅游管委会专职副主任李国才一行到彭阳调研文物保护利用情况。

4月11日　厦门市集美区委副书记苏国辉带领集美区文化和旅游局一行到彭阳开展“诗意厦门·集美学村”文旅协作活动，召开文旅协作座谈会，考察彭阳县博物馆、长城塬矮砧密植苹果基地、闽宁现代循环（食用菌）科技示范园和乔家渠红军长征毛泽东宿营地。

5月9日　厦门市集美区委副书记、政府区长倪杰一行到彭阳调研闽宁协作工作和乔家渠红军长征毛泽东宿营地、彭阳县博物馆、青云湾梯田公园。

5月17日　厦门市翔安区委书记黄鹤麟一行到彭阳调研闽宁协作工作，重点调研乔家渠红军长征毛泽东宿营地、彭阳县博物馆。

5月24日　固原市政协副主席刿小平带领调研组到彭阳开展“全面实施历史文化保护工程，推动生态文旅特色市建设”专题调研。

6月7日　固原市委副书记、政府市长杨青龙一行到彭阳调研姚河塬遗址考古发掘和“彭阳县姚河塬遗址保护及基础设施建设项目”进展情况。

6月13日　自治区政协原副主席、党组副书记蔡国英到彭阳博物馆进行参观调研。

是日　自治区文化和旅游厅党组成员、副厅长张玉进一行到彭阳调研姚河塬遗址考古发掘和“彭阳县姚河塬遗址保护及基础设施建设项目”进展情况、彭阳县博物馆文物保护利用情况。

6月19日　市人大常委会主任李志达一行到彭阳姚河塬遗址和乔家渠红军长征毛泽东宿营地进行督查调研。

6月20日　市人大常委会副主任张立君一行到彭阳姚河塬遗址调研“姚河塬遗址保护及基础设施建设项目”建设情况及文化产业发展情况。

6月22日　固原市政府党组成员、宁夏六盘山旅游扶贫试验区开发建设管委会专职副主任李国才一行对彭阳县文化旅游行业安全生产情况进行督导检查。

6月25日　自治区文化和旅游厅二级巡视员石学安一行赴姚河塬遗址检查，强调“姚河塬遗址保护及基础设施建设项目”施工中要强化安全意识，统筹好安全和施工进度的关系。

6月27日　自治区广播电视局一级巡视员王永斌一行到彭阳北山转播台、融媒体中心检查彭阳县广播电视和网络视听行业安全隐患排查整治工作开展情况。

7月26日　中国商飞公司党委常委、纪委书记赵九方一行到彭阳对姚河塬遗址、乔家渠红军长征毛泽东宿营地、彭阳县博物馆、图书馆进行调研。

8月8日　固原市政府党组成员、六盘山旅游管委会专职副主任李国才一行到彭阳开展文化旅游重点工作调研。

8月20日　县智慧图书馆、城市书房建成免费对外开放。

8月23日　固原市人大常委会秘书长魏志刚一行到彭阳督查文化旅游产业重点任务落实情况并召开座谈会。

10月10日　国家发展改革委就业司一行到彭阳调研金鸡坪梯田公园及彭阳农村文旅消费基础设施建设情况。

10月11—12日　厦门市翔安区政府副区长张清海一行到彭阳乔家渠红军长征毛泽东宿营地、金鸡坪梯田公园、县博物馆进行调研。

10月17日　自治区人大常委会党组副书记、副主任白尚成一行到彭阳调研生态环境保护工作，在县博物馆了解彭阳各流域历史文化和近年来考古发掘情况。

是日　自治区文明办专职副主任马萍一行在县文广局检查验收文明单位创建情况。

10月18日　中央第十五巡回指导组组长、全国政协经济委员会主任王国生一行到彭阳县博物馆调研彭阳历史文化和近年来考古发掘情况。

10月19日　自治区文史研究馆党组成员、副馆长丁克家一行到彭阳开展馆员学习调研活动。

11月1日　县图书馆在第七次全国县级以上公共图书馆评估定级中被文化和旅游部评为“二级图书馆”。

11月6日　国家文物局博物馆与社会文物司(科技司)社会文物处副处长曹明成一行到彭阳调研文物保护利用工作。

11月7日　国家统计局宁夏调查总队总队长郑学工一行到彭阳县博物馆进行调研，实地参观博物馆基本陈列展览，深入了解彭阳历史文化。

11月8日　固原市人民政府副市长杨生俊一行到彭阳姚河塬遗址调研“姚河塬遗址及基础设施建设项目”实施情况和文物发掘保护情况，在乔家渠红军长征毛泽东宿营地调研彭阳县红色文化保护传承情况。

11月14日　自治区广播电视局一级巡视员王永斌一行到彭阳检查广播电视安全生产工作。

11月24日　佛山市文化广电旅游体育局副局长郭明远一行到彭阳开展第二批文化市场综合执法对口交流协作活动，实地参观彭阳县博物馆、图书馆、乔家渠红军长征毛泽东宿营地等文旅场所。

12月11日　自治区党委常委、宣传部部长李金科到彭阳乔家渠红军长征毛泽东宿营地调研红色文旅发展情况和毛泽东“吃土豆话初心”故事，在姚河塬西周遗址调研姚河塬西周遗址文物保护工作情况。

12月15日　县图书馆、县文化馆红河镇、新集乡分馆建成并免费对外开放。

12月18日　自治区文化和旅游厅二级巡视员刘志斌一行到彭阳对白阳镇周沟村申报自治区特色旅游村情况进行评审验收。

是年　县图书馆被命名为宁夏社会科学普及教育基地。

第一章　文化管理

彭阳县自1983年成立以来，始终坚持以马克思列宁主义、毛泽东思想、邓小平理论、“三个代表”重要思想、科学发展观、习近平新时代中国特色社会主义思想为指导，牢牢把握社会主义先进文化的前进方向，自觉在思想上行动上同党中央保持高度一致，总揽文化建设全局，坚持“建设优先、统筹城乡、创新机制、人才兴文”的发展思路，紧紧围绕实现全面建设小康社会宏伟目标，加强社会主义新农村文化建设，深化文化体制改革，加快文化产业发展，加强人才队伍建设，进一步繁荣文化事业。经过数十年的努力，基本形成适应社会主义市场经济体制和构建社会主义和谐社会的文化发展新格局。

40年来，随着社会的发展进步和机构改革的变迁，彭阳县文化、旅游、广播电视事业也不断发展，其机构变化经历了广播站、文化教育科、文化科、文化教育局、文化局、文化广播电视局、文化广播电视旅游局、文化旅游广播电视局等不同阶段。无论机构改革如何变化，彭阳县文化旅游广电人始终坚持建设和谐文化，坚持用社会主义核心价值观体系引领思潮，团结向上，共同前进。一任接着一任干，一张蓝图绘到底。不断改革文化体系建设，整合社会资源，凝聚力量，用建设性态度对待不同文化要求，弘扬主旋律，传播正能量，发展先进文化，与时俱进，从基层培育和发展具有中国特色、符合先进文化要求的社会主义和谐文化，为彭阳文化事业发展作出不懈努力。

第一节　管理机构

一、机构沿革

彭阳县文化旅游广电局是县政府工作部门，为正科级，挂彭阳县文物局牌子。办公地址位于彭阳县城育红巷2号。

1983年12月建成彭阳县广播站，为县委直属正科级事业单位。1984年，彭阳县设文教科，辖有文化股管理文化工作。1986年12月，彭阳县人民政府决定成立“彭阳县文化科”，科内建立党支部。1987年3月13日，彭阳县文化科正式挂牌办公。彭阳县文化科成立后，根据彭阳县编办的决定，将文化馆、图书馆、文物站、新华书店、电影公司5家企事业单位和乡镇文化站的行政业务归彭阳县文化科管理。1987年5月20日，经彭阳县人民政府常务会议研究决定，同意文化科内设人秘股、文化股，确定编制6人。1989年6月27日，文化科将各乡镇文化站的人事及财务移交给所属乡镇管理，文化科承担业务培训、指导。1989年8月10日，县编委批准成立彭阳县广播电视局，为政府直属副科级事业单位，与县广播站合署办公，实行两个机构、一套班子。1990年，经县编委批准，从图书馆事业编制中核减2人定编给文化局，编制由原来的6人增加到8人，其中行政6人，事业2人。1992年1月，成立文化局财务股，统一管理文化局、文化馆、图书馆3家单位财务。1996年4月，文化局撤销并入教育局，保留文化股，工作人员1名，联系下属各单位工作。1997年6月文化局恢复建制，搬到图书馆楼办公，设局长、书记、副局长各1名，办公室（原人秘股更名）、文化股、财务室，确定编制8人，行政6人，事业2人。

2002年7月27日，彭党发〔2002〕38号文件《关于县乡机构改革的实施意见》决定不再保留县广播电视局、县广播站。2002年10月撤并文化广播电视局，组建文化广播电视局，为承担行政职能的政府直属事业单位，并成立广播电视台。新组建的彭阳县文化广播电视局，内设职能机构为办公室、文化股、文化市场稽查队，业务机构设技术服务股、编辑部、记者部、电视机房、财务室。有工作人员31名，并设立党总支部，设书记1名、局长1名、副局长3名、其他工作人员26名。下属单位有文化馆、图书馆、文物所、电影公司（下设影剧院）、电视台、电视转播台。系统有工作人员88人，公务员10人，事业78人，其中大专以上学历51人，中级职称11人。2008年5月县旅游办撤并文化广播电视局，成立文化广播电视旅游局,2014 年 12 月更名彭阳县文化旅游广电局。2019 年 12 月设彭阳县文物局,与彭阳县文化旅游广电局合署办公,实行两个机构、一套班子,一直沿用到 2023 年底。

二、机构职责

彭阳县文化旅游广电局主要职责　彭阳县文化旅游广电局贯彻落实党和国家及区、市、县党委政府有关文化旅游广电工作方针政策,执行有关文化、旅游、广电方面法律、法规、规章,实施依法设定的行政许可。

推进文化和旅游融合,统筹全县文化和旅游事业、文化和旅游产业发展,拟订文化和旅游发展规划并组织实施,开展文化和旅游资源普查、挖掘、保护和利用工作,深化文化和旅游体制机构改革。

举办和管理全县重大文化和旅游活动,推进文化和旅游基础设施建设,组织全县文化和旅游整体形象宣传推广,促进文化和旅游产业对外交流、合作和市场推介,拟定文化和旅游市场发展规划并组织实施。

指导、管理文艺事业,指导艺术创作生产,扶持体现社会主义核心价值观、具有导向性示范性的文艺作品,推动各门类艺术全面发展。

负责全县公共文化和旅游事业发展,推进公共文化和旅游服务体系建设,深入实施文化和旅游惠民工程,统筹推进基本公共文化和旅游服务标准化、均等化。指导、推进文化和旅游创新发展,推进文化和旅游行业信息化、标准化建设。

拟订文物和博物馆事业发展规划并组织实施,协调和指导文物保护工作。负责非物质文化遗产保护,组织实施文化资源普查、挖掘、保护和利用工作,推动非物质文化遗产的保护、传承、普及、弘扬和振兴。

指导全县文化和旅游市场综合执法,依法加强对文化和旅游阵地管理,组织查处全县性文化、文物、旅游等市场违法行为,督查督办重大事件,维护文化和旅游市场秩序。

负责拟订广播电视事业发展规划,组织实施公共服务重大公益工程和公益活动,指导、监督广播电视重点基础设施建设。负责全县广播电视节目传输覆盖和广播电视安全播出工作,组织实施全县应急广播体系建设。对全县广播电视机构进行业务指导和行业监督管理。配合县委宣传部做好广播电视事业建设、宣传和舆论导向管理、广播电视节目、电影放映、新闻出版、网络视听节目内容监督管理和融媒体的管理。

负责全县文化、旅游、广电行业人才队伍建设。

按照党政同责、一岗双责、齐抓共管、失职追责，坚持管行业必须管安全、管业务必须管安全、管生产经营必须管安全的原则，负责本行业、本领域、本单位安全生产和消防安全工作。

完成县委和政府交办的其他任务。

三、内设机构及下属单位职责

综合办公室　负责机关日常运转工作，组织协调机关和所属单位业务，督促重大事项的落实；承担机关文电、会务、信息、机要保密、档案、信访、安全、应急、综合治理、政务公开、办公自动化、网络管理、目标绩效考核等工作；负责人大建议、政协提案办理工作；负责机关后勤管理服务等工作，承担文化类社会组织申办受理工作；负责局机关和所属单位的机构编制、组织、人事、干部培训、因公出国（境）的申报、继续教育培训等工作，组织相关专业技术人员职称评审的上报工作；负责离退休人员的管理服务工作；负责机关财务、国有资产管理，指导、监督所属单位财务和资产管理。

旅游发展中心　负责贯彻实施有关法律、法规、规章和政策。统筹全县旅游业的改革发展，拟定旅游业发展战略、规划和年度计划并组织实施。培育、引导、扶持旅游产业发展，组织构建具有较强竞争力的旅游产业体系；对旅游经济运行情况进行监测，负责旅游统计和行业信息、新闻发布工作；统筹协调相关产业部门之间的旅游合作与融合发展。开展旅游对外交流与合作，推动全域旅游发展。拟定旅游市场开发战略并组织实施。负责全县对外宣传和重大旅游推介活动。组织协调重大旅游节庆活动，培育旅游品牌；组织旅游资源普查、规划、开发和相关保护工作。指导重点旅游区域、旅游目的地和旅游线路的规划开发，引导社会资本投资旅游业；执行国家、区、市有关旅游方面的标准，负责服务质量的监督管理，规范旅游企业和从业人员的经营和服务行为。建立健全旅游市场综合执法和联合监管机制，维护旅游消费者和经营者的合法权益。综合协调旅游安全的监督管理，指导旅游安全工作。协调推进全县旅游公共服务体系建设，指导智慧旅游、旅游集散、旅游公共信息、咨询服务体系建设，推动旅游服务的便利化。指导旅游行业精神文明建设和诚信体系建设；拟订并组织实施旅游人才规划，负责全县旅游从业人员教育培训工作。组织实施旅游从业人员的职业资格标准和等级标准的考核。监管彭阳县全域旅游投资有限公司的运行，指导彭阳县全域旅游投资有限公司的工作；组织开展旅游项目规划、立项、审批、招投标等工作，加强项目建设协调和服务，解决和处理好施工过程中出现的各种问题,保障项目建设的和谐环境;组织实施工程设计技术交底和图纸会审,组织工程进场,按照有关工程管理办法,做好施工过程中的工程变更和报批工作,建立健全工程设计变更台账。熟悉合同文件,负责工程项目合同管理,监督检查合同执行情况,根据合同文件监督检查监理单位和承包商的人员、机械设备进场情况,督促和落实参建各单位的驻地建设、质量、安全和环保等保证体系;负责建设项目进度管理,实行计划管理,按照批准的施工组织设计和进度计划,严格控制施工进度,督促检查施工单位计划的落实,并根据现场施工实际情况和上级要求,负责督促施工组织设计和进度计划的调整和平衡工作;负责文化旅游项目建设所需设备采购工作;负责项目竣工验收、结算、决算及后期合同等的归档工作;完成上级业务主管部门交办的其他工作。

广播电视公共服务中心　贯彻落实国家法律法规和广播电视行业政策标准,履行广播电视行政管理,负责广播电视和网络视听安全播出、设施保护,拟订全县广播电视、网络视听节目服务管理的发展规划和政策措施并组织实施和监督检查,加强广播电视阵地管理,把握正确的舆论导向和创作导向;负责对全县各类广播电视机构进行业务指导和行业监管,会同有关部门对网络视听节目服务机构进行监管;组织推进广播电视领域的公共服务,组织实施重大公益工程和公益活动。指导、监督全县广播电视重点基础设施建设,扶助广播电视建设和发展;监督管理、审查广播电视节目、网络视听节目的内容和质量。指导、监管广播电视广告播放;负责监管广播电视节目传输覆盖、监测和安全播出,推进全县应急广播体系建设。负责本行业领域安全生产监管和应急处置工作;负责全县广播电视无线发射(转播)台(站)的巡查、维护和安全播出工作。确保高质量、完整转播规定的广播电视节目;负责广播电视交流与合作事宜,协调推动广播电视领域"走出去"工作,负责广播电视节目的进口、收录和管理;协同有关部门承担全县广播电视、网络视听行业人才队伍建设;完成县委、县人民政府和区、市业务主管部门及局领导交办的其他任务。

图书馆　贯彻执行党的方针、政策,履行信息服务职能;制定图书馆发展规划和各项规章制度;制定图书馆文献信息资源建设方案,采集各类的文献信息资源,并进行科学加工、整序和管理维护;做好图书馆流通阅览、参考咨询和资源传送工作。积极开发文献信息资源,满足读者获取、利用文献信息的需求;负责图书馆自动化、网络化、数字化等现代信息基础设施建设，落实各项安全防护措施；组织和协调文献信息资源建设工作；加强图书馆队伍建设；开展各类阅读推广活动，加强馆际协作和交流；完成上级业务主管部门交办的其他工作。

文化馆　负责拟订全县文化事业发展规划、公共文化体系建设政策、规划和服务标准并组织实施；推动多元化文艺创作与生产，扶持体现社会主义核心价值观、具有导向性代表性示范性的文艺作品；指导各乡镇、村组、文艺院团、工作；组织协调文艺活动艺术展演、展览、非营业性演出等艺术活动和群众文化、少数民族文化、未成年人文化、老年文化在内的各项社会文化事业；组织文艺演出、文化讲座和展览活动，把文化馆办成吸引并满足群众求知、求乐、求美的文化艺术活动中心；负责辅导、培训群众、文化系统在职干部及街道社区、企业、社团业余文化骨干，深入街道、社区、企业、机关、学校等进行文化专业指导；开展丰富多彩的广场群众文化活动，定期定时为各类群众文艺社团免费提供场地服务，对其进行辅导，扩大文化馆对外的社会影响力；建立群众文化艺术活动的档案资料；搜集、整理、研究、开发民族民间优秀文化，挖掘、整理、保护和传承民间非物质文化遗产；协调统筹文艺院团及文化志愿者工作，有序开展各类群众性文化服务活动；完成上级主管部门及局领导交办的其他工作。

博物馆　在县委、县政府的领导及上级业务部门的指导下，认真贯彻执行党和国家各项法律、法规、方针、政策，严格依照《中华人民共和国文物保护法》《博物馆管理办法》等法律法规，开展博物馆各项工作；负责对具有历史、艺术、科学价值的可移动文物的征集、研究、收藏、保管、陈列、展示，充实博物馆展品的内容，提高展品的内涵；对馆藏文物按有关规定进行妥善保管，采取有效措施，在藏品管理制度的基础上，努力探索藏品管理的现代化方法和手段，对藏品进行科学保管；健全安全保卫管理制度，防火、防盗，确保藏品的安全；举办文物陈列展出，发挥宣传窗口作用，为经济社会发展服务，推动文物事业发展；不断更新展览内容，提高现代化展示水平，结合“新媒体、大数据”技术，开发“线上博物馆”或“虚拟展示平台”，利用互联网让博物馆文化进入更多人的视野；通过借展、巡展和举办高水平临时展览等各种方式，增加展览的丰富性和多样性；充分发挥博物馆的基本功能，按照博物馆事业发展规划，改善博物馆基础设施条件，规范博物馆各项管理工作，促进博物馆事业发展，努力建设高水平、现代化的综合性博物馆；积极发挥博物馆的文化育人作用，大力推进文化传承创新，推动社会主义文化大发展大繁荣，不断满足人民群众日益增长的精神文化和教育学习需求；拓宽渠道，有计划地征集有较高文化价值、科研价值的历史文物，补充征集藏品，不断丰富和充实馆藏内容，做好特色藏品的征集和研究工作；加强与其他文博机构间的交流与合作，发挥文物研究职能，开展学术研究；完成上级部门交办的其他工作。

文化市场综合执法大队　贯彻执行国家、区、市、县有关文化市场管理工作的法律法规和方针政策；研究制定全县统一行使文化、文物、出版、广播电视、电影、旅游市场工作的规范性文件和总体规划，并组织实施；依据有关法律法规、规章和政策规定，对全县文化、文物、出版、广播电视、电影、旅游市场进行监督、检查和管理，行使对文化市场管理的行政处罚权，并承担“扫黄打非”有关工作任务；组织全县性的文化、文物、出版、广播电视、电影、旅游市场综合执法专项整治行动，配合上级部门查处重大违法案件；负责对全县文化、文物、出版、广播电视、电影、旅游市场及生产经营活动违法行为投诉、举报的受理和查处工作；负责全县文化市场执法人员的业务培训、日常检查工作；承办上级文化市场综合执法机构交办的案件，接受上级文化市场综合执法机构的业务指导、协调监督和检查考核；负责文化、文物、出版、广播电视、电影、旅游市场行业领域的安全生产监管和维护稳定工作；负责网吧、KTV、书店、校园周边等安全、消防检查；完成上级部门交办的其他工作。

文物管理所　贯彻落实国家、自治区、固原市关于文物工作的法律、法规和规章制度，履行全县不可移动文物的抢救、保护、维修、利用、管理，组织实施上级业务主管部门关于文物事业发展的规划、计划和年度工作任务，研究提出全县文物事业发展的规划意见；贯彻落实《中华人民共和国文物保护法》《中华人民共和国文物保护法实施条例》，对县境文物保护单位及尚未核定公布为文物保护单位的不可移动文物进行管理，防止盗墓、私人建设行为或其他人为因素对墓葬、古遗址破坏等情况的发生，建立巡查记录档案；对人为因素导致的墓葬、古遗址的破坏行为，配合公安部门开展相关工作；县境各级文物保护单位需要进行修缮、抢险加固和迁（复）建的，配合相关部门开展工作；组织开展文物保护管理、档案资料的收集整理工作；审查有关文物保护的相关合同、协议，做好文物和无形资产的保护管理工作，负责县境文物古迹、历史文化遗址保护区的推荐、公布和县级以上文物保护单位的申报工作；会同有关单位对辖区内涉及的各级文物保护单位、文物遗址点、历史文化遗迹（包括古建筑、当代有代表性建筑、名人故居）、地下文物重点保护区（包括古墓葬）及其他可能埋藏文物地区的建设项目，进行依法监管和前期考察，开展抢救发掘清理工作；负责研究文物保护专业技术问题，参与文物保护设施建设项目规划的论证、评审以及指导实施等工作；对全县范围内的历史、民俗等文物进行调查、发掘、征集和保护；对各个时期的古遗址、历史建筑物进行保护，防止文物非法流通，配合县文化市场综合执法大队和公安机关打击文物犯罪活动，创造健康有序的文物保护环境；负责辖区内文物的征集、追缴、征购、管理；完成上级文物行政主管部门交办的其他工作。

全域旅游投资有限公司　负责整合彭阳县旅游资源；对旅游项目进行招商引资；实施旅游招商项目建设；负责旅游项目的投资、开发、经营；负责景区景点的管理、运营、乡村旅游开发与经营、旅游饭店开发与经营、旅行社经营、旅游商品开发、旅游市场开发与宣传营销、旅游投资咨询服务、电子商务、旅游节庆会展、旅游演艺及影视传媒等业务；运作旅游产业基金、进行融资担保等投融资业务。

四、现任彭阳县文化旅游广电局领导名录

党组书记、局长　韩文涛　2020 年 10 月任职
党组成员、副局长　李　凡　2022 年 5 月任职
副 局 长　苟志程　2023 年 9 月任职

五、历届彭阳县文化旅游广电局领导名录

彭阳县广播站（1983 年 12 月成立）

站　　长　杨世堂　1984 年 1 月至 1987 年 10 月
　　　　　雅进乾　1987 年 10 月至1990 年 1 月
　　　　　王克明　1990 年 1 月至2002 年 8 月
副 站 长　张天星　1990 年 10 月至1994 年 1 月
　　　　　贺　诚　1993 年 3 月至1998 年 4 月
　　　　　文　元　1997 年 2 月至2002 年 10 月

文教科（1984 年 12 月成立）

科　　长　祁奉章　1985 年 2 月至1986 年 12 月

文化科(1986 年 12 月成立)

科　　长	王治荣	1986 年 12 月至1989 年 3 月
支部书记	杨志山	1987 年 7 月至1988 年 4 月
支部书记、科长	赵生奎	1990 年 1 月至1993 年 9 月
副 科 长	杨志山	1988 年 4 月至1989 年 3 月

彭阳县广播电视局(1989 年 8 月 10 日成立)

局　　长	雅进乾	1989 年 9 月至1990 年 1 月
	王克明	1990 年 10 月至2002 年 8 月
副 局 长	贺　诚	1994 年 1 月至1999 年 12 月
	文　元	1997 年 2 月至2002 年 10 月
	王　儒	2002 年 6 月至2002 年 10 月

彭阳县文化局(1990 年成立)

局　　长	赵生奎	1990 年 4 月至1994 年 9 月
	瓮志罡	1994 年 9 月至1996 年 5 月
副 局 长	冯国栋	1990 年 10 月至1992 年 10 月
	瓮志罡	1993 年 7 月至1994 年 9 月
支部书记	马玉芳	1994 年 8 月至1996 年 3 月

彭阳县文化局撤并彭阳县教育局(1996 年 4 月撤并)

党委书记	蔺怀福	1996 年 4 月至1997 年 6 月
局　　长	赵玉祥	1996 年 4 月至1997 年 6 月
副 局 长	余德才	1996 年 4 月至1997 年 6 月

彭阳县文化局(1997 年 6 月重新分设)

支部书记(局长)	杨志杰	1997 年 7 月至2002 年 1 月
副 局 长	万亚平	1997 年 6 月至2002 年 8 月
	王立地	1999 年 4 月至2002 年 10 月

彭阳县文化局撤并彭阳县文化广播电视局(2002 年 10 月撤并)

总支部书记	王国玺	2003 年 5 月至 2003 年 9 月
	张建贵	2003 年 12 月至 2012 年 11 月
局　　长	王国玺	2002 年 8 月至 2003 年 6 月
	万亚平	2003 年 6 月至 2008 年 5 月
	张　虎	2011 年 11 月至 2012 年 7 月
	林生库	2012 年 7 月至 2016 年 12 月
副 局 长	王立地	2002 年 8 月至 2008 年 5 月
	文　元	2002 年 10 月至 2008 年 5 月
	王　儒	2002 年 10 月至 2008 年 5 月
	杨巨强	2008 年 3 月至 2012 年 11 月

彭阳县文化广播电视旅游局(2008 年 5 月县旅游办撤并成立)

总支部书记	张建贵	2008 年 5 月至 2012 年 11 月
局　　长	万亚平	2008 年 5 月至 2011 年 6 月
	张　虎	2011 年 6 月至 2012 年 7 月
	林生库	2012 年 7 月至 2016 年 12 月
副 局 长	王立地	2008 年 5 月至 2009 年 9 月
	文　元	2008 年 5 月至 2010 年 1 月
	王　儒	2008 年 5 月至 2010 年 3 月
	杨巨强	2008 年 5 月至 2012 年 11 月

彭阳县文化旅游广电局(2014 年 12 月更名)

总支部书记	刘永明	2012 年 11 月至 2015 年 12 月
局　　长	林生库	2014 年 12 月至 2016 年 12 月
	袁继安	2016 年 12 月至 2020 年 5 月
副 局 长	张天才	2010 年 3 月至 2017 年 3 月
	徐枫兰	2010 年 10 月至 2019 年 5 月
	魏恒汉	2012 年 12 月至 2016 年 5 月
	刘永明	2015 年 12 月至 2018 年 2 月

	赵志武	2016 年 12 月至 2019 年 5 月
	袁继安	2016 年 6 月至 2016 年 12 月
	韩广新	2018 年 2 月至 2020 年 12 月
	马宏芳	2019 年 8 月至 2022 年 1 月
	刘克效	2020 年 12 月至 2022 年 5 月
	甄长青	2022 年 5 月至 2023 年 9 月

彭阳县文物局(2019 年 12 月成立)

局　长	袁继安	2019 年 4 月至 2020 年 5 月
	韩文涛	2020 年 10 月至 2023 年 12 月 31 日

彭阳县文化旅游广电局工会

主　席	钱金芳	2007 年 3 月至 2012 年 7 月
	徐枫兰	2012 年 7 月至 2019 年 5 月
	马宏芳	2019 年 8 月至 2022 年 1 月
	李　凡	2022 年 5 月至 2023 年 12 月 31 日

彭阳县广播电视台(2002 年 10 月成立)

台　长	王国玺	2002 年 8 月至 2003 年 6 月
	万亚平	2003 年 6 月至 2011 年 6 月
	张　虎	2011 年 6 月至 2012 年 7 月
	林生库	2012 年 7 月至 2014 年 5 月
	韩广新	2014 年 6 月至 2018 年 3 月
	杨万库	2018 年 4 月至 2019 年 11 月
	米克仕	2019 年 12 月至 2021 年 10 月
	杨万库	2021 年 11 月至 2023 年 12 月 31 日
四级调研员	杨占万	2019 年 10 月至 2023 年 12 月 31 日
一级主任科员	海　啸	2019 年 5 月至 2023 年 12 月 31 日
三级主任科员	刘　忠	2022 年 5 月至 2022 年 7 月
四级主任科员	刘　忠	2007 年 12 月至 2022 年 5 月
	史玉梅	2007 年 12 月至 2012 年 8 月
	魏恒汉	2016 年 5 月至 2023 年 12 月 31 日

六、事业机构

彭阳县文化馆　彭阳县文化馆成立于1984年2月，时有工作人员8名，在彭阳公社广场办公，馆舍面积234平方米。1987年，搬入县图书馆一楼办公，设办公室、群众艺术股、美术摄影组。有专业人员12人。1993年有工作人员11人。1994年10月，文化馆开设一厅一室（歌舞厅、娱乐活动室）。2002年10月，新建彭阳县文化宣传活动中心楼，面积2240.5平方米，2003年8月县文化馆从图书馆搬入新楼办公，内设办公室、群文组、艺术创作组、书法美术室、文学创作室、摄影室、调研室等10个组室，增添办公设施、配置音响设备、乒乓球台架等活动器材。2019年12月搬至悦龙山新址，馆舍建筑面积4085.49平方米，内设观演厅、非遗展厅、排练室、创作室、培训室、钢琴室、音乐工作室等功能室及业务用房。

文化馆负责人名录：

馆　　长	杨廷福	1986年10月至1990年4月
	冯国栋	1990年5月至1992年4月
	万亚平	1994年10月至1997年7月
	燕南访	1997年8月至2006年8月
	韩三红	2006年8月至2017年6月
	杨旭东	2017年7月至2023年12月31日
党支部书记	韩三红	2006年8月至2017年6月
副 馆 长	杨延福	1984年10月至1986年10月
	梁志强	1992年10月至1994年10月（主持工作）
	刘　忠	2006年2月至2012年10月
	杨旭东	2012年10月至2017年7月
	高　筱	2017年8月至2020年12月
	王丽娜	2021年3月至2023年12月31日
	张　玲	2023年8月至2023年12月31日

彭阳县图书馆　彭阳县图书馆1985年10月成立，时为彭阳县文化广播局下属股级事业单位，2016年为彭阳县文化旅游广电局下属股级事业单位。1985年确定编制19人，时有工作人员4名；1987年12月以前，先后调进工作人员9名，工作人员增加到16名；

2009年机构改革后，确定编制11人，2017—2022年编制减至7人，实有工作人员9名。

图书馆负责人名录：

馆　长　杨世堂　1987年1月至1995年5月
　　　　燕南访　1995年6月至1997年7月
　　　　高发祥　1997年7月至2002年1月
　　　　杨志梅　2002年2月至2003年11月（副馆长代理馆长）
　　　　杨志梅　2003年12月至2005年3月
　　　　景玉英　2005年2月至2006年5月
　　　　钱金芳　2006年6月至2011年12月
　　　　徐枫兰　2012年1月至2012年11月
　　　　杨万库　2012年12月至2018年12月
　　　　扈正有　2019年1月至2023年12月（2019年1月至2021年10月兼任中共彭阳县三馆联合支部委员会书记）

副馆长　杨志梅　2002年2月至2003年11月（副馆长代理馆长）
　　　　张彦菊　2006年6月至2012年9月
　　　　马少萍　2012年10月至2021年9月
　　　　季惠敏　2021年9月至2021年10月
　　　　杜文弟　2021年10月至2023年12月（兼任中共彭阳县三馆联合支部委员会书记）

彭阳县博物馆　1984年11月28日彭阳县文物站成立，设办公室、文物库房；1986年，开展文物普查、收缴、登记、建档工作；1997年7月1日，由宁夏公安厅批准成立彭阳县文物经济民警小队，内设机构增加了经济民警队、党员活动室、资料室；2016年文物管理所筹建博物馆，博物馆位于县城以北悦龙新区，于2017年11月正式建成对外开放，建筑面积11000平方米，总投资8700万元，是一座集文物收藏、展览、研究于一体的县级综合博物馆，建筑面积和馆藏文物数量位居全区第三。建筑呈“回”字形布局，设“茹水遗珍——彭阳古代文物陈列展”“红色记忆——彭阳近现代史迹展”“今我彭阳展”“彭阳规划展”“临时展厅”“观众互动厅”6个展厅和学术报告厅。

在基本陈列“茹水遗珍——彭阳古代文物陈列展”中，分远古时代、先秦文明、丝路遗珍、千年古县4个部分，展示了大量的以陶器、玉器、青铜器、瓷器为代表的精品文物和以丝路文化为题材的波斯银币、佛造像等文物最具特色，展现了彭阳自3万年前的旧石器时代到明清不同历史时期多姿多彩的文化；“红色记忆——彭阳近现代史迹展”中分革命觉醒、红旗漫卷、共赴国难、峥嵘岁月4个单元，以毛泽东、彭德怀等老一辈无产阶级革命家在彭阳遗留下来的光辉史迹、遗物，以及彭阳人民积极抗战的珍贵革命文物。

文物站、文物管理所、博物馆负责人名录：

文物站负责人

站　长　王治荣　1984年12月至1989年8月

　　　　台维斌　1989年8月至1996年4月

　　　　祁悦章　1996年4月至2003年12月

　　　　杨宁国　2003年12月至2007年12月

2007年12月10日，按照机构改革的要求，彭阳县文物站更名为彭阳县文物管理所，由原副科级事业单位降为不定级别事业单位。

文物管理所负责人

所　长　杨宁国　2007年12月至2018年8月

副所长　海　梅　2007年12月至2018年8月

2018年8月18日，彭阳县编制委员会下发《关于成立彭阳县博物馆的通知》，挂彭阳文物管理所、彭阳县无量山石窟管理所牌子，不定级别，编制8人。同年8月博物馆成立。

博物馆馆长、文物管理所长、无量山石窟管理所长

　　　　　　杨宁国　2018年8月至2020年12月（2019年1月—2022年12月兼任中共彭阳县三馆联合支部委员会委员）

　　　　　　杨彦彬　2020年12月至2020年12月

　　　　　　刘克效　2021年1月至2021年7月（兼任）

　　　　　　高鹏丽　2021年8月至2023年12月31日

副馆（所）长　杨彦彬　2018年8月至2020年12月

　　　　　　海　梅　2018年8月至2020年12月

　　　　　　季惠敏　2020年12月至2021年3月

　　　　　　高鹏丽　2021年3月至2021年8月

2022年，结合机构改革，县编委批复成立专门的文物管理机构彭阳县文物管理所，核定事业单位编制人员6名，专职负责全县不可移动文物保护工作。

所 长 司鹏飞 2022年9月至2023年12月31日

全域旅游投资有限公司 彭阳县全域旅游投资有限公司成立于2016年7月，是经彭阳县人民政府批准、县市场监管部门核准注册成立的国有独资公司，主要负责整合彭阳县旅游资源、旅游项目招商引资，实施旅游招商项目建设，旅游项目的投资、开发、经营和景区景点的管理和运营。

全域旅游投资有限公司负责人名录：

董事长 张万有 2016年7月至2016年12月
杨万库 2016年12月至2018年5月
吴进遥 2018年5月至2021年4月
海 啸 2021年4月至2021年6月
吴进遥 2021年6月至2022年8月
季惠敏 2022年8月至2022年10月
扈正有 2022年10月至2023年3月
施效利 2023年3月至2023年12月31日

总经理 王丽娜 2016年7月至2023年9月
魏 斌 2023年9月至2023年12月31日

电影公司 1953年冬，甘肃省电影放映十一队（即西海固回族自治区电影队）成立，1963年撤销；1970年，固原县为今彭阳境内14个公社配备放映机、发电机；每公社放映员2人，年放映电影2600场；1984年1月，彭阳县电影公司成立，属全民所有制事业单位，职工7人，农村放映员30人，放映队14支，放映点192个，年均放映4000余场。从1999年开始，电影队职工开拓农村电影市场，为全县“两个文明”建设服务。2007年，撤销彭阳县电影公司，把电影发行和放映业务并入彭阳县文化广播电视局广播影视公共服务中心，有10名工作人员。2008年，国家在全国农村实行数字化电影放映，解决农村群众看电影难问题，根据《彭阳县农村数字电影实施办法》聘用12名农村电影放映人员，在全县开展“一村一月放映一场数字电影”活动。

彭阳县电影院位于兴彭路，1993年10月建成，总投资236万元，建筑面积2665.39平方米。主体结构为框架式，钢梁支撑，空心预制水泥板封顶，上下两层，869个座位，阁楼设播音室、放映室、卷片室，水、暖、电设备齐全，东侧设游艺室和售票处，走廊和主体相通。影院为县电影公司下属放映单位，职工 5 人，实行企业管理，独立核算，自负盈亏。2006 年县影剧院装修改建为彭阳会堂。

县电影公司（影视中心）、影剧院负责人名录：

电影公司书记	袁世富	1994 年 8 月至2002 年 8 月
电影公司经理	冯进诚	1983 年 11 月至1986 年 9 月
	韩同科	1986 年 9 月至1994 年 8 月
	王兴聪	1994 年 8 月至2007 年 10 月
电影公司副经理	韩同科	1983 年 11 月至1986 年 9 月
	王兴聪	1986 年 9 月至1994 年 8 月
	李志森	1994 年 8 月至2007 年 10 月
影剧院经理	马义君	1994 年 10 月至1996 年 5 月
	李志森	1996 年 5 月至2000 年 5 月（电影公司副经理兼）
	韩步春	2000 年 5 月至2006 年 7 月
影视中心主任	李志森	2007 年 10 月至2021 年 7 月
影视中心副主任	安定平	2016 年 4 月至2021 年 7 月

文化站　1994 年前有乡镇文化站 16 个，工作人员 22 名。1994 年至 1998 年有的乡镇文化站处于半瘫痪状态。沟口、草庙、王洼镇三站被卖，冯庄站被拆除，有的被出租，工作人员包村或分流，乡镇政府每年在“五一”国际劳动节、“十一”国庆节期间举办一两次文体活动，新集、古城、川口、城阳、红河、王洼、草庙、孟塬等乡镇每年正月组织社火队走村串户和进县城表演。

1998 年，自治区加强对文化工作的领导，将文化站更名为宣传文化中心。6 月，自治区文化厅按照 1:1 要求拨款，彭阳县又筹措一些资金，由县文化局负责对红河、古城、王洼、交岔、刘塬、川口、新集、城阳 8 个乡镇宣传文化中心危房进行了翻修。12 月，给上述 8 个宣传文化中心配备彩电、VCD、音箱、功放、乒乓球台架等设备，并调配工作人员恢复工作。

1999 年 6 月，区文化厅拨款新建草庙、孟塬、石岔三乡镇宣传文化中心。12 月，给上述三乡镇宣传文化中心配备彩电、音箱、VCD、功放等设备。2000 年 6 月，建成罗洼乡宣传文化中心。2001 年拨款对冯庄、崾岘两乡宣传文化中心进行维修。2002 年，自治区上拨款新建沟口乡宣传文化中心，由于机构改革，将沟口合并为新集乡，资金用于 2004

年新建红河乡宣传文化中心，并按要求配齐设备。2005年新建新集、城阳两乡宣传文化中心。

2015年以来，结合创建国家公共文化服务体系示范区，对12个乡镇文化站进行功能提升，全县12个乡镇文化站均达到自治区级标准（面积均在320平方米以上），开放时间均达42小时。

截至2023年底，全县12个乡镇均建成综合文化站，正常开展公共文化服务。

艺术团　2007年6月1日，成立彭阳县艺术团。2007年8月1日动工新建集工作、学习、生活、食宿于一体的艺术团综合办公楼，占地面积999.4平方米。艺术团经过严格考核筛选，招聘录用演员20名，其中，男演员8名，女演员12名，分别来自固原市西吉、海原、隆德、原州、彭阳5个县（区），平均年龄22岁，均为大专以上文化程度。艺术团坚持“小而全，少而精”的办团理念，实行多渠道选聘人才，能进能出，合理流通，实行演职人员动态管理模式。力求“日有节目排练，周有节目出台，月有节目演出”，多次参加各类重大节庆、广场文化演出活动。先后接受宁夏电视台新闻栏目组的采访，并在《新闻话题》栏目作专题报道。代表固原市公安队伍参加全区公安系统文艺会演并取得第二名的好成绩。参与宁夏话剧团“送戏下乡”互动演出和“闽宁”联谊晚会演出，在固原市“文化艺术月”活动比赛中，取得总分第二名。2008年创编排练大型音乐诗画剧《大地情歌》，深受观众好评。

2021年8月，重新组建艺术团（彭阳县全民文化艺术有限公司），属彭阳县全域旅游投资有限公司子公司，招聘演职人员18名，主要负责文艺创作、文化场馆管理服务、非物质文化遗产保护、个人互联网直播服务；组织文化艺术交流活动、电影摄制服务。截至2023年底，人员结构没有变化。

第二节　综合执法

一、执法机构职责

彭阳县文化市场综合执法大队的职责是贯彻执行国家、区、市、县有关文化市场管理工作的法律法规和方针政策；研究制定全县统一行使文化、文物、出版、广播电视、电影、旅游市场工作的规范性文件和总体规划，并组织实施；依据有关法律法规、规章和政策规定，对全县文化、文物、出版、广播电视、电影、旅游市场进行监督、检查和管理，行使对文化市场管理的行政处罚权，并承担“扫黄打非”有关工作任务；组织全县性的文化、文物、出版、广播电视、电影、旅游市场综合执法专项整治行动，配合上级部门查处重大违法案件；负责对全县文化、文物、出版、广播电视、电影、旅游市场及生产经营活动违法行为投诉、举报的受理和查处工作；负责全县文化市场执法人员的业务培训、日常督查工作；承办上级文化市场综合执法机构交办的案件，接受上级文化市场综合执法机构的业务指导、协调监督和检查考核；负责文化、文物、出版、广播电视、电影、旅游市场行业领域的安全生产监管和维护稳定工作。

二、综合执法机构

彭阳县文化市场管理委员会

2005 年 7 月成立彭阳县文化市场管理委员会(彭党发〔2005〕68 号)。

主　　任：马正文

副 主 任：张俊孝　李永花

委　　员：虎秉强　万亚平　李夏生　贺　诚　祁　旺　王立地

委员会办公室设在县文化广播电视局，王立地兼办公室主任。

彭阳县扫黄打非领导小组

2005 年 7 月成立彭阳县扫黄打非领导小组(彭党发〔2005〕68 号)。

组　　长：马正文

副 组 长：张俊孝　李永花

成　　员:虎秉强　万亚平　贺　诚　杨秉礼　孟　宾　王永贤　袁伟勤
　　　　　陈　科　王立地

领导小组办公室设在县文化广播电视局,万亚平兼办公室主任。

彭阳县网吧等互联网上网服务营业场所专项整治工作协调领导小组

2004年5月成立彭阳县网吧等互联网上网服务营业场所专项整治工作协调领导小组(彭政办发〔2004〕44号)。

组　　长:虎玉赟

副 组 长:万亚平

成　　员:贺　诚　徐万廷　王立地　李夏生　祁　旺　王天斌　刘志江
　　　　　杨　静　赵志武　纪卫国　姜　东　姬俊录　何继锋　王　玲

领导小组下设办公室,办公室设在县文化广播电视局,王立地兼办公室主任。

彭阳县文化广播电视局文化市场稽查大队

1994年12月,文化局成立文化市场稽查大队,2002年10月文化、广播电视两局合一,继续设立彭阳县文化广播电视局文化市场稽查大队(彭党办发〔2002〕67号)。

队　　长:王立地

成　　员:张万有　杨梓材　史玉梅

2007年6月至2009年12月,彭阳县文化旅游广电局原文化稽查队上划到宁夏文化市场行政执法总队,隶属固原市支队一大队,彭阳县文化市场行政执法工作由宁夏文化市场行政执法总队固原市支队一大队垂直管理(含固原市原州区、彭阳县)。

宁夏文化市场行政执法总队固原市支队一大队

大 队 长:王冠武

副大队长:韩广新

队　　员:徐红军　马　宏　王晓燕　张　伟(2008年上调到固原市支队工作)

2009年12月由于机构改革(宁编发〔2009〕47号),文化市场行政执法工作职责又重新划归彭阳县文化旅游广电局。韩广新、王晓燕调回彭阳县文化旅游广电局工作。

队　　长:韩广新

成　　员:王晓燕

2018 年 12 月因韩广新另有任命，王晓燕退休，文化市场行政执法工作重新调整。

队　　长：扈正有

成　　员：刘喜臣　季惠敏　寇月琴　施效利　高鹏丽

2019 年 8 月，由于人员调动等原因，文化市场重新调整行政执法人员。

队　　长：张库存

成　　员：扈正有　刘喜臣　季惠敏　施效利　高鹏丽

彭阳县文化市场综合执法大队

根据自治区党委办公厅、人民政府办公厅印发的《关于进一步深化文化市场综合执法改革的实施意见》（宁党办〔2017〕69 号）文件，彭阳县于 2020 年 11 月成立彭阳县文化市场综合执法大队，隶属县文化旅游广电局，为全额拨款不定级别事业单位，核定事业编制 11 名，从县广播电视台划转 11 名（彭编发〔2019〕14 号）。

队　　长：杨　峰

副 队 长：晁运铎　施效利

队　　员：杜文弟　张库存　海生珍　伍大铭　寇小军　杨廷龙　杨立林
　　　　　王　成　吴　芳

彭阳县文化市场管理工作领导小组

2020 年 12 月成立彭阳县文化市场管理工作领导小组（彭宣组发〔2020〕4 号）。

组　　长：邓彦辉

副 组 长：张　杰

成　　员：祁久文　安振杰　王雪晶　张彦文　陈　宏　徐枫兰　韩文涛
　　　　　马少科　兰振禧　武应龙　刘　广　杨　军

领导小组下办公室设在县文化旅游广电局，韩文涛兼任办公室主任。

2022 年 3 月成立彭阳县文物管理所时从彭阳县文化市场综合执法大队划转 3 名编制，剩余编制 8 名（彭编发〔2022〕4 号）。

队　　长：杨　峰

副 队 长：晁运铎　郑　龙

队　　员：朱亮亮　韩文文　虎德荣　白晓梅　古小荣

2023 年 9 月经彭阳县文化旅游广电局党组会议研究，决定对人员岗位编制调整

（彭文广发〔2023〕56号）。

队　　长：郑　龙

副 队 长：晁运铎

队　　员：朱亮亮　虎德荣　白晓梅　王旭东　唐彦琪　古小荣

三、队伍建设

彭阳县文化旅游广电局文化市场综合执法大队作为全县文化市场重要的管理机构，肩负着文化市场稽查，维护文化市场正常秩序，保障文化市场繁荣、健康发展的重任。文化市场综合执法队伍围绕建设社会主义文化强国目标任务，坚持党的全面领导，坚持优化协同高效，坚持全面依法行政，坚持权责一致，坚持统筹协调，坚持注重实效，建立健全符合社会主义核心价值观要求，适应现代文化和旅游业发展需要的文化市场综合行政执法体制，维护各类文化旅游市场秩序，推动社会主义文化繁荣兴盛。

整合文化市场综合执法职能和执法队伍。整合组建文化市场综合执法队伍，将旅游市场执法职责和队伍整合划入文化市场综合执法队伍，统一行使文化、文物、出版、广播电视、电影、旅游市场行政执法职责，并承担"扫黄打非"有关工作任务，由文化旅游广电局负责管理并以文化旅游广电局名义实施执法。实行"局队合一"体制，机构名称为文化市场综合执法大队，履行县文化旅游广电局综合行政执法职责和加强队伍建设的责任，改变重审批轻监管的行政管理方式，把更多行政资源从事前审批转到加强事中事后监管上来。

明确文化市场综合执法队伍人员编制。文化市场执法监管关系到文化安全和意识形态安全，机构设置和队伍建设充分考虑文化市场综合执法的政治性、政策性、专业性。在明确执法机构和人员划转认定标准和程序基础上，按照统一规范管理的方向和编随事走、人随编走原则，整合组建文化市场综合执法队伍。结合彭阳县执法任务量、辖区范围、执法对象等实际情况，统筹考虑文化市场综合执法队伍编制安排，探索建立体现行政执法特点的编制管理方式，确保文化市场综合执法工作只能加强、不能削弱。

加强文化市场综合执法队伍建设。严把人员进口关，全面清理规范临时人员和聘用人员，严禁使用辅助人员执法。严格实行文化市场综合执法人员持证上岗制度，未经执法资格考试合格，不得授予执法资格，不得从事执法活动。健全文化市场综合执法人员培训机制，定期开展岗位练兵技能竞赛活动。落实文化市场综合执法标准规范，加强队容风纪管理，严格廉政纪律，树立文化市场综合行政执法队伍新形象。全面落实综合执法责任制，严格确定不同岗位执法人员执法责任，建立健全责任追究机制，强化文化市场执法监督。

健全文化市场综合执法制度机制。加强对行政处罚、行政强制事项的源头治理。实行行政执法事项清单管理制度，并依法及时动态调整。凡没有法律法规依据的执法事项一律取消，对长期未发生且无实施必要、交叉重复的要大力清理，最大限度减少不必要的行政执法事项，切实防止执法扰民。文化市场综合执法队伍使用统一的执法文书和执法证件规范执法。建立文化市场综合执法自由裁量权基准制度，完善举报办理、交叉检查、随机抽查、案件督办、应急处置等各项工作流程。

强化文化市场综合执法保障。落实文化市场综合执法经费保障，将文化市场综合执法队伍的工作经费和能力建设经费列入同级政府财政预算。加强执法标准化建设，配齐配强执法装备，并加强相关经费保障。严格执行罚缴分离和收支两条线管理制度，严禁将罚没收入同综合执法机构利益直接或者变相挂钩。有关统一执法制式服装、标志和执法执勤用车配备，按中央统一规定执行。推动综合执法信息化建设，推进文化市场技术监管与服务平台应用，采用移动执法、电子案卷等手段，运用信息技术对执法流程进行实时监控、在线监察，提升综合执法效能。

健全文化市场综合执法运行机制。加强文化市场综合执法队伍与审批服务、文化旅游、文物、出版、广播电视、电影等有关行政管理部门间的协作配合，互相通报行政许可、监督管理、行政处罚、专项整治行动等信息，充分发挥各自优势，形成分工负责、相互支持、密切配合的工作格局。有关行政管理部门在各自职责范围内指导、监督文化市场综合执法队伍开展执法工作，文化市场综合执法队伍负责落实有关行政管理部门及"扫黄打非"办公室的工作部署和任务。

积极探索与相关部门建立跨部门、跨区域执法协作联动机制，推动相关领域综合监管机制创新发展并形成合力，完善上下级之间、部门之间、地区之间线索通报、案件协办、联合执法制度，提升文化市场综合执法效能。建立文化市场综合行政执法和刑事司法衔接机制，坚决防止出现有案不移、有案难移、以罚代刑现象。全面推行行政执法公示制度、执法全过程记录制度、重大执法决定法制审核制度，提高执法透明度和公信力。完善宣传、文化和旅游、文物、出版、广播电视、电影、文联、作协等信息共享工作机制，为宣传文化领域市场主体和从业人员的社会化、信息化管理提供有力支撑。

四、文化市场管理

文化市场综合执法大队按照政治坚定、业务精通、纪律严明、作风过硬、形象良好的总体要求，立足文化旅游市场综合执法工作实际，以深化“扫黄打非”、净化社会文化环境为重点，以查处文化市场违法违规案件为抓手，抓紧抓细抓实文旅市场日常监管、违法案件查办、安全隐患排查、专项整治、举报投诉受理以及新冠疫情防控常态化工作，坚持日常监管与专项整治相结合，教育引导与行政执法相结合，切实做到教育实践活动和执法工作“两不误、两促进”，有效整顿和规范文化旅游市场秩序，营造安全稳定的文化和旅游市场环境。每年对 142 家场所采取突击检查、部门联合检查和日常检查，检查场所 1000 余家次，出动执法人员 3000 余人次，累计办理案件 27 件。其中，简易程序 20 件，一般程序案件 7 件，罚款 56.535 万元。处理投诉举报 8 次，回复县检察院检察建议 2 次，每年对 81 家重点文物保护单位和 49 处红色遗址进行 2 次以上巡查、检查，2022 年成功举办 1 期全区以案施训培训班。

加强对网吧和娱乐市场的监管。坚持“突出重点、解决难点、综合治理、全面推进”的原则，以打击网吧、歌舞娱乐场所违规接纳未成年人及不按要求进行实名登记等违法违规行为为重点，采取明察与暗访相结合、重点抽查与日常巡查相结合、重点时段和重点区域相结合、重点监管和跟踪监管相结合的方式，加大日常监管和专项整治力度，加大对“12345”举报内容、校园周边及居民住宅区等重点领域的执法检查力度，每年开展元旦、春节期间网吧、娱乐场所集中检查行动，清明节、“五一”国际劳动节、端午节期间文化和旅游市场专项检查，中高考期间等文化市场专项行动。

加强对卫星电视地面接收设施监管。突出重点区域治理，结合创城工作对县城居民小区、街道门店非法安装，私拉乱接卫星电视广播地面接收器进行清理，2020 年共清理 342 件，确保广播电视播出安全。

加强对出版物市场监管。以打击非法有害出版物和淫秽色情出版物为重点，对全县出版物经营场所、农家书屋和校园周边经营场所进行重点检查，加大对非法游商和无证经营摊点的打击力度，每年组织开展打击侵权盗版、非法有害出版物专项治理。

开展“扫黄打非”工作。充分发挥“扫黄打非”文化执法主力军作用，配合县委宣传部每年开展网络淫秽色情信息专项治理“净网”行动、秋季开学季“护苗”专项行动、查堵非法有害出版活动专项治理“清源”行动、全县校园周边专项治理等多个专项行动。

加强文化经营场所安全生产监管。执法队狠抓安全责任落实，明确安全防范重点，年初同网吧、书店、KTV、旅行社、校外培训机构等文化旅游经营单位签订《安全生产责任书》《疫情防控责任书》《诚信经营承诺书》，将安全责任层层分解、件件落实，督促各类文化旅游经营场所制定突发事件应急处置方案，在重大节日及重要时间段开展专项整治，重点排查网吧、歌舞娱乐、电影院等公众聚集文化经营场所，查找场所在经营管理、消防安全、疫情防控等方面的死角和漏洞，防止发生重大安全责任事故。

加强文化艺术类校外培训监管。按照“双减”工作要求，对全县艺术类校外培训机构就登记信息、经营场地面积、运营情况、收费管理、师资队伍、安全生产、从业人员资质、学员数量、收费标准等方面进行全面摸排，按照文旅厅制定的准入标准对全县文化艺术类校外培训机构重新核发《宁夏回族自治区文化艺术类校外培训机构设立核准书》，督促指导机构在全国校外教育培训监管与服务综合平台完成资金监管、课程上架等工作，完成率100%。

不断健全完善联合执法机制。文化市场综合执法大队积极对接联合监管部门，定期不定期联合公安、扫黄打非、教育、住建、市监、消防等部门对网吧、歌舞娱乐场所、电影院、书店、校外培训机构、印刷企业等重点领域开展联合执法检查，尤其是在元旦、春节、山花节、“五一”国际劳动节、中高考、中秋节、国庆节期间，结合疫情防控、扫黑除恶斗争、安全生产隐患排查、违规经营等问题开展多次联合执法行动，边检查边整改，坚决杜绝无证经营和“带病”经营现象。

深入开展打击整治养老诈骗专项行动。在旅行社、景区景点、农家乐、娱乐场所等重点场所张贴举报方式公告，督促各重点场所悬挂防养老诈骗宣传横幅。开展文化和旅游市场养老诈骗宣传30余场次，发放宣传海报2800余份。通过中国移动运营商向全县中老年群体发送防养老诈骗宣传短信10万条。对以艺术品经营为名实施诈骗、非法集资、非法传销，以低价旅游等方式诱导老年人“投资”“理财”“消费”等涉及养老诈骗问题进行排查。

创新执法方式，推进执法平台应用。充分利用全国文化市场技术监管与服务平台、宁夏“互联网＋监管”平台、宁夏“双随机、一公开”综合监管平台、宁夏行政执法监督平台等开展执法检查、案件办理、举报处理、培训考试等，推动行政执法信息化建设。

第三节 体制改革

一、文化事业单位内部机构改革

2009年,彭阳县深入贯彻落实《中共中央、国务院关于深化文化体制改革的若干意见》(中发〔2005〕14号)和《宁夏回族自治区党委、人民政府关于文化体制改革的意见》(宁党发〔2008〕41号),全面理解、深刻领会中央关于文化体制改革的指导思想、方针原则、基本思路和目标任务,把思想统一到中央的改革部署上来,有组织、有领导、分阶段、分步骤、由点到面推进文化体制改革。

根据行业性质和特点,以践行社会主义核心价值体系为核心,以建设文化强县为着力点,全面推进文化体制机制创新,促进文化事业全面繁荣、文化产业快速发展和优秀传统文化传承弘扬,坚持一手抓公益性文化事业,一手抓经营性文化产业,不断增加投入、转换机制、增强活力,促进文化事业、文化产业快速发展。

紧紧围绕加强公共文化服务、重塑文化市场主体、完善市场体系、改善宏观管理、转变政府职能等关键环节,深入调研,摸清情况,厘清思路,明确目标,科学制订改革方案和配套政策,着力解决政企政事和管办分开、国有文化资产监管和社会保障等重点难点问题,切实维护干部群众的基本权益。

推动各类文化事业单位内部机制改革,建立有利于促进文化事业发展繁荣的领导体制和管理机制;建立能上能下、能进能出的用人机制;建立能充分调动文化工作者积极性和创造性的分配机制;建立促进文艺创作生产良性循环的投入机制,推动文化事业单位突出特色、增强实力、面向市场,培养更多的优秀人才,推出更多的精品力作。以改革文化事业单位的编制管理方式,激活文化事业单位的运行机制。公益性文化事业单位实行编制与编制控制人员数分类管理办法。在核定的编制内,对在编人员实行编制实名制管理,新聘人员实行编制控制人员数管理。按照"增加投入、转换机制、增强活力、提高服务"的要求,改革公益性事业单位内部干部人事和分配制度,推行全员聘用制、中层干部竞聘制,精减行政后勤人员,提高公益性文化事业单位的社会化服务能力和服务质量。

图书馆、博物馆、文化馆(美术馆),是不以营利为目的、面向群众提供公共文化服务的重要文化阵地，为公益性文化事业单位，坚持“公开、公平、公正”原则，建立全员聘用制和干部聘任制，按照“评聘分离”的要求完善专业技术职务聘任制。坚持效率优先、兼顾公平，以岗位、绩效为依据，建立适合各自特点的收入分配制度。优化资源配置，加强和改进财务管理，降低运行成本，提高资源利用效率。面向群众，改进服务方式，提高服务质量，更广泛、更有效地为公众服务，进一步面向市场，拓宽发展渠道，增强自我发展能力。采取多种途径和办法，吸引社会资金加大对公益性文化事业的投入力度，鼓励个人、企业、单位捐助和创办公益性文化事业。

二、农村文化建设

把握社会主义先进文化的前进方向，努力满足广大农民群众多层次多方面精神文化需求。加大政府投入力度，调整资源配置，深化体制改革，加强文化基础设施建设，构建公共文化服务体系，实现和保障人民群众的基本文化权益。发挥市场机制作用，发展文化产业，调动社会各方面力量参与农村文化建设，提供更多更好的文化产品和服务。大力发展先进文化，支持健康有益文化，改造落后文化，抵制腐朽文化，倡导科学、文明，克服愚昧、落后，促进农村物质文明、精神文明协调发展。

经过多年的努力，基本建成农村文化基础设施相对完备，功能相对齐全，公共文化服务加强的县、乡、村三级文化网络体系。加强农村文化建设，完善体制，创新机制，整合资源，壮大队伍，促进农村文化建设向群众化、社会化、产业化发展。坚持社会组织和群众自办相结合，政府投入和群众投入相结合，增强实力，增加活力，充实设备，丰富内容，不断满足群众看书、看戏、看电影、收听收看多频多套广播电视节目的需要。积极拓展农村文化建设功能，发挥文化在活跃农民精神生活、提高农民素质和农村文明程度等方面的重要作用，促进社会主义新农村建设，形成适应社会主义市场经济体制、符合精神文明建设规律的农村文化建设新格局。

在广播电视播出上，以提高中央和自治区广播电视节目入户率为重点，加大实施广播电视村村通工程的力度，至 2010 年全县所有的自然村全部通广播、电视。发挥现有无线转播台站的作用，利用无线、有线和卫星等多种技术手段，使农民群众收听收看到套数更多、质量更好的广播电视节目。完善农村广播电视公共服务覆盖体系，做好农村接收广播电视服务工作，建立适合农村实际的服务机制，确保村村通长期有效运行。

在电影放映上，深化农村电影数字化放映“2131”工程建设，加大专项资金投入力度，重点做好配送电影流动放映车和电影拷贝工作，丰富农村电影片源。加强农村中小学爱国主义教育影片和农村科教影片的放映。采取定点、流动、录像放映等多种形式，积极探索农村电影放映的新方法、新模式，2010 年全面实现全县农村一村一月至少放映一场电影的目标。推广电影数字放映技术，在农村实现由胶片放映向数字放映的转变。

在图书报刊服务上，组织实施服务“三农”重点出版物出版工程，把出版规划适当向农村倾斜，增加农民群众买得起、读得懂、用得上的通俗读物的品种和数量。支持发展农村“宣传文化体育中心户”“农民书社”等农民自助读书组织，为农民群众读书提供方便。实施送书下乡工程，以政府采购的形式，每年集中招标采购一批适用于农村的图书，直接配送到乡村文化服务中心(室)，方便农民群众阅读。建立健全报刊速递业务，扩大城市对农村报刊赠阅的范围，使更多的农民群众能及时看到报刊。

坚持以政府为主导，以乡镇为依托，以村为重点，以农户为对象，发展县、乡(镇)、村文化设施和文化活动场所，构建农村公共文化服务网络。全面实现县有文化馆、图书馆，乡镇有综合文化站，行政村有综合文化服务中心。乡镇文化站建成集图书阅读、广播影视、宣传教育、文艺演出、科技推广、科普培训、体育和青少年校外活动于一体的综合性文化阵地，配备专职人员管理，村综合文化服务中心坚持“一室多用”，明确由一名村干部具体负责，定期定时开放，组织群众活动。

坚持贴近实际、贴近生产、贴近生活，坚持业余自愿、形式多样、健康有益、便捷长效原则，广泛开展群众文化活动，丰富和活跃农民群众精神文化生活。充分利用农闲、节日和集市，组织高跷、篮球比赛、读书、歌咏比赛、文艺演出、劳动技能竞赛等活动。紧密结合建设社会主义新农村，倡导群众读书用书、学文化、学技能，普及先进实用的农业科技知识和卫生保健常识。以创建文明村镇、“十星级文明户”、“科技示范户”等为载体，积极引导广大农民群众崇尚科学，破除迷信，移风易俗，抵制腐朽文化，提高思想道德水平和科学文化素质，形成文明健康的生活方式和社会风尚。同时根据农村社会的新发展和农民群众精神文化需求的新变化，不断创新活动形式，充实活动内涵。大力倡导中华民族的传统美德和优良文化品德，倡导尊老爱幼、团结互助、邻里和睦、互敬互爱的社会风尚，教育和引导农民群众树立爱国家、爱集体、爱社会主义的思想，树立科学健康的婚育观，大力提倡婚事新办、丧事简办、晚婚优育、计划生育、勤俭持家、艰苦奋斗。积极开展向先进人物、生产标兵、致富能手学习。组织开展歌颂党、歌颂社会主义、歌颂美好生活的群众文化活动。树立和培育科学、文明、健康的社会新风。

彭阳县加强农村优秀民族民间文化资源的发掘、整理和保护。对秉承传统、技艺精湛的民间艺人，在物质上积极支持，精神上给予鼓励。积极开发具有民族传统和地域特色的剪纸、绘画、雕刻、编织等民间工艺项目，高跷、戏曲、秧歌、社火、歌舞、杂耍、舞狮舞龙等民间艺术和民俗表演项目，古迹游、生态游、农家乐等民俗旅游项目。实施特色文化品牌战略，积极培育文化名镇、名村、名园、名人、名品。确保每年推出 2~3 部反映当代农村生活、农民喜闻乐见的文艺精品。积极鼓励专业文艺工作者和业余文艺爱好者创作、编写反映农民群众生产生活的优秀作品。各类报刊、电台、电视台对优秀农村题材文艺作品，在刊发、播出、宣传评介等方面要给予重点支持。

通过民办公助、政策扶持、积极鼓励等形式，继续开展各种面向农村、面向农民的文化经营活动，使农民群众成为农村文化建设的主体。积极扶持热心文化公益事业的农户组建文化大院、文化室、图书室等，允许其以市场运作的方式开展形式多样的文化活动。支持农民群众自筹资金、自己组织、自负盈亏、自我管理，兴办农民书社、集（个）体放映队等，扶持民间职业剧团和农村业余剧团的发展。引导文化专业户相互联合，进行市场化运作，逐步向个体、私营等非公有制文化企业发展，开发文化资源，变资源优势为产业优势。扶持以公司加农户、专业加工户等形式，从事农村特色文化产品开发和文化服务，促进农村文化产业发展。简化对农村个体、私营等非公有制文化企业的登记审核程序，在土地使用、信贷、行业政策等方面，与国有文化企业享受同等待遇。鼓励社会资本在政策范围内，以各种形式兴办文化实体，形成以公有制为主体、多种所有制共同发展的文化产业格局。

统筹文化、教育、科技、体育和青少年、老年活动场所的建设和综合利用，整合资源使相关设施能够共建共享，充分发挥作用。对电影院、剧院等设施，在确保其功能不变的前提下，鼓励其进入大型文化企业集团，也可以实行所有权与经营权相分离的运营模式，采取公办民营、公开招标、委托经营的方式，更好地提供文化服务。机关、学校内部的文化设施，有条件地采取多种方式对农民群众开放。

继续开展文化科技卫生“三下乡”、文化对口支援活动，积极探索和建立“三下乡”活动的长效机制。对重要项目和产品采取财政补贴，以政府采购的方式，直接送到农村。充分发挥流动文化车、文化小分队的作用，做到灵活多样、行之有效。积极鼓励和组织专业文化工作者深入农村，对群众文化活动进行辅导和指导。加大农村文化扶贫力度，制定政策措施，支援农村文化建设，促进农村文化发展。

广泛引导社会力量捐助农村文化事业。积极动员县城单位以各种方式捐赠电视机、电脑等农民群众需要的图书杂志、音像电子出版物等。在实施“大学生志愿服务计划”和“高校毕业生到农村服务计划”中，增加农村文化服务的内容，鼓励应届大学毕业生深入广大农村从事文化信息传播、活动组织、人员培训等活动，同时，根据农村文化建设的需要，及时研究解决人员和经费等问题，确保农村文化服务活动顺利开展。

三、健全文化公共服务网络

积极推进职能转变，从现阶段经济社会发展水平出发，以实现和保障公民基本文化权益、满足广大人民群众基本文化需求为目标，坚持公共服务普遍均衡的原则，兼顾城乡协调发展，统筹规划，合理安排，形成实用、便捷、高效的公共文化服务网络。

完善公共文化设施网络布局，以公共文化设施为骨干，以社区和乡镇基层文化设施为基础，优先安排关系人民群众切身文化利益的设施建设。加强图书馆、博物馆、文化馆等公共文化基础设施建设。建设一批现代化、多功能的区域重点文化设施，推进文化信息资源共享等重大文化工程建设，加大对体现民族特色和水准的艺术团体、承担公益性文化宣传任务的单位的扶持力度；改善公共文化设施条件，实现全县乡镇有综合文化站、村有综合文化服务中心的目标。

创新公共文化服务方式。适应人民群众多方面、多层次、多样化的文化需求，拓宽服务领域，创新服务方式，提高服务质量。建立健全公共文化设施服务公示制度，公开服务时间、内容和程序，在场所引导、资料提供以及内容讲解等方面，创造良好的服务环境，增强吸引力；完善博物馆、图书馆、文化馆等公共文化设施免费开放制度；实行定点服务与流通服务相结合，推动公共文化服务向社区和农村延伸；促进数字和网络技术在公共文化服务领域的应用。支持民办公益性文化机构的发展，提供公共文化服务。

2020 年，彭阳县残疾人文化周暨文化进社区活动启动仪式举行　　县文化馆/提供

切实维护低收入和特殊群体的基本文化权益。采取补贴等措施，开辟服务渠道，丰富服务内容，保障和实现城市低收入居民、残疾人、老年人和农民工等群体的基本文化需求。博物馆、图书馆、文化馆等公共文化设施免费向残疾人、老年人等群体开放。

四、发展民营文化企业

支持民营文化企业扩大生产和经营规模，对龙头民营文化企业在人才、资金、技术等资源配置方面给予支持。发展各类专精特新中小型民营文化企业，引导他们充分利用地域文化资源，提高文化内涵，增加科技含量，加快市场开拓步伐，提升竞争优势，发展特色区域文化经济。

制定和完善工商登记、项目审批、土地征用、税费减免、投融资以及从业人员职称评定、成果评奖等具体政策和实施细则。进一步拓宽民营文化企业的投融资渠道，发展适合民营文化企业特点的贷款融资方式和相关保险服务。消除文化市场内部壁垒，建立公益性文化项目政府采购制度和文化产业项目招标制度，鼓励民营文化企业公平参与文化市场竞争。

建立健全管理制度，鼓励合法经营，打击违法经营，促进民营文化企业重视社会效益，防止偏离社会主义文化方向。开展推荐宣传优秀民营文化企业家等活动，促进民营文化企业成为社会主义精神文明的有机组成部分，巩固和扩大社会主义文化阵地。

五、发展文化产业

按照中央发展文化产业的工作要求和政策规定，确定重点发展的文化产业门类，推动演出娱乐、文化艺术培训、网络文化等具有引导性和带动性的文化产业项目取得突破性发展。

加强对文化市场的培育和管理，推进文化市场产业化。坚持“一手抓繁荣，一手抓管理”的方针，促进演出、娱乐、音像、美术、文博等各行业平衡发展，适应多层次文化消费需求。加大城乡文化市场培育力度，促进和引导群众的消费需求；发展民办文化，面向市场、面向群众，形成一大批富有活力的文化市场主体，增强文化企业竞争力。综合运用市场准入、资格认定、价格调节、财税优惠等政策，引导各类市场主体开发农村文化市场，重点推动面向大众的文化产品和服务进入农村，努力使广大农民群众享有更加充分、质优价廉的文化产品和服务。发展现代文化产品流通组织和流通方式，推进连锁经营、物流配送、电子商务，加快文化产品物流中心建设步伐，实行转型代理配送制度。同时，加强城乡文化市场的管理，逐步建立坚强有力的文化市场监管体系，营造扶持健康文化、抵制腐朽文化的社会环境。整顿和规范市场秩序，严厉打击违法违规活动，确保文化市场有序发展。

立足全面建设小康社会的伟大实践，聚焦人民群众创造新生活的精神风貌，充分发掘和利用民族文化资源，借鉴近邻平凉、庆阳等市县优秀文明成果，推进文化创新，努力创作具有彭阳特色、彭阳风格、彭阳气派、深受彭阳群众喜爱的优秀文艺作品，繁荣发展文艺事业。改善各专业艺术团体和作品的生产、传播方式，并重点扶持一批体现民族特色和本地特色的作品，推动具有地方民族特色的文学、戏剧、音乐、美术、书法、摄影、舞蹈、曲艺等文艺精品生产，培育一批文化名人名品。支持和引导群众进行文艺创演，开展品牌文化和示范广场文化活动，提升广场文化、社区文化、企业文化、村镇文化和校园文化活动的层次和水平，培育和发展先进文化，以县城文化引领和带动农村文化。

六、发展文博事业

彭阳县具有悠久的历史和丰富的文物资源，境内存在着为数众多的、反映人类历史发展轨迹的各类文物遗存。截至2023年，彭阳县有古遗址、古墓葬、古建筑、石窟寺等不可移动文物294处。其中，全国重点文物保护单位2处、自治区级文物保护单位15处、县级文物保护单位64处，文物拥有量居固原各县(区)之首。

加强重要文化遗产的保护。按照“保护第一、加强管理、挖掘价值、有效利用、让文物活起来”的方针，增强文物保护意识，珍惜文物资源，切实把文物保护好、利用好。认真执行《中华人民共和国文物保护法》和《宁夏回族自治区文物保护条例》，落实文物保护规划，健全文物保护机制，依法加强文物考古发掘和保护利用。

2015年3月15日至2023年12月31日，完成彭阳县战国秦长城白岔段本体维修工程、彭阳县战国秦长城基础设施建设工程、彭阳县璎珞宝塔基础设施建设项目、《小岔沟毛泽东长征宿营地保护规划》、《朝那古城保护规划》、《城阳城址保护规划》、《姚河塬遗址文物保护总体规划》、《彭阳县博物馆可移动文物保护方案》等9个项目的编制，保护规划编制，为保护文物提供法律依据。第三次文物普查历时5年，深入12个乡镇进行地毯式调查，共发现各类遗址294处，文物普查工作通过自治区文物局验收。2009年至2016年，对全县12个乡镇进行调查走访，共发现和确定革命旧址46处。

七、人才队伍建设

紧紧围绕培养、引进、使用、激励和保障等环节，采取有效措施，突出抓好高层次人才队伍建设，带动整个文化人才队伍发展。高度重视人才培养工作，通过“走出去、请进来”等多层次、多形式大力培养一批能够承上启下的文艺管理、经营、表演、编创等方面优秀人才。尤其以优势产业和特色文化为载体，积极培养和吸纳区内外行业领军人才，打造文化精品。完善人才选拔和评价机制，在政府特殊津贴等方面，加大文化人才的选拔和资助力度；建立以业绩为核心的人才评价指标体系，加快职称制度改革，推行专业技术人员职业资格证书制度。

认真贯彻落实中央、自治区人才工作部署，实施文化人才培训规划，建立健全在职人员业务培训和继续教育制度，创新培训内容、完善培训机制、整合培训资源，针对不同领域和不同岗位人员的具体情况，分期分批进行专业培训。通过项目、课题对接等方式，充分发挥高级专家传帮带作用，加快培养后备和基层文化人才。完成文化艺术、文物工作人员的普遍轮训。县级文化事业单位高、中级技术职称人员达专业人员总数的50%以上，形成一支门类较为齐全、结构较为合理、能适应新形势、新任务要求的高素质文艺人才队伍。

采取多种形式，加大对人员的培训力度，全面提高县乡两级专职人员的业务素质，拓宽农村文化人才渠道，广泛动员和鼓励大中专院校毕业生，特别是熟悉农村生活、有一定文艺专长的青年学生投身农村文化建设，从事文化传播、活动组织、人员培训等活动。重视培养和选拔农民文化骨干和乡土艺术人才，将其纳入优秀农村实用人才评选表彰范围，树立典型，示范带动，充分发挥民间艺人、文化能人在活跃农村文化生活、传承发展民族民间文化方面的作用。组织农民文化骨干进行系统学习和专业训练，提高业务素质和工作能力。组织专家学者和专业文化工作者深入农村基层，通过举办短期培训班等方式，帮助农民文化骨干掌握文化知识，提升技能。

第二章　群众文化

群众文化是文化产业的基础。县文旅系统重点抓文化馆(站)、文化广场的建设,以适应不同程度群众的喜好和欣赏能力,满足当地群众生活的文化需求,有力地促进彭阳当地传统文化的传承和发展。

彭阳县群众文化工作紧紧围绕构建和完善基层公共文化服务体系,促进公共文化服务标准化、均等化这条主线,按照中宣部关于综合文化服务中心示范工程建设的有关要求,以保障贫困地区群众基本文化权益为根本,以群众需求为导向,采取盘活存量、调整置换、集中利用等方式,整合资源,统筹利用,创新管理,在全县范围内建成集宣传文化、党员教育、科学普及、普法教育、体育健身等功能于一体的村综合文化服务中心,为基层综合文化服务中心建设探索路径、积累经验,发挥典型引路和示范带动作用,提升基层公共文化设施的共享水平和综合服务效能。彭阳县把村综合文化服务中心和农民文化大院建设作为农村文化工作的抓手,支持农民文化大院、村综合文化服务中心的建设和发展,探索民间文化能人带动自办文化经营场所的积极性,鼓励社会力量参与公共文化服务体系建设,充分发挥文化大院在农村精神文明建设中的引领带动作用,拓宽公共文化服务渠道,更好地保障群众基本文化权益,促进群众文化发展。

第一节　节日活动

一、耍社火

彭阳人民春节耍社火是当地民间喜闻乐见的群众文化活动形式，流传甚久。每逢春节，境内农村都有社火表演。正月初三社火队出动，走村串户表演，仪程官（春官）即兴喊仪程，表示贺岁、祝福。参与社火表演的人数众多，队伍庞大，20~50 人。

1990 年以前，春节社火以在农村表演为主，“出窝子”后串庄走户庆贺节日。1995 年后，随着农村劳动力转移，能参与社火表演的人越来越少，社火队伍大减，县境能组织起来进行表演的社火队伍约 20 支，比较有名的有古城高庄孟塬双树、彭阳任湾、新集大火等社火队。

2000 年开始，县文广局每年春节都举办社火表演比赛，乡镇和单位组队参加，进城表演。社火队逐步演化为彩车，化妆的表演者坐于彩车之上，彩车前多以对应年份的生肖为“彩头”，车内除古装、现代装戏剧人物及鼓乐以外，还装饰国内发生的重大喜庆事件的标志物，或者表示丰收、和谐社会等的标志物及花鸟、树木饰物，彩车具有表演性、宣传性、竞赛性。

彭阳境内社火具有独特的表演风格，其形式主要有耍狮子、春官词、船姑娘、踩高

2018 年 2 月，城阳乡长城村的社火表演
县文化馆/提供

跷等各种风格，表演形式最多的如下：

耍狮子　全红头发、火红身毛，象征火神。传说后土生于炎帝家庭，祖父祝融，是火神，故狮子毛色红，是威武吉祥的火神象征。新修院落，常让狮子“踏穰”，驱邪、招福。小孩爱生病，抱至狮前，从口中递进，后胯抱出，消灾祛病。顶狮者 2 人，身强力壮，会武术，腾挪跳跃，翻滚戏耍，用锣鼓伴舞。

春　官　即仪程官，在社火表演中非常重要，由德高望重的人装扮，是社火中最重要的角色。扮演春官者一般有一定文化程度，有良好的口才，能随机应变。社火队伍每到一处进行表演，春官便根据表演对象的特点，即兴说词。如果是农户人家，结合家族特点，祝福风调雨顺，阖家幸福，有老人的就祝福老人身体健康长寿；如果是商户，根据商户类型，祝福生意兴隆，财源广进。还有一些家长，抱着年幼的子女，跪在社火前，请春官说词，祈佑孩子无病无灾，健康成长。进入新时代，春官说词紧跟时代，表达彭阳人民对美好生活的期待。

船姑娘　船姑娘是社火表演队的重要角色之一。用木头和花布扎成小船模型，彩绸、花朵做成船舱，蓝布做成船围，画上水波浪图案。船舱中有一位美丽的少女，围着红色的头巾，含羞不语，称“船姑娘”。撑船老艄公穿戏装，顶项圈，银须飘飘，手拿划板。表演时，船随着鼓点疾步穿梭，船姑娘步子轻盈飞快，船或风平浪静或急流行舟或浅搁遇暗礁，船姑娘表演惟妙惟肖。

2023 年 2 月，彭阳民间社火表演——船姑娘

县文化馆/提供

拉花子　社火表演中“骑毛驴”的叫拉花子。表演者比较年轻。毛驴通常用竹扎纸糊，近年来多用黑布或黑绸子糊制。驴背开洞，分前后两截系在表演者腰间，驴腹下垂黑色布幔遮掩表演者的腿脚，做骑驴状。表演者 2～4 人，2 名拉花子通常随耍船者一起表演，与船姑娘共进退，时不时与船姑娘逗趣；4 名拉花子独成表演单元进行表演。表演者跟着鼓点踩着碎步前进、后退、穿插，同时晃动身体，律动十足。

害婆娘　属社火表演中的丑角，通常为男扮女装，妆面夸张。只见害婆娘身穿彩色绸布衣裳，头缠刺绣裹头巾；两腮大红胭脂擦起来，脸上油彩抹起来；嘴角点上大黑痣，衣服塞满装大肚。“她”左手提一只岁笼笼，右手持一把烂笤帚，走到哪儿扫到哪儿。看到围上来的大姑娘小媳妇，故意上前，大姑娘小媳妇惊笑一哄而散，害婆娘刚一走，她们又兴致勃勃地凑上来。

踩高跷　俗称“高拐子”。汉时即有，名高脚戏，“踩高脚涂面而舞”，可能由巫舞演化而来。柳木作双拐，长约三尺，上尺许处镶脚板，绑扎于腿，化装成各种戏剧人物，有跌、跨、跳等惊险动作。

地傩戏　由傩戏演变而来，唱腔有秦腔、眉户和民间小调，多在晚间演出，打大排灯。放一张桌子，桌子左右即为出场和入场，观众围一圈，帮腔帮唱。服装道具简单，无定型节目，无脚本，重唱腔，少科白，用方言道白。

扭秧歌　兴盛于20世纪50年代，由解放区传来，多装扮成工农商学兵，给军烈属拜年，慰问劳模。后演变为花束队、扇队、腰鼓队。退休老年人节日扭秧歌，成为新潮。随着社会的发展，高抬、马社火拉在车上，逐渐变成彩车，而彩车不仅表现戏剧人物，还反映社会变化及经济发展实况，成为一种新兴艺术形式。

二、焰火晚会

正月十五是元宵节，这天挂花灯，点(面)灯盏，又称为灯节。按照彭阳当地的说法，正月十五为上元，天官赐福；七月十五为中元，地官赦罪；十月十五为下元，水官解厄。传说中汉武帝祭祀太一神以上元为元宵节。张灯最早见于史载为南朝梁简文帝《列灯赋》，赋中描写观灯盛况，但不能断定为正月十五。隋炀帝《正月十五日通衢建灯夜升南楼诗》：“灯树千光照，花焰七枝开。月影凝流水，春风含夜梅。幡动黄金地，钟发琉璃台。”此诗内容为最早写元宵张灯。大唐时期，唐玄宗开灯节，设灯楼，百里皆见，连续三日。到宋代，张灯更为盛行。《燕翼诒谋录》载：“太祖乾德五年，正月甲辰诏曰：上元张灯，旧止三夜，今朝廷无事，区宇乂安，方年谷之丰登，宜纵值士民之行乐，其

2023年2月3日晚，彭阳县城雷河滩体育公园举行“庆新春闹元宵”灯光秀表演活动　县文化馆/提供

令开封府燃放十七、十八两夜灯，后遂为例。”元朝禁灯，明袭宋制，形成固定灯市，而且民俗内容则更加丰富。清时，灯的种类繁多，有名的彩灯如琉璃球、料丝灯、夹纱灯及各色纸灯。华而不侈，朴而不俗。

彭阳人民除张灯结彩外，还有闹元宵的节俗，以锣鼓铙钹，敲击成文，有跑马、雨夹雪，七五三，跳财神、下西风诸名，且走且击，名为走马锣鼓。巨鼓众槌，配以小鼓相应，名叫太平鼓。猜灯谜是元宵节俗的内容之一。将谜语粘贴灯上，任人商揣，猜中者可获物品奖励。有诗：“一灯如豆挂门旁，草野能随艺苑忙。欲问还疑终缱绻，有何名利费思量。”

进入2000年以后，彭阳传统的“灯”节有了大的变化，灯节成为世间最美的事、物、景等的夜间可视现场。其内容包括山、水、树木、花草、飞禽、走兽、楼阁、故事传说，有的静、有的动，声、光、色皆具，成为“万物夜展”。配合“和谐乐园”焰火晚会活动，天、地、人和谐吉祥，一片盛世景象。最大灯节活动2010年以“龙腾盛世、虎跃丰年、凤鸣和谐”为主题的元宵灯展焰火晚会，2011年以“瑞兔呈祥、宜居彭阳”为主题的元宵灯会，2012年以“龙凤呈祥、和谐彭阳”为主题的大型组合花灯展和连续多年以“生态彭阳、宜居彭阳、富裕彭阳、诚信彭阳、和谐彭阳”为主题的焰火晚会。

三、文娱活动

彭阳县自成立以来，每逢“三八”国际妇女节、“五一”国际劳动节、“十一”国庆节等重大节日，文化系统组织干部职工、学生等举办拔河、跳绳、踢毽子、长跑、短跑等健身大赛，举办职工环城越野赛，与体委联合举办职工篮球赛，举办联谊文艺晚会，组织开展校园文艺周活动等。

1994年“五一”国际劳动节，彭阳县与地委宣传部、地区文化处联合举办青年歌手大奖赛，彭阳文化馆干部燕南访获“十佳歌手”称号。

1996年“七一”建党节，自治区党委宣传部、文化厅，举办宁夏首届“广夏杯”群众文化专业岗位技能大赛，彭阳文化馆组织选送书法、摄影、工艺制作、文艺节目等作品共42件(篇、幅)。

1997年7月，县委宣传部、文化局牵头，县文化馆举办“迎香港回归，洗百年国耻”大型庆祝文艺晚会，县直各行政、事业单位都组队参加这次活动。

1998年元旦，县委宣传部牵头，文化局、文化馆承办以“弘扬彭阳精神”为主题的全县大型演讲比赛。10月，文化局、文化馆组织“庆国庆，迎区庆”文艺联演晚会，联演历时

8天，组织8个专场，演出文艺节目172个，参演人员720多人，观众多达6600人次。

1999年“七一”建党节前夕，县文化馆组队参加“固原地区首届群众文化岗位技能大赛”，选送作品75幅（首），燕南访的作曲《我们闪耀，我们燃烧》、郑英凤的秦腔清唱《夺锦楼》、梁志强的《行书中堂》、李永福的小楷《条幅》获二等奖。10月，县文化馆组队参加“自治区第二届群文岗位技能大赛”，选送作品36幅（篇），郑英凤的秦腔清唱获银奖。梁志强的书法中堂、李永福的小楷条幅、燕南访的独唱《嘎达梅林》分别获铜奖。11月，文化馆在县电影院举办“迎澳门，跨世纪”大型文艺晚会。

2000年春节，文化局、文化馆组织开展全县春节文化系列活动，参加这次活动的县直单位40多家，有彩车17辆、游行方队20支、社火队19支，内容有彩车表演、游行表演、社火表演、家庭文艺晚会、焰火晚会、电影夜市等。4000多盏花灯布满街道，为彭阳的节日增添无比壮观的夜景。

2001年元旦，文化馆组织举办全县书法、绘画、摄影展，征集工人、农民、师生、干部的各类作品290余幅。经筛选装裱展出124幅，吸引爱好者1000余人前来观赏。

2002年，在全区举办的岗位技能大赛中有4人的作品获优秀奖。文化馆完成固原地区撤地设市文艺演出和彭阳建县19周年庆祝活动。

2003年“五一”国际劳动节，在区“群星杯”岗位技能大赛中，文化馆选送的作品获三等奖1名、优秀奖1名。在彭阳县成立20周年之际，举办一系列庆祝活动，精心编排一台大型文艺晚会《绿色彭阳》，各界展示彭阳建设成就、风土人情及文化风貌。还组织大型游行表演活动，彩车方队游行表演集艺术性、表演性、群体性、成就性于一体，共10辆彩车和10支方队，从各个不同的角度反映彭阳20年来经济社会和各项事业取得的伟大成就。

彭阳建县20周年庆祝期间，在广场共举办7场文艺晚会和1场焰火晚会，文艺晚会有自治区歌舞团慰问演出、西吉县文工团助兴演出和彭阳县教师郑鄞师生独奏音乐会、城区秦腔自乐班演出、新集乡秦腔小戏调演、移动金秋之夜及夕阳红文艺表演。举办“书画摄影及民间艺术作品展”和“精品文物展”。书画摄影及民间艺术作品展共展出自治区、市、县历现任领导的祝贺作品，固原市名人名作和彭阳县作者作品，书法、绘画、摄影、刺绣、剪纸、木雕等作品200余件，反映彭阳20年来山河巨变和风土人情。文物展共展出展藏精品文物108件，展出展板4块，向世人诉说着彭阳古老而悠久的历史。2个展览分别展出4天，累计参观者达3万人次。

2004年启动“广场文化”，共演出10场，累计观众达30万人次以上。同时县总工会、团委、妇联围绕中华人民共和国成立55周年，在县城举行干部职工环城越野赛，对前十名的选手进行奖励。4月下旬，举办首届彭阳县“双十星”“双十佳”颁奖晚会。怡园广场近万名群众欢聚一堂，共度良宵。县文明委牵头，县委宣传部、文明办、文广局、县总工会、团县委、县妇联等部门单位联合举办的彭阳县“双十星”“双十佳”颁奖晚会暨广场文化活动启动仪式举行。同年12月底组织参加固原市“供电杯”六盘情歌手、舞手、乐手大奖赛，彭阳县获歌手二等奖1人、舞手三等奖1人，县文化馆荣获优秀组织奖。

2005年提出“文化搭台、部门唱戏、城乡互动、群众参与”的工作思路，实现变文化部门的“独唱”为全社会的“大合唱”这一目的。全年共演出32场次，观众达48万人次以上。5月中旬，县委、县政府邀请自治区、市词曲作家、艺术家书画名家到彭阳县调研采风，开展“看彭阳、唱彭阳、写彭阳”活动，创作反映彭阳风土人情、建设成就的歌曲200多首，书画摄影作品百余幅，在此基础上制作“颂歌唱彭阳”大型专场汇报演出。

2006年5月，举办首届“颂歌唱彭阳”赴固原市汇报演出。由中共彭阳县委、彭阳县人民政府主办，县委宣传部、县文明办、县文广局、县文联承办，宁夏广播电视艺术团、宁夏师范学院艺术系、县山杏花业余合唱团协办的“颂歌唱彭阳”汇报演出在市人民会堂举行。

“颂歌唱彭阳”活动自2005年开展以来，通过广泛征集歌词、聘请专业人员谱曲，精心筛选后制作光碟发行，一首首赞美家乡、歌颂彭阳的歌曲在县内外广为传唱，为发展彭阳文艺事业，讴歌彭阳精神，宣传彭阳提高彭阳知名度，推动经济社会健康快速发展，发挥巨大的作用。全面展示彭阳建县23年来全县人民励精图治、艰苦创业的良好精神风貌和所取得的辉煌成就。

2010年元宵节，组织秦腔专场演出和彩车游行比赛。3月、5月、10月举办“第二届全民读书月”和“第三届文化艺术月”系列活动、“书香彭阳”经典诗歌美文朗诵比赛、宜居彭阳“建环杯”城市建设摄影大赛、全县书画大赛、全县民间艺术大赛、全县秦腔大赛、全县花儿演唱会、“彭阳好歌”电视歌手大奖赛、“道德之光”暨“全县第三届文化艺术月”活动颁奖晚会等，展出摄影作品66幅，书法、美术、剪纸、刺绣等民间工艺品100件，有13支代表队参加诗文朗诵比赛，60名秦腔爱好者参加秦腔大赛，演出各类秦腔剧目片段62个。

2011年春节期间，组织“和谐彭阳·欢乐广场”秦腔戏曲展演活动，彭阳县农民秦剧团、城阳乡文艺队、新集乡文艺队、古城镇文艺队、草庙乡文艺队分别在怡园广场演出以秦腔清唱、折子戏为主要内容的传统剧目。启动实施“颂歌献给党·相约在彭阳”活动，举办庆祝中国共产党成立90周年大型红歌会。彭阳县艺术团精心编排文艺节目20多个，结合各种节庆日开展广场文化活动52场次，还参与固原市春晚演出。彭阳县艺术团团长杨旭东家庭参加中央电视台《欢乐一家亲》演出，获得优秀奖。杨旭东、陈慧敏在固原市第三届“花儿漫六盘”电视大奖赛中荣获优秀奖。成功举办第四届文化艺术月活动、书画摄影作品展、民间艺术暨旅游商品展、花儿演唱大赛、青年歌手大赛、秦腔大赛、城阳乡秦剧团成立汇报演出、曲艺作品征文暨表演赛、第四届“文化艺术月”活动颁奖暨迎“国庆”文艺晚会等系列展演活动21场次，参赛作品563件(个)，482人次参与。

2012年，参加“新春乐·第九届全区社火大赛”，彭阳县交通局社火队获银奖，城阳乡社火队、古城镇社火队分别获铜奖，文广局获优秀组织奖。艺术团编排舞蹈、小品等文艺节目18个，开展下乡巡回演出23场次，在县城怡园广场集中组织广场文化演出42场次，举办乡村、社区各种广场文化活动54场次。举办建县30周年县庆专题文艺晚会——“走向梦想”，举办影像16年摄影展、文物图片展、书画作品展、民间艺术品展。

2013年，彭阳县举办“颂歌唱彭阳”青年歌手大赛和秦腔比赛、曲艺小品比赛、书画摄影作品展等“东山文化美丽彭阳”系列活动。选送节目参加2014“欢乐宁夏”群众文艺会演，获得表演一等奖1个。组织节目参加固原市第二届小戏小品大赛，获得2个二等奖、1个三等奖和1个优秀奖。

2014年，彭阳县结合各种节庆日，除在县城怡园广场组织文化活动外，还参加固原10周年市庆演出活动。民俗表演获优秀组织奖，在全市“文化艺术周”文艺节目会演中获二等奖。9月举办第五届文化艺术月活动，举办书画摄影作品展、全县首届武术表演赛、少儿才艺比赛、秦腔大赛等。申报“彭阳祭祀”保护项目，组织纸织画、刺绣、草编等文化产品，代表彭阳县农牧系统参加全国休闲农业创意精品大赛，选送的纸织画《八骏图》获得金奖，刺绣《四条屏》和草编作品分别获银奖。

2015年春节期间，彭阳县组织开展“科技惠春、欢歌颂春、翰墨咏春、戏曲赞春、银幕展春、猜谜喻春、彩灯扮春、情韵寄春”等11项系列文化活动。开展庆新春茶话文艺晚会、元宵晚会、文艺演出等活动。组织节目参加固原市春晚演出及自治区文化厅2015年“欢乐宁夏”全区群众文艺会演，男声独唱《沁园春·雪》获表演类三等奖。参加固原市舞蹈大赛、固原市第三届“小戏小品”大赛，在舞蹈大赛中获得优秀奖，选送的“小品小戏”《东山牧羊人》《挖林带》荣获二等奖，《买辣椒》荣获三等奖，《情系大棚》荣获优秀奖，演员卜金红获得最佳表演奖。

2016年春节期间，彭阳县继续开展“科技惠春、欢歌颂春、翰墨咏春、戏曲赞春、银幕展春、猜谜喻春、彩灯扮春、情韵寄春”等11项系列文化活动。举办庆新春茶话会、元宵晚会、迎新春青年歌手大赛、庆新春秦腔会演、社火大赛、文艺演出等活动。组织节目参加固原市春晚演出。利用“五一”国际劳动节、“七一”建党节、“十一”国庆节等重大节日，与县机关工委共同承办建党95周年歌咏大赛，组织节目到县消防大队、武警中队联合开展军民互动演出活动。举办秦腔大赛、“明皇杯——彭阳好声音”歌手大赛等活动，组织节目参加2016“欢乐宁夏”群众文化活动。举办舞蹈、声乐、刺绣等各类培训班6期，培训360余人次。选派人员参加自治区、固原市舞蹈培训班3期，培训文艺骨干12人。开展送戏下乡86场次，举办文化演出34场次。参加固原市第四届小戏小品大赛，其中，新创作的小品《咱到职中上学去》荣获二等奖，《拆牛圈》荣获三等奖，《土窑新曲》《移民搬迁》荣获优秀奖，参加固原市第四届舞蹈大赛并获得优秀奖。白阳镇社火队在“新春乐·第十二届全区社火大赛”中获得铜奖，县文广局获优秀组织奖。

2017年，彭阳县举办元宵节社火展演及元宵晚会；举办宣传党的十九大精神专场文艺演出；11月，在县怡园广场举办“唱响新时代·齐心奔小康”文艺演出，并在全县12个乡镇举办专场巡回演出12场次，大力宣传党的十九大精神。组织举办“送欢乐下基层”文艺志愿服务慰问演出，举办长城塬欢度国庆中秋佳节、喜迎党的十九大胜利召开农民手工艺作品和广场舞比赛，参加固原市第五届群众广场舞大赛获优秀组织奖、优秀奖；参加“新春乐”第十三届全区社火大赛获金奖、银奖、铜奖各1枚；编排大型舞蹈《安塞腰鼓》参加固原市2017年春节晚会。县各秦腔团在怡园广场举行展演，共演出60场次。

2018年，彭阳县文化和旅游局组织局属馆所、各乡镇及相关部门编排以贯彻落实党的十九大精神为题材的快板、小品、小戏等文艺节目30个，用群众喜闻乐见的形式把党的十九大精神送到基层。在春节期间，举办首届“赞歌高唱十九大·幸福彭阳唱起来”迎新春文艺晚会；开展“戏曲赞春”秦腔展演12场次，举办迎新春茶话会，参加“新春乐”第十四届全区社火大赛；举办元宵节乡村社火表演、文艺晚会；举办陕甘宁戏曲电视大赛彭阳县分赛区选拔赛、首届公益慈善晚会、古尔邦节茶话会、“网络达人”篝火晚会文艺演出；举办庆祝自治区成立60周年文艺晚会等10项大型文化活动和第九届文化艺术月活动，举办各类文化演出50场次。与移风易俗相结合，引领文明新风尚，各乡镇举办农民文化艺术节、秦腔展演等各种文艺演出76场次。参加固原市

2019年,“戏曲赞春”秦腔展演活动在县怡园广场举行
县文化馆/提供

第六届群众广场舞大赛分别获三等奖、优秀奖;参加固原市第六届小戏小品大赛获优秀组织奖。

2019年,围绕元旦春节、山花节、中华人民共和国成立70周年、梯田花儿节“四个节庆”,开展系列文化活动。元旦、春节期间,开展文化、科技、卫生“三下乡”演出12场次;举办迎新年音乐会、举办“迎新春”茶话会文艺演出和“唱响新时代 筑梦新彭阳”迎新春文艺晚会演出活动;开展“戏曲赞春”庆新春秦腔展演12场次;举办“情韵寄春”庆元宵文艺晚会和“非遗过大年 文化进万家”庆元宵社火展演活动,并选送3支社火队参加固原市庆元宵社火比赛,分别荣获二等奖1个和优秀奖2个。举办中青年歌手大赛复赛、端午节系列文化活动、扫黑除恶斗争专场文艺演出、古尔邦节茶话会文艺演出、庆祝建党98周年专场文艺晚会、“茹河花月夜”庆中秋活动;开展“庆国庆”秦腔展演活动14场次;国庆节前夕,“壮丽70年·放歌新时代”彭阳首届合唱节在县体育场开赛;举办“村镇银行杯”群众广场舞大赛并参加固原市和自治区广场舞大赛,获得市级三等奖、区级三等奖;杨旭东辅导作品《在希望的田野上》获得全区广场舞大赛优秀辅导奖;参加“我和我的祖国”固原市群众合唱比赛获得优秀奖;男声独唱《咱老百姓》参加“欢乐宁夏”全区群众文艺会演,获表演三等奖。

2020年元旦春节期间,举办迎新春茶话会文艺演出和“风好正是扬帆时”迎新春文艺晚会;举办第二届梯田节暨“梯田百合·美丽彭阳”文化旅游节系列活动;8月10日编排以脱贫攻坚为题材的小品、舞蹈、歌曲等文艺节目10余个,举办“筑梦新时代·唱响幸福歌”脱贫攻坚暨创建国家公共文化服务体系示范区专题文艺演出;举办庆祝建党95周年暨红军长征胜利80周年大合唱比赛;开展“脱贫感党恩”文艺巡回演出12场次;选派2支广场舞队参加固原市第八届群众广场舞大赛,分别荣获三等奖和优秀奖,团队获优秀组织奖。举办庆国庆度春秋暨国家公共文化服务体系示范区秦腔展演和慰问演出5场次；开展“敬老院”文化活动6场次；参加固原市第八届小戏小品大赛和第七届群众秦腔大赛；参加“欢乐宁夏”全区群众文艺会演，歌曲《锦绣前程》《心的远行》《门框框连着门扇扇》获优秀奖。

2021年，开展文化、科技、卫生“云下乡”文艺节目线上录制展播；开展庆祝建党100周年暨山花节秦腔展演活动12场次；庆祝中国共产党成立100周年“百场优秀国产电影展映”活动4场次；5月26日举办庆祝建党100周年——“永远跟党走　幸福生活舞起来”彭阳县广场舞大赛，全县18支队伍参加比赛；6月17日参加固原市第九届群众广场舞大赛获三等奖；6月30日在吴忠市青铜峡参加全区广场舞大赛（决赛），获三等奖；举办“粽情高歌新时代　端午佳节感党恩”“我们的节日——端午节”文艺展演；举办庆祝建党100周年“颂歌献给党”干部职工歌咏比赛，26支队伍参加比赛，教体局职业中学合唱队、白阳镇合唱队分别获部门、乡镇组一等奖；举办“永远跟党走”七一文艺晚会；举办第三届“醉美梯田·清凉彭阳”梯田节活动和“学党史　颂党恩　跟党走”红色经典诗词朗诵晚会；开展国庆节秦腔展演活动14场次；举办迎新年全区书法绘画作品邀请展。

2022年元旦、春节期间，开展冬季文化进社区、进移民村文艺演出7场次，迎新春“写春联、送‘福’字、挂灯笼”、敬老慰问、全县春节元宵节灯展等春节系列活动；举办“强国复兴有我——我们的节日·端午节”香包展示及文艺演出活动；举办固原市乡村音乐节赴彭阳县演出活动；举办“听党话　感党恩　跟党走”“喜迎二十大　奋进新征程”庆祝建党101周年七一文艺晚会；开展“闽宁携手共进　强国复兴有我——我们的节日·中秋节”文化活动；开展“民族团结进步月”活动暨铸牢中华民族共同体意识专题文艺巡演；举办彭阳县第三届“塞上之声”暨农民歌手大赛活动；组织开展青少年阅读成果展示经典诗文诵读比赛；组织广场舞队参加“喜迎二十大　奋进新征程”全区广场舞大赛和固原市第十

2022年6月30日晚，由中共彭阳县委员会、彭阳县人民政府主办的“彭阳县庆祝建党101周年文艺晚会”在县怡园广场举办

县文化馆/提供

届群众广场舞大赛，荣获全区三等奖及全市二等级、优秀组织奖。

2023年，开展广场文化活动65场次、“戏曲进乡村”惠民文艺演出72场次、“送戏下乡”惠民文化活动30场次；开展“我们的中国梦——文化进万家”彭阳县学习宣传贯彻党的二十大精神暨文化、科技、卫生“三下乡”文艺会演2场次；开展彭阳县2023年“迎新春、写春联、送‘福’字、挂灯笼”文化活动；举办彭阳县2023年“庆新春　闹元宵”灯光秀表演活动、“庆新春　闹元宵”文艺晚会、“玉兔献瑞　欢乐猜谜”元宵节活动；开展“庆新春　闹元宵”秦腔展演活动19场次；举办“我们的中国梦——文化进万家”彭阳县2023年“送文化进军营”文艺演出、第十九届宁夏六盘山山花节暨第十一届“梯田花海·醉美彭阳” 文化旅游节活动、2023年彭阳县文化馆服务宣传周系列活动、“我们的节日·精神的家园” 彭阳县2023年端午节系列文化活动暨摇滚音乐会、“浓情端午　欢乐粽享”主题文艺演出、秦腔展演；举办宁夏固原彭阳第二届红梅杏开园节暨“瓜果飘香·清凉彭阳”文化旅游节文艺晚会、庆祝建军96周年暨庆“八一”双拥文艺演出、彭阳县2023年“辞夏迎秋纳凉夜　梯田夜肆狂欢节”主题文化活动；举办彭阳县2023年“铸牢中华民族共同体意识”广场舞大赛、彭阳县“诗意彭阳　多彩梯田”全国名家书画作品邀请展、彭阳县2023年“迎国庆　度春秋”秦腔展演活动21场次、固原市2023年“大地欢歌”乡村文化活动年暨中秋国庆期间文艺巡演活动（彭阳站）、彭阳县2023年“情暖桑榆　爱满重阳”强国复兴有我敬老活动、彭阳县第四届“塞上之声“暨干部职工歌手大赛活动。

开展“新时代文艺轻骑兵”志愿服务进社区暨“文明素养提升”系列宣传活动38场

2023年，彭阳县举办“铸牢中华民族共同体意识”群众广场舞大赛　　县文化馆/提供

次，文化志愿者进社区、进乡村志愿服务活动 14 场次。

彭阳县组织广场舞队参加自治区、固原市广场舞大赛，获得全区优秀奖、全市三等奖、优秀奖、优秀组织奖。

文化馆干部职工获彭阳县第四届“塞上之声”暨干部职工歌手大赛二等奖、优秀奖；获彭阳县第二届志愿服务项目大赛二等奖；彭阳县艺术团、秦声演艺有限公司入选自治区“大地欢歌”群众文艺志愿服务团队“百人百团”项目。

彭阳县举办少儿公益性免费培训（周末）班、非遗传承人才（瓮氏麦秆画、十大碗）技能提升培训班、广场舞技能培训班、基层文化工作者能力提升培训班、基层全民艺术普及服务提质增效培训班，参与培训学员共计 400 余人次。

彭阳县开展“非遗过大年·文化进万家”系列文化活动，拍摄制作非遗宣传视频 10 个，线上开展“云游非遗·影像展”12 期，开展“非遗进校园”、“非遗进社区”、非遗传承人才技能提升等非遗培训活动 11 场次。

彭阳建茹剪纸、刺绣保护传承基地成功申报为第八批自治区级非物质文化遗产保护传承基地；评审确定彭阳县第二批县级非物质文化遗产代表性项目 17 个；通过 2022 年度全区非物质文化遗产保护工作实地复核评估；麦秆工艺品制作（固原麦秆画）、彭阳蜂蜜酿酒技艺被列入第七批自治区级非物质文化遗产代表性项目名录；麦秆画传承人瓮国胜、剪纸传承人刘茹被评选为自治区级非遗乡村工匠。

第二节　广场文化

一、广场文化的兴起

进入 21 世纪，彭阳县城市建设驶入快车道，随着城市人口的增加，逐步建成以文化馆、博物馆、图书馆、文化广场等为代表的传统文化设施。文化广场具有空间宽敞、视野开阔、环境优美、公益便民的特点，已经融入许多新的内容，如各类晚会、广场舞、群众文艺展演、公园娱乐等。文化广场正以其丰富多彩的形式和广泛的群众参与、诱人的艺术魅力、强大的轰动效应成为一项深受群众喜闻乐见的社会文化活动。不仅能丰富群众文化生活、繁荣社会文化事业，而且能直接或间接地促进经济发展。

彭阳县广场文化已经成为群众喜爱的一种文化活动形式，正由单纯的文化活动转变成为一种重要的文化传播途径，从社会角度而言，广场文化作为社会文化中的重要组成部分，已经越来越受到政府、从业者的关注，尤其是广场舞的普及，不仅丰富了人们的精神文化生活，还促进了社会和谐。

1997 年以来，彭阳县贯彻“两手都要硬”的方针，在搞好经济建设的同时，对精神文明建设高度重视，各级政府开始兴建能体现彭阳特色的文化广场，投入大量资金，在最好的区域为市民提供休闲娱乐的公共空间，尽力为广大人民群众创造条件开展健康、向上的文化活动。有关部门也十分注重广场文化的引导与培育，组织形式多样的广场活动，以此保障城乡人民群众的文化利益，使更多的群众能享受到丰富多样的文化生活。

随着彭阳经济发展和社会进步，随着城市建设的扩大和功能的完善，同时也随着生活水平的提高和生活质量的提升，各乡镇文化基础设施建设不断完善，广大人民群众的物质生活水平有了很大提高，人们对文化娱乐生活的要求也随之提升，新建的广场成为现代化城市的标志与文化象征。这些新建的广场规模大、环境美、功能多。广场不仅环境美，而且建有大型的表演舞台和大型电子屏幕，每天播出从中央到地方的新闻、专题、公告、影视作品等，两面建有几万平方米的绿地。

广场的建立兴起了广场文化。2003 年起，广场文化这一新的名词开始被普遍使用。随着人们素质的提高，特别是离退休人员文化水平较高而且有一技之长，这为广场

2023 年 7 月，彭阳县丰富的群众文化生活　　县文化馆/提供

文化的兴旺增加了新鲜血液和新的动力，他们常常成为广场文化的主力军；彭阳县城有许多农民工，这个群体白天辛苦工作，晚上比较放松，广场对他们是很有吸引力的。彭阳县的文化广场，每年大型广场文艺演出达 20 多场次，每场广场演出少则上千人，多则 1 万 ~2 万人。

二、广场文化的特征

彭阳县城广场规模不等、风格各异，但总体来讲，都体现出了开放、包容的建筑理念。在广场文化活动中，人们根据不同的爱好和需求，自发开展形式多样的活动，既有体育健身，又有艺术表演，既有高雅文化，又有大众娱乐，人们在广场文化中自娱自乐，陶冶情操、净化身心。

公共性是彭阳县广场文化最突出的特点。广场是县城公共生活最集中的地方，是政府公益性最能体现的地方，也是县城公共文化集中展示的地方。作为县城的公共空间，广场成为市民社交、休闲与受教育的场所，也成为外来旅游者旅游与休憩之处。广场上所进行的任何文化活动，均向公众开放。这种公共性决定广场文化必走平民化道路，即使是高水平的文艺演出，也要兼顾雅俗共赏。同时，公共性又决定了广场文化的主体是公众，广场文化若没有公众的广泛参与就会变得枯燥干瘪。

彭阳广场文化的主要载体是各种文艺、体育等具有艺术性的活动，各种节庆亦需要艺术活动支持配合，这就使之具有了审美性的特点。这些文化体育活动有的属较高雅的艺术活动，如广场交响乐、专业团体的文艺晚会等，具有较强的审美性。即使有的活动是自娱自乐，如跳舞健身，也包含一定的审美在内。广场成为彭阳县向公众进行审美教育的公共课堂。

彭阳县组织各种广场演出，只要表演达到高潮时，台上台下即刻能相互交流，台上表演投入，台下掌声热烈，喝彩声、赞叹声、掌声连成一片，不绝于耳。每晚演出聚集观众成千上万，各类节目老少皆宜，展现群众的文化风采和文明程度。因此，广场也被老百姓亲切地称为“没有围墙的剧院”。

彭阳县建立的各种广场相对于文化馆、图书馆、剧院、电影院等其他文化场所来说具有突出的特点。首先在于它的包容性。广场本身具有开放性空间，它既可以有音乐、舞蹈、戏曲、曲艺等各个艺术门类的舞台演出，也可以有老少都能参与的群众表演，比如扭秧歌、大联唱等，雅俗共赏，内涵丰厚。人们在这里既可以是欣赏者，也可以是表演者，在这里没有身份、地位的差别，可以轻松自在、无拘无束，在休闲中感受着文化的熏陶。社区文化、企业文化、家庭文化、乡土文化等都可以成为广场文化的重要组成部分。

三、广场文化的开展

彭阳县在各有关部门的组织和引导下，以广场文化为首的大小多个广场相继开展多种多样的文化活动。夜晚，歌唱爱好者到这里自拉自唱，广场的中心舞台也常有大型综艺演出。周边居民茶余饭后漫步广场休闲，众多家离较远的人还特地“打的”来享用这道“文化大餐”，更有市民将这里作为招待外地客人的旅游亮点。有了广场就有了广场文化，广场文化已成为一座城市的亮丽风景线。

群众既是广场文化活动的参与者，又是广场文化活动的组织者，既是演员，又是观众。通过参与和观看演出，在潜移默化之中，人们的精神文化品位得到提高。彭阳的广场文化已真正成为老百姓喜闻乐见的文化活动，融入人民群众的日常生活中，迸发出无限的生机和活力。群众性文化活动的广泛开展，使整个社会氛围变得积极向上、欢乐祥和，也促进了群众文化的繁荣和发展。

彭阳县不但重视县城文化广场的建设，而且更重视农村文化广场建设，新时期的广场文化活动遍及城市和乡村，联系着千家万户，影响着亿万人民群众的精神世界，具有焕发人的精神、培养人的高尚情操、提高人的文化修养的娱乐审美功能和宣传教育功能。它不但是精神文明建设的重要载体，也是公民道德建设的重要组成部分。广场文化活动在城乡精神文明建设中的作用是任何其他文化所不能替代的。

2015 年以来，彭阳县围绕广场文化活动这一载体，精心培育，悉心打造，多层面、多角度、多领域推进群众性文化活动，倡导健康文明的生活方式，使广场文化建设蓬勃发展。既丰富了群众文化生活，又优化了城市软环境，更提升了城市文化形象，受到了社会各界的一致称赞。

广场文化同时承载着塑造彭阳县城形象、凸显城市特色理念的功能。广场文化建设是彭阳精神文明建设的重要内容之一，是弘扬先进文化的具体体现，是现代化建设进程的一个重要标志。生机盎然的广场文化使人民群众有了广阔的休闲和娱乐空间，使人们在广场文化中净化了思想、提高了素质、增进了了解、加强了团结。

四、文化广场

皇甫谧文化广场　位于“世界针灸鼻祖”皇甫谧故里彭阳县古城镇政府驻地西北角，西接任山河烈士陵园和小岔沟毛泽东红军长征旧居，东距彭阳县城 15 千米。工程于 2009 年 7 月 13 日开工建设，2010 年 1 月竣工，仿古配套用房 6 间 267 平方米、16000 平方米文化广场，有大型皇甫谧造像、皇甫谧纪念馆、仿汉代建筑风格的大门、停车场及绿化排水等附属设施，总投资 3000 万元。

2010 年建成的皇甫谧文化广场　　谢　波/摄

广场主体建筑为皇甫谧大型花岗岩造像，由石阶、碑座、雕像三部分组成，通高 15.09 米，寓意皇甫谧巨著力作《黄帝三部针灸甲乙经》通灵久远；石阶状如八棱台，暗合阴阳八卦，中医针灸之学理；四方体碑座高 2.15 米，棱台斜边 6.8 米，寓意皇甫谧生于东汉建安二十年(215)，享年 68 岁；园台与碑座呈古铜钱造型，象征皇甫谧艺术高超，造福苍生，康寿生财；雕像高 10 米，意为皇甫谧成就卓越，人生完美；碑座东西两侧线刻皇甫谧传世故事 6 幅，记载其传奇人生；碑座正面刻有“针灸鼻祖皇甫谧”七个大字，背面简述其生平概略。整体建筑雄浑古朴，人物造像栩栩如生。

茹河生态园　彭阳县打造“一园两山多点”10 分钟健身休闲圈，满足市民就近健身娱乐的需要，依托茹河生态园建成全民健身中心及篮球、羽毛球、排球、足球等各类运动场 20 个，总面积 4.3 万平方米。在沿茹河两岸建成健身步道 12 千米，安装健身路径 400 件，并建成青少年户外营地及文化体育休闲广场 8 处、30 千米自行车骑行道及儿童乐园。

西门体育场　占地面积3万平方米，建有文化宣传长廊、宣传牌27块，中竖大屏幕荧屏，建有田径跑道、足球场及篮球场、羽毛球、网球、门球、乒乓球等场地，全天免费开放，安装有健身路径及健身驿站。周边有东昂景苑、花满庭小区、绿都华府、惠民家园等小区，服务过万人。西门体育场集群众健身、休闲娱乐、集会庆典、体育教学比赛、应急避难于一体，是综合性广场。类似体育场全县共4处。

怡园广场一角　　县文化馆/提供

怡园广场　占地面积2.98万平方米，建有3个体育场，设置2套健身器材、简单舞台120平方米，竖立大屏幕电视终端、文化长廊360米，竖立文化标牌47块，每天活动平均1000多人。是大型集会、文娱演出场地。

全县共建成体育公园大型场所27个，体育场地1555个，总面积57.9万平方米，人均体育活动场地面积2.8平方米。全县12个乡镇实现农民体育健身工程全覆盖。建有灯光球场，安装健身路径，156个行政村实现综合文化服务中心全覆盖，建有篮球场、健身路径及乒乓球台，全县经常参加文体活动的达7万余人，占常住人口的35%。

彭阳县广场文化文艺队伍一览表

表 2-1　　　　单位：人

序号	站点名称	负责人	参与人数	活动地点
1	和谐石头小广场茹河舞蹈队	祁永琴	35	和谐石头小广场
2	怡园广场愉悦健身队	王俊霞	20	怡园广场
3	康乐太极队	袁继荣	33	三中附近
4	彭阳县红阳广场健身站	杨丽红	56	红阳广场
5	彭阳县和谐文艺队	马福琴	38	体育场
6	民乐园馨悦文艺队	高永红	26	三号小区
7	民生家园文艺队	何粉香	22	民生家园
8	长城村快乐舞步队	周　红	32	长城村
9	彭阳县栖枫小区健身站点	高　筱	33	栖枫小区
10	彭阳县怡园广场健身站	屈红霞	56	怡园广场
11	彭阳县雷河滩舞蹈站	祁登智	87	雷河滩
12	彭阳县绿都华府广场健身站	郑晓莲	25	绿都华府广场
13	彭阳县王洼镇健身站	赵桂林	28	王洼镇
14	新集乡舞动青春队	郭彩云	33	新集乡
15	玉洼文化广场文艺队	闫玉珍	21	玉洼文化广场
16	彭阳县古城镇温沟村文艺队	周晓霞	22	古城镇温沟村
17	彭阳县王沟万方舞蹈队	李晓萍	15	王沟
18	彭阳县草庙乡包山村快乐舞蹈队	韩桂兰	29	草庙乡包山村
19	南门丽丽舞蹈队	张　丽	31	南门
20	怡园广场炫舞飞扬曳步舞健身队	催旭燕	22	怡园广场
21	海巴小区后门新时代舞蹈队	张　静	24	海巴小区后门
22	华府缘文艺队	韩琴润	26	华府缘
23	怡园广场红叶文艺队	叶君娥	33	怡园广场
24	茹河度假村文艺队	安海燕	29	茹河度假村
25	红阳舞蹈队	陈兰芳	35	红阳
26	城阳文艺队	刘桂红	32	城阳
27	中老年太极队	索剑锋	45	体育场
28	夕阳红老年太极队	常国斑	41	怡园广场
29	阳光舞蹈队	胡秀萍	33	城墙
30	城阳乡涝池村文艺队	祁广琴	23	城阳乡涝池村

第三节　文化惠民

一、惠民“四个一”

彭阳县坚持“文体惠民”服务宗旨，把发展繁荣文体事业作为提升居民群众获得感与幸福感的重要抓手，不断组织开展丰富多彩的“四个一”文体活动，让广大居民群众乐在脸上、暖在心里。

紧盯“两个维度”，讲好一堂党课　彭阳县各级领导干部深入各村（社区），集中宣传宣讲全会精神，采取“线下宣讲＋线上轮训”措施，不断拓展“深度＋广度”两个维度，在村部、炉旁、炕头通过精辟简洁、亲切朴实、带着泥土味儿的“大白话”，讲身边人、身边事、身边理，不打官腔，不讲空话，用真情实感拉近党组织与党员群众的距离，上好新年“第一课”。广电局抽调机关部分人员，下沉基层，认真宣讲文化惠民政策。

2022 年，彭阳县青年体育协会举办“共青团杯”男子篮球赛

县文广局/提供

围绕“一类人群”，办好一场体育赛事　彭阳县各乡镇村组充分发挥文化阵地和文体队伍的作用，紧盯群众这一最大受众体，以丰富辖区居民业余文化生活为出发点，以辖区居民满意为目标，坚持育民、乐民、助民。举办别开生面的农民篮球争霸赛、趣味运动会。“中国体育彩票杯”宁夏彭阳县农民篮球争霸赛更是充分展示新时代农民精神风貌，不断满足广大农民群众对美好生活的需要，提升全县人民身体素质和健康水平，助力乡村振兴和县域经济社会发展。

着眼“一个主题”，搞好一场文艺活动　彭阳县文化旅游广电部门以民俗文化、传统文化为主题，制作、悬挂主题花灯、大型地灯，展出富有特色、形式新颖、内容丰富的彩灯，让广大群众领略民俗文化魅力，品尝“文化年味”。以“翰墨书香大美彭阳”为主题的迎新年全区书法绘画作品邀请展展现美丽彭阳乡村新风貌。深度挖掘“我们的节日”内涵，以节日为载体，让广大群众在潜移默化中传承中华优秀传统文化。丰富多彩的文体活动，犹如一道道精神盛宴，滋润着广大群众心田，使广大群众感受到浓浓的幸福，促进了身心健康。

聚焦“一个宗旨”，做好一次意见征集　文化体育事业发展，事关群众幸福指数，彭阳县将文化体育事业发展作为全面建成小康社会的重要内容，以“知民所想、愁民所盼”为宗旨，通过微信网络问卷形式，结合文化、科技、卫生“三下乡”活动在全县范围内开展群众文体发展需求征集活动，充分了解群众对文化体育建设发展的评价和需求，充分发挥文化体育场馆设施的功能作用，不断提升群众的文体生活质量和幸福指数，推动文化体育事业健康、持续、快速发展。

二、创建国家公共文化示范区

彭阳县紧抓创建国家公共文化服务体系示范区机遇，坚持公益性、服务性、均等性、便利性原则，以保障广大人民群众基本文化需求为出发点和落脚点，坚持政府主导、社会参与、共建共享，统筹城乡公共文化服务体系规划和设施建设、资源配置、队伍建设、产品供给，创作公共文化精品，打造公共文化活动特色品牌，建设文化惠民工程。

通过创建国家公共文化服务体系示范区实践，彭阳县有效解决了机制建立、资金投入、基础设施城乡全覆盖等重点问题，进一步提高人民群众的生活水平和生活质量，不断满足人们日益增长的精神文化需求，使文化软实力持续增强。

2020 年以来，彭阳县逐步形成以城带乡、以乡促城、优势互补、共同提高的城乡统一公共文化服务体系，建成网络健全、结构合理、发展均衡、运行有效、惠及全民的公共文化服务体系，形成覆盖城乡、便捷高效、保基本、促公平的现代公共文化服务体系。

乘车沿彭青高速公路到古城镇收费站下高速，首先映入眼帘的是高高耸立在罗家山腰的任山河烈士纪念碑，在蓝天白云映衬下，更显高大雄伟。每年清明节，当地群众自发到烈士陵园祭扫，彭阳县从 2014 年开始，在每年 9 月 30 日中国烈士纪念日向任山河烈士纪念碑敬献花篮，在烈士陵园开展缅怀革命先烈系列活动，朗诵红色经典、聆听革命故事，引导青少年铭记革命历史、崇尚革命英雄、继承革命事业。“打开任何一个乡镇的电子阅览室，都能看到任山河烈士陵园有关内容。”古城镇文化站借助互联网信息技术，经常将家乡的故事拍成小视频对外展示，当地的孩子通过电子阅览室，远程“借阅”图书。

彭阳县在创建国家公共文化服务体系示范区过程中，结合实施“宽带乡村”“智慧彭阳”“云服务”等重大信息工程，实施数字图书馆、公共电子阅览室、农村数字电影放映、城乡电子阅报屏等项目。已在156个村综合文化服务中心建成农家书屋，并为图书馆、部分乡镇、社区、行政村图书室采购线上数字电子阅览机、文化一体机。通过构建全县统一的公共数字文化服务平台，推动公共文化资源城乡互联互通。

县委、县政府提高站位凝聚共识，以建设具有彭阳特色和西部标准的示范区创建模式为目标，高起点推动基本公共文化服务最大范围地覆盖服务人群、更大程度地对接群众需求、更大限度地提升群众文化获得感。

“2014年，彭阳县通过自治区级首批公共文化服务体系示范县创建验收。”彭阳县把公共文化服务体系建设作为一项民生工程，不断加强公共文化服务阵地建设，推进城乡一体化优质均衡发展。

彭阳县统筹城乡公共文化服务体系规划、基础设施建设、服务资源配置、服务队伍建设、服务产品供给，发挥县级图书馆、文化馆、博物馆“三馆”服务功能，补齐乡镇文化站建设短板。提升156个行政村综合文化服务中心服务功能，扶持发展文化大院、民间文艺团队、非遗传承基地和非遗传承人。通过一系列措施，彭阳县构建起县、乡镇、村（社区）三级公共文化设施网络体系，形成覆盖城乡、便捷高效、保基本、促公平的现代公共文化服务体系。每天有1000多人在图书馆读书学习，图书馆藏书26万册，设立电子阅览室、成人阅览室、少儿阅览室、借书室，方便人们阅读学习。

彭阳县以人为本下移文化活动重心，通过以城带乡、以乡带村，打通公共文化服务“最后一公里”。送戏下乡、送电影进村、广场文艺演出等文化惠民工程，把文化活动从城市延伸到村。

2018年以来，彭阳县采取订单式服务、菜单式派送，累计完成广场文化演出140多场次、“送戏下乡”演出132场次、“戏曲进校园”演出30场次、“戏曲进乡村”演出144场次，电影放映3600多场次。先后在冯庄乡文化站、红河镇友联村、古城镇乃河村、城阳乡刘河村举行6D球幕电影体验活动，将公共数字文化服务向基层延伸，让更多群众享受公共数字文化资源带来的实惠。

彭阳县文化馆精心组织歌舞、社火、曲艺、运动会等各类赛事活动，形成文体活动“大家办、大家演、大家看”的长效机制，让群众享受到创建示范区带来的“福利”。每天傍晚，大家忙完一天的农活，就到广场跳舞、唱歌、看电影，休闲娱乐。古城镇皇甫村综合文化服务中心文化专管员负责广场音箱调配、组织活动。

彭阳县在实现基层公共文化设施达标的同时，每年拨出93万余元，为156个村配备专管员，专门负责村级文化活动，帮助乡村群众充分享受文化信息资源，把城乡公共文化服务体系建设成为服务人民、造福百姓的民心工程。在白阳镇图书分馆，书架上3000多册图书整齐码放，桌椅等设施齐全。分馆有22种图书，只要读者拿着“一卡通”，就可到总馆和分馆随借随还。分馆建成后，方便周边5个居民小区上万人就近阅读。

彭阳县按照服务半径、服务人口，合理确定分馆和基层服务点布局，探索建立“通借通还”的城乡公共文化资源共享机制，方便群众阅读。为了让图书“活”起来，彭阳县将县图书馆公共图书与乡镇综合文化站图书室进行优秀图书交流，乡镇文化站图书室和农家书屋优秀图书进行定期循环，为村组农家书屋配给图书，做到县、乡（镇）、村（社区）三级图书不断更新、补给，为农家书屋注入新知识。文化建设人才是关键。彭阳县严格落实基层文化服务单位编制，按标准配备乡镇文化站专职人员和村（社区）文化管理员。建立科学合理、推动有力的公共文化服务制度保障。

彭阳县坚持建立以政府为主导，以公益性文化机构为骨干，以社会组织、企事业单位和广大人民群众广泛参与为补充的多元化公共文化服务体系运行机制。结合行政审批制度改革，进一步简政放权、优化服务，吸引社会力量和民间资本投入公共文化领域，参与公共文化项目建设，进一步增强公共文化服务的活力。

刘茹创建的文化创意公司每年培训刺绣、编织、缝纫900多人，稳定就业30多人、灵活就业300多人，年支付工资100万元。在新冠疫情防控期间，组织职工制作并捐赠香囊7万多件。

彭阳县通过政策倾斜和资金扶持的办法，鼓励有志于发展文化产业园区、农民文化大院的企业或个人投身文化事业，带动发展文化产业园区、文化扶贫车间，建成农民文化大院84座，扶持发展农民文艺宣传队伍39支，进一步扩大公共文化服务范围。

彭阳县采取事业化管理、企业化运作模式，开展公益性文化事业单位法人治理结构建设，扶持发展壮大基层文艺队伍，鼓励文化演出队伍成立文艺演出公司，激发全县文化事业发展活力。从2011年起，贯彻落实国家《边远贫困地区、边疆民族地区和革命老区人才支持计划实施方案》，充分利用好“三区”人才队伍，结对帮扶乡镇、文化部门单位发展文化产业和文化企业，培训60余人次，带动一批乡村文化能人建文化大院、发展小微文化企业、组建文艺宣传队伍。

“三区”人才负责彭阳县农村秦腔辅导，从坐、念、唱、打等基本要领入手，一字一句领唱腔，手把手教动作。彭阳县通过完善基层公共文化服务人才激励和保障机制，培育并壮大乡土文化人才队伍和民间文艺团队，逐步建立起一支文化志愿者队伍。

截至 2022 年，彭阳县累计挖掘根雕、剪纸、刺绣、纸织画、手工艺制作等各类文化志愿者 30 余人，开展文化志愿活动 12 场次。通过鼓励大学生志愿者担任农村文化专管员职位，让志愿者参与创新和创业，发展文化新业态，激发文化发展潜能。

守着文化“宝山”，彭阳县积极探索公共文化服务与旅游公共服务相结合的实践路径，通过挖掘当地历史文化、红色文化、民俗文化等内涵，利用“文化 +”进行拓展和延伸，打造公共文化活动特色品牌。

走进占地 11200 平方米的彭阳县博物馆，古朴的石器、陶器、青铜器、铁器透着历史厚重的气息，已磨损的骨器、草鞋、军装默默讲述着沧桑巨变。为了让博物馆里的文物活起来，采取数字信息技术，通过线上演示、线下组织群众现场观看，发挥公共文化服务功能，让人们了解彭阳历史文化，体验中华文化博大精深。“创文”不是“独角戏”，而是琴瑟和鸣的“大合唱”。在创建实践中，彭阳县不断加大文旅休闲项目建设、精品演艺剧目创排力度，培育文化“创意 + 旅游”等新业态，打造独具彭阳特色的文化旅游名片。春季山花烂漫、秋季梯田恢宏，是彭阳县近年来打造出的又一亮丽文化旅游品牌。

彭阳县举办梯田节暨“梯田百合、美丽彭阳”文化旅游节，满山盛开的百合和绿水青山相得益彰，吸引区内外游客纷沓而至。六盘山山花旅游文化节、梯田文化旅游节、网络山花文化旅游节……一场场文化旅游盛会，吸引几十万名游客前来“打卡”。

彭阳县举办“文化和自然遗产日”非遗主题宣传活动、“文艺轻骑兵”下基层文艺演出、2020 年“文化大篷车”下基层文艺演出、庆“七一”暨庆祝建党 99 周年电影放映、庆祝中华人民共和国成立 70 周年“我和我的祖国”全县干部职工大合唱比赛等活动。举办丰富多彩的文化活动，不断提高人民群众的获得感、幸福感。

2020 年 6 月 13 日，由县文化旅游广电局主办的“文化和自然遗产日”非遗主题活动在县怡园广场举行　县文旅局/提供

资助民俗文化产品开发、生产、搭建民间传统工艺品展销平台，开发具有地方特色、物美价廉、适销对路的“彭阳有礼”文创产品。促进文化建设与旅游发展良性互动，旅游产业与文

化产业互促互荣。

城阳乡长城村村民发挥刺绣特长，在村里成立“绣娘阁”，通过线上线下销售纯手工枕头、鞋垫、布鞋，年收入3万多元。

彭阳县围绕开展精品文艺创作，组织文化爱好者，以打赢脱贫攻坚战、扫黑除恶专项斗争、全面抗击新冠疫情等题材，创作小品小戏、快板、歌曲、绘画、书法、剪纸等文艺精品，起到以文化人、以文育人、以文培元服务功能。围绕非遗文化和农耕文化优势，建立非遗展厅、特色文化展室。彭阳县12个乡镇均在示范村建立农耕文化展室、手工艺品制作室、根雕展室、民俗展室、村史史料展室、红色文化展室、乡村书院等，推动农村文化百花齐放。

三、乡镇文化服务中心建设

完善各项制度，规范村综合文化活动室的各项活动。开展书报刊借阅、时政法治科普教育、文艺演出活动、数字文化信息服务、公共文化资源配送和流动服务、体育健身和农民娱乐等；举办各类展览、讲座，普及科学文化知识，传递经济信息，为群众求知致富，促进当地经济建设服务。根据当地群众的需求和设施、场地条件，组织开展丰富多彩、群众喜闻乐见的文体活动和广播、电影放映活动，指导农民自办文化组织建设，培养群众文艺骨干；协助县级文化馆、图书馆、乡镇文化站等文化单位配送公共文化资源，保证公共文化资源进村入户；在县文广局和乡镇文化站的指导下，管好农家书屋，开展群众读书读报活动，为当地群众提供图书报刊借阅服务；建成全乡（镇）文化信息资源共享工程基层服务点。在县级文化行政部门、乡（镇）文化站的指导下，搜集、整理非物质文化遗产，开展非物质文化遗产的普查、展示、宣传活动，指导传承人开展传习活动；协助县级文化行政部门、乡（镇）文化站开展文物的宣传保护工作；受县级文化行政部门、乡（镇）文化站的委托，协助做好农村文化市场管理及监督工作。发现重大问题或事故，依法采取应急措施并及时上报。配置开展公共文化服务必需的设备、器材和图书等文化资源，并有计划地予以更新、充实。设施和设备必须按照国家有关规定办理资产登记及相关手续，依法管理，确保国有资产安全、完整和有效使用。

村文化活动室管理制度　开展书报刊借阅、时政法治科普教育、文艺演出活动、数字文化信息服务、公共文化资源配送和流动服务、体育健身和农民娱乐等；文化室根据其功能、特点向公众免费开放，保障其设施用于开展文明、健康的文化体育活动；文化室设施和设备必须按照有关规定办理资产登记及相关手续，依法管理，确保国有资产安全、完整和有效使用。

文化活动室设备管理制度　所使用的设备要建立档案，由专人妥善保管，不得丢失；加强对设备的检查、维修和保养，按照规定操作设备，确认正常后方可使用；要按规定程序操作，严禁私自拆卸、移动、擦拭设备，定期对设备进行处理；设备一律不准外借，确因工作需要，须有负责人书面批准，才能办理有关手续；设备可供开展各类文化服务活动使用，不得私人使用。

村文化活动室管理员岗位职责　热爱本职，严格遵守工作纪律，模范执行各项规章制度，出色完成工作；坚持“村民至上，服务第一”开展文明服务，有良好的职业道德，主动向前来参与文化活动的村民提供服务，满足村民的合理要求；经常性组织村民开展各类喜闻乐见的群众文化活动，配合做好全村中心工作，积极开展知识普及、农技推广等活动；遵守作息时间，坚守岗位，专心致志地工作，不得擅离职守，集中精力做好本职工作，不断提高工作效率和质量；负责管理好活动室内器材及馆舍设备，做好“五防”，即防火、防潮、防蛀、防盗和防尘；对村民一视同仁。

文化活动室活动须知　凡在活动室活动的村民应开展有益于身心健康的活动，严禁一切赌博和封建迷信活动；活动室内禁止吸烟，不得随地吐痰，乱扔垃圾，大声喧哗；爱惜室内器材，如有损坏，须照价赔偿，未经管理人员许可，活动器材不得挪到室外使用；年老体弱者必有专人陪同，如无人照看或因自己操作不当造成意外损伤，相关责任自负。开放时间，夏季开放时间：9：00—12：00，15：00—18：00；冬季开放时间：9：00—12：00，14：30—17：30。活动室有权拒绝不遵守以上相关规定的人员进入本活动室活动。

图书阅览管理制度　借阅时要登记，每次限一册，借期一周，可续借一次；报纸、杂志在阅览室阅读，阅后放回原处。借阅时应检查图书是否被涂画、损坏，否则读者应对所借图书的损坏状况负责；未办外借手续的图书，严禁携出图书室。超过借阅期限，须缴纳逾期费；损失赔偿：书刊遗失，应及时报失，尽量购买原版图书赔偿，否则以书刊价格的若干倍现金支付赔偿；读者进入阅览室后，应自觉保持室内安静与卫生，禁止大声喧哗；读者不得在图书阅览室内吃零食、乱涂乱画、随地吐痰，乱丢果壳烟蒂等，违者负责打扫卫生一次；读者离开图书阅览室须将坐过的椅子放回原位，将看过的书放回原书架，养成良好的读书习惯。

电子阅览管理制度　室内计算机应由专人负责管理，对设备进行认真的管理维护；计算机运行时工作人员应坚守岗位，不得擅离岗位，工作结束后随手关机，并罩好机器,放好种类物品,下班后切断电源;保存好各机器的密码与口令,并定期进行更换;对重要的数据或程序必须定期备份,防止故障或病毒对数据的破坏;工作中严禁在计算机上玩游戏;保持室内清洁卫生,严禁在室内吸烟;注意防火、防盗。

图书(电子)阅览室工作人员职责　工作人员要严格遵守本室的规章制度。工作时间不得串岗,脱岗,做私事;工作人员必须做好每班的交接工作,仔细检查交接班工作记录,负责统计每天接待读者人次;工作人员负责阅览室常规的管理工作,检查室内微机工作状况,出现问题及时做好工作记录,填写设备维修单交给技术维修人员进行维修,检查归还图纸是否完好无损;工作人员要主动向读者宣传上机规则,负责读者上机登记,注册工作;工作人员要指导读者正确使用微机,耐心解答读者提出的各种问题;工作人员要随时巡视,检查阅览室读者的上机情况及设备运行情况,防止出现人为因素造成的设备损坏和设备丢失;当班工作人员要处理好阅览室的突发事件;工作人员统计阅览室电子设备损坏和图纸丢失情况,并报办公室处理;工作人员做好安全检查工作,负责每天下班关好门窗、空调等设备,最后关闭电源。

四、文化“三下乡”活动

1997年开始,彭阳县实施文化、科技、卫生“三下乡”活动。文化下乡主要是送戏下乡、送图书下乡,开展文化进万家系列活动。

送戏下乡文化惠民工程是加快完善公共文化服务体系,落实科学发展观,实现文化与政治、经济、社会协调发展,丰富人民群众文化生活,营造喜庆祥和的文化氛围,满足老百姓日益增长的文化需求,实现公民文化权益的重要举措。“不断丰富城乡居民的文化生活,满足人民群众日益增长的文化需求。”这是彭阳县对文化工作者提出的要求。社会的不断发展与进步,使彭阳城乡居民的精神文化生活需求不断提高。送戏下乡就是在这种背景下产生的,它是丰富农村人民群众文化生活,满足他们日益增长的文化需求的一个重要措施和主要手段。

送戏下乡惠民文艺演出是彭阳县委、县政府联系服务群众的重要纽带,是深化文化惠民工程的重要内容。文化部门高度重视,加强统筹协调,加大工作力度,确保“送戏下乡”惠民文艺演出取得实效,基层满意。把握需求,提升质量,找准群众需求与文化供给的契合点,深入了解百姓新需求和基层新情况,在安排演出时充分考虑农村(社区)群众的生产生活特点、居住密集程度,合理调配演出时间、地点,力求使每场演出当地群众都能看得上、较满意。将“送戏下乡”惠民文艺演出与自治区“强三性、增四力”教育实践工作和“深入生活、扎根人民”主题实践活动有机结合。积极开展各类帮扶活动，帮助本地各类民间文艺团队提升艺术水准。

2010年以来，彭阳县文广局开展“文化惠民，送书下乡”活动17次。村民们根据自己的阅读爱好挑选书籍，现场分享书籍内容。赠书种类包括种植、养殖、生活、文学、科普、法律法规、历史文化等八类，内容涉及范围广、针对性强，每次约800册，价值1.3万元。彭阳县文广局为全县22个移民新村(安置点、区)赠送图书1760本，价值7万余元。

在文化套餐进万家活动中，每年新春佳节来临之际，为进一步丰富节日期间广大群众精神文化生活，营造欢乐祥和、文明喜庆的新春佳节浓厚氛围，彭阳县扎实开展“我们的中国梦”——文化进万家喜迎新春系列活动，让年味儿遍地飘香。

在县城怡园广场、凤凰广场、广安桥头等地点以民俗文化、传统文化为主题，制作悬挂新春主题花灯、大型生肖地灯，展示富有特色、形式新颖的彩灯，让广大群众领略民俗文化魅力，品尝“文化年味”。在兴彭大街、尚街、萧关路等繁华街道，火红喜庆的中国结、喜气洋洋的红灯笼、闪闪发光的五角星等各种饱含文化韵味的装饰品美不胜收，全力营造欢乐祥和、文明喜庆的节日氛围，让广大群众在浓浓的新年气息中体验传统年味、感受传统文化。

以百姓喜闻乐见的艺术形式，将年画日历与社会主义核心价值观、精神文明创建、移风易俗等相结合，制作饱含新年祝福之意的年画日历，组织县、乡(镇)、村三级志愿者走进千家万户赠送年画日历。广泛开展“迎新春、送春联、送祝福”活动，书法协会的志愿者走进社区挥毫泼墨，为广大群众书写出一副副承载着对新春美好祝愿和对伟大祖国美好期盼的春联。字里行间，真诚的祝福满溢，散发出欢乐祥和的浓郁年味。2022年春节，共为广大群众赠送“定制”年画50000余份、“定制”春联2000余副。

线上活动丰富百姓文化生活。在公众号、文化云等线上平台开展刺绣、剪纸、根雕、麦秆画、十大碗、黄酒等非遗作品展，让广大群众在“云端”体验非遗文化，感受非遗魅力。扎实开展科技文化卫生“三下乡”文艺线上展播活动，一个个精心编排、富有新春韵味的文艺节目为广大群众献上丰盛的“文化大餐”。深入开展“文化进万家——视频直播家乡年”活动，通过视频展示油饼、馓子、笼食等“彭阳味道”制作过程，让广大群众重温记忆深处的家乡年味，让远在他乡、异地过年的游子一解乡愁。同时，系统策划《主播带你赶大集》《彭阳好味道》等栏目，以网络直播、短视频形式让广大群众深切感受蕴含在传统年味中的温情与亲情。

第四节　文化大院

一、文化大院的创建

彭阳县文化大院巩固提升创建国家公共文化服务体系新成果，坚持传承发展，以文化惠民、服务民生为导向，以举旗帜、聚民心、育新人、兴文化、展形象为工作使命，充分发挥文化大院在农村精神文明建设中的引领作用，不断丰富和满足人民日益增长的美好生活需要。

文化大院工作以人为本、服务群众。充分发挥农村文化带头人作用，坚持先进文化的前进方向，把满足群众日益增长的精神文化需求、促进人的全面发展作为根本目标，保障和实现农村群众的基本文化权益。

文化大院工作民办公助、多元投入。采取村民自筹、政府帮建等多种模式，引导社会力量参与文化大院建设，形成建设合力。彭阳县通过社会投入与民间投入相结合，政府以奖代补，确保文化大院健康发展，建立健全农村文化活动载体。

因地制宜，突出特色。彭阳县委、县政府要求利用村集体闲置房屋，或农村文化能人利用自家庭院建设文化大院。注重发挥彭阳县浓厚的民俗文化传统优势，引导发展文艺大院、民俗大院（含非遗大院）、书画大院、收藏大院（含红色大院）等各类特色文化大院。

彭阳县文化大院的建设坚持“四有”。一有场地。文化大院前期投入 5 万元以上；有固定的室内或室外活动场地；有文化墙 10 平方米以上、宣传橱窗 2 个以上，场地选址合理、环境整洁，文化氛围浓厚、方便群众、利用率高。二有人员。文化大院有专职文化管理员负责日常工作，有文化带头人和参与活动的队伍，文化骨干队伍人数原则上须达到 20 人以上并逐年发展壮大。三有活动。每周开放或开展活动不少于 1 次，每年组织开展 10 次以上有影响的群众活动，有活动开展记录及宣传资料。四有特色。文化大院应有不少于 25 人的文艺表演队伍，有音响、乐器、服装等基本活动器材设备，有 50 平方米以上的室内活动室；书画大院应有 10 人以上的书画爱好者群体，每年组织开展书画培训和交流活动 12 次以上，积极参加县内外书画展览活动；民俗大院（含非遗大院）：能发挥民俗文化资源优势，有 50 平方米以上的活动室、50 平方米以上的展室、200

件以上的展品；收藏大院（含红色大院）：有200件以上的特色藏品，有100平方米以上的展室，有收藏品交易活动，红色大院要有红色文化记载或历史遗存；支持兴办其他文化特质的文化大院。

彭阳县文化大院创建程序：先申请后审批。农民文化大院申报人须向彭阳县文化旅游广电局提交书面申请〔加盖所在乡（镇）和行政村印章〕和农民文化大院活动场地证明，还有活动开展情况等相关照片材料。

彭阳县文化旅游广电局组织相关人员进行调查摸底、现场核实，对符合创建标准的，经局党组会议研究，按照扶持标准予以扶持。

彭阳县文化大院创建实行统一标识、逐级申报。按照文化大院创建标准，县级文化大院由县委宣传部、县文化旅游广电局每年进行一次授牌命名，将公共文化服务体系项目和资金进行统筹安排，有效整合，对授牌命名的文化大院给予资金、人才和设备方面的支持。同时，鼓励有条件的文化大院大力发展文化产业，变文化优势为经济优势。

彭阳县把文化大院建设经费列入县财政预算，积极争取区市文化发展资金扶持，支持文化大院建设。对县级文化大院，由县财政一次性给予5万元的扶持，用于基础项目建设、器材设备配置、人员队伍建设、活动经费支持等。同时，依据考核情况，对优秀的县级文化大院，在基础建设项目、器材设备配置、活动经费等方面优先安排。

加强文化大院能人的培训。业务指导采取送出去、请进来等多种方式，将国家“三区”人才计划项目与文化大院相结合，加强对农村文化带头人和文艺骨干人才的培养，帮助文化大院组织开展好各项文化体育活动。以县文化馆和体育活动中心为龙头，派出专业人才对文化大院的骨干进行集中培训，为基层文化大院举办大型文化体育活动提供业务指导，提升文化体育活动水平。

文化大院举办有影响的文化活动时，活动场地配备照明设施，在安全出入口设置明显标志，保证安全出入口畅通；需要临时搭建舞台、看台或展厅的，应当按照国家有关安全标准进行搭建，确保活动安全开展。

由彭阳县文化旅游广电局负责文化大院的创建管理和考核工作。对已授牌命名的文化大院，彭阳县文化旅游广电局组织每年12月进行考核，按照文化大院比例设置考核分数，采用10分制，考核分数在8分以上（包括8分）定为优秀等次；考核分数在6~8分（包括6分），定为合格等次；考核分数在6分以下（不包括6分），定为不合格等次。考核优秀的文化大院在设备、资金等方面优先考虑安排；考核不合格的文化大院，责令整改，并列入乡镇文化综合考核。

对县级及以上文化大院，彭阳县文化旅游广电局每两年复验一次。对活动开展不积极、没有创新发展的文化大院，进行摘牌，停止设备、器材和经费投入，收回已配发的器材设备。

严格固定资产管理。文化大院所扶持设备，使用权归文化大院，所属权归彭阳县文化旅游广电局，各文化大院要严格资产管理，不得随意外借、损坏、遗失或倒卖等，严防国有资产流失。

二、文化大院管理制度

彭阳县文化旅游广电局制定严格的文化大院管理制度，主要制度如下：

农民文化大院管理制度　文化大院是农村基层文化的主阵地，是全体村民进行科学文化知识学习、文体活动的重要场所。为加强文化大院管理，特制定本管理制度。

文化大院各活动室每天按时向村民开放；文化大院是公众活动场所，禁止大声喧哗，打架斗殴；爱护公共财物和设施，损坏实物按价赔偿；维护大院内卫生，勿乱贴画及乱扔纸屑果壳烟蒂等杂物；遵守各活动室规章制度，服从工作人员管理。

农民文化大院管理人员职责　积极宣传党的文化工作方针政策，自觉遵守文化大院各项规章制度，热爱管理工作；按时定期开放，方便村民活动，坚守职责，热情为村民服务；做好各活动室管理工作，服务村民开展文化活动；加强各项活动财务和设施管理，保持院内干净整洁，使之处于良好状态，给村民营造一个舒适的活动环境；增强防范意识，加强日常巡查，防止盗窃、火灾事故发生；努力做好其他有关工作。

农民文化大院工作职责　热爱本职，严格遵守工作纪律，模范执行各项规章制度，出色完成工作；具有大局意识和良好的职业道德，主动向前来参与文化活动的村民提供服务，满足村民的合理要求；经常性组织村民开展各类喜闻乐见的群众文化活动，配合做好全村文化工作，积极开展知识普及、农技推广等活动；遵守作息时间，坚守岗位，不得擅离职守，集中精力做好本职工作，不断提高工作效率和质量；廉洁奉公，反对损公肥私；负责管理好活动室内器材及馆舍设备，做好“五防”，即防火、防潮、防蛀、防盗和防尘；开展有益于身心健康的活动，严禁一切赌博和封建迷信活动。

多功能室管理制度　严格遵守本活动室管理制度，爱护公物，人人有责；损坏财物，加倍赔偿；文明活动，礼貌待人，严禁大声喧哗、打架斗殴，否则请自觉离场；参加本活动室活动，要有专人负责组织；培养良好卫生习惯，保持室内清洁卫生，严禁在室内吃零食、乱涂乱画、随地吐痰、乱丢果壳烟蒂等，违者负责打扫卫生一次；培养良好活动习惯，离开活动室时，要将活动器具放回原处；自觉遵守活动时间，服从管理人员管理。

三、文化大院简介(排列顺序以成立时间为序)

县敬老院文化大院　位于城阳乡城阳村转弯队,距离彭阳县城东约17千米,交通便捷,地理位置优越。始建于1985年8月的城阳乡敬老院,占地面积2303平方米,建筑面积609平方米,有砖木结构房屋33间,五保老人44名,管理人员6名。

2002年,白占祥担任城阳敬老院院长,他酷爱文艺,喜欢吹拉弹唱。为丰富老人的文化生活,他在敬老院办起了文化大院,周边的文艺爱好者闻风参与其中,壮大文化队伍。白占祥积极为文艺爱好者搭建平台,为文化活动室配备电视、电话、DVD等音响设备,购买象棋、扑克等娱乐用品。

2003年,白占祥发现五保老人生活单调,他们爱好唱戏和听戏,为了让他们老有所乐,他根据老人爱好组建秦剧团,配置二胡、板胡、扬琴、电子琴、打击乐器等。2010年改扩建文化活动室、图书室,增添戏服、道具等设备。演艺人员发展到28名,秦腔演唱也由独幕剧发展到多幕剧。受到群众和五保老人的欢迎和广泛赞誉。该文化大院多次被区、市、县业务主管部门评为先进文化大院。

董玉财文化大院　成立于2012年9月,位于彭阳县城北环路南门口,该文化大院占地面积800平方米,建筑面积520平方米,先后投资50万元修建秦腔文化大院的基础设施,有办公用房2间,服装道具室4间,对院内进行硬化、绿化、美化,对室内进行装修,投资30万元购置演出服装、灯光、音响等设备。

该文化大院是一家集曲艺、歌舞、小品等于一体的综合性文化大院。吸纳各类文艺人才70余名,是彭阳境内唯一一家能唱全本秦腔的演艺团体。大院发展成为彭阳秦腔演艺、戏曲培训、文艺人才培养的基地。2012—2015年,每年均举办为期2个月的秦腔、曲艺、舞蹈等集中培训,培训文艺人才210余人次,提升文艺演出人才的演艺水平。该文化大院得到上级部门的认可和文艺爱好者的广泛参与,不断有新的人才加入该团队。2014—2015年,文化大院秦腔剧团连续两年获固原市秦腔表演二等奖。2017年,董玉才创办的彭阳县大众乐秦剧团被中宣部、文化部、国家新闻出版广电总局授予“第七届全国服务农民、服务基层文化建设先进集体”荣誉称号。

董玉财农民文化大院承担着社火表演、节庆文艺演出、广场文化活动、送戏下乡等多种群众性文化活动。在方便群众娱乐的同时,丰富群众文化生活,提升群众文化品位,传承当地的秦腔艺术,带动培养一批文艺业余人才。

杨治刚文化大院　始建立于2012年，是彭阳县首家农民文化大院。位于白阳镇玉洼村村部附近，203省道穿村而过，距彭阳县城10千米，交通便捷。该文化大院占地面积66667平方米，建筑面积3650平方米。2018年投资10万余元对文化大院进行硬化、绿化和美化。对室内进行装修，并购买各种设备。建成有办公用房2间，设有图书室和文化活动室等，图书室藏书量3000余册。是一家集餐饮、住宿、采摘、民俗表演、休闲娱乐于一体的综合型文化大院。设施较为完备，功能较为齐全。文化活动室配有音响设施，活动用品有象棋、麻将、扑克等，均免费向外开放。室外配套建文化活动小广场和健身器材，供人们休闲娱乐和养生健身。

文化大院文化氛围浓厚，文化活动频繁，是村民文化娱乐的重要场所。2015—2020年，该文化大院为贫困家庭、孤寡老人、留守儿童扶贫济困，为村组升入大中专院校的学生捐资助学，为村组老年人免费提供生日宴，年头节下为老人提供“雷锋饺子”。利用文化活动室免费为村民举办文化、科技培训班等，提高村民科技文化水平，提升农民致富的能力。

张富君文化大院　建立于2013年6月，位于白阳镇周沟村村部附近，彭古公路穿村而过，交通便捷。该文化大院占地面积600平方米，建筑面积150平方米。投资10万余元对文化大院院内进行硬化、绿化和美化。2014年对室内进行装修，并购买各种设备。建成有办公用房5间，设有图书室和文化活动室等，图书室藏书量3000余册。文化活动室配有象棋、麻将、扑克等文化活动用品，免费对外开放。室外配套建设篮球场、文化活动小广场，供村民休闲娱乐和养生健身。

该文化大院居于城乡接合部，既有城市文化品位，又传承乡村文化特点，文化氛围浓厚，文化活动频繁。有秦腔自乐班1个30余人，每年组织文艺演出60余场次，吸纳广场舞爱好者30余人。村民农忙时节种地，农闲时组织各类文化活动。每逢节假日，文化大院自筹经费组织广场舞、秦腔自乐班进行文艺表演，提高演艺人员水平。

借村部优质资源，通过网上培训和聘请专业人才集体培训等方式，分期分批对农民进行演艺技巧和文化技能培训，提高群众的文化水平。并借机宣传党和国家的惠民政策，宣传县委、县政府的重大决策部署，宣传村委会的工作计划，加大对村民种植、养殖技术培训力度，为村民提供产销信息和掌握科技文化的良好平台，为全村经济发展提供强有力的智力支持。

李仲才文化大院　建立于2014年5月，位于彭阳县古城镇刘高庄村，距县城10千米左右，彭古公路横穿而过。环境幽雅，交通便捷。该文化大院投资60余万元，占地面积2600平方米，建筑面积700平方米，有农村电影放映大厅1个、图书阅览室2间、KTV室3间、文化活动室2间。在区、市、县文化部门和镇、村、组的大力支持下，为文化活动室增添电视机、DVD等音响设施，为阅览室配备图书、书柜、桌椅等，李仲才自筹资金购买象棋、麻将、扑克等娱乐器材，经常免费对外开放。

该文化大院是李仲才自筹所有的积蓄创办的，他是一名地地道道的秦腔爱好者，每当闲下来时就召集秦腔爱好者组成自乐班，演唱评比，相互切磋演技，提出改进措施，后来发展成为一支以传统秦腔戏曲为主，兼歌舞、小品、相声等的文艺团队，有演职人员46人。唱戏逐渐形成一种规矩，每周五晚举行一次秦腔茶座；每天早、晚各举办一场广场舞，让人们通过广场舞强身健体，广场舞队伍发展到40~80余人。

群众喜好鼓乐器材，喜欢吹拉弹唱。李仲才还筹划成立一支鼓乐队，培训专业鼓乐人员，为农村婚庆、喜宴、开业等各种庆典活动服务，增添喜庆气氛，也为一方文化的发展和传承作出贡献。

金鸡坪文化大院　位于彭阳县白阳镇玉洼村，距县城11千米，203省道穿村而过，交通便捷。该文化大院四面环山，地处风景秀丽的金鸡坪梯田公园之中，周围古迹传说众多，有“营盘山”遗址（元朝）、乱井子古堡群（明朝）、关帝庙、中央红军长征军粮补给站等，胡锦涛总书记曾在此地视察彭阳县生态建设成果。

金鸡坪文化大院建设于2015年春，占地面积6658平方米，建筑面积达323平方米。投资30万余元对室内进行装修，并购买各种设备，建成办公用房2间，文体活动室、图书阅览室、方言说书茶楼等，对院内进行硬化、绿化和美化，是一家设备较为完善、功能较齐全的文化大院。

金鸡坪文化大院具有四大特色。一是红歌传唱。以弘扬革命精神的红歌和唱响时代主旋律为题材，深受群众喜爱。二是书画交流。定期邀请书画名家及爱好者交流互动，传承传统文化，吸引和带动群众热爱古典文化，形成“家家藏字画、户户挂中堂”的书香之家。三是方言说书。通过群众口头说书的形式，挖掘当地流传的精神文化，传承民间艺术。四是典藏古籍。收集各类古书典籍，为传承历史文化提供宝贵的史料。

举办系列文化活动，丰富群众精神文化生活，增强广大群众的思想意识，改变群众单一的生活方式和精神风貌，为新农村建设营造浓厚的文化氛围。

安海燕文化大院　位于彭阳县城阳乡阳坪村，距离彭阳县城 27 千米，占地面积 5000 平方米，建筑面积 3000 平方米。文化大院地理位置优越，处于彭镇主干道沿线，交通便捷；依山傍水，背靠风景秀丽的五峰山，前瞰美丽的风景区茹河瀑布，空气清新，环境幽雅。

文化大院建成于 2015 年 12 月，是一家集文化、餐饮、住宿、娱乐于一体的综合性文化大院。2016 年投资 10 余万元对文化大院院内进行硬化、绿化和美化。对文化活动室内进行装修，并购买各种音响设备、活动器材。文化大院有办公用房 2 间，120 平方米的小型文化活动广场，有文化活动室、图书阅览室、卡拉 OK 室等，设施较为完备，文化服务功能齐全。

文化大院秉承热情服务，群众满意的宗旨，兼顾游客餐饮、喜事庆典、老人贺寿等传统文化活动，根据村民的喜好成立业余秦腔团队、广场舞团队，每天早晚举办广场舞，节假日举办秦腔会演，深受群众的喜爱和拥护。文化大院在举办各项活动的同时，大力宣传党和国家的各项惠民政策，宣传县委、县政府的重大决策和部署，宣传村组工作计划，进一步增进干群关系，活跃乡村文化氛围，丰富群众文化生活。

易国礼文化大院　建立于 2015 年 12 月，位于彭阳县新集乡峁堡村村部，距县城 30 千米左右。大院环境幽雅，交通便捷。先后投资 60 余万元，占地面积 2000 平方米，建筑面积 180 平方米，有文化活动广场，配有健身器材、文化墙、简易戏台等设施；室内活动场所主要有图书阅览室 2 间、KTV 室 1 间、文化活动室 2 间。

在区、市、县文化部门和镇、村、组的大力支持下，为文化大院配备戏曲服装、道具、乐器等演出设备，为文化活动室增添电视机、DVD 等音响设施，为阅览室配备图书、书柜、桌椅等，文化大院创办者易国礼自筹资金购买象棋、麻将、扑克等娱乐器材，经常免费对外开放。易国礼文化大院是易国礼自筹创办的，他热衷于秦腔戏曲，召集村里的秦腔爱好者组成自乐班，演唱秦腔、小品、相声等。为了满足

2015 年 12 月建成的新集乡峁堡村易国礼文化大院
县文化馆/提供

群众文化需求，易国礼文化大院每年组织演员50余名举办一次农民文化艺术节活动，进行为期7天的秦腔展演，通过演唱对演员进行一次乡村文艺评比活动。积极参加全县举办的广场文化活动，通过演艺互动，进行演技交流，提升演员的综合素质。利用节假日举办文化交流会、秦腔演唱会、广场舞等活动，年均举办活动15场次以上，参与5000余人次。

张学杰文化大院　建立于2015年，位于彭阳县小岔乡榆树村村部，距离彭阳县城56千米，交通便捷，生态环境优越。文化大院前瞰太白山，脚触老庄泉，接壤9个岭。群山逶迤，延绵环绕。蓝天、白云、山脉、良田组成一幅美丽的山水画。这里是真正的“蝉噪林愈静，鸟鸣山更幽”的理想休闲度假之地。

张学杰文化大院是榆树村文化带头人张学杰自发组织建立起来的，受到各级党委、政府的关注和文化部门的支持，文化大院有文化活动广场、简易戏台、图书室、阅览室等基本文化设施。活动室有棋牌、卡拉OK等活动器材。利用重大节假日举办秦腔演唱会、广场舞等活动，年均活动14场次以上，每次活动420人次左右。利用村部各类信息资源，对农民进行文化、科技培训，让农民学习先进文化，掌握种植、养殖科学技术，实现“摘帽”脱贫。文化大院的亮点是融合红色文化、农耕文化、民俗文化特色，收藏古典书籍、手工艺品、民间器物、农耕器件、名人书画、古老的日常用品。收藏红色文化图书30本、各种剪纸20幅、刺绣40余件、民间用品30余件、农耕器件30余件、手工艺品20余件。对收藏品的集中展示，反映了社会经济的发展历程、历史文化的重大变迁，丰富了文化大院文化内涵，提升了文化大院的整体形象。

瓮金鼎文化大院　于2016年5月建立，由长城村村民瓮国强自主投资100万余元创办，以其父瓮金鼎之名命名，属民办公益性文化基地。该院是一家集艺术品展览、民俗文化体验、农家饮食文化生活三大主题于一体的综合性文化大院。文化大院占地2000余平方米，建筑面积1000余平方米，建有根雕展览室3间、书画及艺术品收藏室2间、文体娱乐室1间。

瓮金鼎文化大院的前身是根雕艺人瓮金鼎根雕创作的地方。他是一位老教师，退休以后一次偶然的机会让他迷上了根雕这门艺术。通过自己多年的不懈努力创作出了几百件根雕艺术精品，其中数件已被周边县市根雕爱好者以每件3万~4万元的价格收藏。从此，这个寂静的农家小院变得热闹了，慕名前来参观的人络绎不绝，电视台的

2016年5月建成的长城村瓮金鼎文化大院　县文化馆/提供

记者也来报道，2016年自治区党委常委、宣传部部长蔡国英一行前来考察。这里以民俗展演为基础，以农民文化生活为主体，为农民搭建活动平台。瓮金鼎文化大院经常组织农民自编自导文艺节目，每年免费演出10余场，倡导农村生活新风尚。农民对秦腔有一种无法割舍的情怀，这里无论大人还是小孩都能吼几声秦腔。他们自己搭成秦腔班子，每当老人祝寿、孩子结婚时，都会前来助兴表演，在这里人们唱秦腔的热情空前高涨。

2015—2020年彭阳县文化大院一览表

表2-2

序号	名　称	地　址	级别	服务内容	负责人	年度	备　注
1	金鸡坪文化大院	白阳镇玉洼村	—	—	朱小红	2015	—
2	秦秉儒文化大院	县城茹河老年颐养院	—	—	秦秉儒	2020	—
3	李竟翠文化大院	白阳镇周沟村	—	—	李竟翠	2020	—
4	陈玲巧文化大院	白阳镇玉洼村	—	—	陈玲巧	2020	—
5	董玉财文化大院	白阳镇友谊街社区	—	—	董玉财	—	—
6	刘颖江文化大院	白阳镇余沟村	区级	—	刘颖江	—	—
7	杨治刚文化大院	白阳镇玉洼村	—	—	杨治刚	—	—
8	张富君文化大院	白阳镇周沟村	—	—	张富君	—	—
9	朱小红文化大院	白阳镇玉洼村	—	—	朱小红	—	—
10	闫登海文化大院	白阳镇惠民小区35#	—	—	闫登海	—	—
11	杨龙文化大院	白阳镇罗堡村	—	—	杨　龙	—	—
12	姬秀章文化大院	白阳镇双磨村	—	—	姬秀章	—	—
13	张宏奎文化大院	白阳镇周沟村	—	—	张宏奎	—	—
14	常金理文化大院	白阳镇政府街社区	—	—	常金理	2019	—
15	周沟村文化大院	白阳镇周沟村上塬居民点	—	—	王　春	2019	未开展
16	宏泰文艺文化大院	白阳镇南门工业园区	—	—	扈志峰	2019	—

续表 2-2

序号	名　称	地　址	级别	服务内容	负责人	年度	备　注
17	李青荣文化大院	白阳镇任湾村	—	—	李青荣	—	—
18	张治虎文化大院	白阳镇悦龙山	—	—	张治虎	2019	—
19	方效琴文化大院	白阳镇周沟村	—	—	方效琴	—	—
20	姜洼文化大院	白阳镇姜洼村	—	—	郭正怀	2019	—
21	张耀德文化大院	白阳镇陡坡村	—	—	张耀德	—	—
22	韩建平文化大院	红河镇	—	—	韩建平	2019	—
23	友联村文化大院	红河镇友联村	—	—	杨红霞	2019	—
24	关学武文化大院	红河镇友联村	—	—	关学武	—	—
25	徐文琦文化大院	红河镇上王村	—	—	徐文琦	—	—
26	魏进学文化大院	红河镇上王村	—	—	魏进学	—	—
27	王强文化大院	红河镇红河村	—	—	王　强	—	—
28	王克正文化大院	红河镇红河村	—	—	王克正	—	—
29	什字村文化大院	红河镇什字村	—	—	村支书	—	—
30	刘具明文化大院	古城镇高庄村	—	—	刘具明	2020	—
31	宋玉虎文化大院	古城镇高庄村晁坡组	—	—	宋玉虎	2019	—
32	王城文化大院	古城镇张沟村	—	—	王　城	—	—
33	杨宝瑞文化大院	古城镇任河村	—	—	杨宝瑞	—	—
34	张天仁文化大院	古城镇店洼村店洼队	—	—	张天仁	—	—
35	李仲才文化大院	古城镇高庄村朝那居	区级	—	李仲才	—	—
36	刘振权文化大院	古城镇高庄村	市级	—	刘振权	2018	—
37	郑庄村文化大院	古城镇郑庄村	市级	—	张众仁	2016	—
38	祁德堂文化大院	城阳乡长城村	—	—	祁德堂	2020	—
39	韩志莲文化大院	城阳乡长城村	—	根雕、刺绣	韩志莲	2020	—
40	祁宏文化大院	城阳乡长城村	—	—	祁　宏	2020	—
41	余长信文化大院	城阳乡城阳村	—	—	余长信	2020	—
42	崔辉文化大院	城阳乡长城村街道	—	—	崔　辉	2019	—
43	韩寨村文化大院	城阳乡韩寨村祁洼队	—	收藏	虎忠贤	2019	—
44	杨虎升文化大院	城阳乡长城村	—	—	杨虎升	2019	—
45	味源科普文化大院	城阳乡杨塬村岔脑组	—	—	孙　涛	2019	—
46	杨占东文化大院	城阳乡北塬村下塬组	—	—	杨占东	2019	—

续表 2-2

序号	名称	地址	级别	服务内容	负责人	年度	备注
47	杨坪村文化大院	城阳乡杨坪村委会	—	—	杨兴堂	2019	—
48	杨文文化大院	城阳乡杨坪村	—	—	杨　文	—	—
49	安海燕文化大院	城阳乡杨坪村休闲度假村	区级	—	安海燕	—	—
50	瓮金鼎文化大院	城阳乡长城村	市级	—	瓮国强	2017	—
51	乔家渠文化大院	城阳乡长城村乔渠队	市级	—	乔　军	2017	—
52	县敬老院文化大院	城阳乡敬老院	—	—	白占祥	—	王国玉
53	刘河村文化大院	城阳乡刘河村	市级	—	高金龙	2016	—
54	时丽萍文化大院	新集乡周庄村	—	—	时丽萍	2020	—
55	张天柱文化大院	新集乡张化村上洼组	—	—	李月婷	2019	—
56	易国礼文化大院	新集乡	—	—	易国礼	—	—
57	王垚文化大院	新集乡姚河村海子队	市级	—	王　垚	—	—
58	张学杰文化大院	小岔乡榆树村	—	民俗文化展览	张学杰	—	—
59	柳湾村文化大院	小岔乡柳湾村	—	—	柳生怀	—	—
60	韩玉臣文化大院	小岔乡街道	—	—	韩玉臣	—	—
61	张志存文化大院	草庙乡草庙村	—	—	张志存	2020	—
62	赵世文文化大院	草庙乡新洼村	—	—	赵世文	2020	—
63	吴治文文化大院	草庙乡张街村	—	—	吴治文	2020	—
64	杨耀军文化大院	草庙乡张街村兔弯组	—	—	杨耀军	2019	—
65	和沟村文化大院	草庙乡和沟村	—	—	王凤仓	—	—
66	吴登榜文化大院	草庙乡张街村	—	—	吴登榜	—	—
67	草庙乡街道文化大院	草庙乡街道	—	—	常　翠	—	—
68	民乐秦剧团	草庙乡街道	—	—	张世刚	2019	—
69	贾世道文化大院	草庙乡草庙村	市级	—	贾世道	2016	—
70	杨武文化大院	草庙乡张街村	—	—	杨　武	—	—
71	白阳庄文化大院	孟塬乡白阳庄村	—	—	惠文富	2019	—
72	虎俊隆文化大院	孟塬乡草滩村草滩组	—	—	虎俊隆	2019	—
73	小石沟村文化大院	孟塬乡小石沟村	—	—	陈万银	—	—
74	李元春文化大院	孟塬乡双树村	市级	—	李元春	2017	—

续表 2–2

序号	名　称	地　址	级别	服务内容	负责人	年度	备　注
75	杨贵平文化大院	孟塬乡草滩村居民点	—	—	杨贵平	—	—
76	虎佑魁文化大院	孟塬乡草滩村	—	—	虎佑魁	—	—
77	小园子村文化大院	冯庄乡小园子村委会	—	—	张文南	2019	—
78	小寺村文化大院	冯庄乡小寺村委会	—	—	—	—	—
79	袁武文化大院	冯庄乡小湾村	—	—	袁　武	—	—
80	杜得鹏收藏大院	王洼镇李寨村嵝岘组	市级	民俗艺术品、红色文化、农耕文化藏品3000余件	杜得鹏	2018	—
81	花芦村文化大院	王洼镇花芦村委员会	—	—	马玉虎	2019	—
82	郭东升文化大院	王洼镇梁壕村	—	—	郭东升	—	—
83	杨成瑞文化大院	罗洼乡罗洼村	—	—	杨成瑞	—	—
84	李金龙文化大院	罗洼乡罗洼村中庄组	—	—	李金龙	2019	—
85	东洼村文化大院	交岔乡东洼村委会	—	—	海　洋	2019	—

第三章 图书期刊

文化的进步反映着社会与文明的进步，文化的发展推动着人类的发展。进入21世纪，人们既要丰富的物质生活，更需要多彩的文化生活，文化的发展必须与社会经济的发展相适应，这就要求把文化发展与构建和谐社会和提高全民文化素质相结合，进一步加大和谐文化建设的工作力度，加强图书期刊阵地建设，更好地满足人们的精神需求，丰富人们的精神世界，增强人们的精神力量，促进物质建设和精神文明全面发展。彭阳县图书期刊的平台建设，以立足于服务社会、服务人民、满足人们日益增长的文化需求为目标，在县委、县政府的坚强领导下，充分发挥现代图书、期刊的社会教育责任，充分利用电子阅读、数字化管理等当今时代的新技术、新方法不断适用于图书馆期刊领域的管理。

国民之魂，文以化之，国家之神，文以铸之。而书籍乃为文之所依，文之所藏。藏书和售书是文化含蕴的明显标志。经过40年的不断发展，彭阳县的图书馆建设规模和馆藏图书均在全市前列，图书馆从建县初期的1所发展到分馆12所、流动服务点7个、农家书屋遍布全县各行政村，馆藏图书是建县初期的105倍。本地作者编著图书的数量发展更快，共编写出版以《彭阳县志》《彭阳革命史料选编》为代表的各类公开出版物单品数量超过百种，这些图书、期刊的出版发行极大地丰富了彭阳人民精神生活的需求，提升了彭阳发展的软实力。

第一节　图　书

一、图书馆概况

彭阳县图书馆始建于1985年10月，新馆于2017年底建成开馆，位于县城悦龙山新区，建筑面积6650.8平方米，是一所公益性、现代化的综合性公共图书馆。有馆员22人，馆内功能室齐全，设有阅览座席1127个、电子阅览终端机50台、数字阅览设备10台。截至2022年底，图书总藏量达27.3万册(件)，期刊报刊合订本7700册(件)，网络500兆光纤接入，馆内无线全覆盖，建有移动图书馆(资源21.3TB)、图书馆网站及微信公众号平台。每周开馆时间66.5个小时，年到馆读者10万余人次。建成王洼镇分馆330平方米，馆藏图书15000余册；白阳镇分馆150平方米，馆藏图书3000余册；红河镇分馆120平方米，馆藏图书2000册；新集乡分馆100平方米，馆藏图书2000册，并实现通借通还。在第六次全国县级以上公共图书馆评估定级中，彭阳县图书馆被文化部评为国家二级公共图书馆，《全民阅读　书香彭阳——我是朗读者》栏目被中国图书馆学会获2018年度阅读推广优秀项目奖。县图书馆2019年被固原市授予市级文明单位称号，2020年被命名为固原市科普教育基地，2021年被命名为自治区学雷锋示范点，2023年被命名为宁夏社会科学普及教育基地。

1985年建成的彭阳县图书馆(老馆)外景　　　　扈正有/摄

二、设施设备及文献资源

设施设备　1985年10月，彭阳县图书馆在兴彭大街(百货大楼斜对面)建成，建筑面积1530平方米，为砖混结构，共4层，设办公室、借书室、采编室、阅览室，1987年增设少儿科技阅览室、期刊阅览室。随着新馆的建成,业务扩展,相继采购一批书架、阅览桌椅、办公桌椅、目录柜、报刊期刊架等。后又陆续添置投影仪、电脑、打印机等。2008年争取自治区文化厅共享工程建设项目资金56万元,配置“图书管理系统”软件及电子阅览终端计算机50台等,为图书阅览自动化奠定基础。2015年,文化厅配送图书流动车1辆。

随着县域经济的快速发展,县委、县政府高度重视图书馆事业,把图书馆建设作为彭阳县文化事业发展的重要内容,纳入全县经济社会发展总体规划,同经济工作同安排、同部署、同落实。特别是2013年以来,县委、县政府主要领导多次到馆现场办公,研究解决旧馆馆舍面积不足的问题。2013年6月按照城市总体规划设立资金7014万元新建图书馆大楼,于2016年6月主体工程竣工,馆舍由1985年的1530平方米扩大到6650.8平方米,2016年7月县财政投资944万元对图书馆进行标准化基础装修和设备配置。2017年12月彭阳县图书馆迁至悦龙山新区彭安大街7号,并实现免费开放,是一所公益性、现代化的综合性公共图书馆,设有服务总台、阅读大厅、借书室、阅览室、自学室、少儿室、亲子体验室、典藏室、采编室、地方文献室等服务窗口以及书库、培训室、办公室、会议室、机房等后勤保障区,有阅览座席1127个、电子阅览终端机50台、智慧化(数字资源)阅览设备12台、特殊人群阅览设备3台(套);网络500兆光纤接入,馆内无线全覆盖,建有图书馆网站及微信公众号平台。2018—2020年按照图书馆总分馆制要求,投资290余万元建成王洼、白阳镇2个标准化分馆和10个乡镇分馆,2020年联合县妇联投资4万元建成亲子阅读馆,联合县党史办公室捐赠1000册地方文献建成地方文献室。2020—2022年县财政投资66万元新建残障人士阅览室、老年人阅览室、“彭阳县移动图书馆”App(资源21.3TB)、休闲阅读区及人大代表、政协委员阅览区。2022年11月宋庆龄基金会、中海油基金会投资100万元援建成数字国学馆。2023年3月争取资金300万元,建成彭阳县智慧图书馆和城市书房,馆内设置第十八届文津奖图书、厦门集美区图书、复兴文

2018年11月建成的彭阳县图书馆王洼镇分馆　　扈正有/摄

库、书香政协、廉洁文化角等阅览专架5个，供读者借阅和线下展览。新建党校流动图书阅读点、武警中队流动图书阅读点2个；6月争取资金80余万元，完成红河镇、新集乡图书馆标准化分馆建设；7月投资24万元，完成密集书库专用密集书架采购安装，确保入库图书的安全性。至2023年，建成农家书屋162个、西部提升工程数字资源阅读点8个、城内流动图书阅读点9个、农家书院2个。

彭阳县公共图书馆服务场所一览表

表3-1　　　　单位：个

分馆		服务网点		农家书屋		新型阅读空间（包含馆内的空间）		书院	
数量	名称	数量	名称	数量	名称	数量	名称	数量	名称
12	王洼分馆 白阳镇分馆 红河镇分馆 古城镇分馆 新集乡分馆 城阳乡分馆 孟塬乡分馆 草庙乡分馆 冯庄乡分馆 小岔乡分馆 罗洼乡分馆 交岔乡分馆	流动服务点9个	武警中队 消防中队 融媒体中心 军人事务局 富阳街社区 颐养院 残　联 党　校 卫健局	162	茹河街社区、富阳街社区、政府街社区、郑河街社区、友谊街社区、王洼煤矿社区、姚河村、任湾村、南山村、刘台村、周沟村、双磨村、姬山村、罗堡村、姜洼村、袁老庄村、余沟村、白岔村、陡坡村、崾岘村、中庄村、玉洼村、阳洼村、北洼村、李寨村、路寨村、石岔村、山庄村、孙阳村、邓岔村、李岔村、李洼村、尚台村、花芦滩、村陡沟村、王洼村、赵沟村、姚岔村、梁壕村、杨寨村、团庄村、马掌村、崖堡村、古城村、刘高庄村、温沟村、店洼村、挂马沟村、任河村、乃河村、小岔沟村、海口村、羊坊坪村、罗山村、甘海子村、王大户村、丁岗堡村、刘沟门、村川口村、田庄村、郑庄村、田壕村、黄甫村、	6	博看朗读亭2个，东昂城市书房、数字国学馆、休闲阅读区、人大代表及政协委员阅览区	2	训农书院 红河书院

续表 3-1

分馆		服务网点		农家书屋		新型阅读空间（包含馆内的空间）		书院	
数量	名称	数量	名称	数量	名称	数量	名称	数量	名称
12	王洼分馆 白阳镇分馆 红河镇分馆 古城镇分馆 新集乡分馆 城阳乡分馆 孟塬乡分馆 草庙乡分馆 冯庄乡分馆 小岔乡分馆 罗洼乡分馆 交岔乡分馆	流动服务点 9 个	武警中队 消防中队 融媒体中心 军人事务局 富阳街社区 颐养院 残　联 党　校 卫健局	162	宽坪村、什字村、上王村、黑牛沟村、文沟村、何塬村、韩堡村、友联村、红河村、常沟村、夏塬村、徐塬村、新集村、张化村、上蔡村、谢寨村、马旺堡村、白林村、周庄村、大伙村、峁堡村、何山村、张湾村、白河村、沟口村、上马洼村、下马洼村、姚河村、太寺村、白草洼村、赵沟村、团结村、刘河村、城阳村、长城村、涝池村、陈沟村、韩寨村、杨坪村、沟圈村、北塬村、杨塬村、雅石沟村、小寺村、小湾村、冯庄村、虎崾岘村、茨湾村、小园子村、上湾村、崖湾村、高庄村、羊草湾村、榆树村、李渠村、吊岔村、米沟村、耳城村、柳湾村、小岔村、椿树岔村、白杨庄村、小石沟村、何岘村、玉塬村、高岔村、牛耳塬村、双树村、赵山庄村、草滩村、虎山庄村、罗洼村、寨科村、马涝村、张湾村、石沟村、薛套村、崾岘村、庙庄村、关口村、东洼村、关堡台村、交岔村、保阳村、大坪村、包山村、草庙村、赵洼村、新洼村、张街村、曹川村、丑畔村、周庄村、王岔村、牛湾村、刘塬村、米塬村、和沟村、和谐村	6	博看朗读亭 2 个，东昂城市书房、数字国学馆、休闲阅读区、人大代表及政协委员阅览区	2	训农书院 红河书院

文献资源　文献资源是人类历史发展长河中一切知识的结晶，是图书馆赖以生存的物质基础。图书馆的主要任务就是通过文献资料来满足读者对知识的需求，要保证图书馆这一重要目标，就必须有丰富有序的藏书。文献资源能否科学有效地利用，能否最大限度地有效满足本地区读者的文献信息需求，在图书馆工作中具有基础战略性的地位。文献资源来源主要有各界募捐、地方搜集、征购、移交、代为保管等，藏书来源的主要形式有采购、接受捐赠、交换、复印等。自1985年彭阳县图书馆建馆后到1988年采购图书2605册，到2013年馆藏图书不足5万册、报刊10余种，还构不成真正意义上的藏书。

直至2013年，随着县域经济的快速发展，县财政对图书馆事业建设的投入力度也在不断加大，支持图书馆事业经费逐年递增，免费开放经费全额拨付，每年都安排一定的资金购置图书和期刊报纸，并结合图书馆的性质、任务和读者对象，在收藏重点上进行划分，有目的、有计划地进行文献收集、选择、组织馆藏。2017年招标采购新书实洋52万元45000册、期刊报纸3.8万元210种、电子图书设备（歌德机）2台（数字资源每月更新1000册）、少儿阅读机2台（数字资源每月更新1000册）、报刊阅读机2台（数字资源每月更新600余种）；2019年招标采购新书实洋79.9万元43300册（含分馆）、期刊报纸4.8万元280种、电子图书设备（歌德机）1台（数字资源每月更新500册），争取自治区图书馆捐赠图书13.7万册；2020年招标采购新书实洋48.2万元12370册、期刊报纸5.7万元290种；2021年招标采购新书实洋49万元10500册、期刊报纸7.3万元310种；为进一步提升党史学习教育成果，采购党史书籍900余册，建成党史书籍阅览专区；2022年招标采购新书实洋7.2万元1760册、期刊报纸8.1万元310种；2023年招标采购新书实洋62.4万元1.56万余册、期刊报纸7.6万元310余种，增加了馆藏资源。

2022年底，彭阳县图书馆电子阅览室建成　　扈正有/摄

至2023年，县图书馆图书总藏量达29.3万余册（件）、期刊报纸合订本8100册（件），王洼镇分馆藏图书15000余册，白阳镇等分馆馆藏图书33000余册（每个分馆

3000 余册），并实现通借通还。入藏电子文献 121 种 229 件、视听文献 83 件。能较好满足彭阳县人民不断增长的文化知识需求。

1988—2023 年彭阳县图书馆历年藏书统计表

表 3-2

年份	藏书量（册）	报纸期刊（种）	年份	藏书量（册）	报纸期刊（种）
1988	2605	5	2006	27910	7
1989	2791	5	2007	29009	7
1890	2791	5	2008	31288	8
1991	3553	5	2009	33960	8
1992	3593	5	2010	35120	9
1993	21000	5	2011	36310	9
1994	21000	5	2012	36310	9
1995	19000	5	2013	38960	9
1996	6789	5	2014	38960	11
1997	6458	5	2015	38960	11
1998	12190	5	2016	38960	11
1999	13206	7	2017	220960	214
2000	14473	7	2018	220960	214
2001	15691	7	2019	248960	281
2002	17691	7	2020	258330	293
2003	21200	7	2021	271830	313
2004	23261	7	2022	273590	313
2005	25500	7	2023	293160	313

三、服务读者

书刊借阅

免费开放　1988 年，图书馆阅览室向公众开放，开馆时间为每日 9 时至 12 时、15 时至 18 时，每周开放 36 小时。1995 年国家实行双休日后，开馆时间为每日 8 时至 12 时、14 时至 18 时，每周开放 40 小时。2017 年迁往阅览室新区后新馆后，开始实行节假日无休息工作制，取消每周一的闭馆日，改为天天开馆，每天开馆时间为 7 时 30 分至

12 时、14 时 30分至 19 时 30 分(冬季 14 时至 19 时),每周开馆 66.5 小时。2019 年以后,为了扩大读者服务场所,按照总分馆制,王洼、白阳镇、红河镇等分馆每天开馆时间为上午 9 时至 12 时、14 时 30分至 18 时 30 分(冬季 14 时至 18 时),每周开馆时间 49 小时。

借阅服务及书刊流通　图书馆借书证采用"常年登记,随时办证"的工作方法,分为个人和集体书证两种。个人借书证凭工作证(学生证)、身份证等有效证件办理;集体借书凭单位介绍信办理,有特殊情况临时需要时可办理临时借书证,另外可凭单位介绍信查阅文献资料。至 2023 年,办理读者证 6610 张。

1988 年, 图书馆建成向公众开放, 仅有阅览室 50 个阅览座席,1995 年增设阅报室,阅览座席增加到 90 个,2008 年争取自治区文化厅共享工程建设项目,增设电子阅览室,阅览座席增加到 150 个。2015 年 7 月自治区文化厅配送"图书流动车"1 辆,开展流动图书进乡村活动,参加"科技赶集、文化下乡"服务活动。2017 年新馆建成后,阅览座席达 984 个,其中电子阅览室 100 个,阅读大厅位数 410 个、借书室 10 个、阅览室及自学室 240 个、少儿室 104 个、亲子体验室 120 个。2022 年新建残障人士阅览室 20 个阅读位,老年人阅览室 30 个阅读位,数字国学馆 41 个阅读位,休闲阅读区 32 个阅读位,人大代表、政协委员阅览区 20 个阅读位,阅览座席增加到 1127 个。

至 2023 年,建立标准化分馆 4 个,乡镇分馆(文化站)8 个,阅览座席 220 个;建立图书流动站(点)9 个、农家书屋 162 个、书院 2 个,定期送书上门服务,且能够长期坚持借阅服务。

图书馆对各图书室管理人员实行集中培训、现场辅导,每年为图书室及图书阅读站点新增图书藏量,基本上形成以县图书馆为主阵地,以乡镇分馆为基点,以农家书屋、书院、流动阅读点为前沿的图书流通服务网络。至 2023 年,图书馆办理读者证 6610 张,每年借阅图书 7.8 万余册次。农家书屋拥有读者 2400 余人,每年借阅图书 5.3 万册次。分馆及各站点、书院拥有读者 600 余人,每年借阅图书 1.2 万余册次。年均送书 48 次,借阅 6100 余人次。2017 年以来,开展流动图书进乡村活动,参加"科技赶集、文化下乡"服务活动 72 场次,借阅 5000 余人次,2022—2023 年开展"奋进新征程　阅读再出发"流动图书车进移民村阅读服务,配送图书 2860 册,阅览 2.65 万余人次。

彭阳县图书馆历年借阅服务及书刊流通表

表 3-3

年　份	接待读者（万人次）	持证读者（人）	书刊流通量（万册）	年　份	接待读者（万人次）	持证读者（人）	书刊流通量（万册）
1988	—	—	—	2006	0.343	297	0.152
1989	—	—	—	2007	0.319	328	0.198
1890	—	—	—	2008	0.394	391	0.216
1991	—	—	—	2009	0.387	384	0.221
1992	—	—	—	2010	0.396	395	0.211
1993	—	—	—	2011	0.453	416	0.249
1994	—	—	—	2012	0.462	412	0.231
1995	—	—	—	2013	—	—	—
1996	—	—	—	2014	—	—	—
1997	—	—	—	2015	—	—	—
1998	—	—	—	2016	—	—	—
1999	—	—	—	2017	—	—	—
2000	0.161	126	0.081	2018	10.36	3199	5.18
2001	0.153	128	0.074	2019	11.5	5462	8.09
2002	0.169	145	0.095	2020	9.8	5752	7.47
2003	0.231	182	0.125	2021	9.64	5883	7.3
2004	0.283	247	0.151	2022	9.9	6310	7.2
2005	0.299	279	0.148	2023	11.5	6654	9.2

注：1988—1999 年空缺均为无资料数据可考，2013—2017 年因旧馆拆迁新馆建设闭馆，未开放，无数据。

文献检索与参考咨询　图书馆文献检索服务是随着读者在不同时期对图书馆的不同需求而不断变化的。2008 年前的文献检索以馆藏信息资源为基础，以手工检索、编制书目索引、提供解答咨询、阅读导读和专题文献资料等来解决读者疑难问题。2008—2013 年，随着计算机技术的广泛应用，自治区文化厅共享工程建设项目的建设，扩充图书馆网上资源、联机数据库等电子资源文献资源的类型，形成纸质文献、电子资源、网络资源并举的藏书格局。2017 年后随着图书馆新馆建成，开设网站、微信公众、移动图书馆等，购置数字资源及检索设备，为读者提供各学科数字工具书、书目数据库，开展网络咨询、课题咨询等服务，为读者提供更快捷、更方便、更有效的网络文献检索服务。

参考咨询是图书馆读者服务工作的核心，只有通过它才能把读者服务工作深化。参考咨询工作的性质在很大程度上表现为对社会需求的依附性，读者对文献信息的需求影响推动着图书馆参考咨询工作的发展。2008年前图书馆参考咨询工作，无论是在深度上，还是在广度上，都没有达到应有的水平，在服务方式、服务手段方面缺乏多样性，在服务对象上缺乏广泛性。2007—2013年，虽然有了较大的发展，但整体上发展缓慢，只能提供电子阅览室服务，一般只提供文献下载、打印、在线浏览及少量的光盘数据资源和馆藏特色数据库检索。

2017年后，随着现代信息技术的发展，为参考咨询工作提供了良好的服务手段，线上参考咨询成为参考咨询工作的新起点，以数字化为基础，不断更新服务模式，开设网站服务和虚拟参考咨询，依托网站、微信公众、移动图书馆等，开展线上咨询服务，加强专题咨询、定题咨询信息服务，不断满足社会读者的需求。尤其是智慧图书馆的建成，使图书馆参考咨询的方式、服务模式不断更新，相互结合、相互补充，形成日趋完善的智慧化体系，提高图书馆参考咨询服务的整体水平，为读者提供高效率的参考咨询服务。

阵地服务

开架借阅　读者服务工作经历了过去的闭架服务逐步向现在的半开架、全开架服务的发展过程，大大提高了文献的利用率。为了更好地向读者提供开放式服务，图书馆现刊实行分类陈列（图书分22个大类），全部开架借阅。对部分过刊，近两年的实行开架阅览，当年的报刊全部实行开架内阅，对密集书库图书、期刊实行半开架、闭架方式管理。

文献复制　文献复制是为读者获取急需文献提供技术保障，是图书馆外借工作和内阅工作的延伸和扩展。2023年图书馆配备了复印机，为读者提供文献复制服务，方便读者。

图书文献宣传　图书文献的宣传工作是开展读者服务工作的基本要求之一，采取设立新书专架、新书展示台、开展新书流动宣传展、线上好书推荐等措施，及时向读者传递信息，让读者了解新收藏的文献，提高馆藏文献的利用率，如每届文津奖图书线上线下推荐。

预订借阅文献　读者可通过到馆预约、电话预约、网络预约等形式，推荐专业性强、权威性大、观点新颖、信息量大、读者需求量大或畅销书、热门书，由图书馆归类采购，方便读者借阅，提高馆藏书刊种类和读者借阅量。

智慧化服务 2017年后，图书馆开展读者智慧化服务项目，采购自助借还一体机2台、数字资源阅览机（歌德机）3台、少儿阅读机2台、报刊阅读机3台、数字文化一体机1台、政府信息公开查询一体机1台，听书机2台、盲文电脑及阅读系统1套，图书馆管理系统及服务平台1套，门禁系统1套，实现读者自助服务，并与各分馆实现通借通还；2023年积极争取资金300万余元，实施智慧图书馆建设项目，完成图书馆内瀑布流自助借阅机、3D智能排架标、书籍消毒机、互动式体验机、朗读亭等智能化设施设备安装使用，移动图书馆数字资源已对接博看和超星公司更新，茹河街社区东昂明月台城市书房建设完成。争取宋庆龄基金会、中海油基金会资金100万元，援建数字国学馆110平方米，并投入使用，设有阅览座席41个、电子阅览终端电脑3台、交互体验设备（Boe画屏）3套、虚拟迎宾互动系统1套、智慧大屏1台。通过所搭建的技术支撑平台，打通推广活动资源服务的“最后一公里”，让县级图书馆乃至乡镇图书室也能方便地利用数字。通过智慧图书馆的建成和投入使用，在全县公共图书馆内构建布局合理、发展均衡、覆盖面广、全面开放的公共图书馆服务体系。以公益性、均等性、基本性、便利为原则，建成与彭阳县经济发展相适应、相配套的现代化服务体系。一是通过智慧化建设，为下一步建立全县总分馆制管理体系奠定基础。首先在县图书馆和城区内主要街道图书馆（室）之间建成总分馆管理和“通借通还”服务体系，并逐步扩展到全县各乡镇图书馆和村级图书流动服务点。初步构建起覆盖全县街道、乡镇并逐步拓展到社区（村）的数字化文献服务体系。二是实施文献资源的整体规划与合理布局，采用分布存储、集中管理、统一调配、分散服务的管理模式，充分利用有限的数字文献资源，最大限度地发挥资源的应用效率，拓展资源服务面。三是通过搭建全县数字图书馆技术与应用平台，建成覆盖全县各乡镇的一体化数字文献资源公众免费服务体系。做到让城镇居民不出社区就能随时随地利用图书馆的数字文献资源，山区和边远地区百姓足不出户就能通过网络下载和远程接收图书馆的数字文献资源，利用手机等移动设备就能享受到图书馆的远程服务。真正体现出图书馆为全县人民群众提供方便、快捷、高效的文献信息资源服务效果。

阅读推广

图书馆在做好阵地服务的基础上，积极拓宽服务范围，将阅读推广服务延伸到社会各个阶层，开展形式多样的读者活动。每年“4·23”世界读书日、图书馆服务宣传周、全民阅读月及各传统节日、节庆等，举办各种展览、讲座及联谊等活动，制作宣传手册、展板，在广场、校园、农村、军营、机关、企业等进行巡回展览、发放资料、办理借书证、解答读者咨询问题。并根据中国图书馆学会、区图书馆和县委宣传部工作要求，充分发挥图书馆资源优势，相继开展元宵节猜谜、文津图书奖获奖图书展、“4·23”世界读书日、图书馆服务宣传周、科普周宣传、新书推荐等线上线下活动。

1990年以来，每年举办为期一周的形式多样、内容丰富、主题突出的“4·23”世界读书日、图书馆服务宣传周活动；充分利用节假日、纪念日等，面向校园、农村、社区军营等举办“读好书，争当好少年”演讲比赛和“人人读好书，从小学做人”等形式多样的读者服务活动。

1993年，彭阳县图书馆举办建县10周年书法、绘画、摄影展，征集各类作品156幅，前来观赏的观众达2500多人。

1998年，举办以“弘扬彭阳精神”为主题的全县书法、绘画、摄影作品展，共展出县内外作者的作品170余幅，吸引爱好者千余人前来观赏。

1999—2022年，每年坚持“科技赶集、文化下乡”文化服务活动，免费印发各种科技资料10余万份。

2010年，开展基层服务活动，指导全县6个社区156个行政村建成规范化图书室，覆盖率100%；开展基层图书室管理员业务培训150余人次。

2013—2014年，开展农家书屋图书阅览活动，对全县156个农家书屋按照2000元采购补充选配出版物191种。

2015年，举办农家书屋、共享工程服务点管理员培训班和农家书屋“结对子帮扶”活动，聘请图书管理专家对基层图书管理员和图书馆员进行培训，提升其业务能力和整体素质，更好服务读者。开展流动图书车“图书赶集”“图书进乡村、进社区、进学校、进军营”活动，充分发挥流动图书车服务基层读者能力。

2016年，开展流动图书车送图书进学校、进军营、进企业、进社区活动。

2017年，除常规性开展世界读书日宣传、暑期青少年读书月、图书进校园等活动外，还举办农家书屋管理员培训及图书馆业务知识讲座等，开展流动图书车送书下乡、图书赶集活动。

2018年1月，开展全县文化、科技、卫生“三下乡”活动，发放各类图书200余册、全民阅读彩页和挂历400多幅；3月，举办以“学习雷锋精神　提升服务意识”为主题的学雷锋日活动，播放《永恒的雷锋》电影，听雷锋故事、弘扬雷锋精神，营造互助互爱的良好氛围。邀请中国书画研究院院士傅世英到图书馆进行书画创作交流，为彭阳书画爱好者现场指导、交流心得、创作体会、展示成果。4月，举办“4·23”世界读书日暨“诵千古美文　做少年君子”经典诵读活动，50多名小读者以多种形式诵读《三字经》《弟子规》《百家姓》《唐诗宋词》等经典美文，联合新华书店推出“你看书　我买单”活动。5月开展图书馆宣传周活动，利用宣传展板、折页、横幅和免费赠书的方式，宣传《中华人民共和国公共图书馆法》。6月开设《全民阅读·书香彭阳——我是朗读者》电视栏目，号召大家多读书，读好书，感受阅读的魅力及乐趣，丰富为读者服务的形式和内容，该品牌活动被中国图书馆学会授予2018年度阅读推广优秀项目奖。7月，开展“送文化进军营”慰问活动，挑选400余册有关军事、政治、历史、文学、休闲读物等类别的图书送到武警中队、消防中队，丰富官兵们的业余文化生活，营造全民阅读的浓厚氛围。8月，为弘扬中华传统文化，在白阳镇玉洼村农家书屋开展以“我的书屋　我的梦”为主题的暑期朗读活动，让玉洼村的留守儿童充实而愉快地度过暑假。8月举办暑期免费公益书法、绘画培训班，参加受益培训学生达100多人。9月，“宁夏文化精准扶贫，共享工程助力发展”文化精准扶贫系列活动仪式在彭阳县启动，图书馆培训室开展手机、电脑就业技能、创新技能知识培训；举办古城镇皇甫村“电子商务助力农村脱贫致富”讲座；到城阳乡的刘河村开展法律知识普及与交流培训；到红河乡的什字村开展种植养殖技术系列培训；10月，举办“春雨工程”全国文化志愿者边疆行暨“魅力山西　宁风晋韵”山西省文化志愿者文化交流宁夏行。山西省图书馆为彭阳县图书馆赠送70幅山西地方特色文化展示展板，其间在文广局演播厅举办全民阅读推广朗诵音乐会、在彭阳县宾馆举办宁夏回族自治区基层图书馆业务骨干培训班，通过文化交流，进一步振兴边疆文化，努力实现文化大发展、大繁荣。

2018年，“宁夏文化精准扶贫　共享工程助力发展”文化精准扶贫系列活动在彭阳县图书馆举行　扈正有/摄

2019年1月，举办寒假青少年书法和绘画公益免费培训班，培训88人；2月，举办“闹元宵　喜猜灯谜”活动，当日到馆读者及竞猜人员达800余人次；3月，在第56个学雷锋纪念日精心挑选300册价值1.2万元的新书，在县残联图书流动阅读点开展特殊人群阅读推广活动；4月23日，在罗洼乡嵎岘村小学开展以“读经典　学新知　链接美好生活”暨走进扶贫村为主题的第24个世界读书日活动，为26名贫困学生捐赠书包、笔记本、彩笔、图书等学习用品；5月，在第29个全国助残日，开展“读好书　爱中华”

2023年,"我们的中国梦——文化进万家"流动服务点现场 扈正有/摄

"关爱残疾人　走进图书馆"悦读阅美朗读活动,近20名残疾人读者参加比赛;在怡园广场开展"读好书　爱中华"暨2019年公共图书馆服务宣传周活动,印制发放《中华人民共和国公共图书馆法》《中华人民共和国公共文化服务保障法》宣传手册、宣传单及手提袋1000余份;6月,开展扫黑除恶专项斗争活动,采取悬挂横幅、知识测试、撰写心得体会等方式,提高读者和干部职工对扫黑除恶专项斗争的认知;7—8月,举办暑期"青少年书法、绘画"公益培训班;9—11月,推出"你看书　我买单"活动,采购纸质的好书新书进行展示推荐,并利用数字资源设备(歌德机)推荐好书、新书,读者只需扫二维码即可进行在线阅读;12月,开展"全民阅读月"活动,面向全县中、小学校开展"我和我的祖国"青少年有奖征文活动;在县四中、红河镇中学开展"弘扬中华传统美德　做新时代优秀青少年"国学公益大讲堂第一期,随后逐年开展此项活动。

2020年1—3月疫情防控期间,开展线上阅读服务活动,在彭阳县融媒体中心、彭阳县图书馆微信公众号、彭阳县移动图书馆,推送线上阅读数字资源,阅览量2万余人次。4月,开展"文明实践,文化助力"专题讲坛4期80人次;举办"阅读献礼,书香助力'战疫'"、"4·23"世界读书日线上阅读活动,在彭阳县融媒体中心、彭阳县图书馆微信公众号推送线上阅读数字资源,阅览量3000余人次。5月,组织全体馆员参加中国图书馆学会主办的"书香助力战疫,阅读通达未来——图书馆员业务能力提升"线上专题讲座12期;利用电子歌德机开展"你看书我买单"活动,推荐200多本好书,读者只需扫二维码即可进行在线阅读。举办"编书藏书读书、共建共览共享,丰富馆藏图书,建设书香彭阳"活动,联合县史志办征集地方文献资料,共建地方文献室。7月,利用暑假联合县妇联、县五小开展"亲子阅读,书香彭阳"亲子阅读活动并为"彭阳县亲子阅读馆"揭牌。8月,利用科技宣传周活动,联合文广局开展《中华人民共和国公共图书馆法》和《中华人民共和国公共文化服务保障法》宣传活动,共发放资料1000余册。9月,开展送文化进颐养院活动,为彭阳县颐养院购置政治、历史、医药卫生等社科、自然科学类图书500册并进行图书编目、加工整理上架。10月,开展选书送书活动,携手导氮教育机构,为公务员、事业编应试读者免费培训、公益送书、提供备考书箱。11 月，建成彭阳县移动图书馆（图书 100 万册，报纸、期刊 7000 余种），在古城镇文化站，红河镇友联、韩堡等村开展“全民阅读　书香彭阳”——移动图书馆数字资源推广活动，讲解移动图书馆使用、查询、注册指南，供读者在线阅览图书、查阅文献。

2021 年 1 月，开展“第十五届文津图书奖获奖图书展”“经典阅读　寒假共读赢好礼”“金牛送福　欢度元宵”“百年荣光　薪火相传”猜灯谜。2 月，开展送书进机关、进军营活动，为军人事务局、武警中队送去各类优秀图书 240 余册。4 月，结合“4·23”世界读书日在新集中学、城阳乡 11 所小学、罗洼中心学校举办“学党史　感党恩　跟党走”“全民阅读·书香彭阳”红色诵读活动，为学生送去价值 3 万余元的图书、书签等学习用品；完成《全民阅读·书香彭阳——我是朗读者》录制 10 期 75 人次。5 月，联合县妇联在图书馆亲子室开展“颂百年风华　传红色基因”2021 年彭阳县“书香飘万家”家庭亲子阅读活动，24 个家庭参与活动。7 月举办庆祝中国共产党成立 100 周年知识竞赛、红色经典图书推荐等线上活动。8 月在微信公众号上线涵盖有声图书、“超星图书”、“博看朗读”等数字阅读资源库，进一步丰富读者数字阅读需求。9 月，开展“欢度中秋迎国庆”线上有奖知识答题，参与人数 128 人，获奖人数 36 人。10 月，开展“‘我们的节日·重阳节’——爱在重阳节　幸福感党恩”走进红河敬老院活动，捐赠图书 100 本，发放毛巾、雨伞、帽子等生活用品 200 余份。11 月，组织开展线上“七彩家风代代传——寻找最中国的传家秘籍”作品征集活动，共征集家谱 2 册、文稿作品 4 篇，助推家庭家教家风建设高质量发展。12 月，在全县开展品读经典·传承文明“全民阅读月”活动，分别在茹河社区和城阳乡杨坪村举办“学党史　爱祖国　永远跟党走”道德公益大讲堂，发放党史图书资料、党的十九届六中全会精神宣讲图册以及生活用品 100 余份；开展 2021 年度的有奖征文活动，共征集青少年作品 35 份、成人作品 28 份，通过评委严格审核，为获得一、二、三等奖及优秀奖的作者颁发奖金及证书。

2021 年 10 月，开展“‘我们的节日·重阳节’——爱在重阳节　幸福感党恩”走进红河敬老院活动　扈正有/摄

2022 年以“强国复兴有我”为主题，围绕“奋进新征程　阅读再出发”活动内容，相继开展“书香助梦　喜迎冬奥”元宵节猜谜、“第十七届文津图书奖获奖图书展”、“4·23”世界读

2022 年 4 月,“奋进新征程　阅读再出发”——全民阅读进移民村诵读活动举行　　　　鳧正有/摄

书日线上书展、最美图书馆摄影大赛、我与阅读有个约会、艺术与阅读美育线上展览、优秀诵读作品展播、红色故事绘、图书馆服务宣传周、科普周宣传、新书推荐等线上活动;完成 22 个移民村(社区)的全民阅读服务活动,为每个村(社区)免费发放红色经典名著、种植养殖业、健康养生、儿童绘本等 1760 本价值 7.8 万余元的图书;在第 112 个“三八”国际妇女节到来之际,举办“书香溢心田　玫瑰绽芳华”插花活动,以“飞花令”的形式让读者重温古诗词,弘扬传统文化,参与人数 40 余人;举办“阅读之星”颁奖晚会,为开馆以来前 20 名借阅卡流通次数最多的读者颁发购书卡及奖杯,号召大家多读书,读好书,感受阅读的魅力及乐趣;为深入学习宣传贯彻自治区第十三次党代会精神,进一步培育和践行社会主义核心价值观,7 月 23 日在乔家渠红军长征毛泽东宿营地举办“喜迎二十大·奋进新征程”红色经典诗词朗诵诗会。围绕“我们的节日”及“六一”国际儿童节,举办“粽情端午　亲子阅读”诗文朗诵活动和“浪漫人生　邂逅书香”七夕读书分享会,邀请县级非遗项目刺绣传承人讲授香包制作的过程,20 组家庭 60 余人参加活动;录制《全民阅读·书香彭阳——我是朗读者》第三季电视栏目。

2023 年,以“阅享新时代　共筑书香彭阳”为主题,相继开展“4·23”世界读书日系列活动、“我们的节日·精神的家园”元宵节灯谜、清明节诗会、端午节剪纸、七夕节刺绣、“我的书屋我的梦”暑期阅读推广活动、“绘本故事我来讲”亲子阅读活动、“八一”进军营、社会主义核心价值观展览、中国好人展示展览等阅读沙龙、读书分享会、传统文化体验、好书推荐等全民阅读推广活动。开展线下活动 44 场次、线下培训 5 场次、线上活动 64 场次、线上展览 46 场次,在图书馆公众号线上好书推荐 356 期,覆盖城乡群众、企事业单位、中小学生、特殊群体 5 万余人次。组织开展“阅享新时代　助力乡村振

2023 年 4 月,“春分小书桌　共读一小时”阅读推广活动举行　　　　鳧正有/摄

兴”乡村阅读季——进移民村送书下乡活动22场次，发放图书1150余册，受众2000余人，为各移民村巩固拓脱贫攻坚成果同乡村振兴有效衔接注入了文化赋能的不竭动力。举办青少年暑期公益性书画培训班20天，参与培训学员共计55人次。录制《同邀一轮月　共叙家国情》线上朗诵作品展播10期，参与人数10人；录制《全民阅读　书香彭阳——我是朗读者》栏目54期，参与人数54人；拍摄制作全民阅读宣传视频17个。

四、图书下乡活动

彭阳县图书馆工作人员深入各街道社区，开展以“奋进新征程　阅读再出发”为主题的赠图书进社区活动。图书馆精心挑选党史类、文学类、科普类、历史类、农业科技类等多个方面的百余册图书捐赠给移民群众。活动现场，前来领书的群众井然有序地排着长队，工作人员根据每一位群众的文化层次和爱好选择适合的书籍进行捐赠。

通过开展活动，积极营造出好读书、读好书、读书好的浓厚氛围，引导移民群众形成良好的阅读习惯，浓郁的书香飘满社区，丰富着群众的精神文化生活，提升广大移民群众道德素养和文化素质，掀起全民阅读热潮，对于增强移民群众的归属感、获得感、幸福感和构建文明和谐社会也具有重要意义。

举办“书香乡镇”“书香社区”“书香家庭”有奖征文活动。为4个社区建立电子阅览室，配备电脑等设备，推进文化共享工程和农家书屋建设，开创电子阅览室。争取区文化厅扶持资金70万元，为移民村文化活动室配置电脑、音响等设备，进一步丰富移民村文化生活。为县武警中队和消防大队送图书1000册。

开展世界读书日宣传活动，彭阳县图书馆在怡园广场通过悬挂横幅、制作展板、印发阅读倡议书等形式广泛开展活动。举办“图书服务宣传周”活动，把精心挑选的百科知识、精选作文、课外辅导和童话故事等200余册适合少儿心理特点和兴趣爱好的精美图书送进校园，让农村孩子享受到图书资源。

做好图书借阅和文化信息资源共享工程开放服务活动，开展“世界读书日”和以“知识给人力量、阅读引领未来”为主题的图书宣传活动，送书进校园、进乡村。在宁夏回族自治区新闻出版局支持下，为全县156个行政村分别发放农家书屋卫星数字接收设备，在图书馆一楼开办少儿阅览室。县图书馆顺利通过全国第五次图书馆评估定级（三级图书馆）工作。建成农家书屋67个，为每个书屋配发图书1018册、书柜4个、报刊30份、光盘100张，实现156个行政村农家书屋全覆盖目标。建成红河、城阳2个乡镇综合文化站，标志着全县12个乡镇综合文化站改造工程全面完成。

第二节　出版发行

彭阳县委、县政府对编纂系列地方文史书籍高度重视，主要领导审定书稿，分管领导协调解决编纂出版发行工作中存在的具体困难和问题。支持出版《彭阳古代史料选编》、《彭阳革命史料选编》（上、下卷）等系列地方文史书籍，充分发挥文史资料"存史、资政、团结、育人"独特作用。打造红色彭阳《清平乐·六盘山》诞生地，红二十八军、三十二军北上抗日出发地，宁夏红色堡垒第一县，任山河战斗打响解放宁夏第一仗4个品牌。打造2017年度全国十大考古新发现彭阳姚河塬西周遗址、世界针灸鼻祖皇甫谧故里彭阳古城、宁南唯一的旧石器时代遗址彭阳岭儿沟、宁夏第一窑洞彭阳打石沟、古代国家祭祀重地彭阳朝那湫5个品牌，挖掘史料、丰富内容。为广大干部群众学习彭阳革命史、古代史，汲取营养、拓宽视野、把握规律、提升素质提供资料。激励全县广大干部群众，在建设产业兴、人民富、生态美的新彭阳，奋力谱写新时代彭阳发展新篇章中作出更大的贡献。

一、地方志及文史资料

《彭阳县志》（1996年版）　1991年开始编纂，时限上溯彭阳历史发端，下至1993年底，内容涵盖彭阳地理、历史、经济、政治、军事、文化、科技、教育等各个方面。全书共6篇43章204节80万字，1996年由宁夏人民出版社出版发行。《彭阳县志》的出版发行，填补彭阳有史无志的空白，该志1997年荣获全区修志成果一等奖，1998年在宁夏第七次社会科学优秀成果奖评奖中荣获三等奖。

《彭阳县志》（2011年版）　彭阳县地方志编纂委员会编，2011年3月由甘肃文化出版社出版。上起事物发端，下至2009年底，大事记延至2010年。全书分自然环境、行政建置、农业经济、工业经济、商贸服务、交通邮电、财贸金融、城建环保、经济管理、党派群团、政权政协、政法、军事、科技教育、医疗卫生、文化体育、社会、艺文、人物共19卷。

《彭阳年鉴》　《彭阳年鉴》是由彭阳县人民政府主办、彭阳县委党史和地方志研究室编纂的大型资料性工具书。1994年开始编纂出版，此后每年一鉴。彭阳年鉴以马克思列宁主义、毛泽东思想、邓小平理论、“三个代表”重要思想、科学发展观、习近平新时代中国特色社会主义思想为指导，实事求是，与时俱进，全面、系统、翔实地记载彭阳县经济、政治、文化、社会和生态文明建设等方面发展情况，为社会各界了解彭阳提供基本资料。其内容由彭阳县各乡镇、县直各部门(单位)供稿，经过编委会审定，其资料、数据具有准确性和权威性。

《彭阳年鉴》采用分类编辑法。主体内容设类目、分目、条目 3 个结构层次，以条目作为记述的基本形式。全书设特载、综览、机构和组成人员等共 25 个部类，每年年鉴 600 千字左右。其收录的文字、图片资料以各供稿单位提供的资料为依据；获县委和县政府表彰的乡镇和部门(单位)效能目标管理考核先进集体、优秀公务员、事业单位优秀等次人员按有关文件收录；全县优秀共产党员、优秀党务工作者和先进基层党组织，以县委组织部提供资料为依据。还收录《彭阳县国民经济和社会发展统计公报》。正文数据由各乡镇、部门(单位)提供。特载、附录中的领导讲话、工作报告内容，以原文刊载。《彭阳年鉴》1994 卷至 2022 卷由宁夏人民出版社出版发行。《彭阳年鉴(2023)》由方志出版社出版，荣获“中国年鉴精品工程”全国精品年鉴，是宁夏回族自治区内首次获此奖项的年鉴。

《彭阳县军事志》　上溯事物发端，下至 2005 年，系统反映彭阳县域军事历史的发展全貌。设军事环境、军事组织、民众武装、历代兵役、军事活动和军事人物 6 篇 18 章共 36 万字。2005 年 12 月由宁夏人民出版社出版发行。

《彭阳历史文物》　《彭阳历史文物》出版发行是为了揭示彭阳历史文化的深厚内涵，进一步了解彭阳古代劳动人民创造遗留的历史文化遗产，以彭阳历史发展脉络为主线，以文物遗存为内容，编写出版《彭阳历史文物》一书。此书全面翔实地展示彭阳丰富的文物资源和灿烂的历史文化，是一部图文并茂、内容丰富的通俗性读物，对传承历史记忆、保护文化遗产、促进彭阳文物保护事业发展具有重要的现实意义。

《彭阳县文物志》　彭阳历史上地处中原文化、草原文化与丝路文化的交会地带，文物遗存丰富，地方特色鲜明。馆藏文物数量、已鉴定的国家一级文物数量和已公布的各级文物保护单位，均居宁夏各县(市)之首。为了将这些珍贵的文化遗产介绍给广大读者，2003 年主编的《彭阳县文物志》，作为县庆献礼图书正式出版发行，开宁夏文物专志的先河，在社会上引起了关注。编写一部雅俗共赏的普及性文物读物，为世人了解彭阳、认识彭阳提供资料，是宣传彭阳的一张文化名片。

《彭阳风物》 彭阳县党史地方志编纂委员会编，全面系统地介绍彭阳境内自然、生态、山川、乡域、名胜、古迹、特产，以及民俗民情，是彭阳的一部百科全书。全书40万字，叶长青主编，2009年8月由宁夏人民出版社出版。

《彭阳历史与经济》 分历史和经济两篇，实事求是地论述彭阳历史与经济的发展历程和规律。历史篇突出叙述彭阳境内从远古到清末的历史，数千年王朝更迭、建置变迁、民族战争、人口迁徙，展卷即可全知。经济篇既全面地概括彭阳从先秦至民国的经济状况，又以详今略古的手法展现当代经济发展的策略和成就，2008年4月由宁夏人民出版社出版发行。该书的出版，填补彭阳有志无史的空白。

《城阳中学校史》 全书75万字，陈镜主编。2008年5月由宁夏人民出版社出版发行，时间跨度从清光绪三十一年（1905）清政府"谕立停科举以广学校"开始，至2008年长达100年之久。内容分"百年发展史""教职工队伍""成果展示""校友回忆录""附录"5编，城阳中学是百年老校，它的发展经历了私塾、初等小学堂、城阳中心小学、城阳初级中学几个阶段，桃李遍及祖国各地，较完整地记载了学校百年的风雨沧桑。

《彭阳史地文集》（第一辑） 彭阳县党史地方志编纂委员会编写，叶长青主编。2009年8月内部出版。包括域地考究、史海钩沉、文化长廊、往事忆录、人文游踪、故乡寻梦、人物春秋、谈志说史、发展论坛、艺文集萃共10个栏目44位作者的82篇文章，30万字。将近年对朝那县朝那湫、皇甫家族等争议焦点的研究成果进行集中展示。

《彭阳史地文集》（第二辑） 2009年彭阳县史志办公室编辑出版《彭阳史地文集》（第一辑）后的第二部文集，是彭阳县党史和地方志工作研究成果的大型资料书籍。精选自2009年以来，以彭阳县内专家、学者为主体，发表在区内外各类报刊上具有较大影响力和新见解的有关彭阳历史、地理等方面的学术文章。全书共设红色记忆、城地考究、桑梓望族、文物考古、史海钩沉、往事忆录、人物春秋、方志漫谈、故乡寻梦、民俗民风、史志文苑11个栏目，收录69篇文章，约40万字。

《彭阳史地文集》（第三辑） 是继2009年、2015年第一辑、第二辑后的第三部文集,2022年9月内部出版,是彭阳县党史和地方志工作研究成果的又一部资料性书籍。该书大部分稿件精选自《彭阳史志》(季刊)2016年以来所刊载文章,以彭阳县内专家、学者为主体,以彭阳历史、地情、文化等方面学术研究为主要内容。全书设红色记忆、史海钩沉、域地考究、史志论坛、文物考古、人物春秋、方志漫谈、史志文苑8个栏目,收录66篇文章,42万余字。

《彭阳县扶贫志》 彭阳县扶贫开发办公室编,陈宗惠主编,宁夏人民出版社2021年12月出版。编修《彭阳县扶贫志》是认真贯彻落实习近平总书记关于"脱贫攻坚工作既要做好,也要讲好"的重要指示精神,是全区第二部县级扶贫志书。该书是彭阳县扶贫工作专项资料集成,记述了彭阳人民在中国共产党的领导下,领导苦抓、群众苦干、干部苦帮脱贫致富的史实。这部扶贫志能够按照志书的标准体例编写,使用七大体裁,以志体为主,共编写8章34节近700千字和200多幅图片。从各个层面各种角度反映了彭阳人民脱贫攻坚的奋斗历程,志书的纲目框架设置基本完整,语言简练,文字表达基本规范,记载事实基本清楚。

《彭阳县移民志》 彭阳县党史地方志编纂委员会办公室编,2016年9月由方志出版社出版。全书5章19节56万字,搜集大量的资料,甄别筛选,去粗取精,力求真实、准确、完整、全面地记录彭阳古今移民,特别是彭阳建县以来向宁夏区内中宁县马家梁(大战场),吴忠市红寺堡区,银川市金凤区、兴庆区、西夏区及灵武市的三次较大规模的易地搬迁扶贫和生态移民。该志的出版,对响应号召,远离故土,走出大山,他乡创业的彭阳人,念土怀乡,追根溯源,留住乡愁具有十分重要的意义,对存史、资政、育人有着十分重要的价值,为专家学者研究彭阳移民史提供了第一手基础资料。

二、党史

《中国共产党彭阳历史(第一卷)(1921—1949)》 由彭阳县委党史和地方志研究室著,旨在传承红色基因,赓续共产党人精神血脉,让革命薪火代代传承,做到学史明理、学史增信、学史崇德、学史力行,学党史、悟思想、办实事、开新局,以昂扬姿态奋力开启全面建设社会主义现代化国家新征程。在编纂体例上采用编年体与纪事本末体相结合,采用公元纪年,以时间为经、事件为纬、分期划块、纵横结合的方法记述。记述内容上自1921年中国共产党成立,下迄1949年9月23日王洼战斗,延伸至境内区乡党政组织建立。收录的烈士包括彭阳籍在县内外、外县籍在彭阳牺牲的所有烈士。记述范围以 2020 年底彭阳县行政区划为主，讲述中华人民共和国成立前属国民党固原县辖地、毗邻甘肃省环县、镇原县辖区今属彭阳县境内党的活动，确保事件的连续性、完整性。

《中国共产党彭阳县历史大事记(1932—1997)》 2000 年 5 月，根据自治区党史研究室的统一部署，由县史志办公室组织编纂。全书 18 万字，时限从 1932 年 10 月彭阳境内始有党的活动起，至 1997 年 12 月底止，实事求是地记述了党在各个不同时期领导彭阳人民进行革命和建设的历程。

《中国共产党彭阳县历史大事记(1926—2007)》 2007 年 3 月由县史志办公室编纂。该书坚持历史唯物主义原则，实事求是地记述了党在各个不同时期领导彭阳人民进行革命和建设的历程。上限从 1926 年 12 月彭阳境内始由中国共产党的活动写起，下限至 2007 年底，时间跨度达 81 年。2008 年 5 月，由中共党史出版社最后审定修改，出版发行。

《中共彭阳县组织史资料》 1988 年 9 月，中共彭阳县委组织史资料编纂领导小组开始编纂《中共彭阳县组织史资料》。于 1991 年 11 月完成。记述了 1932 年 10 月至 1987 年中国共产党在彭阳的革命活动、各级组织及领导人，全书 23 万字。

《永恒的丰碑》 2005 年 11 月由县史志办公室承担编写，宁夏人民出版社出版。生动再现了 1949 年中国人民解放军第一野战军十九兵团六十四军，在彭阳境内西部的任山河与国民党马鸿逵部队展开的一次殊死战斗——任山河战斗的艰辛悲壮历程。该书是进行爱国主义教育的生动教材，是红色旅游的宣传资料，是亲属寻找烈士安息之地的信息资源。

2008—2009 年，重点为《宁夏党史》撰写《宁南革命老区——彭阳县 1936—1949 年地下党支部活动在彭阳》《彭阳宣传贯彻党的“农业六十条”》《彭阳的“大跃进”及人民公社化运动》《智勇双全的战斗英雄陶克叶》《罗炳辉将军在彭阳》《孤胆英雄马兆祥》《红色特使艾青山》《徐向前王洼脱险》等党史资料。

《彭阳革命史料选编》(上、下卷) 彭阳县按照中共中央办公厅《关于加强地方党史工作的意见》及自治区党委办公厅《关于加强党史工作的实施意见》精神，搜集整理彭阳及其周边地区与彭阳有关的革命活动史料，形成《彭阳革命史料选编》（上、下卷），供专家学者和史志爱好者学习研究。该书收录上至大革命时期中国人民在中国共产党领导下的反帝反封建革命斗争，即1926年11月国民军联军途经固原、彭阳，宣传革命活动。下迄打响解放宁夏第一仗任山河战斗胜利，即1949年8月1日彭阳解放，这一历史时期的革命史料。为旁证中国共产党在彭阳及其周边革命活动的艰辛历程，本书还附录了甘肃省庆阳市、平凉市档案馆和彭阳县档案馆与彭阳有关的国民党地方政府档案资料。需要特别强调的是，为保持资料的完整性，便于专家学者研究批判。全书采用编年体纪传体相结合编排，在海量原著中只节选与彭阳及其周边地区与彭阳有关的史料，为方便编排、阅读，原出版物的部分标题系编者所加。对原著中数字大小写、数词、量词未作转换，原文以外的注释说明，均采用公元纪年。按照出版要求，该书把原著为竖排的一律横排，繁体的，除特殊情况外，均转换为现在通行的简体字。对"电报"等加标点录入。彭阳县党史地方志编纂委员会办公室编，中共党史出版社出版。

三、其他书籍

《彭阳文化丛书》　2014年，成立领导小组、研究制定《彭阳文化丛书》编纂工作实施方案。该书为具有较高品位的地方文化读物和对外宣传读本，以史料为基础，具有真实性、可读性，展示彭阳文化发展脉络，充分阐释彭阳文化深厚内涵。全丛书包括彭阳简史、彭阳民间故事、彭阳方言谚语、彭阳民间游戏、彭阳歌谣、彭阳文物、彭阳地名、彭阳民俗、彭阳非遗名录、彭阳民间艺术10个部分，2015年9月底出版。

《脱贫攻坚的彭阳实践》　中共彭阳县委政策研究室编，郭隗主编，内部资料，分8个大部分30万字，记载彭阳脱贫攻坚做法和成效。

《跨越贫困》——彭阳脱贫攻坚文学作品集　主编邓彦辉，彭阳县委宣传部、彭阳县文联联合编纂，收集报告文学、小说、诗歌、散文等文学作品80篇，涉及作者75人，41万字，是中国共产党成立100周年献礼之作。

《看彭阳》　宁夏人民出版社出版，共收集社会篇、经济篇、党建与精神文明建设篇、人物篇、言论篇5个篇章，97篇在全国各大媒体宣传报道彭阳的新闻理论文章，28

万字,2005 年正式出版,全国新华书店公开发行。

《彭阳摄影作品集》 彭阳县委宣传部、彭阳县文联内部出版。在彭阳这块热土上,厚重的历史文化、绚丽的自然风光、独特的人文景观、浓郁的民俗风情,为摄影艺术提供了取之不尽、用之不竭的创作题材,也孕育了一支创作活跃的摄影队伍。他们在追求着摄影艺术的同时,以热爱家乡的眷眷情怀宣传着彭阳、推介着彭阳,提升了彭阳的知名度和影响力,推动了文化与旅游的深度融合,为彭阳的经济发展和社会的全面进步,营造了昂扬向上的良好环境。《彭阳摄影作品集》的结集出版,既是彭阳摄影艺术创作的阶段性总结,也是对彭阳风物的一次集中展示,更是为广大摄影人提供了一个交流的平台。这本作品集,引导更多的文艺人才创作出更多的文艺精品,为推进彭阳文艺事业繁荣发展作出积极的贡献。

四、编修家谱

进入 21世纪后,彭阳人民特别重视修家谱,记载家族历史。家谱是以记载父系世族人物为中心的图谱,是一个家庭的历史,记录家庭来源、迁徙、生息繁衍、婚姻、丧葬、族规、世系图谱等。2000 年至 2023 年底,弘农杨氏族谱编委会编纂的彭阳县·杨坪《杨氏族谱》2014 年 6 月出版,苏生瑜主编的彭阳·红河·上王苏什堡沟《苏氏族谱》2019 年 8 月出版,吴力祥主编的彭阳·党岔《吴氏族谱》2020 年 12 月出版,韩多杰主编的彭阳·韩寨西房头·韩塬畔《韩氏支谱》2021 年 10 月出版,杨树林主编的彭阳·城阳·杨南沟《杨氏家谱》2021 年 1 月出版等共有 36 部。

彭阳县历代家谱是收集家族人物传记的材料。家谱能够准确翔实地记载家族几百年的奋斗史和发展史,同时也是生活在这一带的西海固人民几百年来生活变迁的历史缩影、春秋迭易、岁月轮回。给家族人民艰苦创业、自强不息的精神谱写了历史华章。记录家人之中不乏涌现战胜困难、脱颖而出的杰出人物,以及改革开放、经济发展的贡献者。给后人树立典范,激励族裔后辈们奋发图强、不断努力、继续超越的精神动力。

水流千里不舍其源,树高万丈不离其根。编修家谱是记载历史、感念祖恩、传承祖训、兴隆家族的伟大壮举;是饮水思源、正本清源、尊祖敬宗、家规传承的唯一载体;是追念先人创业艰辛,发扬光大先祖懿德,弘扬传承先祖精神的伟大创举;是加强家族文化建设,促进家族团结交流,心凝神聚、同心同德、共同发展的有力保证;是家族更加兴旺发达、枝繁叶茂、同心同德、续写发展的锦绣篇章。家史源远流长,家风树德立范。

2000—2023年彭阳县编修出版家谱一览表

表3-4

序号	家谱名称	主 编	地域范围
1	《陈氏荣先后裔宗谱》	陈 强	彭阳县城阳乡涝池村
2	《杨氏族谱》	杨 忠	彭阳县城阳乡杨坪村、长城村、涝池村，环县毛井乡
3	《大庄杨氏族谱》	杨万军	彭阳县草庙乡曹川村
4	《惠姓人氏源与流》	惠 宇	彭阳县草庙乡、镇原县武沟乡
5	《韩氏支谱》	韩登科	彭阳县城阳乡韩寨村
6	《马氏家谱》	马成章	彭阳县古城镇
7	《董氏家谱》	董英斌	—
8	《枣园安氏族谱》	安武世	彭阳县冯庄乡、孟塬乡、王洼镇，镇原县、环县、秦安县
9	《刘氏家谱》	刘步高	彭阳县草庙乡
10	《南街赵氏族谱》	赵连仪	彭阳县王洼镇北洼村
11	《西杨家族史》	杨振中	彭阳县孟塬乡双树村
12	弘农《西杨族谱》	杨德栋	彭阳县草庙乡、城阳乡
13	《苏氏家谱》	苏生瑜	彭阳县红河乡上王村
14	《张氏家谱》	张和道	彭阳县草庙乡刘塬村
15	《追远世泽》	虎 地	彭阳县小岔乡李渠村
16	《韩氏支谱》	韩多杰	彭阳县城阳乡韩寨村
17	《天下胡氏　望出安定》	秦 铭	—
18	《慕容、慕、荣氏族谱》	慕喜安	彭阳县小岔乡、镇原县、环县
19	《徐氏族谱》	徐万儒	彭阳县红河乡上王村、徐塬村
20	《张氏家谱》	张平德	彭阳县小岔乡榆树村张家山
21	《台氏家谱》	台维斌	彭阳县新集乡峁堡村
22	《宁夏祁氏族谱》	祁彦斌	彭阳县城阳乡、白阳镇
23	《吴氏族谱》	吴力祥	彭阳县白阳镇白岔村党岔
24	《孙仙公六世家谱》	孙世文	彭阳县王洼镇、原州区开城镇
25	《郭氏家谱》	郭富国	彭阳县孟塬乡
26	《小塬子虎氏家谱》	虎俊奎	彭阳县冯庄乡虎家小园子
27	《苏氏族谱》	苏生瑜	彭阳县红河乡上王村
28	野王《王氏家谱》(第一分谱)	王安郡	彭阳县红河镇红河村野王组
29	《杨氏家谱》	杨树林	彭阳县城阳乡杨南沟村
30	陈坪大户《陈氏家谱》	—	彭阳县红河镇、白阳镇、镇原县郭原乡、武沟乡
31	《李氏族谱》	李俊文	彭阳县城阳乡李家湾
32	《王氏家谱》	王彦成	彭阳县古城镇、王洼镇
33	《高氏家谱》	高荣峰	彭阳县王洼镇崖堡村
34	《韩进荣族人家谱》	韩占财	彭阳县城阳乡岔口门
35	《魏氏家谱》	魏进坤	彭阳县孟塬乡、红河镇
36	《李氏家谱》	李继元	彭阳县孟塬乡双树村

五、图书发行

新中国成立后，固原县新华书店在今彭阳境内设立流动图书销售组。从1956年起与境内古城、城阳供销社建立图书经营关系，出售连环画册、图片和一般书籍，直到1962年。1975年固原县新华书店设立新华书店彭阳门市部，建有营业门市部80平方米，有图书2万余册，年销售额6万元，有营业员3人。

1985年县新华书店成立，隶属自治区新华书店，从业人员增至7人。是年，进书90万册，分设哲学、社会科学、文化教育、文学艺术、自然科学、少儿读物、课本、图片8个科目，销售82万册，利润3.95万元。1987年12月建成草庙门市部，面积50平方米，1992年销售各种书籍80.5万册，营业额87.06万元，比1985年增长168.12%。1993年，在县城兴彭路建新华书店营业办公楼，县新华书店迁往新址。

县新华书店坚持以向人民提供优秀作品，丰富人民群众的精神文化生活。担负着全县16所中学、274所小学共5.2万名学生的教材发行工作。年销售从1985年建店初的32万元，上升到2009年的546万元。固定资产由建店初的1.95万元增加到2009年的148万元。全县人均购书(包括学生课本和教辅)从1986年的1.6元上升到2009年的21.8元。

2012年，采取多种形式加强一般图书销售，开展"我的中国梦"全区青少年主题读书活动，在门市部显著位置设立百种优秀图书专柜，并发放购书优惠券，开展青少年读者购书优惠、购书有礼等让利活动，并通过LED电子屏幕及张贴宣传画等进行宣传，取得社会效益和经济效益双丰收。利用3天时间完成《彭阳文化丛书》700多套代发工作，为更好地和当地宣传部门业务沟通起到桥梁作用。

2013年全年实现总销售686.24万元，同比增长6.06%。其中，教材484.02万元，教辅161.74万元，一般图书40.48万元。实现利润33.88万元，固定资产由建店初期的1.95万元，增加到125万元。

2014年内实现销售收入716.89万元，同比增长3%。其中，教材499.41万元，同比增长3%；教辅资料122.58万元，同比下降24%；一般图书销售66.98万元；招标图书27.92万元。总销售94.9万元，同比增长120%。实现利润23.01万元，业务费用支出97.7万元，较上年下降5%。

开拓图书市场，主动上门推销，确定职工人均联系2个乡镇和12个(家)部门、单位，3月征订发行一般图书2843册，码洋75751元；8月征订发行一般图书4698册，码洋108309元。11月征订发行一般图书2028册，码洋71414元。

2015年，实现销售收入691.91万元，同比下降3%。其中，教材485.43万元，同比下降3%；教辅资料139.48万元，同比增长13%；一般图书销售67万元，同比下降28%。实现利润28万元，费用105.26万元，较上年增长5%。拓展图书发行市场，全年一般图书销售67万元。在进货种类方面，根据当地市场的特点，增加字帖、绘画、少儿、科技、社科、公务员考试用书和农业科技医药卫生用书的数量，形成畅销书、动销书、畅销书合理的备货体系。在进货渠道方面，以集团公司批销为主，上下联系密切，发货速度快，货源补充及时。结合"守纪律、讲规矩"主题教育活动，按照2015年《新华书店集团公司读书活动方案》，让职工走出店门，主动上门推销，全年发行政治学习资料9569册，码洋255474元，招标图书127.92万元，门市系统销售40.81万元，全年累计销售一般图书194.9万元，较上年同期增长117%。

彭阳县总工会团购图书13720册，码洋10万元。全年发行售书卡504张，码洋14.69万元；征订发行《习近平关于党风廉政建设和反腐败斗争论述摘编》970册，码洋13871元；发行《理论热点面对面》700册，码洋12600元；发行第四批全国干部学习培训教材83套，码洋36520元；发行党校教材558册，码洋18172元；发行《世界是平的》460册，码洋26680元。贯彻落实党的十八届五中全会精神及习近平总书记重要讲话精神，宣传征订发行《中国共产党廉洁自律准则》和《中国共产党纪律处分条例》10338册，码洋62028元，涉及全县企事业单位、乡镇、村委会、中心校、完小和社区管委会等400多个（家）部门单位；发行《中共中央关于制定国民经济和社会发展第十三个五年规划辅导读本》《党的十八届五中全会（建议）学习辅导百问》679册，码洋20265.40元；11月销售政治学习资料总计11017册，码洋82293.40元。

2019年，全年销售码洋961.8万元，同比增长3%；销售教材555.6万元，同比增长8%；销售教辅资料328.4万元，同比下降10%；销售一般图书77.84万元，同比增长70%，实现利润76万元，同比增长26%，费用90万元，同比下降10%。

全年实现一般图书销售77.8万元，较上年大幅增长，按照图书公司安排开展营销活动。做好党政类图书发行工作，发行第五批全国干部学习培训教材330套，码洋16.17万元；征订发行《习近平新时代中国特色社会主义思想学习纲要》9708册，码洋18.0681万元，覆盖全县各乡镇、部门（单位）216个（家），发行量全区第一名。发行《新中国发展面对面》1044册，码洋2.1924万元；联系县委组织部、宣传部征订基层组织工作系列党建图书3918册，码洋9.0278万元，全面完成年初制订目标任务。

截至2020年11月20日，彭阳县新华书店完成销售收入码洋1004万元，同比增长 45%。其中,教材销售 619 万元,同比增长 11%;教辅资料销售 298 万元(含《学习之友》),同比下降 9%(因部分教辅计入教材销售);一般图书销售 87 万元,同比增长 12%。实现利润 63.9 万元,完成率达 159.8%。

新华书店把“满足读者需求、服务文化事业”作为门市工作的第一要务,不断增强优质服务意识,提升门店管理水平,最大限度方便社会各界读者,提升服务效益,使门市真正成为公司精神文明创建的有效载体、意识形态工作的主阵地。

截至 11 月 20 日,实现一般图书销售码洋 87 万元,其中《习近平谈治国理政》第三卷、《中国制度面对面》、民法典等重点图书销售 2500 册,码洋 13.2 万元;团购图书码洋 11 万元。

积极参与彭阳县委宣传部举办的“我们的中国梦”——文化进万家活动,先后到草庙乡、小岔乡、白阳镇、古城镇开展流动售书活动 20 人次,销售图书 100 多册,码洋 2000 余元;赠送图书 200 多册,码洋 4000 余元。在世界读书日,开展“倡导全民阅读,书香沁润心灵”主题阅读活动,联合文联、图书馆参与县委宣传部举办“护苗 2020 活动”,上街开展专项宣传。

第三节 期 刊

一、《参政议政要报》

彭阳县为提高参政议政实效，给广大政协委员建言献策搭建一个理论平台，进一步展示彭阳县政协工作的主要成就，不断开创政协工作新局面，政协彭阳县委员会创办《参政议政要报》，自治区政协主席项宗西题写刊名，县政协主席任编委会主任、副主席任主编。为 16 开版面季刊，设《领导论谈》《工作动态》《议政建言》《理论园地》《文史天地》《聚焦民生》《委员视点》《他山之石》《朝那艺苑》9 个栏目。集理论性与实践性、政策性与资料性、思想性与实效性、知识性与可读性于一体。《参政议政要报》坚持立足政协、服务中心、促进发展、构建和谐的办刊方针，突出团结、民主两大主题，是参政议政的平台、理论学习的园地、交流工作的窗口、加强联系的纽带。

二、《彭阳文学》

创刊于 2005 年5 月，县级文学季刊，由彭阳县委宣传部主管、县文联主办。刊物坚持“有灵性，有特色，有品格”的办刊理念，以“繁荣县域文学艺术创作，培育文学艺术新人，关注大众情愿，烛照心灵世界”为办刊宗旨，努力提升彭阳文化品位，为广大文学艺术爱好者提供展示和发展平台。2010 年改版为 16 开 80 页，刊名由《彭阳》改为《彭阳文学》，由县委常委、宣传部部长任主编。设有《特别推荐》《小说平台》《散文天地》《茹河诗页》《青春校园》《舞台曲艺》《谈文说艺》《民间故事》等栏目。发表的小说、散文、诗歌等被《小说选刊》《中华散文》《朔方》《黄河文学》《六盘山》等转载或在自治区、固原市文联的评奖中获奖。

三、《彭阳史志》

2006 年 6 月，由县史志办公室创办，办公室主任任主编。16 开版面季刊，是自治区唯一的县级党史、方志刊物。以“挖掘地方史料、传播时代强音、建设和谐文化”为办刊宗旨，为县境史志爱好者搭建平台，积累史志资料。期刊设《史海钩沉》《党史专题》《朝那春秋》《皇甫文化》《历史档案》《史志论坛》《县域经济》《史志文苑》《大事记》等栏目。2007 年 4 月，被固原市人民政府评为“优秀志书”类期刊，至 2022 年 12 月已出刊63 期。

四、校园文学专刊

《茹河浪》 彭阳一中文学半年刊，1985 年 10 月创刊，发表学生创作的小说、诗歌、散文、寓言及模范作文，扶持文学队伍，培育文学新人。

《黑眼睛》 彭阳二中文学半年刊，1998 年 8 月创刊。发表学生创作的文学作品及学生优秀作文、老师对学生作品的点评，繁荣校园文化，培育文学新人。

第四章　广播影视

20世纪80年代中期，彭阳县的广播电视和电影事业驶入了发展的快车道，广播影视系统在历届县委、县政府的坚强领导下进一步解放思想，更新观念，抓住机遇，开拓进取，全面贯彻党的路线、方针、政策和县委、县政府的决策，以促进全县各项事业的发展为目标，把握时代主旋律，弘扬正能量。不断创新宣传形式，打好宣传主动仗，为全面贯彻落实、构建和谐社会提供精神动力和智力支持，营造和谐的舆论宣传氛围。

40年来，全体广电人紧紧围绕县委、县政府的中心工作，合理制定宣传栏目，确定播放时间，及时把县委、县政府的决策宣传到广大人民群众之中。影视工作者积极制作专题片和拍摄影视剧支持家乡建设，充分发挥专题和影视剧优势，将各类专题片进行深度报道，弘扬社会正能量，凝聚人心，鼓舞士气，激发彭阳人民干事创新的斗志，真正发挥广播影视工作的作用。

第一节　广　播

一、机构

1983 年 11月，在原彭阳乡广播放大站的基础上筹建县广播站。12 月 31 日试播成功。第一篇稿件《一九八四年元月一日开场白》和第一篇新闻稿件《彭阳中学元旦活动丰富多彩》的播出标志着彭阳广播站正式运营。

1984 年 1 月，正式播音，自办节目正式开始。根据自治区机构改革领导小组（宁机改发〔1984〕20 号）文件精神，经地委同意，各县广播站的电视、广播工作由各县文化科领导改为由各县委宣传部领导，为科级事业单位（固地党发〔1984〕45 号）。5 月 8—10 日，全县宣传广播通讯工作会议在县城召开，参加会议的有各乡宣传干事、县直各部门主管宣传的领导共计 61 人。地委宣传部和县工委领导参加会议并讲话，各乡镇、部门交流新闻通讯工作经验，就如何开创彭阳县宣传广播、通信新局面进行认真讨论，经过评选，奖励 9 名优秀通讯员。5 月 12 日，县工委批转在全县宣传广播通讯工作会议上产生的《彭阳县宣传广播通讯工作会议纪要》。6 月 12 日，政府办批准成立广播服务部。12 月 1 日，制定《彭阳县农村有线广播承包责任制办法（试行）》。

1985 年初，分设县广播站和彭阳乡广播放大站。6 月，崾岘、刘塬乡广播放大站建成。9 月，县人民政府批准成立彭阳县广播服务部。9 月 20 日，县广播站团支部成立。1985 年，全县共设县广播站 1 个、乡镇广播放大站 17 个。初步形成以县广播站为中心，以乡广播放大站为基础，联结百村、串通千户的有线广播网。

1985 年 6 月，彭阳县农村有线广播　　虎斌勤/摄

1986 年初，县广播站新址在新城区破土动工。1 月 23 日，根据固原地区编委（固编发〔1986〕8 号）文件通知，固原地区各县文化馆、广播站、文艺队升为副科级事业单位。2 月，在全区广播电视工作会上，彭阳县发

展农村有线广播工作受到表彰。3 月 11 日，县人民政府颁发《关于加强广播线路管护的通告》。秋季，在县城主街道架设音箱 25 个。3 月初，县广播站搬迁新址。

1989 年 1 月初，全县有线广播遭受雾凇灾害，毁坏水泥杆线 24杆千米，中断主杆线 42 条，断线 851 档，毁坏水泥杆 341 根，直接经济损失 13000 元。5 月 13 日，县委常委会议决定将乡广播放大站管理权下放到乡(镇)人民政府，业务受县广播站指导。7 月，县广播站与各乡镇人民政府完成乡镇广播放大站的移交任务。8 月 10 日，县编委成立彭阳县广播电视局，规格为副科级事业单位。与县广播站合署办公，实行两块牌子、一套班子。

1991 年 7 月 13日，县编委批准彭阳县广播电视局为正科级单位。

二、节目设置及传输

县广播站转播的节目主要有中央人民广播电台的《新闻和报纸摘要》《新闻联播》《各地人民广播电台联播》《对农村广播》《午间半小时》《今晚八点半》，宁夏人民广播电台的《早间新闻》《全区广播电台广播站联播》《对农村广播》。自办节目主要是《本县新闻》《学习》《专题》等节目。县城每天早、中、晚三次播音，全天播音 5 小时 45 分，其中自办节目 2 小时 15 分，各乡镇广播放大站每天为早、晚两次播音。

县广播站广播节目信号传输，1984 年彭阳乡由县广播站直接传送到各村、队及农户，1985 年初彭阳乡广播放大站分设后，由县广播站专线将广播节目信号送到乡广播放大站，其余各乡广播放大站接收县广播站节目信号均由县邮电局电话线路输送到机房前级增音机，再由各乡广播放大站机房扩大机通过乡到村队广播杆线传送到农户，农户再用广播喇叭收听。

全县附挂邮电局通往各乡镇电话线路 224.7 杆千米。1989 年 12 月 1 日，县邮电局将县城至王洼邮电支局 37 杆千米电话线路移交县广播站管理，除了为崾岘、草庙和王洼 3 个乡广播放大站输送县广播站广播节目信号外，还为草庙邮电所和王洼邮电支局输送县广播站节目信号，再由草庙邮电所通过电话线向刘塬、孟塬、冯庄 3 个乡广播放大站输送广播信号，由王洼邮电支局通过电话线路向小岔、罗洼、交岔、石岔 4 个乡广播放大站输送广播信号。

彭阳至红河 11.1 千米，彭阳至城阳 12.6 千米，彭阳至古城 16.5 千米；王洼至石岔 16.7 千米，王洼至小岔 14 千米，王洼至交岔 13.3 千米，王洼至罗洼 22 千米；草庙至刘塬 16 千米，草庙至冯庄 14.4 千米，草庙至孟塬 17.8 千米；新集至川口 7 千米，新集至新集 9.3 千米，新集至沟口 17 千米。

1996年7月，县调频广播台建成后，节目信号由县站机房用陕西广播器材厂生产的FM100S-1型，功率为10瓦，频率为68.4兆赫的专用调频广播发射机发送到县广播电视转播台，再由县广播电视转播台用陕西广播器厂生产的FM100S-2型，功率为100瓦，频率为103.8兆赫调频发射机发射，已建立调频广播转播的乡广播放大站用MICAM-728数字广播接收机接收信号，转播县广播站节目。用户直接用调频广播接收。

附：

彭阳县广播站节目时间表（1985年）

第一次播音

6:20　开始曲（《义勇军进行曲》）预告节目
6:30　转播中央台《新闻和报纸摘要》（第一套）
7:00　本站自办节目（一至六）　自办文艺节目（日）
7:30　《秦腔》（一、三、五、日）自办
《电影音乐》《曲艺》《电子音乐、轻音乐》（二、四、六）自办
8:00　天气预报　第一次播音结束

第二次播音

11:55　开始曲（《歌唱社会主义祖国》）预告节目
12:00　转播宁夏台《新闻和综合》节目（一至六）　《对青年广播》（日）
12:20　自办文艺节目（音乐、歌曲）
12:30　转播中央台或宁夏台《小说连续广播》节目
13:00　第二次播音结束

第三次播音

17:50　开始曲（《歌唱社会主义祖国》）预告节目、天气预报
18:00　转播宁夏台《西北地方戏》（一、三、五）
18:30　自办西北地方戏（一、三、五从18:30到19:00）
19:00　转播宁夏台《全区广播站联播》节目
19:15　转播宁夏台《戏曲》（一、三、五）　《西北地方戏》（二、四、六、日）

19:30　转播中央台《简要新闻》(一、三、五、日)　第二套,宁夏台《对农村广播》(二、四、六)(或每日均转宁夏台《对农村广播》节目)

19:45　转播中央台《祖国各地》(一、五)《历史故事》(三、日)《世界各地》(二、四、六)(第二套)

20:00　转播中央台《各地人民广播电台联播节目》(第一套)

20:30　本站自办节目(新闻)(一至日)或秦腔(日)

21:00　天气预报　第三次播音结束

彭阳县广播站节目时间表(1990年5月调整后的播放时间)

第一次播音

6:25　开始曲,预告节目

6:30　转播中央人民广播电台《新闻和报纸摘要》

7:00　转播宁夏人民广播电台《早间新闻》

7:20　转播宁夏人民广播电台《天气预报》

7:25　转播宁夏人民广播电台《广告信息》

7:30　听众之友(一、三、五)　青少年园地(二)　学习节目(四、六)
转播中央人民广播电台《阅读和欣赏》(日)

7:45　轻音乐

7:50　本县新闻(一至六)　(一周要闻)(一)

8:00　第一次播音结束

第二次播音

11:55　开始曲、预告节目

12:00　转播中央人民广播电台《午间半小时》(一至六)
转播宁夏人民广播电台《午间新闻》(日)

12:05　转播宁夏人民广播电台《企业之窗》

12:15　转播宁夏人民广播电台《广播文摘》

12:30　本县新闻(一至六)　综合文艺(日)

12:40　曲艺节目(一、三、五)　歌曲(二、四、六)

13:00　第二次播音结束

第三次播音

17:55　开始曲　预告节目
18:00　本县新闻(一至五)　一周要闻(日)　转播宁夏人民广播电台《文学》节目
18:10　轻音乐
18:15　青少年园地(一)　听众之友(二、四、日)　学习节目(三、五)
18:30　转播宁夏人民广播电台《全区广播电台、广播站联播节目》
18:50　转播宁夏人民广播电台《天气预报》
18:55　转播宁夏人民广播电台《广告信息》
19:00　西北地方戏(一至日)　转播宁夏人民广播电台《听众之友》
19:15　转播宁夏人民广播电台《青年园地》(六)
19:30　转播宁夏人民广播电台《对农村广播》(一至四)
19:45　转播中央人民广播电台《对农村广播》(一至日)
20:00　转播中央人民广播电台《各地人民广播电台联播节目》
20:30　综合文艺(一至日)
21:00　全天播音结束

彭阳县广播站节目时间表(1996年7月调整)

第一次播音

6:25　开始曲、预告节目
6:30　转播中央人民广播电台《新闻和报纸摘要》
7:00　转播宁夏人民广播电台《早间新闻》
7:20　转播宁夏人民广播电台《天气预报》《广告》
7:45　本县新闻和报纸摘要(二至六)　《青少年园地》(日)　《经济信息》(二)
8:00　第一次播音结束

第二次播音

11:55　开始曲、预告节目

12:00 转播中央人民广播电台《午间半小时》

12:30 转播中央人民广播电台《小说连续广播》

12:00 本县新闻和报纸摘要(二至六) 《青少年园地》(日) 《经济信息》(一)

13:15 第二次播音结束

第三次播音

17:55 开始曲、预告节目

18:00 本县新闻和报纸摘要(一至五) 《青少年园地》(六) 《经济信息》(日)

18:15 《学习节目》(一、三、五) 《听众之友》(二、四、六)

18:30 转播宁夏人民广播电台《全区广播电台广播站联播》

18:50 转播宁夏人民广播电台《天气预报》

18:55 转播宁夏人民广播电台《音乐五分钟》

19:00 转播宁夏人民广播电台《小说连续》

19:30 转播宁夏人民广播电台《对农村广播》

19:45 转播中央人民广播电台《对农村广播》

20:00 转播中央人民广播电台各地人民广播电台联播节目

20:30 《西北地方戏》(一、三、五) 《综合文艺》(二、四、六)

21:00 全天播音结束

彭阳县人民广播电台节目时间表(2000年5月5日)

第一次播音

6:25 开始曲、预告节目

6:30 转播中央人民广播电台《新闻和报纸摘要》

7:00 转播宁夏人民广播电台《早间新闻》

7:30 学习(二、四、六) 听众之友(一、三、五)

7:45 彭阳新闻(二至六) 青少年园地(日) 《经济信息》(一)

8:00 第一次播音结束

第二次播音

11:55 开始曲、预告节目

12:00　转播中央人民广播电台《午间半小时》

12:30　彭阳新闻(二至六)　青少年园地(日)　经济信息(一)

12:45　学习(二、四、六)　听众之友(一、三、五)

13:00　第二次播音结束

第三次播音

18:25　开始曲　预告节目

18:30　转播宁夏人民广播电台《全区新闻联播》

19:00　彭阳新闻(一、三、五)　听众之友(二、四、六)

19:30　转播中央人民广播电台《今日农村》

20:00　转播中央人民广播电台《新闻联播》

21:00　综合文艺

21:30　第三次播音结束

自办节目　1984年,自办节目设立《本县新闻》《专题》《文艺》3个栏目,每天播出135分钟,全年共播出稿件628件。1985年增设《农家之友》,每档5分钟,增加文艺节目播出档次,每天播出165分钟,占全天播音时间的53.6%。

在新闻宣传报道中,县广播站始终坚持"以正确舆论引导人""团结稳定鼓劲""正面宣传为主"的方针,围绕县委、县政府的中心工作,及时宣传报道历届党代会、人民代表大会、政协会召开盛况,及时报道县委、县政府各项改革和重大决策,报道全县经济建设的各项成就和社会进步、政治文明的成果。《学习》节目主要选学《求是》《人民日报》《宁夏日报》《固原报》等报刊重要文章,县委、县政府主要领导重要讲话和县委、县政府的重大决策及各项改革方案;《专题》主要是结合各部门专项工作和法律宣传开设;《听众之友》以服务性节目为主。

1986年5月,《农家之友》播音作品在1986年度全区、市、县广播台(站)播音作品中获三等奖。

1987年2月,在全区第三届(1986年度)市县广播台(站)优秀广播节目评选中,县广播站选送的《组合节目》获二等奖,评论《致富不能轻视小宗副业》获三等奖。

1988年,节目改版后开设《本县新闻》《学习》《听众之友》《青少年园地》《脱贫致富》《综合文艺》《西北地方戏》。1986年为纪念中国工农红军长征胜利50周年,采写编播

《长征路上新风貌》《在这块红军走过的土地上》等进行专题报道。

1990 年 3 月，为增强科技兴农意识，先后组织编播《谈谈科技兴农》《提高农民科技素质》《农村经济形势透视》等述评。当年《脱贫致富》栏目停播。

1992 年，在“质量万里行”活动中，配合县计量局、工商局等部门对全县经销假冒伪劣商品的单位和个体户进行大曝光。当年《青少年园地》停播。

1993 年，以大量篇幅宣传报道建县 10 周年各行业取得的光辉成就。10 月 5 日，县广播站机房到广场(现体育场)架设广播专线 1200 米，将彭阳县成立 10 周年庆祝大会会场实况传送到县广播站机房，再由机房将广播信号输送到县城街道和各乡广播放大站及农户家中。

1994 年，举办“建设有中国特色社会主义理论”“市场经济知识”等专题辅导讲座 70 多期，播放各种理论文章 500 多篇。开设“首届彭阳文学作品选播”专题，开展茹河流域“百里经济长廊”“抗旱救灾第一线”“小康村建设”“科技路上致富人”等系列报道。恢复《青少年园地》，新开设《经济信息》栏目。

1995 年，开展“南部放开”“致富典型”“农村基层组织整顿”“八五成就回顾”“抗旱救灾第一线”等系列报道。“抗旱救灾第一线”系列报道，共播出稿件 280 件，配发县广播台站评论 6 件。从 8 月 10 日到 11 月底开展“解放思想、转变观念、加快发展”大讨论有奖征文活动。与县妇联联合举办“迎九五世界妇女大会征文”活动，播出稿件 60 篇，共评选出好新闻 15 件，其中一等奖 3 件、二等奖 7 件、三等奖 5 件。《人民的好税官王振举》在 1996 年 5 月全区第十二届(1995 年度)市、县广播台站优秀广播节目评选中荣获一等奖，同时获得当年宁夏新闻奖一等奖，编辑王成获编辑一等奖。

1996 年，开展“回顾八五、展望九五”“庆祝建党 75 周年”“纪念红军长征 60 周年”“党建工作访谈”等系列报道，《青少年园地》栏目全年编播中小学生创作的散文、诗歌、小小说等作品 200 多篇，举办“立大志、树正气、鼓实劲、促发展”有奖征文。8 月 1 日至 10 月 30 日与县科委、县供销社联合举办“科技兴农好新闻”竞赛活动。11 月 28 日，《小岔乡部分村组群众生活困难》以内部参考登载在《广播电视通讯》第六期，送县委、县政府领导参阅。

1997 年，开展“新年话开局”“来自扶贫攻坚第一线”“抗旱救灾”“弘扬彭阳精神贯彻落实十五大精神”“讲文明、树新风”五个系列报道，“讲文明、树新风”重点报道全县“十星级文明户”“文明一条街”“五好家庭”“文明单位”创建活动和各行各业开展“三观”(世界观、人生观、价值观)、“三德”(社会公德、职业道德、家庭美德)和“三个主义”

（爱国主义、集体主义、社会主义）教育活动。6 月 1 日到 7 月 20 日举办“迎接香港回归振奋民族精神”头条新闻竞赛活动。

1998 年，开展“九八开局话脱贫”“扶贫攻坚”“彭阳十五年”“来自重点工程第一线”等系列报道。5 月 15 日到 7 月 20 日举办“弘扬彭阳精神、加快彭阳发展”大讨论有奖征文活动，共收到论文 50 多篇。

1999 年，以“新、快、准、高”为着力点开展“新一届领导访谈录”、“弘扬宁夏精神，推广彭阳经验”、“四个十”（10 名致富典型户、10 名科技示范户、10 名文明户、10 名人民满意的公仆）等系列报道。与县科委、县科协联合开设《科技兴农》专栏，每周二、四、六播出 3 次，全年播出 150 多期，重点介绍近年农业科技新技术小麦膜侧种植、菌草生产、温棚养殖、花卉栽培、水产养殖、果树嫁接、农业机械维护保养等知识。

2000 年，以“弘扬宁夏精神、推广彭阳经验、服务于西部大开发”为主题，以九五回顾为主线，开展“三讲教育专题”“振兴彭阳工业经济”“退耕还林第一线”等系列报道，现场直播县城元宵节广场文化游行活动，与县委宣传部、县党校联合举办“西部大开发”和“理思路、振精神、找差距、求突破”有奖征文活动，共收到征文 42 篇，评选出一、二、三等奖 12 篇。与县委宣传部、县计划经济统计局、县乡镇企业局联合举办“振兴彭阳工业经济”有征文活动。从当年起，广播、电视新闻稿一稿两用。广播新闻稿以口播新闻在电视新闻栏目播出。

2001 年 7—9 月，《走近示范户》系列报道广播稿有 17 篇被县委宣传部以《万户增收工程典型示范户》编入 11 月全县千名干部下乡宣讲材料内容，并加编者按语。

1995—2002 年，共评选出县广播站好新闻 111 件，其中一等奖 22 件，二等奖 40 件，三等奖 49 件。

1985—2005 年，县广播站共有 23 件广播节目作品获宁夏新闻奖，其中一等奖 1件，二等奖 7 件，三等奖 15 件；有 31 件广播节目作品获宁夏广播电视政府奖，其中一等奖 2 件，二等奖 8 件，三等奖 21 件；有 5 件作品获宁夏税收好新闻奖，其中一等奖 1 件，二等奖 2 件，三等奖 2 件；有 1 件作品获“美洁杯”好新闻三等奖，《市场消费你我他》获“美洁杯”好新闻优秀栏目和“西夏贡酒杯”好新闻优秀栏目；有 19 件播音作品获宁夏广播电视政府奖，其中二等奖 3 件，三等奖 12 件，优秀奖 1 件，鼓励奖 3 件；有 4 篇播音论文获宁夏广播电视政府奖，其中三等奖 2 篇，优秀奖 2 篇。

1984—2005年彭阳县广播站自办节目栏目一览表

表 4-1

年度	栏目设置	全天播出时间（分）	占全天播音时间的比例(%)
1984	本县新闻　专题　文艺	165	46.5
1985	本县新闻　专题　文艺　农家之友	165	46.5
1986	本县新闻　专题　文艺　农家之友	165	46.5
1987	本县新闻　专题　文艺　农家之友	165	46.5
1988	本县新闻　学习　听众之友　脱贫致富　青少年园地　综合文艺　西北地方戏	135	39.1
1989	本县新闻　学习　听众之友　脱贫致富　青少年园地　曲艺　综合文艺　西北地方戏	135	39.1
1990	本县新闻　学习　听众之友　青少年园地　曲艺　综合文艺　西北地方戏	135	39.1
1991	本县新闻　学习　听众之友　青少年园地　曲艺　综合文艺　西北地方戏	135	39.1
1992	本县新闻　学习　听众之友　青少年园地　曲艺　综合文艺　西北地方戏	135	39.1
1993	本县新闻　学习　听众之友　曲艺　综合文艺　西北地方戏	135	39.1
1994	本县新闻　学习　听众之友　青少年园地　经济信息　综合文艺　西北地方戏	135	39.1
1995	本县新闻　学习　听众之友　青少年园地　经济信息　综合文艺　西北地方戏	135	39.1
1996	本县新闻　学习　听众之友　青少年园地　经济信息　周末综合文艺	135	39.1
1997	本县新闻　学习　听众之友　青少年园地　经济信息　农村天地　周末综合文艺	105	29.6
1998	本县新闻　学习　听众之友　青少年园地　经济信息　农村天地　周末综合文艺	105	29.6
1999	本县新闻　学习　听众之友　青少年园地　经济信息　农村天地　周末综合文艺	105	29.6
2000	本县新闻　学习　听众之友　青少年园地　经济信息　农村天地　周末综合文艺	105	29.6
2001	本县新闻　学习　听众之友　青少年园地　经济信息　农村天地　周末综合文艺	105	29.6
2002	本县新闻　学习　听众之友　青少年园地　经济信息　农村天地　周末综合文艺	105	29.6
2003	彭阳新闻　理论学习　农村天地	105	29.6
2004	彭阳新闻　理论学习　农村天地	105	29.6
2005	彭阳新闻　理论学习　农村天地	105	29.6

彭阳县广播站宁夏新闻奖评选获奖作品一览表

表 4-2

年度	作者	作品题目	体裁	编辑	责任编辑	播出时间	获奖等次
1995	王志安 王 成	马书记修路	消息	王 成	贺 诚	1995 年 7 月 15 日	宁夏新闻奖三等奖
1995	王 成	向孔繁森学习努力实现人生价值	评论	祁 强	贺 诚	1995 年 4 月 18 日	宁夏新闻奖三等奖
1996	扈志明 王志安	辛苦了,光明的使者	通讯	王 成	贺 诚	1996 年 10 月 23 日	宁夏新闻奖二等奖
1996	张库存 王 伟	杨枰村集资修校造福子孙	消息	王 成	贺 诚	—	宁夏新闻奖三等奖
1997	海生珍 扈志明	王振举回“韩堡”	消息	王 成	文 元	1997 年 4 月 4 日	宁夏新闻奖三等奖
1998	袁继祖 高 瑛 张步珍	林海铁骨	通讯	王 成	文 元	1998 年 6 月 15 日	宁夏新闻奖三等奖
1999	王 成	采访岁爸	通讯	王 成	文 元	1999 年 4 月 15 日	宁夏新闻奖二等奖
2000	王克明 海生珍 张步珍	新湾长歌颂治有	专题	张步珍	文 元	2000 年 4 月 15 日	宁夏新闻奖三等奖
2000	杨世林 扈广厚 王志安 张步珍	开发地方优势资源建设特色食品工业	评论	张步珍	文 元	—	宁夏新闻奖三等奖
2002	王 儒 王 成	长城情长	通讯	张步珍	王 儒	2002 年 3 月 28 日	宁夏新闻奖二等奖
2002	王 伟 扈志明	红河乡的招待宴会	消息	张步珍	王 儒	2002 年 8 月 6 日	宁夏新闻奖二等奖
2003	王 成 王 儒	彭阳二十年	系列报道	王 儒	万亚平	2003年 9月 20 日至 10 月 1 日	宁夏新闻奖二等奖
2003	王 伟 扈志明	三兄弟分家	专题	张步珍	王 儒	2003 年 8 月 15 日	宁夏新闻奖二等奖
2003	海生珍	部长救难	消息	张步珍	王 儒	2003 年 2 月 21 日	宁夏新闻奖三等奖
2005	王 成 王 儒 张库存	投资千万元大工程“冷场”开工	消息	张库存	王 儒	2005 年 12 月 19 日	宁夏新闻奖三等奖
2005	王 雄 王 儒 王 成	我要给孩子上课	专题	王 成	王 儒	2005 年 11 月 21 日	宁夏新闻奖三等奖
2005	海生珍 王 儒 王 成	彭阳生态鸡走俏大市场	消息	王 成	王 儒	2005 年 9 月 10 日	宁夏新闻奖三等奖

注:均为宁夏广播电视厅、宁夏广播电视学会颁发的荣誉证。

彭阳县广播站宁夏广播电视政府奖好新闻评选获奖作品一览表

表 4-3

年度	作　者	作品题目	体裁	编辑	责任编辑	获奖等次
1986	拜英杰　傅映玫	组合节目	—	拓兆龙	杨世堂	第三届全区（市）县广播台(站)优秀广播节目二等奖
1986	杨世堂　拓兆龙	致富不能轻视小宗副业	评论	拓兆龙	杨世堂	第三届全区（市）县广播台(站)优秀广播节目二等奖
1987	张天星	要看家底儿花钱	评论	张天星	杨世堂	第四届全区（市）县广播台(站)优秀广播节目二等奖
1987	张天星	光棍委员会解体了	消息	张天星	杨世堂	第四届全区（市）县广播台(站)优秀广播节目三等奖
1988	张天星	要重视女娃娃的入学问题	评论	张天星	杨世堂	第五届全区（市）县广播台(站)优秀广播节目三等奖
1989	张天星	要切实加强村队组织建设	评论	张天星	雅进乾	第六届全区（市）县广播台(站)优秀广播节目二等奖
1990	张天星	石窑沟队群众救人扑火	消息	张天星	雅进乾	第七届全区（市）县广播台(站)优秀广播节目三等奖
1993	王　成	草庙乡百名返乡农民轮换工率先投入市场经济大潮	消息	王　成	王克明	第十届全区（市）县广播台(站)优秀广播节目三等奖
1993	高　瑛	十年不间断果树栽满山	消息	王　成	贺　诚	第十届全区（市）县广播台(站)优秀广播节目三等奖
1994	王　成	要正确认识干部学做经济工作	评论	王　成	贺　诚	第十一届全区(市)县广播台(站)优秀广播节目二等奖
1994	贺　诚	抓好党建促经济	消息	王　成	贺　诚	第十一届全区(市)县广播台(站)优秀广播节目三等奖
1994	王克明　张步珍 王　成	科技致富领头雁	通讯	王　成	王克明	第十一届全区(市)县广播台(站)优秀广播节目三等奖
1994	贺　诚　祁　强 张库存　扈志明	人民的好税官王振举	通讯	王　成	贺　诚	第十二届全区(市)县广播台(站)优秀广播节目一等奖
1995	王志安　王　成	马书记修路	消息	王　成	贺　诚	第十二届全区(市)县广播台(站)优秀广播节目三等奖
1995	王　成	向孔繁森学习努力实现人生价值	评论	祁　强	贺　诚	第十二届全区(市)县广播台(站)优秀广播节目三等奖
1995	高　瑛	养鸡状员王风梅	消息	王　成	贺　诚	第十届全区（市）县广播台(站)优秀广播节目三等奖

续表 4–3

年度	作　者	作品题目	体裁	编辑	责任编辑	获奖等次
1996	扈志明　王志安	辛苦了,光明的使者	通讯	王　成	贺　诚	第十三届全区(市)县广播台(站)优秀广播节目二等奖
1996	张库存　王　伟	杨坪村集资修校造福子孙	消息	王　成	贺　诚	第十三届全区(市)县广播台(站)优秀广播节目三等奖
1997	海生珍　扈志明	王振举回“韩堡”	消息	王　成	文　元	1997年度优秀新闻节目三等奖
1998	袁继祖　高　瑛　张步珍	林海铁骨	通讯	王　成	文　元	1997年度优秀新闻节目二等奖
1998	扈志明	农村天地	—	扈志明	文　元	1998年度优秀新闻节目二等奖
1999	王　成	采访岁爸	通讯	张步珍	文　元	1999 宁夏广播电视政府奖广播社教类三等奖
2000	王克明　海生珍　扈志明	新湾长歌颂治有	专题	文　元　张步珍	王克明	2000 年宁夏广播电视政府奖广播新闻专题三等奖
2000	杨世林　扈广厚　王志成　张步珍	开发地方优势资源建设特色食品工地	评论	张步珍	文　元	2000 年度宁夏广播电视政府奖广播新闻类对农村节目三等奖
2000	扈志明	农村天地		扈志明	王　儒	2000 年度宁夏广播电视政府奖广播新闻类评论三等奖
2000	高　瑛	大山深处文明歌	通讯	张步珍	王　儒	2001 年度宁夏广播电视政府奖广播新闻类三等奖
2001	王　儒　王　伟　张步珍	大家富了才算富	专题	张步珍	文　元	2002 年度宁夏广播电视政府奖广播新闻专题类三等奖
2002	王　儒　张步珍	一个农民与“订单农业”	消息	张步珍	王　儒	2000 年度宁夏广播电视政府奖广播新闻类长消息一等奖
2002	张库存　张步珍	彭阳县着力做大做强菌草产业	消息	张步珍	王　儒	2000 年度宁夏广播电视政府奖广播新闻类短消息三等奖
2003	扈志明	彭阳杏苗远嫁他乡	消息	张步珍	王　儒	2000 年度宁夏广播电视政府奖广播新闻类长消息二等奖
2003	张库存　王　儒	一面未送出的锦旗	专题	张步珍	王　儒	2000 年度宁夏广播电视政府奖广播新闻类专题三等奖

注:均为宁夏广播电影电视局、宁夏广播电视学会颁发荣誉证。

彭阳县广播站其他行业好新闻奖评选获奖作品一览表

表 4-4

作　者	作品名称	获奖名称	授奖单位	获奖时间
扈志明　王志安	辛苦了，光明的使者	立大志　树正气　鼓实劲促发展优秀新闻作品	自治区党委宣传部	1997年1月
贺　诚　祁　强 张库存　扈志明	人民的好税官王振举	宁夏税收好新闻二等奖	国家税务总局宁夏回族自治区税务局 宁夏新闻工作者协会	1997年8月
傅映玫	泪水浸出好新闻	宁夏税收好新闻三等奖	国家税务总局宁夏回族自治区税务局 宁夏新闻工作者协会	1997年8月
海生珍　扈志明	王振举回“韩堡”	宁夏税收好新闻三等奖	国家税务总局宁夏回族自治区税务局 宁夏新闻工作者协会	1997年8月
海生珍　扈志明	《他那一片天》播出后	宁夏税收好新闻三等奖	国家税务总局宁夏回族自治区税务局 宁夏新闻工作者协会	1997年8月
扈志明	市场消费你我他	“美洁杯”好新闻优秀栏目	宁夏消费者协会 宁夏新闻工人者协会	1999年6月
傅映玫	我县加大执法力度，扶做治劣，净化市场	“美洁杯”好新闻三等奖	宁夏消费者协会 宁夏新闻工人者协会	1999年6月
扈志明	市场消费你我他	“西夏酒杯”好新闻优秀栏目	宁夏消费者协会 宁夏新闻工人者协会	2001年6月

彭阳县广播站宁夏新闻奖评选获奖作品一览表

表 4-5

年度	播音员	作品题目	编　辑	责任编辑	获奖等次
1986	拜英杰	农家之友	杨　志	杨世堂	三等奖
1987	拜英杰	青少年园地	拓兆农	杨世堂	三等奖
1988	拜英杰	彭阳新闻	张天星	杨世堂	二等奖
1989	拜英杰	评论	张天星	雅进乾	三等奖
1990	拜英杰	彭阳新闻	张天星	王克明	三等奖
1991	拜英杰	彭阳新闻	张天星	王克明	三等奖
1992	傅映玫	对农村广播	张天星	王克吸	第三次全区（市）县台（站）优秀广播电视播音作品鼓励奖
1992	傅映玫	彭阳新闻	马旭东	张天星	第四次全区（市）县台（站）优秀广播电视播音作品鼓励奖

续表 4-5

年度	播音员	作品题目	编　辑	责任编辑	获奖等次
1993	傅映玫	浅谈节目主持人（播音评论）	—	—	“梦源杯”第五次全区(市)县台(站)优秀广播电视播音论文三等奖
1995	扈志明	彭阳新闻	王　成	贺　诚	第六次全区(市)县台(站)优秀广播电视播音作品优秀奖
1996	扈志明	彭阳新闻	王　成	贺　诚	全区第七届播音作品鼓励奖
1996	傅映玫	如何提升对农村广播节目的编播(播音评论)	—	—	全区第七届播音论文优秀奖
1997	扈志明	阅读与欣赏	扈志明	文　元	全区第八届播音作品三等奖
1997	扈志明	主持人播讲稿编写刍议（播音论文）	—	—	全区第八届播音论文三等奖
1998	扈志明	周末综合文艺	扈志明	文　元	全区第九届播音作品三等奖
1998	扈志明	综艺长廊	扈志明	贺　诚	全区播音、主持人作品三等奖
1998	扈志明	浅谈播音准备工作（播音论文）	—	文　元	1998 年度第九届播音论文作品优秀奖
1998	褚彩虹	综艺长廊	褚彩虹	贺　诚	全区 1998 年度播音、主持人作品评选三等奖
1999	褚彩虹	听众之友	褚彩虹	贺　诚	1999 年度宁夏广播电视政府奖广播主持类三等奖
1999	扈志明	彭阳新闻	张步珍	王　儒	1999 年度宁夏广播电视政府奖广播主持类二等奖
2000	扈志明	农村天地	扈志明	文　元	2000 年度宁夏广播电视政府奖广播主持类三等奖
2002	褚彩虹	周末集萃	褚彩虹	王　儒	2002 年度宁夏广播电视政府奖广播主持类二等奖
2003	扈志明	彭阳风雨二十年	张步珍	王　儒	2003 年度宁夏广播电视政府奖广播主持类二等奖

三、通讯员

县广播站成立后，没有专职记者，主要靠通讯员和特约农民通讯员来稿。1984 年 5 月 8—10 日，县委宣传部和县广播站联合召开县直部门分管宣传领导、各乡宣传干事、广播放大站负责人、骨干通讯员等 60 多人参加的宣传广播通讯工作会议，讨论研究全县宣传广播通讯工作，固原地委宣传部、彭阳县工委、政府领导参加会议并讲话，会议表彰奖励优秀通讯员，聘请宁夏日报社、宁夏人民广播电台和固原报社的专业人员对与会人员进行业务培训。5 月 13 日，彭阳县工委批转《彭阳县宣传广播通讯工作会议纪要》

(彭党发〔1984〕21号),纪要提出"成立三级通讯网,县成立中心通讯组,县直各部门、各乡成立通讯组,各村要有通讯员,中心通讯组每月写3~5份稿件,每个通讯组每月写2~3份稿件,通讯员每月至少送1份新闻稿件"要求。同时成立以县广播站站长杨世堂为组长、县委宣传部副部长高正文为副组长、县直各部门负责人20人为成员的彭阳县中心通讯组。各通讯组主要是向县广播站和区内外各新闻媒体投送稿件。

1984—1993年,县委宣传部、县广播(站)电视局和县武装部政工科每年都要联合召开全县宣传广播通讯工作会议,表彰奖励优秀通讯员,并请宁夏日报社、宁夏人民广播电台和固原报社的专业人员培训骨干通讯员和县广播站记者。县委宣传部、县广播站定期向通讯员印发宣传报道要点,指导通讯员写稿。县广播站加强通联工作,及时与通讯员沟通,回信通报通讯报道情况和发放稿费,对县广播站投稿者一律免费邮寄,县广播站与县邮电局统一结算,邮资总付。1985年4月23日,县广播站制定《关于新闻报道有关规定》,印发给各通讯组和骨干通讯员。1987年印发《通讯员报道应注意的几个问题》。

1984年,县广播站共播出新闻稿534条,基本是通讯员来稿。1985年播出新闻稿798件,县广播站记者写稿136件,通讯员来稿662件,占82.96%。县广播站在罗洼、王洼、红河、彭阳选聘4名热心通讯报道的高中生农民为骨干通讯员,给他们定任务、定采写范围、定报酬,他们4人全年共采写稿件552件,被采用278件,占县站全年采用稿32.4%。1986年全年播出新闻稿件1247件,县广播站记者写稿78件,通讯员来稿1169件,占93.7%。

1985年1月10日,县广播站聘请城阳乡杨天社、沟口乡张万海、彭阳乡王成、王洼乡景生俊为特约通讯员,每月完成稿件7篇,付报酬48元。1988年6月20日,聘陈明章(罗洼)陈秉钧(石岔)、何克智(崾岘)为特约通讯员。先后涌现出孙伯效、苏生文、张文才、孙伯仁、周亮、徐洁、韩三红、李向荣、刘世雄、高权、马成运、杨治安、高飞亮、王生龙、姚如应、祁文慧等一大批骨干通讯员,他们积极为县广播站投稿。王洼镇农民张文才始终坚持为县广播站写稿20年。

1984年起,县广播站每年对各乡镇和县直各部门来稿及采用情况予以通报,规定各乡广播放大站每月必须向县站投2篇以上采用稿。1991年后,县广播电视局每年向各乡镇都要下达向广播站投稿任务,作为年终精神文明建设考核的内容之一。县法院、县工商局规定每名职工每年必须向县广播站投2篇以上采用稿,作为年终考核内容之一。各乡镇、县林业局、县信用联社等部门还规定各乡镇农民、单位干部职工向县广播站投采用稿者,年终都给一定的报酬。

彭阳县广播站积极向区内各大媒体投送稿件，宣传彭阳。1987年记者王成被宁夏日报和宁夏人民广播电台评为优秀通讯员，1989年记者张库存被宁夏人民广播电台和固原报评为优秀通讯员，并被固原报聘为特约通讯员。

1991年的《我地区农业机械化迈出新步伐》被《固原日报》刊载，当年被固原报社评为好作品，获三等奖。《春沟奏出绿色的歌》《农民创业家——马应萍》《发“羊财”的海殿金》《砖瓦铺出小康路》被1993年7月23日宁夏人民出版社出版的《固原地区小康人物传》一书收编。《胡廷龙种烟种出好日子》《科技致富领头雁》《杨泽玉植烟园小康梦》被宁夏人民出版社1994年9月1日出版的固原地区《科技致富300例》一书收编。

1994年，县广播电视局规定广播站记者每人每月向《宁夏日报》、《固原日报》、宁夏人民广播电台等新闻媒体投采用稿2篇以上，1996年又规定记者全年向上述新闻媒体投稿10篇以上者奖30元。每超一篇奖6元，全年投采用稿不足6篇者罚款10元。

通讯《杨树坡作证》1991年在宁夏《共产党人》杂志刊载，1995年9月获新华社《农村大世界》杂志社、中华全国农民报协会、中国广播电视学会农村宣传研究会、中国农村信息社联合举办的全国首届“中华大地之光”征文活动三等奖，并被《中华大地之光》一书收编。

1995年9月，《大山深处管水人》在宁夏人民广播电台播出，获宁夏水利厅和宁夏人民广播电台举办的全区水利征文二等奖。《2000万元贴息贷款到彭阳，近千只优良种畜进千家》在《固原日报》刊载，11月23日在《固原日报》举办的“金融与经济”有奖征文活动中获二等奖。

1997年，《他那一片天》在宁夏人民广播电台播出，11月25日在宁夏人民广播电台和国家税务总局宁夏回族自治区税务局举办的“全区学习王振举”征文活动中获一等奖。

2000年，县广播站记者采写《走近示范户》系列报道被《固原日报》以乡村走笔和乡村人物予以刊载。《投资千万元大工程“冷场”开工》于2005年12月21日被《宁夏日报》头版报眼刊载，《宁夏日报》评论员姜美发表《值得称道的“冷场”》的评论被新华网宁夏频道今日宁夏、人民网宁夏视窗、中国农村综合经济信息网宁夏站、河南省价格信息网——实时新闻、石嘴山市新闻网等区内外多家媒体网站转载。

1984—2005年，县广播站有17件作品入选“全区学习王振举征文”“全区水利征文”，并获得宁夏人民广播电台、《固原日报》等部门单位好新闻奖和中国西部大开发的脊梁全国大型报告文学征文奖。有16人次先后被《宁夏日报》评为优秀通讯员，其中2人次获“十佳通讯员”称号，有26人次先后被宁夏人民广播电台评为优秀通讯员，5人次被《固原日报》评为优秀通讯员。

彭阳县广播站对外宣传获奖作品表

表 4-6

作者	作品名称	刊播媒体	获奖名称	授奖单位	获奖时间
王成	我地区农业机械化迈出新步伐	《固原日报》	固原日报 1991 年好作品三等奖	固原日报社	1992 年 1 月
王成	大山深处管水人	宁夏人民广播电台	全区水利征文二等奖	宁夏人民广播电台 宁夏水利厅	1995 年 9 月
王成	杨树坡作证	—	全国首届“中华大地之光”征文三等奖	新华社《农村大世界》杂志社、中国广播电视学会、中国农村信息社	1995 年 9 月
张库存	2000 万元贴息贷款到彭阳，近千只优良种畜到千家	《固原日报》	“金融与经济”有奖征文二等奖	固原日报社	1995 年 11 月 23 日
孟世辉 周俊和 贺诚 祁强 张库存 扈志明	好税官—王振举	宁夏人民广播电台	宁夏税收好新闻一等奖	宁夏国家税务局 宁夏新闻工作者学会	1997 年 8 月
海生珍 扈志明	《他那一片天》播出后	宁夏人民广播电台	全区学习王振举征文一等奖	国家税务总局宁夏回族自治区税务局 宁夏人民广播电台	1997 年 11 月 25 日
傅映玫	立足岗位做贡献	宁夏人民广播电台	全区学习王振举征文二等奖	国家税务总局宁夏回族自治区税务局 宁夏人民广播电台	1997 年 11 月 25 日
海生珍	抗旱节水夺丰收	宁夏人民广播电台	全区水利征文二等奖	宁夏人民广播电台 宁夏水利厅	1999 年 4 月 5 日
海生珍	苏文莉—心中有盏不灭的灯	《固原日报》	身边的典型征文三等奖	固原地委宣传部 固原地区国税局	1999 年
王成	牢牢把握正确舆论导向	《固原日报》	“中国新时期人文科学优秀成果”征文二等奖	中国管理学院人文科学研究所	2001 年 12 月 5 日
高瑛	小额贷款惠农家	《固原日报》	“信合杯”好新闻三等奖	固原日报社	2003 年 6 月
傅映玫	春蕾童马慧	—	女童项目——社会性别意识与媒体报道儿童权益奖	中国社会科学院新闻与大众传播研究所媒介传播与青少年发展研究中心	2005 年 4 月
王成	做人民的法官司	《固原日报》	中国西部大开发的脊梁，全国大型报告文学征文特等奖	宁夏文学艺术基金会 银川英杰文学艺术中心	2005 年 6 月 4 日
王成	杨树坡作证	《共产党人》杂志	中国西部大开发的脊梁，全国大型报告文学征文特等奖	宁夏文学艺术基金会 银川英杰文学艺术中心	2005 年 6 月 4 日
王成	绿色情缘	《固原日报》	中国西部大开发的脊梁，全国大型报告文学征文特等奖	宁夏文学艺术基金会 银川英杰文学艺术中心	2005 年 6 月 4 日
王成	长城情长	《固原日报》	中国西部大开发的脊梁，全国大型报告文学征文特等奖	宁夏文学艺术基金会 银川英杰文学艺术中心	2005 年 6 月 4 日

四、无线广播（电台）

中波广播　1970年，宁夏广播事业局开工在彭阳城灯盏山东麓半山腰（北纬35°50′、东经106°38′，海拔1473米）修建战备台，依山用大理石块砌成石砌窑洞3孔，面积700平方米，用黄土夯顶，抗震隐蔽，作为机房和战备隐蔽之用，防止炮火袭击，1973年11月建成，总占地面积5000平方米，山顶安装三角形拉线发射塔高76米，设备安装调试成功。安装有7.5千瓦广播发射机，发射频率为891千赫，时有职工4人，主要负责看护和维护工作，1976年7月1日试转宁夏人民广播电台节目，时转时停，主要是维护保养设备正常运行。1986年10月1日正式转播宁夏人民广播电台节目，隶属自治区广播电视厅，名称为宁夏广播电视厅彭阳转播台。2000年6月更名为宁夏广播电影电视局彭阳转播台，具有独立法人资格，属二级财务管理单位。2003年自治区广播电影电视局借“西新工程”项目，更换发射机为陕西咸阳762厂（陕西广播器材厂）生产的“金如意”牌10千瓦广播发射机，发射频率仍为891千赫，转播宁夏人民广播电台第一套节目。覆盖范围为彭阳县和固原市、甘肃省平凉、庆阳地区与彭阳相毗邻的周边市、县、区。2004年12月改由宁夏广电总台管理，更名为宁夏广电总台传输发射中心彭阳转播台，取消独立法人资格，撤销二级财务管理，实行报账制。2015年12月更名为宁夏广播电视台传输发射中心彭阳转播台，转播宁夏新闻广播891千赫、中国之声639千赫、宁夏交通音乐广播98.4兆赫。

调频广播　1994年7月18日，由国家广播电影电视部投资10万元、自治区广播电视厅投资9万元建设的彭阳100瓦调频广播电台正式开通。发射功率为100瓦、频率分别为102.8兆赫和103.8兆赫，发射中央人民广播电台、宁夏人民广播电台和彭阳县人民广播电台。可覆盖彭阳、红河、城阳、古城、沟口、新集、川口、崾岘、孟塬、草庙、王洼和白阳镇12个乡镇，96个行政村。10月5日，局务会议决定在转播台建100瓦调频

1995年5月建成的调频广播电台的调频广播室一角

虎斌勤/摄

广播电台，计划投资22万元，区广播厅投资19万元，县投资3万元。县人民政府副县长赵满礼参加会议。1995年5月，广播电影电视部、区广播电视厅和县财政共同投资23.6万元，分别在县城建成调频广播电台，在县电视转播台处建成功率100瓦的调频广播发射台。12月19日，县人民政府办〔1995〕53号文件批准成立彭阳县调频广播电台，呼号为彭阳人民广播电台。2017年10月10日宁夏回族自治区新闻出版广电局《关于调整固原市调频频率的协调函》（宁新广技〔2017〕32号）撤销彭阳县自办广播节目频率103.8兆赫。

五、有线广播

1983年，全县仅有水泥杆乡到村的主杆线路45.8杆千米，村到队木杆支线路63.8杆千米，有26个村、107个生产队、2554户农户通广播，入户喇叭3380只，村、队、户通广播率分别为16.8%、7%和8.3%。

1984年，县广播站成立后，把发展和恢复农村有线广播作为首要任务，这一时期是全县有线广播大发展时期，以红河、草庙、王洼三乡为重点，新建主杆线路165.7杆千米，支杆线路41杆千米，32个行政村、105个生产队、1175户农户通广播，入户喇叭1940只。同时做好218.8千米主杆线路水泥杆工作，未挂线。1985年又新建水泥杆主杆线路462.6杆千米，增加73个村、161个生产队、1290户农户通广播，新增入户喇叭1277只，听众达32000多人。1986年以发展入户喇叭为重点，当年新发展广播水泥杆主杆线路113.2杆千米，木杆支线路396.3杆千米，新发展入户喇叭8360只，占下达任务的98.4%，新增16个行政村、208个生产队、7456户农户通广播。年底，全县有水泥杆线路787.3杆千米，木杆线路487.7杆千米，有147个行政村、531个生产队、12625户农户通广播，通广播率分别为91.9%、55.1%和41.9%。听众75750余人。当年重点发展刘塬和崾岘2个乡的乡至村主杆线路，使2个乡12个行政村45个生产队571户农户通广播，入户喇叭644只。

1987年后，全县有线广播发展进入整顿提高和发展阶段。4月3日，县广播站成立由马玉龙、杨立林、雅进财3人组成的事业建设组，马玉龙任组长，主要负责勘测、预算并协助乡站施工新增广播线路和原有广播线路维护及检修、抽查已入户喇叭音响。4月11日，县广播站根据（〔1987〕9号）文件《关于整顿广播线路的通知》，规定广播杆距川区最大不超过67米，山区最大不超过60米，若超过者中间必须加杆，直线线路每10根杆必须加一个人字拉线，乡至村广播馈线最低导线距地3.5米，跨越公路时，最低距地面导线 5.5 米，村至队、农户最低导线距地面 3 米，穿越大车路时最低导线距地面 4 米，若达不到要求，必须在水泥杆上绑接 1~2 米木杆。按此要求，当年整网 305 杆千米，新增水泥杆 60 杆千米、木杆 120 杆千米，有 80 个生产队、4000 户农民通广播，新增入户喇叭 4120 只。

1985—1987 年，县广播站连续 3 年被自治区广电厅评为发展农村有线广播先进集体。

1988 年，整网 247.5 杆千米，新发展水泥杆线路 34.2 杆千米，入户 308 户。同时为解决乡到村主杆线路过长(超过 15千米)，送端电压 60 伏，接收末端电压低，广播喇叭声音小，听不清的问题，在古城、新集两乡进行广播线路高压输送匹配试点，提高边远村队广播喇叭音响度。

1989 年，县广播站坚持在巩固中求发展的指导思想，积极做好农村广播线路的维护和发展，抢修恢复年初雾凇毁坏广播线路，恢复线路 30 条，35杆千米，占损坏线路 60%。整网 170 杆千米，以嵝岘乡为重点，发展水泥杆线路 16.2 杆千米，木杆线路 10.7 杆千米，新增 7 个队、145 户农户通广播，嵝岘乡村队通广播率达到 100%，农户通广播率达到 81.4%。

1990 年后，坚持以恢复巩固为主，坚持在巩固中求发展的指导思想，当年整顿新集乡站到上蔡村广播线路 17.6 杆千米。新发展广播线路 18.1 杆千米，新增红河、古城、石岔 3 个乡 7 个生产队 377 户农户通广播。

1991 年，对发展有线广播积极性高的乡、村、队，采取以国家投资为主，乡、村、队适当集资，群众筹集木杆和广播喇叭款的办法，恢复广播线路 35 杆千米，重点在刘塬、红河、川口三乡新发展广播线路 49 杆千米、新增 17 个队、503 户通广播。刘塬乡集资 1000 元，架通全乡未通广播的 4 个生产队、105 户通广播线路，红河乡文沟村集资 1000 元，架通全村 7 个生产队、156 户广播线路，川口乡集资 500 元，架通 6 个生产队、242 户广播线路，10 月在川口丁岗堡村南山队架设广播线路时，当时广播线还未入户，该队青年农民余志林带上广播喇叭，背上铺盖卷到广播杆下接上广播喇叭，过夜收听县广播站广播节目，一连十多个夜晚，直到家里通上了广播。

1988 年 12 月下旬到 1989 年 1 月上旬，连续十多天降温降雪，出现严重雾凇，广播线上结冰直径达 13~15 厘米，全县毁坏水泥杆 388 根，断线 851 档，乡至村主杆线路 51.6 杆千米。中断 402 条，丢失广播线 402 档、1200 千克，有 66 个行政村、231 个生产队、4560 户农户广播中断，灾后由于没有维修材料，修复不及时，又丢失广播线 700 多档。1989—1991年共整网275杆千米，恢复入户喇叭4382只，先后新发展广播线路94杆千米，增加32个生产队，农户1025户。1991年3月广播线路遭到雾凇损毁，加上1991年乡镇广播放大站1986年后招聘的原有农民临时工一律辞退、新安排上岗的人员业务不熟，广播线路未得到及时修复，此外广播线路与农电线路交叉相碰，发生人畜触电伤亡事件，农户自行拆除广播线路，先后有357杆千米广播线路被盗窃，破坏水泥杆474根，167根水泥杆被农户挪用架设供电线，虽经多次修复，屡遭破坏，至1992年6月底仍有254杆千米广播线路未恢复，有43个村232个生产队6299户农户广播中断。1992年下半年，重点对破坏的广播线路进行修复，但洪水又损坏一部分线路。同年，在红河乡夏塬、何塬两村新发展广播线路3杆千米，5个生产队178户农户通广播。至1992年底，全县有118个行政村488个队14924户农户通广播，通广播率分别为73.3%、56.3%和37.7%。

1992年7月初，县人大常委会副主任带队，深入各乡镇对全县广播电视工作，特别是对农村有线广播现状进行认真调查研究，在7月13日召开的县人大常委会会上，审议全县广播电视工作，听取县广播电视局局长王克明《关于全县广播电视工作汇报》，会议提出加强广播电视工作的意见和建议。

1993年2月18—20日，全县连续三天雨夹雪，又一次出现严重雾凇，广播线上结冰10厘米以上，用长杆一敲就断，全县广播线路遭到严重损坏，全县有68个行政村279个生产队7201户农户广播中断，孟塬、交岔、小岔3个乡广播站节目信号中断，有12个乡镇因供电线路中断而停播。乡至村主杆广播线路中断54.5杆千米，损坏水泥杆415根，山塬区串庄串户木杆线路全部损坏，共损失广播线路铁丝6.5吨，经济损失5.65万元。灾后，县广播电视局立即向县人民政府和自治区广播电视厅报告受灾情况，同时派线务员到各乡镇了解灾情，组织乡广播放大站人员、村队干部群众抢修线路，回收损坏杆线，对可利用的水泥杆绑接木杆，修复中断广播。区广电厅接到报告后，即派广播电视网管理处处长刘镇岳和工程师郭淑玲考察灾情，先后深入草庙、孟塬、冯庄等乡察看，刘镇岳在冯庄乡看到该乡广播放大站利用折断水泥杆绑接木杆，架通乡站与茨湾、上湾、崖湾、小园子主杆广播线路时说："你们的精神值得我们学习。"

灾后抢修了部分广播线路，恢复了乡广播放大站供电线路，接通了中断信号的乡镇广播节目信号，但此后，全县农村有线广播只有乡广播放大站的喇叭响声，乡至村、队、户广播喇叭大部分中断。

1996年3月18日，县广播电视局、财政局（彭广电发〔1996〕6号）文件，决定对农村有线广播水泥杆作价处理。2002年6月，县城兴彭大道拓宽，供电、邮电、广电线路实行地下埋设，县城兴彭路街道广播线和音柱全部被拆除，从此结束了彭阳有线广播的历史。

六、广播放大站

1983年11月，随着人民公社改建为乡人民政府后，各公社广播放大站一律改称为乡广播放大站，仍隶属固原县广播站。1984年1月，彭阳县广播站成立之后，隶属固原县广播站，同时受所在地乡党委、乡政府领导，实行条块相结合，以条管理为主的管理体制，人员工资、业务经费、事业发展规划统一由固原县广播站负责。

1984年8月，在石岔乡街道修建砖木平房6间100平方米，建成石岔乡广播放大站。

1985年初，彭阳乡广播放大站搬迁新址，与县广播站分设。1984年5月24日，由草庙乡析置刘塬乡，由彭阳、城阳、草庙析置嵕岘乡。1985年在嵕岘街道修建砖木结构平房6间100平方米，在刘塬乡政府院内修建砖木平房3间50平方米，建立嵕岘乡和刘塬乡广播放大站。各广播放大站均配备2×275瓦扩大机、前级增音机、“牡丹”牌收音机、601录音机等。在乡政府所在地街道架设专线，安装2个25瓦高音大喇叭，收转县广播站广播节目。

1985年底，全县共建立17个乡广播放大站，1984年12月18日设立的白阳镇和王洼镇未建广播放大站，王洼镇未通有线广播，白阳镇姚河村农村有线广播由彭阳乡广播放大站维护管理。1988年9月，在中宁县大战场彭阳县移民吊庄设立马家梁乡，未建广播放大站。

1989年5月12日，县委常委会议决定（彭党办通字〔1989〕2号）乡镇广播放大站人员全部下放到乡镇，由乡镇党委、乡政府领导，业务受县广播站指导。7月底，县广播站移交，共移交固定资产914184.85元，其中机房设备184768.85元，广播线路729416元。

1991年4月，完成在新集乡大伙村社教活动中，由县委宣传部协调投资其他设备，县广播电视局修配退役扩大机，建立新集乡大伙村广播室，这是全县第一个村级广播室。

1992年8月，县委宣传部在嵕岘乡中庄村包扶时，与县广播电视局共同配合建立嵕岘乡中庄村广播电视室。

1992年7月，县广播电视局利用退役设备在王洼乡梁壕村扶贫点建立该村广播室。

1997 年5 月 20 日，古城乡撤乡设镇，乡广播放大站改为镇广播放大站。

1994 年后，随着县邮电局各条新电信线路建成，电信线路不再附挂广播信号，原有的电信线路有的被拆除，有的无人维护中断，大部分乡镇广播放大站接收不到县广播站广播节目信号，只好收转宁夏人民广播电台节目，之后便逐步停转。

1998 年，翻修城阳、孟塬、崾岘、沟口 4 个乡的广播放大站房屋 16 间 320 平方米，县广播站开始用调频广播发射机为各乡广播放大站输送信号。2000 年后乡镇放大站一律改为广播电视站。

2002 年 8 月，乡镇机构改革，撤销乡镇文化站、广播电视站、电影放映队，组建文化服务中心。负责文化、广播、电视、电影管理和服务，全县共有 19 个乡镇文化服务中心。

2003 年 11 月，随着乡镇合并，全县有新集乡（新集、沟口合并）、古城镇（古城、川口合并）、红河乡、城阳乡、孟塬乡、小岔乡、冯庄乡、罗洼乡、交岔乡、王洼镇（王洼镇、王洼乡、石岔乡合并）、草庙乡（草庙、刘塬合并）、白阳镇（白阳镇、彭阳乡、崾岘乡合并）12 个乡镇文化服务中心，但白阳镇未设广播电视转播站。

七、应急广播体系

2016 年，“百县万村”项目给 12 个村点安装广播器材设备。

2017 年，86 个示范村点安装广播器材设备并通过自治区验收。

2020 年，在自治区广播电视局的支持下，给 18 个行政村配置安装应急广播终端。

2021 年，县政府投资给剩余的 40 个行政村和 6 个社区购买应急广播终端系统，时值严冬，寻找安装队困难，广电中心主任虎斌勤带上工作人员杨立抗严寒冒风雪按时完成安装调试任务。从此，彭阳县 156 个行政村 6 个社区实现应急广播终端全覆盖。

2022 年，自治区广电局决定 2023 年为彭阳县建设应急广播体系项目，中央补助资金 450 万元。

第二节　电　视

一、无线电视

1983 年7 月，在白阳镇姚河山建成彭阳县电视差转台，隶属县委宣传部。转播CCTV-1 节目和宁夏电视台节目。1985 年 4 月 13 日，县工委决定将县电视差转台隶属县广播站(之前隶属县委宣传部)，其人员调配、差转业务、机器设备维护、财务等由县广播站管理。

1986 年 10 月 7 日，县土地科在彭阳乡罗堡村小河口队(杜家沟梁)征地 2306 平方米，弃耕地 933平方米，作为建微波站用地，开始建设微波转播站。1987 年 1 月 1 日，卫星地面站建成，县电视差转台迁至杜家沟梁，扩建为地面微波转播台。新建电视发射塔高 48 米，正式开播，昼夜接收转播CCTV-1、CCTV-2 节目和宁夏电视台节目。1 月 6 日，县微波台、差转台、卫星地面接收站合并为“彭阳县电视转播台”，同时，任命张有禄为县电视转播台负责人，拓兆农为县广播站副站长。12 月 4 日，县财政科〔1987〕198 号文件将原电视差转台地方(包括房屋、地皮、电话、变压器等)全部无偿调拨给县农牧科，作为防雹办公室。

1991 年，建成红河乡电视转播台，使 10 个村群众可收到CCTV-1、CCTV-2 两套电视节目。

1999 年 6 月 9 日，政府县长王玉明带领有关部门负责人检查县广电局、转播台办公设施状况和彭阳县村村通广播电视工程实施情况。给转播台配备生活车 1 辆。

2014 年 11 月，有城阳、古城、新集、红河、王洼、长城 6 个地面数字电视(DS-46)转播站，转播宁夏公共、固原公共、彭阳电视台。

2016 年，实施中央广播电视节目无线数字化覆盖工程，有 DS-25、DS-36 转播中央12 套电视节目。

2018 年，建成城阳、古城、新集、红河等 4 座 30 米广播电视发射铁塔。

2018 年，对城阳、古城、新集、红河、王洼、长城等 6 个转播台进行基础设施改造，硬化道路和院落，新建围墙等，2019 年完成，总投资 160 万元。

2019 年 5 月扩建完成的红河转播台 虎斌勤/摄

2019 年，建成县广播电视转播台 87 米广电发射铁塔。

2019 年，在原有台站基础上，把覆盖范围广的北山台、王洼台、长城台、陈沟台、红河台、新集台、古城台等 7 个台站建成中央广播电视节目无线数字化覆盖和地面数字电视发射台且正常运行。至此，彭阳县中南部基本都有中央、区、市、县级地面数字电视信号覆盖。

2019 年 5 月，完成红河、城阳、新集、古城发射台 4 座 30 米铁塔建设。该项目由中国轻工业西安设计工程有限公司设计规划、河北艾菲德塔业有限公司建设。12 月建成北山转播台 85 米铁塔并更新发射天馈设备。

2020 年 11 月，为北山台、王洼台、长城台、陈沟台、红河台、新集台、古城台等 7 个发射台铺设光缆系统，实现卫星和光缆双信源，从信源传输方面加强安全保障。对新建的城阳台、红河台、新集台、古城台 4 座发射铁塔更新发射天馈设备，提高信号发射质量。完成地面模拟电视的关停和 700 兆赫频率迁移台站信息、技术系统核查工作，为下一步开展地面数字电视 700 兆赫频率迁移工作奠定基础。

2022 年顺利完成广播电视 700 兆频率迁移任务，更新改造 16 部发射机及天馈系统。9 月，在北山转播台原平房上面新建 215 平方米结构播控技术用房，广电中心整体入驻办公。

二、有线电视

1988 年5 月 19 日，王洼煤矿建成开通有线电视，这是彭阳县境内首个有线电视系统。

1993 年 9 月 23 日，召开有线电视安装筹备会，决定保质保量、尽快安装开通县城有线电视。10 月 30 日，向县政府呈送《关于筹建彭阳县城有线电视台的报告》10 号文件。年底，县人民政府批准筹建彭阳县有线电视台。

1993 年 12 月 8 日，县广播电视局向县直各部门、单位、厂矿、学校、白阳镇发出《关于建设彭阳县有线电视若干事项的通知》，介绍有线电视的有关知识及建设县有线电视方案，倡导广大居民踊跃预交安装有线电视费用，为建设彭阳县有线电视台筹集资金。

1993年12月9日，购置成都电视设备厂(630厂)的300兆赫12路邻频前端1套、干线放大器10台、用户分配放大器15台及用户盒、线等，四川物理研究所诺尔牌微机播控台及监视墙/14英寸长虹彩色电视监视机12台、3米板状卫星地面接收天线3面、东芝-C4接收机12台，索尼-800录像机2台；成都电缆厂75欧-12、75欧-9、75欧-7、75欧-5各种同轴电缆2万米以及其他材料共计价值31万元，由固原地区广播电视技术工程开发公司垫支16万元，县广播电视局向县农行、工行、建行等单位和用户集资5万元，其他10万元材料赊欠。1994年1月5日凌晨器材、设备运回。

1994年1月8日，县广播电视局召开有线电视安装动员大会，决定工程总指挥为县广播电视局局长王克明，技术总负责人为陈培亮(固原地区广播电视工程技术开发公司经理)、韩通，用户室内外安装、联通为固原地区广播电视技术工程开发公司3人，从县广播电视局抽调马玉龙、张学儒、张启龙、吴麟、虎斌勤、王俊文、张旭、杨廷龙、晁运铎、王克祥(罗洼广播放大站)分4组施工。会后从公园街县农行和工行家属楼开始，边培训、边施工，为多安装用户，全体施工人员发扬自力更生、艰苦奋斗精神，面对数九严寒，爬高杆、上楼顶在野外架设线路，安装分支分配器，确保更多居民在春节期间收看到有线电视节目，室内用户盒安装往往至次日凌晨1时许。架设75欧-7同轴电缆连接用户分配线3500米，到大年三十开通686户。

1994年，主杆线路租用县邮电局市话杆路，主杆线和支线均由县邮电局架设，县邮电局线务班长丁秀东带领线务班职工冒数九严寒接通县有线电视，在公园街新栽7级12米水泥园杆，延长线路400米，至1月底，架设75欧-12线3000米、75欧-9线3500米。县广播电视局职工韩通负责机房前端安装调试，并与固原地区广播电视技术工程开发公司技术人员安装干线放大器10台，分配放大器15台。

1994年2月5日，举行彭阳县有线电视开通典礼仪式，县委副书记马学智主持，县人民政府副县长赵满礼讲话，县委书记柳富、县长徐文彬、固原地区文化广播电视体育局局长马吉福等剪彩并按压有线电视开关，正式开通有线电视，县委常委、宣传部部长杨占川及县直部门单位负责人、县邮电局线务班和县广电局职工参加典礼仪式。固原地区广播电视总公司书记虎志儒、经理陈培亮前来祝贺。彭阳有线电视正式开通，播放12套电视节目。先期开通有线电视用户650户，年底，城区有线电视主支杆线路全部架通，用户有线网络基本形成，发展有线电视用户1218户，占县城居民的80%。

1995年12月11日，彭阳县邮电局（彭邮局〔1995〕91号）、彭阳县广播电视局（彭广电〔1995〕14号）联合发文，成立彭阳县乡镇有线电视网建设领导小组，负责县境有线电视网建设、资源开发利用。

1996年7月，建起王洼、新集、草庙、城阳四乡有线电视网。

1995年，有线电视网开始向白阳镇姚河、岭儿、刘沟、郑沟等生产队延伸，安装有线电视180户。随着县城居民的增加，有线电视网逐步向西门延长主杆线路1200米，向南门外延长主杆线800米，至2005年共有有线电视用户3600多户。

1998年1月16日，彭政办〔1998〕4号文件批准“彭阳调频广播电台”和“彭阳县有线电视台”合并为“彭阳县广播电视台”。

2002年，借县城兴彭路改造“三线下地”工程和全区广播电视联网的机遇，投资56万元对县城有线电视一期干线网络进行改造。改造后的城区主干光缆线路达到4.7千米，支干线10千米，电视节目由原来的19套增加到27套，并达到高清晰度。

2008年数字化平移，有线电视用户数为3900户，2011年宁夏广播电视网络公司成立，彭阳有线电视整体移交。

三、网络电视

宁夏广播电视网络有限公司彭阳分公司（以下简称彭阳分公司）于2008年12月成立，是宁夏广播电视网络有限公司下设分公司之一，有职工12名，是唯一从事有线广播电视网络的建设、传输、管理和运营的新型国有文化独资企业，并从事广播电视节目收转传送、广播电视增值业务和广播电视信息服务业务的新型基础电信运营商，隶属宁夏广电传媒集团，彭阳分公司自成立以来经历两次整合。

2011年，根据《自治区党委办公厅、人民政府办公厅关于转发〈自治区广电局关于加快全区广播电视有线网络整合工作的意见〉的通知》（宁党办〔2010〕41号）和《关于转发〈全县广播电视有线网络整合实施方案〉的通知》（彭党办〔2010〕98号）精神，2011年对彭阳分公司进行整合，并在2011年9月由彭阳县文化旅游广播电视局代表县人民政府和宁夏广播电视网络有限公司签订《彭阳县有线电视网络整合协议》。2011年整合后彭阳分公司所有员工的工资待遇全部由宁夏广播电视网络有限公司承担，与县财政脱离。

2020年，《全国有线电视网络整合发展实施方案》（中宣发〔2020〕4号）下发，旨在推动和组建中国广播电视网络公司，联合省级各有线电视网络公司、战略投资者共同组建中国广电网络股份有限公司，实现全国有线电视网络统一运营管理、国有资产的保值增值。自治区党委、政府办公厅印发《宁夏参与全国有线电视网络整合发展实施方案》(宁党厅字〔2020〕19号)，指定宁夏广电传媒集团有限公司为发起人，代表自治区政府持股参与全国有线电视整合，以持有宁夏广播电视网络有限公司51%的股权出资，参与发起设立股份公司，组建中国广电网络股份有限公司宁夏公司。并明确对全区各市、县(区)进入宁夏公司的资产，按照“明确产权，作价入股”“以债转股”的原则经审计评估后，归集入股宁夏公司，由市县区新闻传媒集团、融媒体中心代表地方政府持股，由宁夏公司以持股比例进行分红。自2020年全国有线电视网络整合以来，彭阳分公司由于土地、房屋资产的特殊性导致整合工作滞后，参与整合工作完成后，宁夏广播电视网络有限公司彭阳分公司更名为中国广电宁夏网络公司彭阳分公司。

宁夏广播电视网络有限公司彭阳分公司积极开展工作。2016—2019年，宁夏广电网络彭阳分公司重点实施彭阳县宽带乡村及中小城市基础网络完善工程，彭阳县宽带乡村及中小城市基础网络完善工程总体是以《新闻出版广播影视“十三五”科技发展规划》等相关文件为指导，因地制宜、科学合理地把宁夏广电网络建成区、市、县、乡、村五级贯通、城乡一体、安全稳定、实用高效的综合文化信息网络，可承载电子政务、政法、公安、教育、医疗、环保、林业等行业专网，既能提供广电业务服务，又能承载综合信息服务的全领域、全要素、全产业链的综合文化信息网络。实现城乡广播电视服务全覆盖、均等化，实现智慧城市、智慧行业、智慧社区、智慧家庭等多种助政便民应用，推进社会主义文化建设和公共服务，满足人民群众文化需求。

彭阳分公司有线电视光缆网络已建成覆盖全县12个乡镇驻地及156个行政村驻地(项目实施完成后已免费为156个行政村驻地开通有线电视及网络业务)，敷设光缆皮长955千米，全县有线电视网络覆盖达2万余户，其中县城19000余户，乡村4800余户。有线电视入网用户达1万余户，其中高清用户4722户，融合用户4643户，乡村用户635户。

彭阳县分公司大力建设节目传输服务平台。有线电视现网传输链路彭阳至固原10GE、固原至银川100GE；传输有线电视节目174套，有直播电视、音频广播、点播回看、有线宽带和2017年新建设的六盘云平台、视频会议。直播电视包括基本标清节目67套、45套高清节目和18套付费节目；音频广播14套；回看包括高清53套、央视17套、本地9套、卫视31套；宽带业务分别为20兆、50兆、100兆、200兆、300兆、500兆、1000兆专线；六盘云平台内容有新闻荟萃(全区所有市县晚间新闻点播)，辉煌100年

（庆祝建党100周年专栏），智慧教育（党校专区、基础教育、职业教育、老年大学、基础中小学教育、电视图书馆等专栏），阳光政务，乡镇民生，魅力彭阳，文化旅游，电商超市等栏目，内容丰富，版面直观。

2021年12月28日，为响应国家"十四五"规划提出的建好用好"学习强国"学习平台等的号召，依托于"学习强国"学习平台的良好发展，根据中宣部领导审批指示精神，由自治区党委宣传部、自治区广播电视局、宁夏广电传媒集团主办，中国广电宁夏网络有限公司承办的"强国TV"宁夏项目正式登陆宁夏有线电视。彭阳县分公司网络平台具备操作便捷化、推荐智能化、功能聚焦化、场景集体化、产品适老化等适应电视大屏应用的特点。宁夏广播电视网络有限公司彭阳分公司始终以党政思想为主导，将一如既往做党政精神的宣传者。

2023年，中国广电宁夏网络有限公司彭阳分公司建设完成区、市、县、乡、村五级贯通的骨干网络，确保全区广播电视信号和党政事企信息化网络的安全传输，完成中共二十大、自治区第十三次党代会等广播电视安全播出保障工作。把创城工作列为公司重点工作，全年整理各小区及沿街零散通信光缆420余条，更换光缆分纤箱60余个，张贴文明城市宣传标语50余篇。

四、卫星电视地面接收站

1987年2月，香港英展公司生产的6米网状地面卫星接收天线在县电视转播台安装调试结束，这是全县境内安装的第一座卫星地面接收站。

1995年10月10日，根据县广播电视局〔1995〕1号文件，在1995年工作要点中提出"鼓励和支持有条件的乡、村、队联户或个人建立小功率电视差转台或卫星电视地面接收站，在有条件的集镇兴办有线电视，扩大农村广播电视覆盖率，使广大群众能够收看到多套电视节目，解决农村收看电视难的问题"。1996年3月15日，县广播电视局〔1996〕5号文件《彭阳县1996—2000年广播电视发展规划》中明确提出："鼓励支持农民兴办小型卫星地面电视接收站，不断扩大广播电视覆盖面。"

1988年12月，王洼煤矿安装3米板状卫星地面接收天线，为王洼煤矿120户用户收转CCTV-1和CCTV-2等电视节目。1989年县教育局为各乡镇教委和县电教中心安装卫星电视地面接收天线5面，1991年又为14个乡教委安装卫星电视地面接收天线。主要收看中央教育电视节目。1991年11月，红河乡电视转播站安装3米板状卫星电视地面接收天线，收转CCTV-1、CCTV-2两套电视节目，服务1万人。1992年，县供电局和县人行先后安装卫星电视地面接收天线，为本系统有线电视提供电视信号。1994 年 1 月，县有线电视台安装 3 米板状卫星电视地面接收天线 3 面，为有线电视台提供电视节目信号。

1994 年 1 月，冯庄乡冯庄村农民陈启斌花 2800 多元从固原地区广播电视总公司购买 1.6 米板状卫星电视地面接收天线一套，安装在冯庄乡街道自家小卖部门前，可收看 10 套以上电视节目，这是全县农村个人安装的第一座卫星电视地面接收站。县广播电视局报区广播电视厅批准，核发卫星电视地面接收许可证。

1995 年底，全县共有 38 座卫星地面接收站（包括教育系统 19 座），其中个人 6 座。1997 年，全县农村共新建卫星地面接收站 67 座，其中农民 21 户。1998 年是全县农民安装卫星电视地面接收站大发展时期，至 1999 年底，全县农民安装卫星地面站 840 多户。2003 年 10 月，自治区广播电影电视局利用“西新工程”项目投资补助 300 套卫星地面接收天线，农户每套交 200 元，区广播电影电视局补助 350 元，解决边远山区农民收看电视难的问题。

2003 年，县教育体育局为全县各中学和部分小学安装卫星地面接收天线 85 面，2005 年为各小学安装卫星电视地面接收天线 101 面，全县各中小学基本全部安装卫星电视地面接收天线。至 2004 年 5 月全县共有卫星电视地面接收天线农户 2500 户，当年又新增 1120 户。2005 年底，全县又新增卫星电视地面接收天线 3356 户，全县农村共有卫星电视地面接收天线 6956 户，有 3.5 万人可以收看到 10 套以上电视节目，占全县总人口 25 万人的 14%。

2017 年 11 月，工作人员深入农户安装“户户通”设备
虎斌勤/摄

2008 年以前发放 C 波段卫星地面接收站 5744 套。2009 年发放直播卫星地面接收站 4766 套，其中海尔牌 1766 套，海信牌 3000 套。2010 年发放海信牌直播卫星地面接收站 7594 套，2011 年又分别为草庙乡张街村补发海尔牌直播卫星接收站 60 套，为罗洼乡寨科村补发 80 套，为小岔乡柳湾村补发 40 套。

2012 年、2013 年、2017 年分

别实施直播卫星“户户通”工程，分别配发海尔牌“户户通”直播卫星地面接收站35470套、10327套、302套。

村村通、户户通工程均为国家投资，彭阳县累计发放58639套（户）。

五、县广播电视台

1992年11月28日，彭广局发〔1992〕12号文件向县人民政府呈报《关于筹建彭阳县有线电视站的请示报告》，之后，县广播电视局先后与四川绵阳783厂和固原地区广播电视技术工程开发公司联系，派技术人员到实地考察设计，最后选定固原地区广播电视技术工程开发公司设计方案，计划第一期总投资37.4万元，1993年10月完成设计和论证报告。

1993年10月30日，彭广局〔1993〕10号文件再次向县人民政府呈报《关于筹建彭阳县有线电视台的报告》，12月4日县人民政府常务会议决定建立彭阳县有线电视台，县财政补助10万元，要求于春节前开通。

1994年3月20日，彭阳县人民政府〔1994〕10号文件向自治区广播电视厅呈报《关于建立彭阳有线电视台的请示》。

1994年5月13日，自治区广播电视厅（宁广厅发〔1994〕89号）文件批复同意成立彭阳县有线电视台。

1994年7月11日，自治区广播电视厅（宁广厅发〔1994〕116号）文件批复同意成立彭阳县调频广播电台。

根据自治区广播电视厅（宁广厅发〔1997〕145号）文件，县级广播电视播出机构必须合并的精神，1997年12月26日县广播电视局〔1997〕32号文件，向县人民政府呈报《关于重新审批登记成立彭阳县广播电视台的报告》，申请将彭阳县调频广播电台和彭阳县有线电视台合并，成立彭阳县广播电视台，呼号分别为彭阳人民广播电台和彭阳县电视台，彭阳县广播电视台成立后，与彭阳县广播电视局实行“一套班子，两块牌子”的管理体制。

1998年1月15日，县人民政府（彭政办发〔1998〕4号）文件《关于县广播电视局申请成立彭阳县广播电视台的请示的批复》，同意成立彭阳县广播电视台，与县广播电视局实行“一套班子，两块牌子”的管理体制。

2002年7月27日，县委、县人民政府（彭党发〔2002〕38号）文件《关于县乡机构改革的实施意见》，决定“原广播电视局、广播电视台不再实行局台合一，将广播电视台分设,为文化广播电视局下属事业单位,机构规格为副科级”。

2002 年 8 月 20 日,县编委〔2002〕9 号文件确定县广播电视台编制人数为 20 人。

2004 年 7 月 1 日,国家广播电影电视总局为彭阳县广播电视台颁发广播电视播出机构许可证,许可证编号:3430015。规定节目设置和传输方式,1.广播节目(有线);2.电视节目:在电视公共频道的预留时段内插播当地新闻和经济类、科技类、法制类、农业类、重大活动类专题、有地方特色的文艺节目类以及广告等(有线)。

2019 年成立彭阳县融媒体中心后,彭阳县广播电视台划归其中,从原兴彭大街育红巷 2 号(怡园广场后面)彭阳县文化旅游广电局搬至悦龙山彭阳县人力资源和社会保障局五楼。彭阳县广播电视台从县文化旅游广电局划归县融媒体中心管理。

六、调频广播

1993 年 10 月 31 日,县广播电视局〔1993〕9 号文件向自治区广播电视厅呈报《关于建立调频广播电台的申请》,陈述建立调频广播的必要性和可行性,提出彭阳县广播事业要坚持有线无线相结合的原则,既巩固有线广播,又发展调频广播,首先利用调频广播将彭阳县广播节目信号传送到乡镇广播放大站,在调频广播电台覆盖范围内, 逐步发展调频广播喇叭,在覆盖不到的边远乡村,继续通过乡广播放大站,再利用乡村有线广播线将广播节目信号输送到农户。

自治区广播电视厅于 1994 年 7 月 11 日下发宁广厅发〔1994〕116 号文件批复同意成立彭阳县调频广播电台。1994 年 8 月 24 日,自治区财政厅[宁财(预)发〔1994〕391 号]文件《关于下达一九九四年农村广播专项补助资金的通知》,拨款 9 万元,用于建县调频广播台购置设备。建设功率为 100 瓦、频率为 103.8 兆赫的彭阳县调频广播电台,转播宁夏人民广播电台和彭阳县广播节目。9 月,自治区广播电视厅决定,由国家广播电影电视部投资 10 万元,在县电视转播台建设功率为 100 瓦、频率为 102.8 兆赫的调频广播转播台,转播中央人民广播电台第一套节目。10 月 5 日,县人民政府副县长赵满礼来县广播电视局听取关于调频广播电台建设情况汇报,决定县财政再投资 3 万元,用于县广播电视转播台铁塔改造。1994 年 11 月 24 日晚,县人民政府常务会议决定建设彭阳县调频广播电台,县财政补贴 4.6 万元。

1995 年 6 月初,国家广播电影电视部投资的陕西广播器材厂生产的 FM100S-2 型调频广播发射机 2 台,无锡广播电视设备厂生产的框架式调频广播发射天线 1 副,发射馈管 90 米、3 米板状卫星地面接收天线 1 副,深圳华强电子工业公司生产的“华强”

牌 MICAM-728 数字广播接收机 1 台和由区广播电视厅同县广播电视局共同订购的陕西广播器材厂生产的 FMI00S-2 型调频广播发射机 2 台，FMI00S-1 型专用调频发射机（功率 10 瓦，频率 68.4 兆赫）1 台，框架式调频广播发射天线 1 副，调频广播发射馈管 90 米等设备先后运回。县广播电视局购置了石家庄广播录音机厂生产的 Ly-55(636) 录放机各 1 台。6 月下旬由宁夏建筑四公司王永卿等人开始改造加高县电视转播台铁塔，拆除边长为 60 厘米正方形铁塔 10 米、直径为 1 米的工作台 1 副及桅杆，再加高安装边长为 50 厘米的三角形铁塔 36 米、边长为 1.2 米的正方形工作台 1 副以及直径 100 毫米钢管桅杆 8 米。7 月下旬，区广播电视厅广播电视网管理处副处长王建华、全庆堂前来指导设备和天线安装工作，月底完成安装调试。经测试，可覆盖彭阳、城阳、红河、沟口、古城、嵝岘、草庙、王洼、刘塬、孟塬、白阳镇等乡镇部分村、队。当年发展调频广播喇叭 1200 只。

1995 年 1 月 21 日，县广播电视局(彭广电发〔1995〕12 号)文件向县人民政府呈报《关于申请成立彭阳县调频广播电台的报告》，1995 年 12 月 19 日县人民政府（彭政发〔1995〕53 号）文件批复同意成立彭阳县调频广播电台，对外呼号为“彭阳人民广播电台”。

1996 年 10 月 22 日，自治区财政厅、广播电视厅[宁财(预)发〔1996〕519 号]文件《关于下达农村广播电视设备改造补助金的通知》拨款 3 万元，用于石岔调频广播设备购置。

1997 年 6 月 20 日，建起 30 瓦、88.8 兆赫的调频转播站，转播宁夏人民广播电台和彭阳县广播节目，覆盖石岔乡及王洼乡部分村、队、农户，主要设备有陕西广播器材厂生产的 FM100S-1 型广播发射机 2 台(一主一备)、十字振子调频发射天线 1 副，深圳华强电子工业总公司生产的 MICAM-728 数字广播接收机 1 台，边长为 50 厘米、直径 40 毫米钢管制成三角形铁塔高 25 米。9 月，县委书记柳富协调资金 1 万元，在王洼镇路寨村建成调频广播示范村，发展调频广播喇叭 264 只。10 月 17 日，县财政〔1997〕12 号文件拨款 1.5 万元，主要用于王洼、石岔、草庙、刘塬、红河、王洼镇发展调频广播喇叭 1000 只，每只补助 15 元。同年 11 月，在刘塬乡政府院内建起 10 瓦、88.9 兆赫调频广播转播站，主要设备有陕西广播器材厂生产的 FM100S-1 型广播发射机 1 台、十字振子发射天线 1 副。华强 MICAM-728 数字广播接收机 1 台，边长 50 厘米直径 40 毫米钢管制成三角形铁塔高 25 米。在发射铁塔上安装 25 瓦高音喇叭 2 只。转播宁夏人民广播电台和彭阳县广播节目，覆盖刘塬全乡和孟塬、嵝岘、城阳三乡部分村、队、农户。

1997年7月3日，自治区财政厅[宁财(预)发〔1997〕413号]文件下达彭阳县“支援经济不发达地区发展资金”8万元、县财政补贴1万元，建设王洼100瓦调频广播转播台。1998年4月10日，自治区广播电视厅厅长金晓昀、总工程师金震华与县广播电视局负责人共同勘察选址，确定王洼调频广播转播台建在王洼乡崖堡村崖堡梁顶，北纬36°05′，东经106°39′，海拔1866.5米。从4月下旬至6月底建砖混结构平房5间100平方米，砖木平房2间21平方米，架设8米水泥圆杆三相四线专用供电线路300米，7月初由河北景县铁塔厂安装边长50厘米、直径24毫米碳钢制成三角形铁塔(高76米)，经区广播电视厅同意，将县广播电视转播台转播中央人民广播电台节目的100瓦的102.8兆赫调频广播发射机拆迁到王洼调频广播转播台，开始转播宁夏人民广播电台和彭阳县广播节目，覆盖交岔、罗洼、石岔、小岔、冯庄、草庙、孟塬、王洼、王洼镇等9乡镇大部分村、队、农户。7月2日，新到任自治区广播电视厅厅长张怀武考察王洼广播电视转播台建设情况。

1998年8—10月，先后为古城镇、新集、红河、草庙、王洼5个乡镇街道各架设广播线600~800米，各安装25瓦音柱5个，为沟口、城阳、嵕岘、交岔、石岔5个乡广播放大站各安装25瓦大喇叭2只。古城镇、新集、红河、草庙、王洼、嵕岘、交岔、石岔8个乡镇收转宁夏人民广播电台和彭阳县广播节目，沟口、城阳因接收不到彭阳县广播节目信号而收转宁夏人民广播电台节目。当年，自治区广播电视厅扶贫工作组在石岔乡山庄村发展调频广播230户，自治区水利厅在石岔乡李岔村发展调频广播60户，县广播电视局在王洼乡梁壕村发展调频广播70户。县法院在孟塬乡赵山庄村发展调频广播20户。至1998年底，全县共发展调频广播3200只。

1999年4月，请自治区广播电视厅调拨宁夏广播电视厅彭阳转播台10瓦108兆赫调频发射机安装到城阳乡电视转播站，将石岔乡30瓦88.8兆赫调频发射机备份机调拨安装到红河乡电视转播站，收转宁夏人民广播电台和彭阳县广播节目。

七、光缆改造

2001年8月至10月底，自治区有线电视网络传输总公司为实现全区有线电视联网，向彭阳传输宁夏公共、经济、影视、教育和固原市电视节目，从青石嘴到县城埋设地下光缆40千米，并在古城镇廼河村、高庄村、镇政府和彭阳乡周沟村预留接口，为之后发展古城、川口、沟口、新集和彭阳等5个乡农村有线电视奠定了基础。从县城西门到南门排洪渠桥头埋设地下七星梅花管4000米，检查井29口，从兴彭路县农行门前到县广播电视中心大楼下埋设地下梅花管150米,检查井2口。

2002年3月,县城兴彭大道拓宽改造工程开始实施,要求供电、电信和广播电视“三线”一律下地,铺设地下网管传输,县广播电视局组织工程技术人员对有线广播电视网络改造进行规划测设,并于4月25日向自治区广播电影电视局呈报《关于改造县城有线电视网络及所需经费的报告》(彭广电〔2002〕10号文件),汇报规划测设情况及经费预算,计划总投资49.4万元。

自治区广播电影电视局科技处、自治区有线电视网络传输总公司、县广播电视局共同商定,由西安山脉科技发展有限公司承揽设计、设备、器材供应,并负责光缆熔接、设备安装、调试及开通。订购主要设备有九州860兆赫的GFS1310F8兆瓦光发射机4台和JF862-A光接收机18台,九州4芯至50芯光缆18000米,直通接续盒18个,终端盒、ODF箱,防水尾线、光分路器等及其他辅助器材,总价值25万元,由自治区广播电影电视局从彭阳县村村通广播电视工程专项补助款节余资金中支付。县城地下网管埋设、光缆敷设均由县广播电视局负责。

西门刘沟队到南门排洪渠桥头4000米的主杆线地下管网已争取自治区有线电视网络传输总公司埋设。从4月中旬开始,县广播电视局组织工程技术人员在兴彭路挖沟埋设穿越兴彭大道地下网管240米,埋设市场门口至姚河桥头、商业街、政府街、育红巷、郑河路、农民街等街道地下管道2580米,检修检查井41口。在没有放线座和穿线管的情况下,采用手工作业,敷设地下光缆18000米,于7月初基本完成,等待广播电视中心大楼交付使用后开通。同时,为保证县城兴彭大道改造中广播电视信号不中断,工程技术人员加班加点,将原附挂在电线杆的有线电视主杆线移接到街道树枝上,架设临时线路2400米。保证县城有线电视用户信号畅通。9月中旬,西安山脉科技发展有限责任公司派技术人员完成光缆接续点32个,安装48芯和24芯ODF箱各1个,安装光接收机22台及光分路器等,经测试达到设计技术指标要求,县文化广播电视局工程技术人员对居民小区用户分配线重新整顿,整网架设用户分配线4600米,调整用户分配放大器42台。10月16日正式开通。光缆改造后,县广播电视台机房前端用光发射机经光缆将广播电视信号传输到居民小区光接收机,转接到居民小区同轴电缆分配线或分配放大器,再传入用户,减少线路损耗,提高广播电视节目信号质量。

2003年4月,在康居苑居民小区埋设地下管道2350米,修检查井16口,将架空的用户分配同轴电缆改为地下敷设。

2004年9月,从南门排洪渠桥头向茹河大桥头延伸地下网管560米,修检查井5

口，埋设地下光缆600 米。

八、节目采编与传输

1986 年，县文教局购买日本索尼电视摄像机 1 台，为教学服务，同时为县重大活动拍摄照片等。

1993 年 3 月 2—6 日，全县第四届人民代表大会第一次会议召开期间，消息《彭阳县第四届人民代表大会第一次会议隆重开幕》在县电视转播台 8 频道播出。这是县播出的第一条电视新闻。

1994 年 2 月，县有线电视台建成后，前端设备为 300 兆赫临频传输系统，总设计为 27 套电视节目和 4 套调频广播节目，当时先开通 12 套电视节目，主要传输 CCTV-1、CCTV-2、CCTV-4、中国教育电视台一套（CETV-1）、宁夏卫视、四川卫视、浙江卫视、山东卫视、云南卫视、贵州卫视、新疆卫视和自办录像等电视节目。传输频道为 DS1、DS3、DS4、DS5、DS6、DS7、DS9、DS10、DS11、DS12 和 Z5、Z6。

1994—1998 年转播时间为 8:00 至次日 2:00，1999—2005 年转播时间为 6:00 至次日 3:00。遇有重大会议和重要节日及国际重要体育比赛全天 24 小时播出。

1994 年，县有线电视台建成后，自办频道主要播放录像带，设立点歌台，利用 8 路转换器开设低行游动字幕广告。多次播放宁夏电视台摄制的反映建县十年发展历程的《话彭阳》和反映彭阳建县十周年庆典实况的《看彭阳》2 部专题片。县有线电视台没有摄像机和编辑机，由通讯员摄像，县广播站记者写稿，用索尼 -800 录像机合成并播放彭阳县新闻电视节目。

1994 年 3 月 8—10 日，全县第四次人民代表大会第二次会议召开，对会议进行全面报道。3 月 8 日晚，在县有线电视台自办频道播出消息《彭阳县第四次人民代表大会第二次会议隆重开幕》。

1994 年 7 月后，县教育局购买松下 M-9000 摄像机 1 台，遇有重大活动和重要会议，拍摄的视频在有线电视台自办频道播出。同年 8 月，与县城建局配合，摄制反映县城建设的专题片《新兴山城》，这是县有线电视台合作首次摄制的第一部专题片，9 月又与县邮电局合作拍摄反映全县邮电事业十年光辉历程的专题片《鸿雁腾飞》。电视新闻解说词在广播新闻中同时播出。

1995 年，与县委组织部、宣传部联合在自办频道开设《党建专栏》，周五晚上播出。由区委组织部、宣传部供片。当年开设的栏目还有《本县新闻》《电视剧场》《戏曲欣赏》。

1996 年初，县广播站记者部员工合伙入股购买松下 M-9000 摄像机 1 台，对县上重大活动进行宣传报道，全年播出电视新闻 100 多条，摄制《希望之光》《"7·27"救灾纪实》《希望与机遇》，《"7·27"救灾纪实》为红河乡黑牛沟村山体滑坡救灾工作提供翔实资料。

1998 年，与县科委、科协联合开设《农业科技》栏目，由科委、科协提供科技知识录像带，每周三晚播出半小时，全年播出 40 多期。年底，县财政筹集拨款 25 万元，自筹资金 6 万元，于 1999 年 1 月 25 日购回日本索尼 DSR-200AP 数字摄像机 2 台，索尼 DSR-60P、DSR-80P 数字编辑机 1 套。松下放像机 2 台，14 寸康佳彩电 2 台，实现自办节目制作用数字编辑机合成，节目制成后，再转录到比放像机大二分之一带上，用放像机播放。自此，县有线电视台开始自己拍摄制作播出《彭阳新闻》，按照县广播电视局提出的"节目要新、编播要快、报道要准、质量要高"的要求，首次开设"新一届乡镇党委书记、乡镇长访谈录"和"彭阳十六年成就回顾"等系列报道，全年播出电视新闻 215 条，摄制《情洒信合路》《古中——不断奋进》《陡坡变梯田》《创业者之歌》《彭阳十六年》《彭阳风光》等 6 部电视专题片，但《彭阳新闻》栏目播出时间不固定，有则播出，没有则重播或停播，每次新闻时间长短不一，多则长，少则短。9 月播放《彭阳风光》后，有许多观众说"彭阳有这么好的风景还没见过，真让我们开了眼界"，对宣传彭阳有较好效果。电视专题片《彭阳十六年》全方位报道建县十六年来各行各业的光辉成就。年初，首批获得科技部千县科技扶持项目《星火科技 30 分》录像播放权，将周三晚《农业科技》栏目改为《星火科技 30 分》，与解放军卫生音像出版社联合开设《卫生天地》，周四晚播出。

1997 年 12 月 8 日，县广播电视局向自治区广播厅申报《关于开设中央卫星电视加密频道的请示》（彭广电〔1997〕29 号文件），12 月 10 日自治区广播电视厅〔1997〕197 号文件批复同意开设中央卫星电视加密频道，投资 5 万元经自治区广播电视总公司购买 CCTV-3、CCTV-5、CCTV-6、CCTV-8 四套卫星加密频道解码器。

1998 年元月底安装调试开通，10 月又增加转播宁夏卫视和陕西卫视，将新疆电视节目转换为宁夏有线电视节目，将CCTV-4 转换为CCTV-2，共开通传输 18 套电视节目。

1999 年 8 月，新增福建东南电视台节目，共转播CCTV-1、CCTV-2、CCTV-3、CCTV-5、CCTV-6、CCTV-7、CCTV-8、CETV-1、宁夏卫视、宁夏综合、宁夏有线、云南卫视、贵州卫视、陕西卫视、浙江卫视、四川卫视、山东卫视、福建卫视等 18 套电视节目和自办电视节目1套。

2000年,进行"三讲教育专题""振兴彭阳工业经济""来自退耕还林(草)第一线"系列报道,特别是"来自退耕还林草第一线"系列报道,以现场报道加同期声,对全县退耕还林(草)进展情况及群众的看法、要求、疑虑进行全面报道。石岔乡花芦村60岁的回族农民马生林接受记者采访时说:"退耕还林可以改善生态环境,从长远看,可以使黄河不沉淀,南方不遭水灾。"记者问孟塬乡周庄村一位60岁王姓村民,你没有退耕还林地还每天来参加整地造林,你冤不冤,他说:"我是一名共产党员,我要响应党中央西部大开发的号召,带头完成整地造林任务。"还有部分群众不愿退耕还林(草),孟塬乡周庄村一位虎姓青年村民说:"我今年已退耕二十多亩,门前还有五六亩地,我要争取明年全部退掉。"同时,群众普遍关心的一是退耕还林(草)以粮代赈政策能否稳定不变;二是退耕还林草粮款能否如数兑现到农民手中;三是退耕还林(草)工程要实施好,更要管护好,保证发挥经济效益;四是工程要规划好,既要保证完成退耕还林(草)任务,又要留足口粮田。当年9月,自筹资金15万元购买索尼DSR-100AP数字摄像机2台、康普物视DVReXRT非线性编辑机1套,实现彭阳新闻非线性编辑。10月,自筹3万元,购买索尼DSR-30P数字放像机1台,实现《彭阳新闻》数字带播出,提高节目播出质量。当年又增设《人口与计划生育》《少儿节目》2个栏目,《彭阳新闻》固定为每周一、三、五首播,二、四、六重播,周日为一周要闻,每次为15分钟左右。全年播出新闻360多条,摄制《特色农业在彭阳》《彭阳之路》《世纪礼物》等电视专题片。

2000年12月,先后被自治区全民健身领导小组、自治区体育局和国家体育总局授予2000年全民健身宣传周"优秀报道奖"。

2001年,进行"深入开展'三个代表'重要思想学习教育活动""世纪访谈""走进示范户""绿色行""建设山川秀美·经济繁荣新彭阳"等系列报道,报道全县"三个代表"重要思想学习教育活动、"强县富民"万户增收工程的实施以及退耕还林(草)、生态环境建设的成就。"走进示范户"系列报道被复制成录像带,在11月全县千名干部下乡宣传时供各乡工作队在各村巡回播放。全年播放彭阳新闻450多条。摄制《飘扬的旗帜》《好支书——马兆乾》等电视专题片。6月由王雄担任节目制作,电视记者不再兼任节目制作。

2002年10月,光缆改造后,有线电视节目增加到27套,2005年又增加了2套,共传输29套电视节目。主要转播中央14套(CCTV-1、CCTV-2、CCTV-3、CCTV-4、CCTV-5、CCTV-6、CCTV-7、CCTV-8、CCTV-10、CCTV-12、少儿频道、音乐频道、新闻频道、CETV-1),宁夏5套(宁夏卫视、宁夏公共频道、宁夏经济频道、宁夏影视频道、宁夏教育频道），固原市电视台、陕西卫视、山东卫视、甘肃卫视、福建卫视、旅游卫视、广东卫视、湖南卫视、四川卫视28套电视节目，自办电视节目1套。

2002年12月29日，根据自治区广播电影电视局〔2002〕338号文件《关于表彰“党的十六大安全播出先进集体”的决定》，县文化广播电视局被评为先进集体。

2002年，进行“新世纪　新思路　新举措”“学习宣传十六大精神”“贯彻落实全县第五次党代会精神”“希望的田野”“城建巡礼”“封山禁牧抓养殖”等系列报道，为宣传彭阳二十字建县方针，摄制《生态立县》《特色富县》《科技兴县》《依法治县》《苦干强县》等专题片。全年播出电视新闻570多条。增设《广告信息》《每日一歌》。自办节目每天播出时间4小时30分。5月26日，在北京由中国电视艺术家协会、中国视协农村委员会召开的“由佳杯”首届全国千县工程经验交流表彰大会上，彭阳电视台荣获“由佳杯千县工程协作体先进单位”称号。局长王克明荣获首届“由佳杯千县工程贡献奖”。

2003年，为迎接建县20周年，进行“乡村一线”“与时俱进看彭阳”“彭阳二十年”“回牟彭阳”“塑形象、展风采、迎县庆”等系列报道，还拍摄《崛起中的彭阳》《绿色彭阳》《托起山城亮丽的太阳》《健康之路》《彭阳风情》等19部专题，王儒、海生珍第一次摄制MTV电视音乐片《六盘山·我的家乡》和《欢庆彭阳二十年》。10月，在配合固原市电视台《情涌六盘》宣传月活动中，荣获固原市委宣传部、市广电局“策划奖·栏目奖”。同月，配合中央电视台《电视你我他》栏目摄制组和《健康之路宁夏行——情系六盘山》彭阳直播节目摄制组，完成采访和拍摄报道任务，县文化广播电视局副局长、广播电视台副台长王儒、助理工程师王雄被县委、县人民政府评为先进个人。

2004年4月，县财政拨款30万元，新购买索尼390P、250P、190P3台数字摄像机及雷尔特视频非线性编辑机和硬盘播出系统各一套，实现新闻节目硬盘播出。周一至周五每天都有彭阳新闻，周六重播周五彭阳新闻，周日为一周要闻，当年进行“五篇文章话增收”“今日农家”“党旗飘飘”“全区学彭阳　我们怎么办”“进村入户办实事”等系列报道，拍摄《春风化雨绘蓝图》《基石》《走进彭阳》《海风吹绿黄土地》等电视专题片和《茹河，我的母亲河》《轻轻叫醒你》2部MTV电视音乐片。

2005年，按照县文化广播电视局提出的“气氛浓、导向正、形式新、分量重”总体要求，进行“共产党人”“平安彭阳”“文明和谐新彭阳”等系列报道。拍摄《润物春雨》《彭阳春韵》《5·30特大龙卷风、冰雹自然灾害纪实》《昔日垃圾滩　今朝生态园》《敢教日月换新天》，以及大型风光旅游系列片《行走彭阳》等12部专题片和《彭阳之歌》《长城塬的风》2部MTV电视音乐片。7月15日，县广播电视台记者张库存、王儒拍摄的《红河山体滑坡》及5篇连续报道，荣获2005年度宁夏新闻奖一等奖，这是县广播电视台首次参加全区电视类节目评选获得的殊荣。彭阳自办频道开设的栏目有《彭阳新闻》《电视剧场》《宁夏农业报道》《星火科技》《大众文化》《农民致富报道》《动画看台》《戏曲欣赏》《每日一歌》《广告信息》。自办频道每天播出6小时20分。《彭阳新闻》每天播出1小时30分，20:00首播，22:00和次日12:30重播。从2003年开始评选好新闻，共评选出县广播电视台好新闻46件，其中一等奖12件，二等奖21件，三等奖14件，好栏目5档，其中一等奖1档，二等奖1档，三等奖1档，好栏目2档。

附：

彭阳广播电视台广播节目时间表（2003年1月）

第一次播音

6:25　开始曲、预告节目

6:30　转中央电台《新闻和报纸摘要》

7:00　转宁夏电台《宁夏新闻》

7:30　《理论与学习》(二、四、六)　《农村天地》(一、三、五)

7:45　彭阳新闻

8:00　第一次播音结束

第二次播音

11:55　开始曲、预告节目

12:00　转中央电台《午间一小时》

12:30　《理论与学习》(二、四、六)　《农村天地》(一、三、五)

12:45　彭阳新闻

13:00　第一次播音结束

第三次播音

（冬季17:55—21:00）

17:55　开始曲、预告节目

18:00　彭阳新闻

18:15 《理论与学习》(二、四、六) 《农村天地》(一、三、五)

18:30 转宁夏台《全区新闻联播》

19:00 转宁夏台《塞上田园》节目

19:30 转中央台《今日农村》

20:00 转中央台《新闻联播》

20:30 转中央台《评书联播》

21:00 全天次播音结束

(夏季 18:25—21:30)

18:25 开始曲、预告节目

18:30 转播宁夏台《全区新闻联播》

19:00 《彭阳新闻》

19:15 《理论与学习》(二、四、六) 《农村天地》(一、三、五)

19:30 转中央台《今日农家》

20:00 转中央台《新闻联播》

20:30 转中央台《评书联播》

21:00 转中央台《新闻纵横》

21:30 全天播音结束

彭阳广播电视台有线电视自办节目时间表(2003 年 1 月)

星期一:12:10—12:40 固原新闻

12:40—14:10 电视剧场

20:00—20:30 彭阳新闻·每日一歌·广告信息

20:30—20:40 请您欣赏

20:40—21:10 农民致富报道

21:10—22:00 电视剧场

22:00—22:30 重播彭阳新闻

22:30—23:10 电视剧场

星期二:12:10—12:40　彭阳新闻·每日一歌·广告信息
12:40—14:10　电视剧场
20:00—20:30　彭阳新闻·每日一歌·广告信息
20:30—20:40　农村卫生
21:10—22:00　电视剧场
22:00—22:30　重播彭阳新闻
22:30—23:10　电视剧场

星期三:12:10—12:40　彭阳新闻·每日一歌·广告信息
12:40—14:10　电视剧场
20:00—20:30　彭阳新闻·每日一歌·广告信息
20:30—20:40　请您欣赏
20:40—21:10　星火科技
21:10—22:00　电视剧场
22:00—22:30　重播彭阳新闻
22:30—23:10　电视剧场

星期四:12:10—12:40　彭阳新闻·每日一歌·广告信息
12:40—14:10　电视剧场
20:00—20:30　彭阳新闻·每日一歌·广告信息
20:30—21:00　卫生天地
21:10—22:00　电视剧场
22:00—22:30　重播彭阳新闻
22:30—23:10　电视剧场

星期五:12:10—12:40　彭阳新闻·每日一歌·广告信息
12:40—14:10　电视剧场
20:00—20:30　彭阳新闻·每日一歌·广告信息
20:30—20:40　请您欣赏
20:40—21:10　党建与廉政

21:10—22:00 电视剧场
22:00—22:30 重播彭阳新闻
22:30—23:10 电视剧场

星期六:12:10—12:40 彭阳新闻·每日一歌·广告信息
12:40—14:10 电视剧场
20:00—20:30 彭阳新闻·每日一歌·广告信息
20:30—23:10 戏曲欣赏

星期日:12:10—12:40 彭阳新闻·每日一歌·广告信息
12:40—14:10 动画城
20:00—20:30 固原新闻
20:30—21:00 大众文化
22:00—22:30 重播彭阳新闻
22:30—23:10 重播固原新闻
22:30—23:10 电视剧场

第三节　电　影

一、放映机构

1984年1月，彭阳县电影公司成立，有职工7人，负责15个农村电影放映队的影片发行、放映管理、机械修理、电影宣传等业务。全县有农村放映员30人，放映点192个，年均放映4000余场。3月，县电影公司建有露天放映场，使用35毫米提包机放映电影，每晚放映1场，票价为成人0.1元、儿童0.05元，是当时建县初期县城干部职工及群众主要文化活动场所。刘塬、崾岘乡电影队成立，农村电影队增至17个，实行免费放映，资金由财政部门统一拨付。同年，古城乡办起第一个8.75毫米个体放映队。

1988年7月，草庙乡建成由区文化厅出资的乡镇电影院1座，门面为两层砖混结构，观众厅为砖木结构，面积258平方米，设314座，彭阳始有室内电影。8月，利用王洼政府旧礼堂，建成王洼简易电影院，有座位200个，同时在古城、新集、沟口等建设露天放映点7处。1987—1990年，配合科技兴农，全县广泛开展农、林、牧及人口与健康等科技影片汇映活动，县电影公司先后在农村科技影片汇映中受农业部、文化部等六部委表彰。

1990年，全县有放映单位23家，共有职工48人，其中县电影公司10人；有放映设备41套，其中35毫米放映机2套。农村电影队、个体电影队全部使用甘光GS-16型、甘光-71型等16毫米放映机，县公司建有片库44平方米，库存拷贝400余部。

1991—2000年，为适应社会主义市场经济运作机制，面对逐步崛起的现代娱乐活动给电影行业带来的冲击，在市场疲软、经营困难的状况下，全体职工积极开展开拓农村电影市场，配合全县中心工作，组织开展第二届“宁夏农民电影节”、“双万场电影下乡”、全区电影放映“2131”（“2131”即21世纪一村一月一场电影）工程和科教影片汇映等活动。全县城乡18家放映单位共放映1.58万场次，观众350.3万人次，年均放映1984场次。其中2000年放映5772场次，观众达到115.4万人。县电影公司、古城镇放映队和王兴聪等8人分别荣获先进集体和先进个人称号，受到自治区党委宣传部、文化厅等部门的联合表彰奖励，县人民政府荣获全区农村电影放映“2131”工程先进单位称号，受到自治区人民政府的表彰。

彭阳县原有城市影剧院1座。1991年3月由自治区计委立项，投资350万元，初步建成（未验收），建筑面积2665.39平方米，内设观众软座椅667个，安装“松花江”牌5505D型35毫米放映机2台，工作人员7人。

1993年彭阳影剧院初步建成后，当时每月收入1万元左右，除去上交影片片租外，基本能够维持工作人员工资。2000年后，城市电影放映受电影市场大气候影响，加之片源及放映收入分成和管理体制等多种因素，影院放映收入逐年下滑，收不抵支。至2003年后基本停止放映，最后关门停业。

2001年底，全县农村实行税费改革，为减轻农民负担，放映经费不再向农民集资。从2001年7月1日起，县劳动人事局与14名农民合同制工人解除劳动合同，一次性解聘。县电影公司只提供承包放映设备、拷贝，不再付给工资报酬。彭阳、红河、石岔乡和古城镇为4名正式职工所在的电影队，仍纳入县公司统一管理。农村电影逐渐趋于瘫痪、半瘫痪状况。

农村电影放映常年坚守农村，围绕全县扶贫开发、科技强县和法制教育等中心工作，自带器材，深入农村放映科教影片，按照县公司制定的每月一村放映一场电影的责任目标为农村精神文明建设服务。古城镇电影队和赵万贵等7名放映员在农村电影汇映活动中，分别获得先进集体、先进个人称号，受到区委宣传部等单位的表彰奖励。

2004年，利用4支电影放映队放映的同时，组建县公司流动放映队，经常深入各乡镇巡回放映。区广电局在上交自筹资金3万元情况下，为县配备流动放映车1辆。完成区广电局下达的“2131”目标任务，同时完成全区纪念中国电影100周年诞辰电影汇映等任务，古城镇放映员马生江在2004年“双万场电影”下乡活动中，受到文化部表彰奖励。

2006年4月，县政府常务会议研究决定，把基本闲置的彭阳影剧院重新装修改造为彭阳会堂，共投资180余万元对内设座椅、舞台设施进行更换，对室内、室外进行重新装潢，放映设备继续保留。10月改造结束后，为了便于工作及管理，彭阳会堂划归县政府办公室管理，工作人员随之转为会堂管理人员，会堂大多举行大型会议、文艺演出等。2015年因县城改造，原影剧院（会堂）拆除，后在悦龙山新区建成影剧院1座，主要承办会议。

2007年，国家在全国农村实行数字化电影放映，解决农村群众看电影难问题，自治区广电局为县配套12台数字电影放映设备，县文广局根据《彭阳县农村数字电影实施办法》聘用12名农村电影放映人员，在全县开展一村一月放映一场数字电影，按照《彭阳县农村数字电影管理办法》规定，在进行 GPS（全球定位系统）监控的同时，定期不定期进行督促和检查，严格规范监映单填报，每场电影都需乡村两级领导签字审核并加盖公章，每年对放映人员进行年终考核，对工作不力的坚决辞退，确保全年任务的完成。

2012 年，根据宁广发〔2012〕68 号文件《关于建设全区城市数字影院的通知》精神，彭阳县的城市数字影院建设工程经多方考察论证以及县政府研究决定交由宁夏红阳实业集团有限责任公司承建。经过不到一年的改造、装修和安装，红阳实业集团在彭阳县城红阳宾馆七楼建成彭阳县第一家数字影院，影院共投资 128 万元（其中区广电局设备投资 70 万元），观众厅面积约 120 平方米，可容纳 63 人现场观影。2012 年 11 月 15 日，根据（宁广发〔2012〕117 号）文件《关于对全区城市数字影院的进行检查验收的通知》精神，由区广电局牵头，自治区财政厅和彭阳县文化旅游广播电视局进行验收，达到验收标准，可以享受全区县级城市数字影院建设“以奖代补”资金，加入新视界院线，开始运营。由浙商投资在县城建设一座彭阳奥斯卡影院，成立宁夏零角度影业有限公司，加入院线为北京九州中原数字电影院院线。

2013 年开始，随着农村数字电影放映工作的顺利进行，在做好正常农村一村一月放映一场电影同时，建立 10 个农村室内固定放映点。开展电影进社区、进学校、进林场活动，把电影送到工地、送进移民村。同时采取长片带短片形式，为农民送科技知识，放映适合农村种植、养殖、环境整治、卫生健康知识等方面科教影片，每年全县放映科教片均在 1000 场以上。在资金配套方面，随着国家对农村数字电影放映力度的不断加大，放映补贴每场增加至 132~148 元，根据自治区财政厅、广电局文件精神，彭阳县财政每年都按照要求配套放映补贴资金，每年都按每场 40 元补贴 9 万元，用于农村电影放映经费，确保农村数字电影放映工作顺利开展。

农村数字电影放映这项文化惠民工程实施以来，实现一村一月看一场数字电影的目标，让农民群众再次享受到“村村挂银幕、人人看电影”的愉悦，特别是数字电影的放映，给广大农民群众带来全新的艺术享受，受到广泛的认可和好评。

2021 年 7 月，全县电影管理工作统一划归县委宣传部，业务由县融媒体中心具体管理。12 月，县农村电影放映工作荣获“第九届全国服务农民、服务基层文化建设先进集体”称号，受到中宣部、文化和旅游部、国家广电总局表彰。

二、电影放映

1983 年彭阳县成立时，中国的电影制片及放映达到了井喷式发展阶段，以武打片

《少林寺》为代表的一系列电影风靡全国。彭阳县电影院的放映量达到了高潮，各大影院及露天放映广场基本爆满。北影又推出《武林志》也获得成功，武打片作为重要的娱乐片种在这一时期占据了电影放映的主要席位。

1985 年以后，一批被称作“第五代导演”的新人崛起，“探索片”潮流形成并急切上映。这批年轻的电影工作者大多数是北京电影学院 1978 级的毕业生，1984 年后开始走上电影创作岗位，如陈凯歌、吴子牛、张艺谋、田壮壮、张军钊、张泽鸣、黄建新等。1984 年，张军钊、张艺谋合作拍出《一个和八个》，以沉重抑郁的造型语言凸显了中国人民深沉的民族意识，引起影坛注意。1985 年起这批年轻导演相继推出了探索片《黄土地》《喋血黑谷》《猎场扎撒》《绝响》《黑炮事件》《女儿楼》《大阅兵》等显示出电影的实力，被评论界称为“第五代冲击波”。《黄土地》，当年先后 4 次在法国、瑞士、英国、美国的电影节上获奖。

这一时期，拍出上映《青春祭》《良家妇女》《湘女潇潇》《野山》《老井》等带有探索意蕴的影片，并且融入了他们重视情节性和通俗化的风格。

进入 2000 年，电影受电视、智能手机影响，场地除城市高级私人影视院放映高科技影片外，十分萧条。电影放映工作重点移向农村，放映工作者探讨农村放映的前景、途径、公共文化服务等。

2018 年 9 月 17 日，彭阳电影《这一道沟·那一道梁》电影首映式在彭阳县龙山影视中心首映。这是在彭阳拍摄的第一部电影。

2019 年成立彭阳县融媒体中心后，机构改革将电影电视从县文化旅游广电局划归县融媒体中心管理。

1984—2020 年全县农村电影放映情况统计表

表 4–7

年度	放映单位（个）	放映场次（场）	观众人数（万人次）	年度	放映单位（个）	放映场次（场）	观众人数（万人次）
1984	16	4694	112	2003	4	521	15.6
1985	19	4749	120	2004	6	1013	30.3
1986	19	5784	159	2005	6	1906	68.2
1987	21	5961	165	2006	6	1855	15.9
1988	24	7285	250.4	2007	6	1872	16.5
1989	23	7204	228.1	2008	12	1921	14.4
1990	23	7090	237.5	2009	12	2004	17.5
1991	23	4368	102.4	2010	12	2244	18.5
1992	23	5515	118.1	2011	12	2247	17.1
1993	20	1245	28.3	2012	12	2235	14.9
1994	4	826	20.8	2013	12	2185	15.3
1995	4	983	17.8	2014	16	2168	13.9
1996	6	1020	25.7	2015	16	2226	26.9
1997	6	1599	31.3	2016	16	2223	27.8
1998	5	1686	35.2	2017	16	2094	26.7
1999	17	2192	43.8	2018	16	1877	21.8
2000	17	5772	115.4	2019	16	1879	18.5
2001	4	231	5.2	2020	16	1875	14.6
2002	4	506	10.1				

第四节　广电覆盖

一、广播电视“村村通”

1996 年初，彭阳县广播电视局组织工程技术人员对全县广播电视覆盖情况进行全面测试，全县仅有县电视转播台和红河乡电视转播台覆盖的 19 个村 4.2 万人 9000户（包括县城居民 1 万人 2000 户）可以收看到 CCTV-1、CCTV-2 两套电视节目，而红河乡电视转播台 5千米以外 7 个村 1.2 人收看到电视图像模糊不清，场强 25~34 分贝。

全县除县电视转播台覆盖县城周围 2 万人以外，其他各乡村一律收看六盘山转播台转播的宁夏电视节目信号，大致分为两种情况，南部红茹河谷残塬区的红河、沟口、新集、彭阳、城阳、孟塬、刘塬、古城镇和白阳镇 9 个乡镇，地貌有山有沟也有塬，地势相对较为平坦，共有 148290 人 29703 户，居住在东、北山坡和塬畔的农户，收看六盘山转播台电视信号场强 35~55 分贝，图像较清晰，最高是新集乡为 55分贝。最低是孟塬、城阳两乡为 35分贝。而居住在西、南山坡下的农户收看六盘山转播台电视信号场强 23~33 分贝。北部梁峁起伏、沟壑纵横的丘陵地带的川口、石岔、交岔、罗洼、冯庄、小岔、草庙、崾岘、王洼和王洼镇 10 个乡镇，乡政府都在山坡下的壕道里，收看六盘山转播台电视信号场强 20~34分贝，最低的是冯庄、小岔和罗洼 20~23分贝，最高的是川口 34 分贝。这里的农户收看电视室外天线像接供电低压线一样，架设 2 条几十米甚至 100 多米到半山腰或山头，小岔乡米沟村杨生学家室外电视天线长达 170 米。

为解决广大农民群众听广播、看电视难的问题，1998 年党中央、国务院决定启动广播电视村村通工程，第一轮工程至 2005 年结束。

1999年初，彭阳有县广播电视转播台，“村村通”工程建成红河乡电视转播站、石岔乡广播电视转播站、罗洼乡电视转播站、小岔乡电视转播站、城阳乡电视转播站、刘塬乡调频广播转播站和王洼乡调频广播转播站，全县约有 6.5 万人可以收看到CCTV-1、CCTV-2 两套电视节目，宁夏电视节目仍收看六盘山电视信号，同时，恢复沟口、交岔、城阳、崾岘、石岔 5 个乡广播转播，发展红河、新集、古城镇、草庙、王洼五乡镇街道音箱，新建王洼、草庙、新集、城阳、古城镇五乡镇有线电视，全县农村广播和电视覆盖率分别达到35%和41%。但全县仍有138个行政村7个乡镇只看到六盘山转播的宁夏电视节目，大部分地区信号很差，看不到中央电视节目。

在1999年2月召开的县委四届四次会议和3月召开的五届二次人代会上把村村通广播电视工程确定为全县“四大扶贫工程”和当年“七项重点工程之一”，县、乡、村多方筹资投劳，确保工程顺利进行。县委、县政府要求县广播电视局要将“村村通广播电视工程”切实搞成“德政工程”“民心工程”，制定“以乡镇广播电视站覆盖为主，村广播电视室补充填空为辅”的工程实施方案经自治区广播电视厅同意，并在刘塬先行试点获得成功后，于8月全面展开。先后建立刘塬等8个乡镇广播电视站和古城中川等14个村广播电视室。

刘塬乡广播电视站　位于乡政府院内，北纬35°56′、东经106°46′，1999年5月18日，在隆德召开的全区村村通广播电视工程现场会上，区广播电视厅科技处与县广播电视局签订在刘塬乡政府利用调频广播机房、铁塔建立30瓦电视转播站协议，由区广播电视厅从彭阳县村村通广播电视工程补助资金购置成都电视设备厂生产的CDS-30瓦9频道和11频道发射机各1台，十字振子双层天馈线2副，2米卫星地面接收天线1面，卫星接收机2台，县广播电视局负责加高铁塔5米，并安装调试。7月1日开通，转播CCTV-1和宁夏公共频道、宁夏卫视2套电视节目，经区广播电视厅和县广播电视局共同测试，入户收看，可覆盖刘塬乡的刘塬、米塬、和沟、牛湾、王岔，崾岘乡的崾岘、中庄、王洼、白岔、陡坡，城阳乡的长城、涝池、北塬和孟塬乡的虎山庄、草滩、赵山庄、双树、白阳庄等18个行政村约1.8万人。

王洼镇电视转播站　1998年2月25日，自治区计委《关于新建王洼广播电视站的批复》[宁计(社)发〔1998〕037号]，安排25万元，4月10日自治区广播电视厅厅长金晓昀、总工程师金震华与县广播电视局负责人共同勘察选址，确定王洼调频广播转播台建在王洼乡崖堡村崖堡梁顶，北纬36°05′、东经106°39′，海拔1866.5米。从4月下旬至6月底建砖混结构平房5间100平方米、砖木平房2间21平方米，架设8米水泥圆杆三相四线专用供电线路300米。1999年8月9日，县计经局、财政局按自治区计委[宁计(综)发〔1999〕95号]文件和自治区财政厅[宁(基)发〔1999〕66号]文件下达了王洼广播电视转播台建设项目及资金的通知，6月预订购置成都电视设备厂(630)生产的CDS-50瓦的4频道和7频道电视发射机各2台、十字振子双层发射天馈线2副、3米板状卫星接收天线1面、卫星接收机2台，于8月初由县广播电视局安装调试开通，1998年7月调频广播已建成，转播CCTV-1、宁夏卫视2套电视节目。可覆盖王洼乡的王洼、团庄、马掌、杨寨、姚岔、阳洼、梁壕、崖堡、赵沟，王洼镇的李寨、路寨、北洼，石岔乡的李岔，草庙乡的嘤岘、赵洼、草庙、丑畔、张街、曹川、新洼和冯庄乡石沟以及彭阳乡的姜洼等6个乡22个行政村约1.8万人。2007年12月27日晚，大风致使76米拉线铁塔倒塌，MMDS多路微波停播。2008年2月7日在原地建成76米拉线铁塔一座，恢复MMDS转播。2014年11月，安装地面数字电视(DS-46)，转播宁夏公共、固原公共、彭阳电视台。2016年，安装中央广播电视节目无线数字化覆盖工程DS-25、DS-36 2套0.5千瓦发射机，转播中央12套电视节目。2019年，进行基础设施改造，硬化道路和院落，新建围墙等。

1999年3月1日，组织工程技术人员分2组，深入全县各行政村对广播电视覆盖情况进行调研，为"村村通"做好前期准备工作。4月，广播电视村村通工程开始启动实施。12月20日，澳门回归前夕，建成沟口、古城、川口10瓦电视转播站建成投入使用。

2000年3月13日，自治区广电厅科技处处长刘忠弟一行到彭阳县检查村村通工作。4月7—8日，国家广播电视总局"村村通"办公室主任赵爱军，同国家计委计财司处长邢松潞一行，在区广播电视厅计财处处长吴冰陪同下，到彭阳县古城镇中川、挂马沟等村转播站(点)调研广播电视"村村通"工程进展情况。7月，彭阳县广播电视村村通工程通过区广播电视厅初验。10月25—26日，自治区政府副主席刘仲带领区广播电视厅副厅长、总工程师金振华，科技处副处长余秉官和区计委社会处白克明一行，在彭阳县领导马学智、王学宽的陪同下，先后深入古城、刘塬、草庙、王洼、沟口、县转播台、广电局等地，对彭阳县广播电视村村通工程进行实地检查验收。该工程共完成投资223万余元，建成乡级广播电视转播台(站)13个、村级广播电视室14个，可使19个乡镇155个行政村15万人收听收看到中央和宁夏2套以上广播电视节目，广播电视覆盖率达到66.7%，如期实现村村通广播电视的目标。

2005年3月25日，自治区广播电影电视局局长张克洪到县广电局调研第二期村村通工程进展情况。4月1日，成立彭阳县农村广播电视公共服务中心。总负责万亚平(局长)，主任文元(副局长)，副主任韩通(技术股长)、王志安(转播台台长)，下设14个农村广播电视公共服务分中心。共聘工作人员66名。4月21日，成立第二期村村通广播电视工程建设领导小组，组长万亚平，副组长文元。5月5—7日，沟口、王洼MMDS转发站建成试播。至此，全县建成14个农村广播电视公共服务分中心。6月22日，自治区广播电影电视局科技处处长余秉官到彭阳县调研MMDS直放站转播情况。7月10日，国家广电总局科技司副司长曾庆军在自治区广播电影电视局副局长金振华陪同下，到彭阳县检查农村广播影视公共服务体系建设情况。9 月 15 日，自治区广播电视局副局长王正敏、公共服务处处长田春林一行，在县委常委、政法委书记虎玉赞、县人民政府副县长李永花陪同下，深入彭阳县城阳、沟口、古城等转播站以及农户，检查了解 MMDS 直放站信号传输、节目覆盖、工程质量和工程进展情况。

根据第一轮实施效果，2006 年，党中央、国务院决定继续实施广播电视村村通工程，构建农村广播电视公共服务体系。新一轮广播电视村村通工程的目标是到 2010 年底，全面实现 20 户以上已通电的自然村全部通广播电视。

沟口乡电视转播站　位于上马洼村马洼梁顶上，北纬 35°47′、东经 106°341′，海拔 1763 米。1998 年自治区民委和自治区财政厅安排 25 万元，用于沟口、交岔两乡广播电视转播站建设，1999 年 6 月开始修建砖混结构平房 3 间 60 平方米，砖木结构平房 2 间 21 平方米，安装边长为 50 厘米直径 418 碳钢制成三角形铁塔高 30 米，架设 8 米水泥圆杆三相四线 220 伏供电线路 1500 米，购置成都电视设备厂生产的 CDS-10 瓦的 9 频道、11 频道电视发射机，双层十字振子发射天馈线 2 副，3 米板状卫星接收天线 1 面，卫星接收机 2 台。9 月底，安装调试结束，10 月 1 日正式开通，转播 CCTV-1 和宁夏公共频道、宁夏卫视 2 套电视节目，可覆盖沟口乡的白草洼、太寺、沟口、上马洼、下马洼、姚河、张湾、何山和新集乡的张化、上蔡、新集、峁堡、白林、马旺堡、阳洼及彭阳乡的姬山等 3 个乡 16 个行政村约 1.9 万人。

交岔乡广播电视转播站　位于交岔乡政府北面美人山顶，北纬 36°08′、东经 106°30′，海拔 1750 米。1999 年 9 月，修建砖混平房 3 间 60 平方米、砖木平房 2 间 21 平方米，安装边长为 50 厘米直径 18 碳钢制成三角形铁塔高 30 米，架设 8 米水泥圆杆三相四线 220 伏供电线路 800 米，设备由自治区广播电视厅购置。县广播电视局于 12 月 15 日安装 10 瓦的 6 频道、8 频道电视发射机和 3 瓦的 98.7兆赫、101.4 兆赫调频广播发射机，转播CCTV-1 和宁夏公共频道、宁夏卫视2 套电视节目和中央人民广播电台、宁夏人民广播电台广播节目，可覆盖保阳、交岔、东洼、庙庄、关台、关口、大坪等 7 个行政村约 0.4 万人。

古城镇广播电视转播站　位于镇政府院内，北纬 35°21′、东经 106°27′，1999 年 9 月，县广播电视局安装边长为 50 厘米直径 18 碳钢制成三角形铁塔高 30 米，安装 10 瓦的 9 频道、11 频道电视发射机和 3 瓦的 87.4兆赫、102 兆赫调频广播发射机，3 米卫星接收天线一面，于 9 月 29 日开通。转播CCTV-1和宁夏公共频道、宁夏卫视2 套电视节目和中央人民广播电台、宁夏人民广播电台广播节目。可覆盖古城、店洼、温沟、羊

坊、海口、高庄、廼河、任河等 8 个行政村 1.5 万人。2006 年停播拆除。

红河乡广播电视站　1999 年 11 月 30 日，将红河乡原来铁塔加高到 30 米，更换原来 10 瓦电视发射机，安装 30 瓦的 9、11 频道电视发射机和 30 瓦的 88.8 兆赫及 5 瓦的 102.0 兆赫调频发射机，转播CCTV-1和宁夏公共频道、宁夏卫视2 套电视节目和中央及宁夏 2 套广播节目，提高了覆盖范围。

川口乡广播电视站　位于乡政府东南碉堡梁上，北纬 35°55′、东经 106°29′，海拔 1731 米。1999 年 11 月 12 日，自治区广播电视厅在固原地区召开村村通广播电视会议，要求各县力争年底前基本完成"村村通"任务，为落实这次会议精神，县广播电视局与川口乡建工队签订合同，暂缓付款修建砖木平房 2 间 21 平方米，自筹资金架设 8 米水泥圆杆三相四线 220 伏供电线路 2400 米，安装边长为 50 厘米直径 18 毫米碳钢制成三角形铁塔高 30 米，于 12 月 18 日安装 10 瓦的 6、8 频道的电视发射机和 3 瓦的 98.7兆赫、101.4 兆赫的调频发射机，转播 CCTV-1和宁夏公共频道、宁夏卫视2 套电视节目和中央及宁夏两套广播节目。2000 年 8 月，区广播电视厅补助 3.5 万元建成砖混平房 3 间 60 平方米，机房随之迁入。可覆盖川口乡的川口、刘沟门、甘海、田庄、郑庄、田壕、丁岗堡及石岔乡的陡沟等 2 个乡 8 个行政村约 0.5 万人。

冯庄乡广播电视站　位于乡政府东边山顶上，北纬 36°04′、东经 106°49′，海拔 1742.8 米。1999 年 11 月中旬，县广播电视局与冯庄乡建工队签订协议，暂缓付款，修建砖木平房 2 间 21 平方米，自筹资金架设 8 米水泥圆杆三相四线 220 伏供电线路 600 米，安装发射铁塔 25 米高，于 12 月 19 日安装 30 瓦的 10频道、12 频道电视发射机和 5 瓦的 87.4兆赫、102.0 兆赫的调频广播发射机，于 12 月 19 日正式转播 CCTV-1 和宁夏公共频道、宁夏卫视2 套电视和中央人民广播电台、宁夏人民广播电台两套广播。2000 年 8 月，自治区广电厅补助 3.5 万元，建成 3 间砖混平房，机房随之迁入。可覆盖冯庄乡的冯庄、崾岘、小湾、小寺、茨湾、高庄、上湾、崖湾、小塬子，孟塬乡的椿树岔、小石沟、牛耳塬、玉塬、高岔、何岘和草庙乡的包山、周庄、小岔乡的吊岔等 3 个乡 18 个行政村 1.1 万人。年底，购置成都电视设备厂 10 瓦电视发射机 4 台，更换城阳和小岔两乡电视发射机。2000 年 5 月中旬，石岔广播电视站设备损坏后，又将原小岔乡使用的无锡广播电视设备厂生产的 10 和 12 频道电视发射机调拨安装使用。

孟塬乡电视转播站　位于乡政府东面山顶上，北纬 35°09′、东经 106°40′，经县广播电视局组织人员深入刘塬、孟塬、草庙测试后，为使刘塬乡和草庙乡部分村坐西向东的农户，城阳乡涝池村坐南向北，孟塬乡北部和东部坐东向西及冯庄乡部分村坐北向南农户收听收看广播电视节目。12 月 12 日，在孟塬乡炮点调拨县广播电视转播台闲置的 25 米三角形铁塔和原城阳乡使用的无锡广播电视设备厂生产的 10 瓦电视 4、7 频道发射机，建起孟塬电视转播站，转播 CCTV-1 和宁夏公共频道、宁夏卫视 2 套电视节目。可覆盖刘塬乡的刘塬、米塬、何沟、牛湾、王岔，草庙乡的周庄、丑畔，城阳乡的涝池，孟塬乡的小石沟、玉塬、何岘、高岔、牛耳塬、双树、草滩、白阳庄、椿树岔和冯主乡嵕岘等 18 个村的 40 多个自然村约 0.8 万人。

1999 年 9 月 27 日上午，在古城镇中川村部建立全县第一个村广播电视室，并举行典礼仪式，县委副书记马学智、政府副县长马玉芳按动广播电视开关按钮并剪彩，马玉芳主持剪彩仪式，马学智讲话。村民放鞭炮庆祝，可覆盖本村 150 户 923 口人，占 47%。县农建办为该村 18 名村民赠送闽宁扶贫黄河黑白电视机 18 台。同日下午，在古城镇挂马沟队鲜碧玺家中建成挂马沟村广播电视室，可覆盖本村及中川村大庄队 98 户 974 人，同时举行开通典礼仪式。9 月 30 日，在沟口乡白河村魏河队魏正学家安装建成白河村广播电视室，可覆盖本村及新集大伙 545 户 2910 人。11 月 11 日，在新集乡谢寨村村部建起谢寨村广播电视室，可覆盖本村 4 个生产队 300 户 1350 多人。11 月 16 日，在红河乡黑牛沟村部建起黑牛沟村广播电视室，可覆盖本村及文沟村 250 多户 1250 多人。

2000 年 6 月 5 日，在古城镇小岔沟村郑沟队刘世贵家中建起小岔村广播电视室，可覆盖本村及五里山村 140 户 680 多人。6 月 8 日，在新集乡单湾村高山队辛志军家中建起单湾村广播电视室，可覆盖本村及周庄村 210 户 1000 多人。6 月 9 日，在川口乡王大户村王大户队王德忠家中建起王大户村广播电视室，可覆盖本村 67 户 380 多人。6 月 21 日，在石岔乡邓岔村村部建起邓岔村广播电视室，可覆盖本村 80 户 420 多口人。8 月 6 日，在红河乡红河村秦沟队王克亮家建起红河村广播电视室，可覆盖红河村、常沟 500 户 2400 多人。10 月 8 日，在古城镇小岔沟村前沟队建起广播电视室，可覆盖前沟及五里山 70 多户 300 多人。

2000 年 3 月 12—13 日，自治区广播电视厅科技处处长刘忠弟、调研员王建华、工程师李生平等到实地检查验收，察看沟口、古城、红河、冯庄广播电视站建设情况，先后到古城镇的店洼、高庄村王湾队，红河乡红河村，孟塬乡政府测试收看古城、川口、红河、冯庄 4 个乡广播电视站转播的信号，实地察看红河乡黑牛沟村村广播电视室建设及覆盖情况，并与县广播电视局负责人及工程技术员进行座谈。

4 月 7—8 日，国家广播电影电视总局“村村通”办公室主任赵爱军、国家发展计划委员会计财司处长刑松潞在自治区广播电视厅计财处处长吴冰陪同下，深入古城镇广播电视站和中川、挂马沟2个村广播电视室实地察看了建设情况和覆盖情况，察看县广播电视机房、节目制作情况，听取全县村村通广播电视工程进展情况汇报。办公室主任赵爱军说："彭阳作为国家级贫困县，真正把村村通广播电视工程当作一项民心工程、德政工程、造福工程对待，两年工程任务一年就完成了，并且有质量、有效果，已走在了全区其他市县前列。"4月14日，自治区"村村通"办公室《关于近期"村村通"工程检查情况的通报》指出："彭阳县广电局借助地形优势，加大资金投入力度，在一些山头制高点建成若干10瓦、30瓦的大点，经对覆盖情况抽查，效果良好，而且便于集中管理。"同时指出"各高山台站发射塔都未接地，存在受雷击隐患，古城镇的天线安装不垂直"，并为沟口、小岔、罗洼配备2套调频广播发射机，刘塬、王洼、城阳、石岔再增加1套调频广播发射机。将刘塬与冯庄电视发射机兑换以解决冯庄同频干扰。县广电局及时进行改进，至4月28日，沟口、小岔、罗洼3个乡各配备2套3瓦调频广播发射机，石岔、城阳各配备1套3瓦调频广播发射机，刘塬配备1套5瓦调频广播发射机，王洼配备1套10瓦调频广播发射机已全部安装调试结束；刘塬、冯庄电视发射机已调换；各发射塔和卫星地面接收天线全部安装接地线，机房安装避雷器。同时组织工程技术人员再次下乡到偏远乡村对自然村通广播电视情况进行调查，向自治区广播电影电视局呈报盲点自然村调查统计表。

5月26日，县广电局〔2000〕17号文件向人民政府呈报《关于全县村村通广播电视工程进展情况的汇报》，全县先后兴建县广播电视转播台和红河、石岔、罗洼、小岔、城阳、王洼、沟口、交岔、刘塬、冯庄、川口、古城等12个乡镇广播电视站，中川等7个村广播电视室，王洼、草庙、新集、城阳、古城、王洼煤矿等6个乡镇有线电视站，全县农民自费安装卫星地面接收天线800多面，全县有19个乡镇154个行政村29563户156422口人可收(听)看到中央人民广播电台和宁夏人民广播电台2套广播电视节目，占总人口的63.1%。"村村通"工程兴建了刘塬、冯庄、川口、古城、改建红河等5个乡镇广播电视站和古城镇的中川、挂马沟、小岔沟，新集乡的谢寨、单湾，沟口乡的白河和红河乡的黑牛沟等7个村广播电视室，共覆盖77个行政村14662户75608人，占辖区内人口63.6%，区计委、区财政厅和民委广播电视专项补助资金新建的王洼、沟口、交岔广播电视站共覆盖38个行政村7515户37717人，占辖区内人口的70.8%。何塬、张沟、丰台、阳洼、后峡、赵沟、任湾8个行政村只能收看到宁夏公共频道电视节目，还有741个自然村17734名农民收(听)看不到中央和宁夏广播电视节目。报请县人民政府组织计划经济统计局、财政局、民族宗教局和广播电视局共同进行初验，并向自治区"村村通"广播电视工程领导小组申请验收全县村村通广播电视工程。县人民政府责成县广播电视局进行自查初验，6月，县广电局又组织工程技术人员深入全县各村500多户农户家进行实地收看和测试，基本达到村村通广播电视工程实施方案确定的目标。又新建川口王大户和石岔邓岔2个村广播电视室。

7月6日，县人民政府〔2000〕29号文件向自治区村村通广播电视工程领导小组呈报《关于验收我县村村通广播电视工程的请示》。8月后又新建红河乡红河村和古城镇小岔沟村前沟队2个村广播电视室。7月13—14日，自治区广播电影电视局科技处处长刘仲弟、副处长余秉官前来检查验收全县村村通广播电视工程实施情况，先后到川口、交岔、罗洼、王洼、小岔实地察看广播电视站建设，并沿途深入农户察看了各站转播的广播电视节目信号。通过实地考察，肯定全县村村通广播电视工程，一是技术方案区别于其他各县，在山头制高点建设较大功率覆盖，全县形成一个无线广播电视传输网，扩大覆盖面；二是发扬自力更生、艰苦奋斗精神，自己设计制造安装铁塔、架设供电线路，基础建设扎实，设备安装规范；三是管理规范，制度齐全，运行电费解决办法不同，为保证长期通奠定基础。

10月25—26日，自治区人民政府副主席刘仲带领自治区广播电影电视局副局长、总工程师金震华、科技处副处长余秉官及自治区计委社会处白克明等一行在县委副书记马学智，县委常委、政府副县长王学宽及县广播电视局、计划经济统计局负责人陪同下，先后深入古城镇、刘塬、王洼、沟口等乡镇广播电视站和草庙乡有线电视机房和县有线电视机房察看基础建设、机房管理、运行和节目制作，沿途进农户收看农户家中广播电视信号。收看县广播电视局摄制的村村通广播电视专题片《世纪的礼物》，县委、县政府向验收组呈送《关于彭阳县村村通广播电视情况汇报》书面材料，全县共建立县广播电视转播台1座、12个乡镇广播电视站和11个村广播电视室、6个乡镇有线电视站、800多户卫星地面接收站，156个行政村29563户155642人可收听收看到中央人民广播电台和宁夏人民广播电台2套以上广播电视节目，占总人口的61.3%。验收组通过实地考察后，认为全县已完成了村村通广播电视目标任务。

12月8—9日，CCTV-4和宁夏电视台记者到彭阳县采访全县村村通广播电视工程实施情况，先后到川口、红河、沟口等乡广播电视站和农户拍摄了转播和收视信号，并对县广播电视局局长王克明进行录音采访。12月12日，建成孟塬乡电视站。12月15日，召开的全区村村通广播电视工程总结会肯定了彭阳县村村通广播电视工程经验做法。县广播电视局局长王克明被评为全国村村通广播电视工程先进个人，县广播电视局助理工程师韩通荣获全区村村通先进个人一等奖，助理工程师张学儒、技术员吴麟荣获先进个人三等奖。为县广电局配发了长城皮卡车1辆，作为村村通广播电视工程维修专用车。

1991—2000年，自治区广播电视厅、自治区计委、财政、民委先后投资168.5万元，县财政自筹55万元，其中1999年自治区广播电视厅、自治区计委补助全县村村通广播电视工程款57.5万元，至2000年底，设备配备共花款为31.43万元，节余26.07万元，2002年县有线电视光缆改造时使用。

2001年7月20日，在石岔乡孙阳村马学林家中建起广播电视室，可覆盖孙阳村和崾岘乡阳洼村、彭阳乡姜洼村的140户800多人。8月16日，在红河乡何塬村路新庄队路志军家中建起何塬村广播电视室，可覆盖何塬、友联240户1200人。各村广播电视室均安装2米卫星接收天线1根，成都广播电视设备公司TVV-1型1瓦电视发射机（兼600兆瓦调频广播）2台，8米桅杆，并配置FM25瓦音箱，转播CCTV-1和宁夏卫视2套电视及中央和宁夏广播节目。

2001年11月23日，自治区广播电影电视局驻石岔乡花芦村扶贫工作组，在该村村部安装10瓦的9和11频道彩色电视发射机，转播CCTV-1和宁夏公共频道、宁夏卫视2套电视节目，覆盖本村90户462人。

2005年3月，自治区党委、政府根据全国广播电视"村村通"工作会议，召开全区农村广播影视公共服务体系建设工作会议。要求各市、县立即成立有关机构和领导小组，尽快在全区开展继1999年第一期"村村通"之后的第二期"村村通"工程，重点解决50户以上看不到电视和实施8套电视覆盖试点工作。

3月10日，彭阳县委（彭党办发〔2005〕22号）文件成立由县委副书记王宏祺任组长，常委、宣传部部长张俊孝，政府副县长虎玉赞任副组长，相关部门负责人为成员的农村广播影视公共服务体系建设领导小组。领导小组下设办公室，主任由县文化广播电视局局长万亚平兼任。全面领导全县的农村广播影视公共服务体系建设工作。3月25日，自治区广播电影电视局局长张克洪前来调研第二期"村村通"广播电视工程前期筹备情况。政府副县长虎玉赞和文广局负责人陪同到王洼、石岔等地调研。

4月1日，县文化广播电视局根据（宁广电发〔2005〕42号）文件精神，成立以万亚平局长为总负责、文元副局长任主任的县农村广播电视公共服务中心。同时成立王洼、新集、古城、城阳等13个乡镇农村广播电视公共服务分中心，聘用技术维护巡检人员6名，值机管护人员69名。4月12日，县农村广播电视公共服务中心召开第一次会议，就中心工作职责、管理制度、近期工作进行研究部署。4月20日，县农村广播电视公共服务中心召开第二次会议。对需要修复的1999年第一期“村村通”建设的27个乡、村转播站(室)情况进行分析，并确定修复事项。要求从4月21日开始，争取在5月底完成修复任务。同时，对王洼、沟口2个MMDS转发站和50户以上的城阳乡刘河、杨坪，冯庄乡的小园子，新集乡的大火，红河乡的常沟、宽坪，小岔乡的耳城，孟塬乡的何岘、丰岭，草庙乡的曹川，白阳镇的中庄，古城镇的田壕，王洼镇的阳洼、花芦，罗洼乡的大西掌、张湾、石沟等17个转播点做了研究认定，并上报自治区广电局审批。4月25日，接自治区广播电影电视局通知，同意全县新建17个3瓦转播室和改造2个转发站建设方案。4月26日，转发站设备运抵彭阳，进行安装。4月28日，自治区广播电影电视局副局长金震华到彭阳沟口、红河、城阳、孟塬等乡镇实地调研、指导“村村通”工作。

5月5日，沟口MMDS转发站建成试播，5月7日王洼MMDS转发站建成试播，为王洼、新集及周边22个行政村8195户37800多口人在客观上创造收看8套电视节目的条件。5月30日，率先在全区各县(市)第一个完成第一期“村村通”工程建设修复任务，使覆盖区内16.3万人(占全县总人口71%)重新看到CCTV-1和宁夏公共频道、宁夏卫视2套电视节目，听到中央人民广播电台和宁夏人民广播电台2套广播节目。

6月22日，自治区广电局科技处余秉官处长一行到彭阳县调研，就“村村通”工程提出具体工作要求。

7月10日，国家广电总局科技司和自治区广电局的负责人，在县委常委、宣传部部长张俊孝和县文广局局长万亚平、副局长文元陪同下，考察了彭阳县“村村通”工程工地，对全县的各项建设工作予以称赞。

8月10日，县委书记胡瑞峰、副书记马正文、副县长李永花在县文广局领导的陪同下，考察彭阳县“村村通”工作进展情况，对工程建设提出要求，并对工程进展表示满意。

9月20日，全县第二期“村村通”确定的17个转播室建成开通，使2%的农户收看到了4套电视节目，全县的电视覆盖率也因此达到了73%，并标志着全县第二期“村村通”广播电视工程顺利完成。同日，县委、县政府针对MMDS天线推广入户工作召开专门会议，并与有关乡镇签订目标责任书。9月23日，县农村广播电视公共服务中心召开贯彻落实县委、县政府有关指示精神会议，就配合有关乡镇开展MMDS入户安装工作作出安排。

12月10日，全县共完成安装MMDS天线2458套，接近完成自治区下达给我县MMDS天线入户率达到40%的任务，为在春节前超额完成天线入户任务奠定扎实基础。12 月 30 日，县委、县政府召开第二期“村村通”广播电视工程总结表彰大会，会上确定推荐文元副局长为全国“村村通”先进个人(2006 年 9 月，文元受到国家广电总局、国家发改委、财政部表彰奖励)。

二、MMDS 多路微波传输系统的建设

2001 年 12 月 6 日，彭阳县广播电视局〔2001〕23 号文件向县财政局报送《关于更新县广播电视转播台发射机所需经费的报告》，申请拨款更新 8 频道、19 频道、32 频道电视发射机，县财政局原则同意，经与成都电视设备厂和成都银星无线电厂多方联系比较，更新 3 台电视发射机和建立一套 MMDS 多路微波传输系统所需经费相差不多。12 月 26 日县广播电视局〔2001〕26 号文件再次向县财政局报送《关于更新县广播电视转播台设备的报告》，阐明“本着节省资金、提高效率、着眼长远、避免重复”的原则，经过研究论证，反复比较，拟将更新 3 台电视发射机发送 3 套电视节目的方案，改为新建 MMDS 多路微波传输系统，可传输县自办频道电视节目等 12 套，并为全县有线电视联网奠定基础。县财政局同意建立 MMDS 多路微波传输系统方案，拨款 22.5 万元。

2002 年 1 月 22 日，县广播电视局〔2002〕4 号文件向县人民政府呈报《关于在县广播电视转播台新建多路微波传输系统的请示》，报告建设多路微波传输系统的必要性、可行性及网络运营和维护管理。1 月 31 日，县人民政府〔2002〕7 号文件批复同意新建县转播台多路微波传输系统。2 月 1 日，县广电局〔2002〕6 号文件向区广播电影电视局呈报《关于在彭阳县广播电视转播台新建多路微波传输系统的请示》。

MMDS 多路微波传输系统工程由四川省星威通讯有限责任公司设计，经实地考察，作地形剖面图，全县地形复杂，有高山阻挡，不能一次全部覆盖，必须分期实施。第一期采用宽带 100 瓦 MMDS 发射机作为主发射，传输 12 套电视节目，传输距离 20 千米，北至王洼，东至孟塬、城阳，西至新集、古城，南至红河覆盖红茹河谷残塬区的地势较平坦无山头阻挡地区；第二期，在地势较高的山头建立中继站将广播电视信号传输到各乡镇广播电视站，再通过乡镇广播电视站覆盖全县。

首期工程购置四川星威通讯有限责任公司所属银星无线电厂生产的“银星”牌 YXT-100 发射机，发射频率 503 兆赫，输入发射机信号频率为 6~12频道连续 12 个频道(预留 12 个频道)，用户接收端使用 2033兆赫下变频器，接收频率为 13~24 频道，发射信号由县广播电视台机房，经光缆线路传输到县广播电视转播台机房，用光接收机调解成 RF(就是射频信号。交变电流流过导体，都会在其周围产生交变磁场，而这交变

磁场又在其附近感生出交变电场,如此反反复复,就形成电磁波向外辐射)信号,再经衰减器调解后输入微波发射机。3月28日由厂家安装调试结束,用卫星接收信号试发射,3月29日至4月3日自治区广播电影电视局科技处处长余秉官、副处长龚永庆及县广播电视局局长王克明及工程技术人员共同实地测试收看,可覆盖彭阳乡的罗堡、老庄、周沟、双磨、南山、刘台,白阳镇姚河村,崾岘乡陡坡村,沟口乡赵沟村,红河乡上王、什字、何塬、夏塬等5个乡镇13个行政村2000多户1万多人。随着县城有线电视光缆改造,从7月开始,县广播电视转播台全体职工在台长虎斌勤带领下,架设光缆4000米。10月16日正式开通,传输CCTV-1、CCTV-3、CCTV-5、CCTV-6、CCTV-8、CCTV-12、教育1、宁夏卫视、公共频道、影视频道、陕西卫视,彭阳县自办频道等12套电视节目。

2002年12月25日,县文化广播电视局〔2002〕12号文件向县人民政府呈报《彭阳县MMDS多路微波电视传输系统管理暂行办法》,2003年4月24日县人民政府〔2003〕21号文件批转县文化广播电视局关于彭阳县MMDS多路微波电视传输系统管理暂行办法,该办法共13条。

2005年,建设的沟口、王洼MMDS直放站发射功率为100瓦特,发射频率为2033兆赫,接收频道为DS13-DS18,传送节目为CCTV-1、CCTV-2、CCTV-4、CCTV-7、CCTV-10、CCTV-14、CCTV-13、CCTV-15等8套中央电视台节目,由于资料缺失,发射机又安装在76米拉线塔顶部,无法获取发射机编号。

2006年,建成的长城塬MUDS转发站,发射机型号为RU08D-630,编号为20060905-5,发射功率为300瓦特,频道为DS33-DS40,传送节目为CCTV-1、CCTV-2、CCTV-4、CCTV-7、CCTV-10、CCTV-14、CCTV-13、CCTV-15等8套中央电视台节目。

2017年4月,按照宁夏回族自治区新闻出版广电局(宁新广技〔2017〕9号)《宁夏回族自治区新闻出版广电局关于统计全区MMDS系统收视用户数量的通知》和自治区无线电管理委员会的要求,彭阳县已经停止MMDS和MUDS的转发。

三、地面数字电视

2013年,实施广播电视直播卫星"户户通"工程,在北山转播台安装地面数字电视单频网发射机(DS-37,1千瓦),主机为成都凯腾四方数字广播电视设备有限公司生产的CTTB500瓦发射机,2018年购买高斯贝尔数码科技股份有限公司生产的GT-5900-1000(设备序列号16040337)型地面数字电视广播发射机作为备机。多频网(DS-46,0.5千瓦)主机是成都康特数字广播电视设备有限公司生产的KT-UDT516(设备型号KT-

11125170245)，2013 年购买高斯贝尔数码科技股份有限公司生产的 GT-5900-5009(设备序列号 1712C655)型地面数字电视广播发射机作为备机，转播宁夏、固原、彭阳等 11 套地面数字电视节目。

2014 年，要如期实现并完成县台节目覆盖乡镇的政府民生工程，但是所有转播台都没有光缆，广电股股长虎斌勤一人在没有其他先进仪器设备的情况下，只凭借一个望远镜，跑遍了王洼、城阳、古城、新集、红河等相关区域，翻山越岭选择制高点，确定 9 条点对点微波传输信号源，在王洼、长城、城阳、红河、古城、新集 6 个转播台安装 DS-46 功率为 0.5 千瓦的数字电视发射机，统一转播宁夏公共、固原、彭阳 3 套电视节目，实现地方节目覆盖乡村的目标。

2016 年，实施中央广播电视节目无线数字化覆盖工程，在北山转播台安装 DS-25、DS-32 部 1 千瓦发射机，在王洼、长城、城阳、红河、古城、新集 6 个转播台安装 DS-25、DS-36 功率为 0.5千瓦的数字电视发射机，统一转播中央 12 套电视节目。

2022 年，地面数字电视 700 兆赫频率迁移，原 DS-46 频道使用四层偶极板天线，根据频率指配方案，DS-46 调整为 DS-8。考虑设备损耗及天线带宽限制，天线、馈线全部更新，相应增加硬馈、弯头、连接件等配套设备。原 DS-37 频道使用四层偶极板天线，DS-37 调整为 DS-21；原 DS-36 与 DS-25 两频道共用四层偶极板天线，DS-36 调整为 DS-22，DS-25 调整为 DS-30。是年，给红河、城阳(陈沟)、长城、王洼 4 个台站配备 UPS 电源和柴油发电机组，总投资 178 万元。

2022 年，技术人员在王洼转播台安装微波设备

虎斌勤/摄

第五节 公共服务

一、有线广播的维护管理

1969 年 6 月，随着王洼公社广播放大站的建立，至 1975 年 10 月，各公社广播放大站相继成立，各公社广播放大站的扩大机、前级增音机等设备一律由固原县广播站技术人员定期下乡检查维修，遇有障碍及时派技术人员下乡抢修，保证设备正常运行。公社到大队广播线路由各公社广播放大站线务员每月轮回检查检修，各大队也配备大队到生产队广播线路维护人员，生产队到农户的广播线路损坏，由生产队及时派人栽杆换线，保证了广播线路畅通。

1984 年，彭阳县广播站成立后，县政办〔1984〕57 号文件批复同意成立彭阳县广播服务部，除经销维修广播器材外，负责乡广播放大站扩大机等设备维护。1986 年后，县广播站成立机线组，配有机务维修人员，负责县、乡广播设备维护。1987 年 10 月制定《机修管理规定》，县站机务维护人员的职责：严格执行技术规程和各项机修制度；定期不定期检查、维护乡站和县站机器设备，抽查值机日志，检查机房卫生和机器保养情况；指导和帮助乡站处理机务故障，搞好半年一次小修，年终一次大修工作，平时做到接到检修通知后立即出发，哪里发生机器故障就到哪里排除，保证各站机器的正常工作；认真填写测试调整、检修记录；定期检查广播信号闸刀，经常与邮电局（所）取得联系，保证信号畅通。

1984 年 12 月 1 日，县广播站向县委宣传部报送《关于农村有线广播承包管理责任制试行办法的请示报告》，12 月 5 日县委宣传部〔1984〕39 号文件批转县广播站关于农村有线广播承包管理责任制试行办法，发至各乡镇广播放大站执行。乡站配备专职线路员 1~2 名，线路在 50 千米以上者配备 2 名，50 千米以下者配备 1 名。线路员的职责是负责乡到村的广播主杆线路的维护和管护；负责村到户广播线路的架设和入户喇叭的安装；负责本乡镇内广播线路的发展规划和广播网络的修整；负责查处所管线路被盗事件，保证已通户喇叭常响，提高广播喇叭通响率、入户率、音响率和网络建设达标率；村到生产队广播线路由生产队义务管护。同时每村选聘 1~2 名热爱广播工作的群众担任广播音响效果调查登记卡的登记人员，按月填写上报县广播站机线组登记考核,作为年终兑现奖罚的内容之一。将乡到村的广播主杆线路承包到人,每年每公里发维护铁丝 2 千克,维护费 1.5 元,年底广播线路无损,材料及维护费转入下年使用,并按节约材料费和维护费的 30%折价奖励承包人，若发展 1 千米主杆线路奖 200 元,1 千米支线路奖 50 元。

1986 年 3 月 1 日,县人民政府颁发《关于加强广播线路管护的通告》,在全县各乡村大力宣传张贴。利用乡广播放大站播放宣传。1992 年 6 月废止。

1987 年 5 月 20 日,县广播站印发国务院发布的《广播电视设施保护条例》,在乡广播放大站大力播放宣传。

1987 年,县广播站制定《有线广播网络维护质量要求》。

二、电视转播设备的维护

县电视差转台和转播台的设备都由自治区广播电视厅广播电视网管理处安装调试,起初遇有故障请他们携带仪器前来进行检修,也请六盘山转播台的工程技术人员检修,为培养该台维修人员先后多次选派该台职工李平安、杨廷龙、杨秉积等前往培训学习,了解电视发射机工作原理和一般故障排除,通过学习和实践,基本掌握常见故障排除,一般故障都是自己排除,而且每周二下午停机对发射机进行一次检修,从未发生过因机器故障而停播事故。

1991 年 11 月底开始,红河乡电视转播站建立,到罗洼、石岔电视转播站相继建立后,乡镇电视转播设备都是由县广播电视局工程技术人员进行维护检修,每半年进行一次检修,保证设备的正常运行。

三、有线电视维护服务

1994 年,县有线电视站成立后,县广播电视局随即对内部机构作相应调整,成立机房播出组和技术服务股，机房播出组负责电视节目正常转播和播出节目质量监视,遇有故障或节目信号差及时通知技术服务股抢修,保证节目播出质量。技术服务股负责机房设备的维护检修、电缆线路的维修管护和用户安装及信号检修。每月初的第一个星期二对机房发射设备进行一次检修,每年夏初和冬初两季对有线电视主杆线放大器和用户分配放大器进行一次调试,保证用户电视机信号达到 40~60 分贝,确保有线电视用户信号质量。

1994年，制定《有线电视管理规定》和用户须知，打印在有线电视用户证上，发放到有线电视用户手中，接受群众的监督。

1996年4月，组织技术服务股对雷河滩有线电视节目收看不好进行认真清查，查处偷割接有线电视信号10人次，彻底解决雷河滩有线电视用户时有时无信号问题，保证正常收看。县广播电视局提出有线电视要发展，服务要优先，树立便民意识，提高为广播电视用户服务意识，规定有线电视用户信号维修必须要在4小时内排除故障，申请安装最多不超过8小时。

1998年，完善《有线电视安装维修管理规定》，对有线电视网采取划片包干、工效挂钩、责任到人的办法进行维护和安装。因安装维护不及时造成用户投诉的、用料浪费、乱停信号、乱免费者，一经发现，都依有关制度对包片人员进行经济处罚，保证广播电视节目信号畅通。

乡镇有线电视站机房设备和干线放大器及用户分配放大器由县广播电视局技术人员维护检修和调试，线路及用户安装、维护由乡站人员负责。

四、村村通广播电视工程管理

2000年，全县完成了村村通广播电视工程后，为确保村村通广播电视工程长期通，县广播电视局把村村广播电视工程的维护管理列为首要任务，制定《广播电视节目播出管理规定》《乡广播电视站管理规定》《村广播电视室管理规定》，统一制作，挂到乡村广播电视站（室）墙上。乡广播电视站电费由县财政和县广播电视局联合解决，村广播电视室由村委会直接管理，值机人员报酬、电费由土地承包费或由受益户集资负担。广播电视设备由县广播电视局负责维修，若遇故障及时与县广播电视局联系派技术人员前往检修，并与各村委会签订协议。

2000年12月24日，县广播电视局决定成立村村通广播电视维修中心（彭广电〔2000〕29号文件），由韩通（电器助理工程师）任主任，王志安（办公室主任）、王雄（电器助理工程师）、吴麟（天线工）、伍大铭（天线工兼司机）为成员，其主要职责是负责全县村村通广播电视设备的维修工作；定期对各乡镇广播电视站、村广播电视室进行检查指导，掌握设备运行状况，发现问题及时解决，保障广播电视信号畅通；负责对各广播电视站（室）值机员进行业务培训；经常了解和听取群众的意见和要求，及时向县广电局领导请示汇报，并采取改进措施。

2001年，全年下乡检修村村通设备50多台（件），2002年全年检修52台（件），为确保党的十六大期间正常转播，对各广播电视站设备进行一次全面检修。2003年检修24台(件)。

2005年4月1日，县文化广播电视局又成立彭阳县农村广播电视公共服务中心和14个农村公共服务分中心(彭文广局〔2005〕8号文件)，总负责人万亚平(局长)，主任文元(副局长)，副主任韩通(技术股股长，工程师)、王志安(广播电视转播台台长)。共聘用技术维护巡检人员6名，值机管护人员66名，服务中心主要负责搞好设备运行巡检维护，抓好工作人员聘用、考核、管理及对工作人员的技术培训等工作。

五、广播电视技术服务创新

1988年，县广播站工程技术人员为解决边远村队远离乡镇广播放大站、广播主杆线路超过15千米、输出广播信号端电压60伏，但到接收末端电压很低、广播喇叭声音小、听不清的问题，在新集和古城2个乡进行广播线路高压输送匹配试点，即在接收末端村到队的广播杆线或生产队到户的分支广播杆线安装一个用户变压器，即可提高一个生产队或数户广播喇叭的音响度。

1991年，经过对全县地形地貌勘察，制定利用区计委和区广电厅投资，县财政补助办法，在乡镇所在地山头制高点建设乡镇小功率广播电视转播站，分年度实施，不断扩大农村广播电视覆盖面，解决农村收听收看广播电视难的问题。

1991年11月，由技术员韩通设计、监制和负责安装红河乡电视转播站边长50厘米，直径40钢管制成三角形25米高铁塔。至1999年底，共为各乡镇广播电视站设计、监制安装直径40钢管制式三角形铁塔4座，直径18碳钢制成三角形铁塔7座。

1994年1月，技术员韩通、马玉龙、吴麟、张学儒等完成县有线电视机房300兆赫临频前端的安装，马玉龙、吴麟、张学儒、张启龙、虎斌勤、王俊文、杨廷龙、张旭、晁运铎、王克祥(时为罗洼乡广播放大站)等20多天完成县城690户的有线电视安装和联通。创有线电视建设历史纪录。1998年1月，韩通、吴麟、张学儒、张启龙等安装调试CCTV-4加密电视频道数字解码器。

1995年7月，县广播电视局职工韩通、马玉龙、张启龙、张学儒等勘测架设石岔乡广播电视站6米水泥方杆三相四线供电线路800米；1996年6月，韩通、吴麟等会同罗洼乡罗洼村20多名村民在县广播电视局局长王克明、罗洼乡党委书记虎地、乡长景焕武带领下，勘测架设8米水泥圆杆三相四线供电线路2000米，之后，县广播电视局先后组织当地群众为小岔、城阳、沟口、交岔、王洼、冯庄、川口等乡镇广播电视站勘测架设 8 米水泥圆杆三相四线供电线路 6600 米。

1997 年 6 月，韩通、吴麟、虎斌勤、张启龙第一次成功安装调试石岔乡 10 瓦电视发射机，随后，全县各乡镇广播电视站和村广播电视室的广播电视发射机一律由县广播电视局工程人员自己组织安装调试。

1999 年 3 月，经过对全县广播电视覆盖情况调查和全县地形地貌勘察，制定以乡镇广播电视站覆盖为主，以村广播电视室补充填空为辅的村村通广播电视工程实施方案。全县形成以县广播电视台为中心，以县广播电视转播台为枢纽，以王洼广播电视站为依托，以各乡村广播电视站（室）为基础的广播电视传输网络。

2002 年 4—9 月，县广播电视局技术股组织挖沟埋设地下管道 3500 米，克服没有放线座和穿线管的困难，用手工作业敷设光缆 18000 米，配合西安山脉科技发展有限责任公司完成县城有线电视光缆改造规划设计和光缆熔接，光分路器、光接收机、发射机的安装测试工程。县转播台全体职工在台长虎斌勤的带领下，架设光缆 4000 米，配合成都银星无线电厂安装调试 MMDS 多路微波传输系统。

2005 年 5 月，县文化广播电视局组织完成沟口、王洼 MMDS 转发站的安装调试。

2014 年，为了如期实现并完成县台节目覆盖乡镇的政府民生工程，但是所有转播台都没有光缆，广电股股长虎斌勤一人在没有其他先进仪器的情况下，只带一个望远镜，跑遍了王洼以南区域，选择山头，最终确定 9 条点对点微波传输信号源，在王洼、长城、城阳、红河、古城、新集 6 个转播台安装 DS-46 功率为 0.5 千瓦的数字电视发射机，统一转播宁夏公共频道、固原公共频道、彭阳电视台 3 套电视节目，实现地方节目下传的目标。

2021 年 5 月 6 日，中共彭阳县委机构编制委员会印发《关于设立彭阳县广播电视公共服务中心的通知》（彭编发〔2021〕5 号），彭阳县广播电视公共服务中心为彭阳县文化旅游广电局所属全额预算不定级别公益一类事业单位。编制 6 名，主任虎斌勤，副主任王亚明，时有工作人员杨立、虎保龙、安定平、张永红、寇小军，为广播电视行业提供基本公共服务。2022 年 9 月搬到北山转播台办公。

第五章　旅游事业

彭阳是六盘山下一颗生态明珠，固原东部“生态观光”和“山花观赏”的旅游中心区域。彭阳作为“全国造林绿化先进县”“全国生态建设先进县”“全国绿化模范县”等，在生态小流域治理方面取得了突出成绩。2007 年，胡锦涛总书记到彭阳视察，对彭阳的生态建设给予了高度评价。彭阳的生态建设，尤其是小流域治理造就了独特的生态景观资源，以“彭阳精神”为代表的人文资源和以皇甫谧故里为代表的历史文化资源具有很高的旅游开发价值。随着宁南区域中心城市和大县城建设的推进，人民生活水平不断提高，人民对旅游的消费需求日益增长，旅游产业进一步发展。

彭阳历史悠久，文化源远流长，人文荟萃，文物蕴藏丰富，风景名胜众多，早在新石器时期已有人类居住，先秦置朝那县，历代皆有建制。已发现的旧石器遗址 2 处、新石器遗址 72 处、西周墓群 1 处、革命遗址 26 处。截至 2023 年，全县共挖掘旅游资源 31 处，其中以战国秦长城、姚河塬西周遗址为代表的历史遗迹 7 处，以乔家渠红军长征毛泽东宿营地、中共红河地下党支部为代表的红色资源 9 处，以金鸡坪梯田公园、茹河瀑布风景区等为代表的自然生态景观 15 处。

第一节　资源开发

一、开发原则

彭阳县坚持以科学发展为战略目标，按照自治区、固原市的决策部署，以实施大县城建设战略为抓手，打造生态休闲旅游城市，以“红色为点，绿色为面，人文为神”的总体建设思路，坚持规划引领，强化政策导向，加大投入力度，加快市场开拓，创新体制机制，力争通过“一年强基础、三年上台阶、五年大发展”的战略步骤，着力打响“生态彭阳、红色热土、皇甫故里、花果之乡”品牌，把彭阳县建设成为独具特色的中国西北黄土高原生态文化旅游名城。

坚持多元开发的原则　按照政府主导、市场运作、社会参与的旅游发展思路，广泛招商引资，鼓励多元投入，吸引县外资金和民间资金参与建设，形成政府主导、市场运作、企业经营、社会参与的旅游产业发展新格局，加快旅游产业开发进程。

坚持可持续发展的原则　正确处理旅游开发与资源、环境保护的关系，在开发过程中尽量保持原来的地形地貌，减少对生态环境的破坏，加强文物保护，走旅游、资源、环境协调发展、可持续发展的路子。

坚持因地制宜的原则　坚持科学规划、合理布局，突出区域特色，有序开发，充分利用现有生态资源及红色、人文景观，因地制宜，依势造景，既要科学规划，适度超前，又要避免贪大求洋，造成浪费和重复建设。

坚持打造精品的原则　实施项目带动战略，充分发挥旅游开发的规模优势，大视野、高标准，将旅游景点做大做强。鼓励企业积极进行景点创新，加大对景点建设的投入力度。加强对旅游项目总体规划和详细规划的审核，努力打造旅游精品。

彭阳县依托资源优势，突出县域特色，以生态旅游、红色旅游、人文旅游为切入点，以旅游客源市场需求为导向，发展旅游产业，把彭阳建成大六盘旅游区的旅游亮点，用高品位的旅游产品、高质量的旅游服务、高水平的宣传促销，最大限度地促进资源优势向产业优势和经济优势转化，增强旅游业对二、三产业和扶贫开发的带动作用。全县旅游产业达到国家AAA级以上旅游景区3个，扶持发展星级农家乐、民宿12家。

发展产业体系,旅游基础设施和综合服务功能进一步完善,产业链逐步形成并不断延长,旅游发展环境更加优化,建成“红色旅游、生态观光旅游、休闲避暑度假基地”和固原东部独具特色的“生态农业观光及山花观赏”旅游目的地。

二、布局优化

彭阳县旅游布局以开发衔接全区及周边省、市旅游景观路线为主,全线为通达彭阳的旅游走向,以“生态观光”为主题,依托“历史文化、红色革命和生态彭阳”优势,以市场为导向,以东山文化为内涵,以特色为根本,既立足当前,科学定位,又要考虑长远,适当超前,确保全县旅游产业发展与文化产业发展相融合,丰富旅游的文化内涵游客文化生活,打造集文化、休闲、节会、健身、度假、娱乐于一体的多功能旅游综合体系。

三、线路精化

利用彭阳良好的生态环境、丰富的人文景观和红色旅游资源,积极争取项目,广泛招商引资,以无偿转让旅游景点开发权、免征税收等优惠条件吸引区内外客商前来彭阳投资,坚持高标准、高起点,建设几个有特色、有影响、有市场、有效益的精品旅游景区。围绕“生态彭阳、花果之乡”旅游整体形象,展现“生态观光”“红色体验”“皇甫故里”“休闲度假”四大旅游品牌。

在挂马沟林海、大沟湾、阳洼、南山等生态流域区,积极培育夏令营、自驾游、自助游、探险游等特色旅游产品。充分挖掘各乡镇特色旅游资源,在景区配套建设农家乐,突出窑洞休闲风格,开发康体养生、乡村体验旧石器时代遗址等。培育和完善“生态彭阳之旅”“红色热土之旅”“皇甫故里之旅”3 条精品线路。主动对接固原须弥山、六盘山红军长征纪念馆、六盘山国家森林公园、西吉火石寨国家地质公园、泾源老龙潭、平凉崆峒山等重点景区,把彭阳旅游产业的发展融入大六盘山旅游圈,打造“中国西北黄土高原独具特色的生态文化旅游名城”。

四、旅游产业链

围绕提高旅游“吃、住、行、游、购、娱”消费服务水平,加快旅游公路、旅游商品、餐饮、住宿、旅游购物商场等旅游配套服务设施建设,增强城市旅游服务功能,打造精品旅游目的地。按照景区接待服务功能标准,加快景区主入口、游客中心、停车场、厕所、安全警示和引导标识等配套服务设施建设。改善全县旅游交通设施,提高通往各主要景区的公路等级，完善城乡旅游交通网络。开通城区到主要旅游景区的“半日游、一日游专线班车”，把城市公交延伸到境内主要景区和乡村旅游点，提高景区通达性。着力实施宾馆、酒店“创星升星”工程，改善星级饭店和特色餐馆的餐饮设施，并提高服务水平，培育餐饮龙头企业，扶持发展一批特色农家乐餐饮业，逐步形成集美食、文娱和休闲于一体的彭阳旅游餐饮服务网络，打响“美食彭阳”品牌。开发地椒茶、麦秆画、刺绣、剪纸、书法等旅游商品，提高附加值，延长产业链。

五、旅游宣传

精心设计制作反映彭阳旅游特色的专题片、文艺节目、讲解丛书等系列宣传品，利用主流媒体，加强对“生态彭阳、花果之乡”旅游整体形象、旅游线路的宣传。围绕“烟花三月下扬州，春风四月到彭阳”，办好“彭阳山花旅游节”，谋划举办“地椒茶文化节”“文化旅游艺术节”等形式多样的旅游宣传活动，积极组织参加各类旅游节庆活动，全方位开展旅游宣传推介，提升和扩大彭阳旅游的影响力。在主要客源地和旅游目的地设立联络处，开展宣传促销，开发客源市场。利用彭阳优美的生态小流域资源，开拓自驾游市场。实施市场多元化战略，重点推进与银川、西安、兰州等地的合作，巩固深化旅游合作机制。加强与周边旅游圈的接轨和融合，邀请外地旅行社到彭阳考察，按照“优势互补、资源共享、客源互送、利益共享”原则，发展无障碍旅游，加快形成区域性一体化的旅游协作体系。

六、旅游监管

以游客满意度为标准，以标准化管理为手段，以信息化服务为途径，提升服务质量和产业要素。加大旅游法规宣传和执行力度，强化旅游行政执法职能，完善旅游监管体系，落实监管责任。工商、公安、卫生、市监、文化、物价等部门按照职责依法查处旅游违法经营行为，严格实行旅游餐馆、旅游商店、旅游演艺场所挂牌制管理。建立旅游服务质量评价体系，加强旅游行业自律和诚信建设，发展诚信旅游活动。强化社会和舆论监督，开展以服务游客为中心的旅游行风建设。支持旅游企业开展具有网上信息咨询、预订和支付等服务功能的电子商务平台，为自助游、自驾游提供交通、住宿等网络化服务。

七、人才培养

鼓励从业人员积极参与旅游开发、经营管理、社会服务等专业培训。加强在职、在岗管理人员的培训，选派管理骨干参加自治区、固原市举办的各类旅游专业培训或到旅游大省、市及旅游专业院校进行学习深造，提高管理、经营能力，培养一批高层次、复合型的紧缺人才。定期举办导游员（讲解员）培训班，培养一支熟悉彭阳历史文化和风土人情的旅游服务队伍，不断提高从业人员的业务素质和管理水平。逐步完善旅行社导游人员社会保障制度，确保旅游行业队伍的稳定性。

八、旅游投资

建立政府引导、市场运作的投资机制，按照市场经济规律，多渠道、多形式加大对旅游产业的投入力度。把旅游景点建设列为全县重点建设项目，从政策、资金、配套设施建设等方面给予重点扶持，县财政每年安排300万元的旅游发展资金，以后每年随着财力增长逐年有所增加。主要用于旅游规划编制及产业发展研究、旅游公益性设施建设及管理、重点旅游产品整体形象的宣传促销等支出。同时，按照“谁投资、谁受益”的原则，鼓励社会多种经济成分积极参与旅游开发建设，投资开发旅游产业的集体与个人，本地与外地投资者均可享受优惠的待遇。各相关部门（单位）根据各自业务特点，简化手续，加强服务，为旅游产业的发展创造良好的社会环境。

第二节　景点与线路

一、旅游景点

金鸡坪梯田公园　金鸡坪梯田公园位于彭阳县阳洼流域，总面积28平方千米，涉及白阳镇、草庙乡2个乡镇8个行政村，地形地貌以梁、峁、沟壑为主。梯田从沟底延伸至山头，层层叠叠，横无际涯，像时光的枕头，像岁月的年轮，如链似带的梯田形成的各种曲线美轮美奂，整个高山犹如一卷巨幅染色山水画。境内有基本农田1.2万亩，山沟造林0.8万亩，退耕造林1.1万亩，高效经济林2.5万亩，种草0.5万亩，累计治理程度达97%。该园是彭阳乃至黄土丘陵半干旱山区生态环境建设的样板工程之一，也是彭阳县旱作梯田的典型代表，被称作大地上的"指纹"，于2014年入选为"中国美丽田园"10项梯田景观，2019年被评为国家AAA级旅游景区。

近年来，彭阳县认真贯彻落实习近平总书记视察宁夏重要讲话精神，践行"绿水青山就是金山银山"理念，紧盯高质量发展、高品质生活定位，依托现有的生态建设成果，大力发展全域旅游产业。坚持"旅游+"发展思路，围绕生态建设构建旅游框架，健全完善梯田公园基础设施，科学规划作物种植，将种田与种景相结合，实现"三季有花、四季有景"，延长梯田视觉观赏时间。

茹河瀑布风景区　茹河为蒲河支流，发源于固原市彭阳县东部。自源头始，两岸山间峡谷蜿蜒曲折，峡谷极窄，恰似一线天，茹河于其中奔流，回旋激荡。至城阳乡杨坪村附近，峡谷在此中断，地形陡然开阔，河水聚流成池，其后为高达数米的断崖，池中河水奔腾而下，是为茹河瀑布。

茹河瀑布风景区位于彭阳县城东24千米处的城阳乡杨坪村。由于地壳变化和河床运动，这里形成2处落差9米以上的连环瀑布和幽深狭长的茹河石峡谷，瀑布下游峡谷长约3千米。瀑布将河床切割出一条近800米长的岩石断层，这切割层，有的如悬空的古堡，危机四伏；有的状若蘑菇，层叠而起；有的如千层饼，色彩各异；有的像石窟佛像，排列严整。茹河瀑布风景区是彭阳县"两河"流域百里画廊的核心景区，茹河瀑布风景区已建成停车场、道路、游客中心、红梅杏采摘园、观光打卡文化园、游乐园等基础

彭阳茹河瀑布 林生库/摄

设施，利用景区优势，鼓励周边群众大力发展旅游产品销售业，加大对农副产品的宣传营销力度。2012 年 10 月，被水利部命名为国家级水利风景区。2022 年被评为国家 AAA 级旅游景区。

乔家渠红军长征毛泽东宿营地 乔家渠红军长征毛泽东宿营地位于彭阳县城阳乡长城村乔渠组，属乔生魁旧宅。1976 年 8 月，毛泽东的警卫员陈昌奉重走长征路，途经乔家渠时，证实了乔生魁旧宅就是当年毛泽东长征宿营地，1935 年 10 月 8 日，毛泽东在长征时曾在中间窑洞居住一晚，所用的案板经逐级上调，现存于国家博物馆。2006 年开始，彭阳县委、县政府对宿营地旧址进行多次修缮、加固、完善，建成集红色旅游、民俗风情、田园休闲于一体的爱国主义教育基地和民俗风情园。2010 年 3 月，彭阳县人民政府公布此处为县级文物保护单位；2012 年 7 月，被自治区国防教育委员会命名为区级国防教育基地；2018 年 8 月，宁夏回族自治区公布此处为自治区级文物保护单位；2023 年 6 月，被共青团固原市委员会、固原市教育体育局、少先队固原市工作委员会命名为第一批少先队（青少年）校外实践教育基地；2023 年 10 月，被自治区党委宣传部命名为自治区爱国主义教育基地。2022 年被评为国家 AA 级旅游景区。

1935 年 10 月 7 日，毛泽东、周恩来、张闻天、王稼祥等率领中国工农红军陕甘支队从张易堡登上六盘山。毛泽东在行军途中饱览六盘山风光，夜宿乔家渠写下了气壮山

2022年修建的乔家渠红军长征毛泽东宿营地　谢　波/摄

河《清平乐·六盘山》著名诗篇的雏形——自由体歌谣《长征谣》。10月7日,红军一纵队突袭青石嘴,歼灭了东北军第七师十三团两个骑兵连,缴获100多匹战马、10多辆马车,组建了第一支中国工农红军骑兵侦察连。当晚,毛泽东夜宿古城镇小岔沟村阳洼组张有仁家,这是毛泽东一生中第一次住进窑洞。10月8日,红军从小岔沟驻地出发,分左右两路齐头向白杨城(今彭阳县城)进,行军至古城川,一举击溃了国民党宁夏马鸿宾三十五师两个营,俘敌80余人,缴获枪支80余支。中午,红军到达白杨城正准备宿营,突遭敌机轰炸,又有追兵逼近,红军遂启程向东北方向前进。毛泽东随右路军于傍晚到达长城塬赵家山畔、乔家渠一带村庄,夜宿乔家渠。

为传承革命精神、弘扬红色文化,近年来,彭阳县委、县政府结合国家长征文化公园建设,编制乔家渠总体规划,重点对乔家渠红军长征毛泽东宿营地旧址进行加固、旧址原貌复原,并配套建设停车场、诗词园、园路、给排水和绿化等基础设施;整合资金,统筹实施彭阳县乔家渠长征民宿地旅游产业培育项目,重点建设游客集散中心、红军小道、周边环境整治以及配套服务系统等基础设施,培育发展壮大第三产业,以景区为中心,辐射发展游客接待及游玩设施,建设采摘大棚、篝火广场、民宿院落等,带动周边乡村旅游发展,提升乔家渠红军长征毛泽东宿营地接待水平,使其成为人民群众了解革命历史、吃红军饭、走长征路的重要场所,在传承红色精神、开展爱国主义教育等方面发挥积极作用。

彭阳县博物馆　彭阳县博物馆位于县城以北悦龙新区,于2017年11月正式建成并对外开放,建筑面积11000平方米,总投资8700万元,是一座集文物收藏、展览、研究于一体的县级综合博物馆。馆藏文物6757件,其中国家一级文物40件、国家二级文物114组116件、国家三级文物438组838件。除宁夏博物馆、固原博物馆外,建筑面积和馆藏文物数量位居全区第三。

整个建筑呈“回”字形布局，设“茹水遗珍——彭阳古代文物陈列展”“红色记忆——彭阳近现代史迹展”“今我彭阳展”“彭阳规划展”“临时展厅”“观众互动厅”6个展厅和学术报告厅。

巍巍六盘之东，滔滔茹水河畔，5000年的历史文明，5000年的风云变迁，孕育了彭阳的悠久与辉煌。在基本陈列“茹水遗珍——彭阳古代文物陈列展”中分远古文明、青铜文化、丝路印象、千年古县4个单元，展示了大量的以陶器、玉器、青铜器、瓷器为代表的精品文物，展现了彭阳自3万年前的旧石器时代到明清不同历史时期多姿多彩的文化；“红色记忆——彭阳近现代史迹展”中分革命觉醒、红旗漫卷、共赴国难、峥嵘岁月4个单元，以毛泽东、彭德怀等老一辈无产阶级革命家在彭阳遗留下来的光辉史迹、遗物，以及彭阳人民积极抗战的珍贵革命文物，再现了彭阳那段光辉的历史。“今我彭阳展”陈列1983年建县以来的工作掠影，展现在中国共产党的领导下，历届县委、县政府带领彭阳人民发扬“彭阳精神”和“三苦作风”所取得一系列成就。“彭阳规划展”，旨在通过彭阳县富有前瞻性的城乡空间发展规划，展现彭阳引以为傲的发展成就和催人奋进的美好前景，感受未来彭阳“天高云淡六盘山，生态彭阳入画来”的美好画卷。

任山河烈士陵园　任山河烈士陵园位于彭阳县城西北23千米处。这里两山对峙，整个陵园布局坐北面南，背靠罗家山脉，中间是一块较平坦的开阔地带。

1949年7月，中国人民解放军第一野战军取得陕西战役决定性胜利之后，国民党宁夏兵团组成的增援陕西的军队见大势已去，迅速向甘肃平凉一带退缩，在固原境内的三关口到任山河一线构筑防线，谋图“固守宁夏门户”。西北野战军十九兵团开始了长距离的追歼战，任山河战役就是在解放大西北这个特定历史时期进行的。7月31日解放军分别进抵三关口、固原和彭阳；8月1日解放军全线发起进攻，血战半日，就彻底摧毁了国民党马家军构筑的纵深15千米、宽5千米的野战防御工事，国民党全线溃退，历时两天的任山河战役胜利结束，解放

2014年新建的任山河革命烈士纪念碑　　谢　波/摄

宁夏的南大门被打开。

在任山河战役中，有 364 名解放军战士献出了年轻的生命，为中华人民共和国的解放事业谱写了一曲壮丽的悲歌。为缅怀英烈的丰功伟绩，1955 年 4 月 1 日，原固原县人民委员会将散埋在任山河战场周围的烈士遗骸迁移集中埋葬，并立碑建园。建园至 2022 年历经 4 次修缮改造，占地 4 万平方米，建有纪念碑、纪念馆、花坛、雕塑、停车场等。陵园内共安葬烈士 396 名(有名烈士 242 名、无名烈士 154 名)，其中，任山河战斗中牺牲的中国人民解放军第 19 兵团 64 军 364 名指战员，红一方面军长征途经彭阳牺牲的 4 名红军战士，中共地下工作者、解放后剿匪牺牲的革命战士、敌后武工队员，因公殉职的革命干部等 21 名，中越边境自卫还击战牺牲的战士 1 名，2013 年从甘南藏族自治州搬迁散葬烈士 1 名，2022 年将散葬在彭阳境内的 5 名烈士迁入陵园。1996 年，任山河烈士陵园被国务院批准为全国第三批革命烈士纪念建筑物重点保护单位；2009 年 11 月国家国防教育办公室命名任山河烈士陵园为全国首批“国家国防教育示范基地”；2011 年 12 月被自治区党委宣传部确定为全区爱国主义教育基地；2012 年 7 月被国家教育委员会、自治区党委宣传部评为全区首批国防教育基地；2014 年 5 月 31 日被自治区党委党史研究室命名为全区第一批党史宣传教育基地；2022 年 3 月被彭阳县委宣传部命名为全县新时代文明实践基地。2023 年 10 月，被自治区党委宣传部命名为自治区爱国主义教育基地。为区市县党政机关、企事业单位、社会团体缅怀革命先烈丰功伟绩，接受革命传统教育的重要场所。

小岔沟红军长征毛泽东宿营地　小岔沟红军长征毛泽东宿营地位于彭阳县古城镇小岔沟村张有仁旧宅。1935 年 10 月 7 日，毛泽东率领中央红军长征，取得青石嘴突袭战、突围战胜利，翻越六盘山到小岔沟，夜宿张有仁家窑洞。该窑洞是毛泽东平生住过的第一孔窑洞。24 时，毛泽东签发电报：“彭、李、叶、邓(彭雪枫、李富春、叶剑英、邓发)；明日须以急行军通过镇原、固

1935 年 10 月 7 日，毛泽东长征夜宿小岔沟时居住的张有仁家窑洞　谢　波/摄

原间大道，并注意向镇原、向固原前进之敌卅五师部队。白杨城(今彭阳县城)如有敌时，须从其西端绕道向环县进。”凌晨二三时许，红军分别从驻地启程，以茹河为界分两路向白杨城进发。即：一纵队和中央机关沿茹河北岸行军；二纵三纵主力沿茹河南岸行军。毛泽东随一纵队行军。1996 年 7 月 1 日，小岔沟红军长征毛泽东宿营地被公布为县级文物保护单位，2005 年被公布为自治区级文物保护单位。

2021 年，按照《国家长征文化公园实施意见》，结合彭阳实际，制定《宁夏彭阳县长征文化公园建设方案》，对小岔沟旧址区规划总投资 1000 余万元，主要对旧址区整体进行加固保护和窑洞布展，配套建设停车场、道路、卫生间、文化小品、长征主体浮雕、给排水及公卫设施、旅游驿站等。

2022 年，嘛喇湾 77 号彩虹路　　谢　波/摄

嘛喇湾 77 号彩虹路　是彭阳县重点打造的、以特色旱作梯田观光为主导的五彩梯田之一，地处白阳镇、古城镇、王洼镇三镇交会处，总面积 29 平方千米。该梯田治理面积 3.2 万亩，共植各类花卉树木 320 余万株，流域森林覆盖率达 35%以上。新建观景台 4 处，景区出入口大门 2 座，增设标志标牌、道路排水、绿化等，并配套建设休憩设施、环卫设施等。因景区内部观景道路全长 7.7 千米，故名 77 号公路，该公路起点王洼镇陡沟村，终点古城镇郑庄村。自 2022 年开放以来，嘛喇湾 77 号彩虹路颇受区内外游客青睐，成为彭阳乡村自驾游新晋网红打卡地。

每到春天，一条 7.7千米的“彩虹”路穿梭于争妍斗艳的山花之中，用“红、黄、蓝”三种颜色组合而成的“彩虹标线”，从高空俯视，宛如一条长长的彩色“丝带”。游客可以一边看路，一边看风景，彩虹路上散落着被微风吹拂过的花瓣，为美丽的山间平添了些许诗意，走在道路之中，花香四溢，风光旖旎，成为彭阳旅游一条新的景观道路，也是彭阳踏青赏花观梯田的绝佳地点，吸引许多人前来游玩打卡。以嘛喇湾77 号彩虹路沿线为依托，周边有江南农庄、罗堡山庄等农家乐，游客在这里吃农家饭、住农家炕、享农家乐，带动景区周围群众大力发展乡村旅游业，真正实现旅游惠民、旅游富民。

姚河塬商周遗址　姚河塬西周遗址位于新集乡姚河村，距乡政府3千米处，由中部的城墙和护城河将城址分为内城和外城两部分，遗址面积92万平方米。该遗址是至2018年已知的西北地区首次发现的西周诸侯国都邑城址，从商代晚期延续到西春秋早期，贯穿整个西周历史出土甲骨文、原始瓷器、象牙器、玉器等珍贵文物，尤其是甲骨文的发现，直接记载了姚河塬的国别“获国”，同时也是继周原遗址外全国第二处西周甲骨的集中发现地，出土的单片卜辞字数为全国西周甲骨之冠。清理的铸铜作坊区有道路、房址、烘范窑、储泥池、掺和料堆积、炉子、水渠、水池、填埋废弃陶范的坑等遗迹，具有产业链的性质。出土青铜容器范、车马器范、兵器范、工具范单等，是西北地区首次发现的铸铜作坊遗址。姚河塬西周遗址的发现和发掘填补历史文献的空白，使人们首次了解到周人在西北边疆地区的经略和管控经营模式，同时获国作为陇东高原的最高级别诸侯国，控制除固原地区外，亦包括今庆阳等地，是周人在西北地区的军事前哨基地和最为重要的军事屏障。

2018年4月，姚河塬西周遗址航拍图　　杨宁国/摄

青云湾梯田　青云湾梯田位于大沟湾流域核心流域，地处县城西南面。涉及白阳镇、新集乡2个乡镇8个行政村24个村民小组，总面积30平方千米。是彭阳县生态综合治理示范区，是黄土高原丘陵地区生态治理的样板工程之一。

自2002年实施退耕还林工程以来，累计人工造林2.9万亩，建设高标准旱作梯田1.1万亩，修建骨干坝1座，流域治理程度达到95%。流域治理按照“山顶林草戴帽子、山腰梯田系带子、沟头库坝穿靴子”模式，坚持退耕还林（草）与荒山治理、治坡与治沟、林草建设与农田建设同步推进，采取陡坡地退耕，缓坡地机修农田，荒山综合治理的工程措施和灌草间作、乔灌草立体复合配置的生物措施，推行“88542”造林整地技术，积极探索把改善生态环境与加强农业基础建设和后续产业开发结合起来，全力推进“山林+”助力农民增收、助推乡村振兴。治理后，流域生态恢复良好，群众生产生活条件明显改善，农业综合效益显著提高。2016年，青云湾梯田被自治区林业厅、教育厅和共青团宁夏区委命名为第一批自治区生态文明教育基地，彭阳旱作梯田入选“中国美丽田园”名单。

近年来按照乡村振兴战略，将乡村旅游与美丽乡村建设紧密结合，以青云湾梯田公园为依托，大力发展乡村旅游，将周沟村居民36户169孔青砖窑洞进行整体规划，修建主干道、入户支干道、停车场、排水等基础设施，配套建设文化活动广场、舞台、文化长廊、标志标牌、太阳能路灯和围墙粉刷彩绘等，改善人居环境，缓解城市旅游食宿压力，增加当地居民收入，真正实现了山绿与民富双赢。

五峰山 五峰山位于城阳乡政府以东16千米，韩寨村境内，海拔1523米，山势奇特，中分五指，故名五峰山。北依长城塬，南濒茹河，西临深涧，东接山谷。漫山沙棘葱茏，松柏苍翠，山桃成荫，花红似火，碧草如茵，鸟语花香。似镶嵌在茹河北岸的一颗绿色宝石。身临其境，有无法言表的诗情画意。“山竖五指称奇香，粉云艳染春锦绣。”近年来，当地居民认真封山育林，不断营造松柏、山桃，山色再现苍翠。阳春，桃红柳绿，牡丹飘香；仲夏，山花竞放，蝶飞蜂舞；金秋，黄菊遍野，红叶满目；隆冬，雪压青松，五峰苍莽。

城阳乡境内的旅游景点——五峰山　　谢　波/摄

无量山石窟 无量山石窟位于彭阳县城西北25千米的古城镇田庄村北塬组。石窟开凿于半山腰石崖上，坐南面北，分东西两窟，相距200米，沿石狭河排列，傍山依水，风景秀丽。1988年，无量山石窟遗址被宁夏回族自治区人民政府公布为第二批自治区级文物保护单位。

东窟窟顶雕成窿形，深约80厘米，有石造像5尊，佛高2.1米。居中一尊佛坐于高大的圆形须弥莲花座上，这尊佛较两侧清瘦，身着双件袈裟，袒胸露腹，右手伸二指指

2010年5月，古城镇田庄村无量山石窟东窟局部　　杨宁国/摄

天，左手半出抚左膝，嘴微开，和颜悦色，做说法状，为释迦牟尼佛。左侧佛丰韵饱满，坐于高大的圆台之上，双腿弯曲垂台下，双脚踩一朵分枝莲花，双手抚双膝，身着通肩衣，阔鼻大嘴，修眉长服，面部笑容可掬，为“笑口常开的弥勒佛”，右侧佛盘坐须弥座上，双手相触，手指上翘置于腿上，神情庄严肃穆，为阿弥陀佛，号曰无量寿佛。在三尊佛的左侧约4米处有一造像，通高1.6米，为护法神。右侧2米处有一站立的小像，高62厘米，头已毁，是主佛的服侍或随从弟子。从石窟寺两处石刻题记，一处文字漫灭难辨，另一处刻3行文字，左刻“天圣十年”，右刻“张行（番）□□”，中间文字模糊难辨，由此可知此窟建于北宋天圣十年（1032）。西窟有石质造像共20尊，一线排列在距地面高0.9米、长8.2米的石崖上，造像最高0.8米、最低0.38米。造像内容为一佛二菩萨一供养人和十六罗汉。身着长衣，下摆拂地，体态修长匀称，为观世音菩萨。观音左侧有一坐像，右腿弯曲着地，左腿平盘，脚至裆下，左手抚左膝，右手呈握剑状，头已毁，为护法神。分列两旁的是十六罗汉，其中7尊保存较好，其余头部均有不同程度的损坏，但衣褶、姿势，尚且清晰可分辨。雕像两端的石崖上雕一佛龛，东端距地面约2.6米处有一题记：“景祐二年四月二十日刘绪等公修罗汉人”。无量山石窟由于年久失修，自然和人为破坏严重，近年自治区文化厅和县人民政府累计投资76万元，修通通往窟区2.3千米柏油路，修建防雨抱厦等基础设施，使无量山石窟得到有效保护。

朝那湫渊　朝那湫（东海子）遗址，位于彭阳县古城镇海口村北4千米东海子水库。为战国时期秦国北部的重要祭祀场所——朝那湫祠，历史上曾与长江、黄河、汉水齐名，为华山以西四大名川（水）之一。2010年被自治区人民政府公布为自治区级文物保护单位。

朝那湫四面环山，元大德十年（1306）开城路大地震，湫渊东部出现沟壑，湖水走漏。20 世纪 70 年代在原址基础上修建水库，总库容 373 万立方米。水库东南有一小山丘，高约 60 米，即“丘东岗之上置祠设像”的地方，农田面积 3 万多平方米。

2010 年，朝那湫渊 谢 波/摄

古人祭祀山川，主要因其能敛云布雨，润泽大地，敬畏于该山川的特殊“灵异”之处。“朝那湫渊，湖水常年不增不减，水中不生草木，故而秦人视为神，将诅楚文沉于此渊中，并置祠奉祀。”朝那湫的灵异之处，就在于高山有水，不增不减，古人不理解这一特殊地质现象，视其为神异，并设祠祭祀。朝那湫地位超过泾渭，成为人类文明进程中西北国家重要的祭祀地之一。2007 年在遗址中首次发现有关“朝那之湫”残碑，为确定朝那湫的具体位置，提供了重要的实物依据。朝那湫渊岸边绿草茵茵，犹如锦缎，夕阳西斜，远望湫渊，水波随风涟漪，泛出点点粼光，五彩缤纷。自西向东望去，有山峰相连，形成自然屏障。南山高峰陡立突兀，草木繁茂，是夏日旅游小憩的好去处。

中央红军长征十三大队宿营地旧址　中央红军长征十三大队宿营地旧址位于彭阳县孟塬乡草滩村古庄院虎俊隆、虎建隆旧宅，该旧宅坐西面东，占地面积 1.998 万平方米，共 9 孔窑洞。保存收集红军军官证件 8 本，勋章、纪念章 9 枚，红军战士档案 30 余页等。

1935 年 10 月 8 日，陕甘支队二纵队十三大队（大队长陈赓、政委邓飞）从白杨城经长城塬到孟家塬草滩一带，继续执行警戒任务，夜宿营古庄院。翌日战士郭文海因伤情掉队，倒在草滩禾草地中不省人事，被村民虎林周、虎儒林等四兄弟救起，背回古庄院，精心救治。郭文海为躲避敌人，化名虎路生，以虎林周儿子为名作掩护，经虎家几兄弟悉心照料，郭文海的伤恢复得很快，十多天后就能下地做些零活，次年伤愈，加入驻三岔的红军陕甘宁独立师。解放后，郭文海与虎家经常往来并且互通书信，寄钱、寄物，演绎了一段军民鱼水情深的动人故事。

茹河生态园　茹河生态园位于固原市彭阳县县城，依托茹河综合治理工程和石头崾岘水库而建，属于城市河湖型水利风景区，面积23.38平方千米，其中水域面积3.52平方千米。茹河属黄河一级支流泾河水系，发源于六盘山东麓，彭阳境内全长93千米，气候宜人，生态环境优越。茹河生态园占地2.4平方千米，绿树成荫，水质清澈，曲径通幽，建设了大量人文景观，是展示彭阳悠久历史文化的窗口。滨河公园位于茹河南岸，沿河岸布设了音乐喷泉广场、儿童乐园和休闲广场等，是市民亲水戏水、休闲散步、观赏茹河美景的首选之地。

2010年8月建成的茹河生态园　　谢　波/摄

皇甫谧文化广场　皇甫谧文化广场位于“世界针灸鼻祖”皇甫谧故里彭阳县古城镇政府驻地西北角，西接任山河烈士陵园和小岔沟红军长征毛泽东宿营地，东距彭阳县城15千米。是彭阳县委、县政府为追念先贤、彰显彭阳历史文化魅力而新建的一处大型历史文化建筑。由县财政投资400万元，新建16000平方米的文化广场、仿古配套用房6间(207.35平方米)、皇甫谧大型石造像、仿汉代建筑风格的大门、停车场及绿化排水等。广场主体建筑为皇甫谧大型花岗岩造像，由石阶、碑座、雕像三部分组成，通高15.09米，寓意皇甫谧巨著力作《黄帝三部针经》通灵久远；石阶状如八棱台，暗合阴阳八卦、中医针灸之学理；四方体碑座高2.15米，棱台斜边6.8米，寓意皇甫谧生于东汉建安二十年(215)，享年68岁；圆台与碑座呈古铜钱造型，象征皇甫谧医术高超，造福苍生，康寿生财；雕像高10米，意为皇甫谧成就卓越，人生完美；碑座东西两侧线刻皇甫谧传世故事6幅，记载其传奇人生；碑座正面刻有“针灸鼻祖皇甫谧”七个大字，背面简述其生平概略。整体建筑雄浑古朴，人物造像栩栩如生，是目前宁夏境内最高的历史名人石造像。皇甫谧文化广场的兴建，凸显了彭阳悠久的历史文化渊源，受到了各级组织的鼎力支持和社会各界的一致好评，为发展彭阳文化旅游事业，传承中华历史文化，建设美丽彭阳增添了一道亮丽的风景线。

位于古城镇皇甫村的皇甫谧文化广场　　谢　波/摄

彭阳大石峡　彭阳大石峡位于冯庄乡西南部，横穿小园子、虎崾岘、冯庄、小寺、小湾和雅石沟 6 个行政村，属流水冲刷形成的天然峡谷地形，全长约 36 千米，平均深度 15 米，峡谷两侧相距平均约 20 米，有些地方相距仅 3.5 米，但因地势险要，无法跨越，如若从峡谷一侧到另一侧需翻山越岭行走三四十里路，人称“一步四十里”。经考证，峡谷内岩层属白垩纪，至 2022 年约一亿七千万年，峡谷属第四纪地貌，约二百万年。深邃峡谷的洞天中，凉风习习，环颈雉鸣，燕子穿梭，蝴蝶纷飞。怪异的天然灵石，或浮雕或塑像，似鹰似猴似鱼似蛙似马似狐似猿人，大自然之鬼斧神工，栩栩如生，貌若天然尤物，犹如大师作品，让人惊叹，令人震撼，是徒步探险旅游的绝佳去处。

贞爱花峪　贞爱花峪位于彭阳县白阳镇白岔村，距离县城 14 千米。白岔村从 20 世纪 60 年代开始就注重在荒山、荒沟等不利于粮食种植的区域植树造林，后来又积极响应退耕还林政策，经过多年探索实施，生态宜居，产业兴旺，治理有效的白岔呈现出新时代“杏花村”的气象，贞爱花峪就是彭阳县每年山花节赏杏花最佳去处之一。

四月天里，烟雨湿润，两旁新，吐翠，山桃花簇拥，杏花带雨，空气中弥漫着山花的芬芳。生态林保护区，山花恣意，农家庄前屋后桃杏竞相绽放，庭院掩映其中。桃杏芬芳，柳吞鹅黄，炊烟袅袅，鸡鸣犬吠，白岔村是彭阳县最具人间烟火味的鲜花村。层层梯田跟着山形地貌波浪一样又起又伏，古老的秦长城遗迹在这起伏中时隐时现，在群山梯田间，白岔村四月的山花如同数不清的浪花一样闪烁着这座新时代新“杏花村”的无限生机和美好希望。

彭阳梯田　　谢　波/摄

彭阳梯田　彭阳梯田分布于宁夏南部六盘山区，始于20世纪60年代，是当地群众坚持战天斗地"坡改田"既种庄稼又种风景，"一任接着一任干，一张蓝图绘到底"，精心打造的一项规模宏大的绿色生态工程。美轮美奂的梯田镶嵌在黄土高原上的每一处褶皱上，条条田垄如链似带，从山脚盘旋至山顶，层层叠叠，高低错落，形成春赏山花、夏观梯田、秋品红叶、冬览水墨的四季画卷，被誉为最美的大地上"指纹""中国最美旱作梯田"，入选"中国美丽田园"10项梯田景观名单。宁夏梯田看固原，固原梯田看彭阳。彭阳梯田是黄土高原上梯田的缩影，成为黄土高原生态治理的典范。近年来，彭阳县打造的以金鸡坪、嘛喇湾、青云湾等梯田公园为三大核心"五彩梯田"公园，每年4月"山花旅游节"游人如织，成为新晋网红打卡地。

战国秦长城　彭阳战国秦长城由甘肃静宁县进入宁夏西吉县，途经原州区，由河川乡黄河村黄家庄进入彭阳境。县境长城分布在2个镇、2个乡的10个村20多个村民小组，全长约80千米。西北—东南走向经古城镇黄湾、白阳镇姜洼延伸至小河口梁坡头后，折东北上陡坡、里湾、碉堡梁、杨湾到白岔村的西峁盖至于家嵝岘。东西向过长城塬、乔渠、白马庙后，东南走向至涝池张沟圈。然后成直角北折至杨小庄入深沟上孟塬，再从东北方向过孟塬施坪、虎山庄后在孟庄、草滩、城墙湾地两出两入，最后从玉塬村出县境进入甘肃镇原县。

二、乡村旅游

城阳乡杨坪村　杨坪村地处G327主干道旁，属典型的温带半干旱大陆性季风气候，气候适宜，四季分明。距城阳乡政府驻地10千米、距彭阳县城22千米，全村总面积11.49平方千米，属于黄土丘陵地区，村域内有一条沟谷，地形北高南低，自西南向东北逐步降低，平均海拔1300米。全村辖9个村民小组495户1607人，有移民户136户550人。

杨坪村旅游资源丰富，尤以传统建筑、人文活动、水域风光、地域景观类资源为主。村内有旅游景区茹河瀑布以及茹河峡谷、百窑古村等景观景点和中共麻子沟圈区委旧址，依托景区及旅游资源发展民宿和农家乐，其中四星级1家，三星级2家，沿茹河瀑布两侧建设200亩红梅杏标准采摘园区。交通便利，旅游资源丰富，为逐步打造产销一体化经营，吃住游一条龙服务发展体系奠定基础。2020年，杨坪村入选为第二批全国乡村旅游重点村。

白阳镇阳洼村　阳洼村位于彭阳县县城以北12千米，总面积21.3平方千米，耕地面积11895亩，机修水平农田5600亩，耕地面积6685亩。阳洼村境内有中国最美旱作梯田，国家AAA级旅游景区金鸡坪梯田公园；宁夏首个以小流域治理为特色的自治区水利风景区——阳洼流域水利风景区，规划面积96.3平方千米，展示了以小流域为单元，山、水、田、林、草、路综合治理的新农村建设模式；阳洼村的特色红梅杏、中药材、油菜花、百合等的种植也已形成规模，将农业种植与旅游观光深度融合；传统村落旧址、遗迹等保留完整，村落建筑外观保留一定的原乡与自然风貌，体现乡土气息、传统文化、民俗风情和田园生态；民居建筑、旧址遗址、历史故事、非遗文化等历史文化资源留存较好，具有观赏价值、历史文化价值、科学普及与教育意义；新建500头规模标准化肉牛养殖示范园区，

阳洼流域梯田花海　　谢　波/摄

成为带动区域草畜产业发展的龙头。2021 年,阳洼村入选第一批宁夏特色旅游村名单。

红河镇友联村　红河镇友联村位于红河镇政府东部，距县城 18 千米，距镇政府 2.5 千米,红惠公路穿村而过,交通便利。该村北临夏塬村、南接何塬村、西邻韩堡村(镇政府所在地)、东接红河村，沿红河河道两岸分布，土地总面积 17.9 平方千米，耕地 9787 亩,人均 3.1 亩,退耕还林 1710 亩,荒山造林 1500 亩。全村辖 6 个村民小组,截至 2022 年底,全村 607 户总人口 2094 人,人均纯收入 10800 元,属回族、汉族杂居村。

红河镇友联村先后被自治区授予"全区先进村党支部"称号,被固原市授予"全市先进基层党组织"等荣誉称号。2011 年 8 月 23 日,农业部认定友联村为第一批全国"一村一品"示范村镇,友联村2021 年入选第一批宁夏特色旅游村名单。

依托当地自然、人文优势,突出旅游、休闲娱乐和农家体验定位,有效衔接政策产业动向,产生良好的经济和示范带动效应,建立苹果园示范基地 500 亩、设施农业及蔬菜基地 2500 亩、日光温室 400 余栋,进行反季节蔬菜种植,蔬菜产业成为村民的主要收入,远销周边城市。发展庭院经济种植红梅杏 300 余亩,红梅杏产业蒸蒸日上,为农户增收助力。五星级乡村旅游示范点友联农家大院是一家集休闲娱乐、农家乐餐饮、生态养殖、采摘体验、蔬菜冷藏加工于一体的休闲示范农庄,占地 20 公顷。

城阳乡长城村　位于城阳乡北部的长城村，属典型的温带半干旱大陆性季风气候,气候适宜,四季分明。距乡政府 7 千米,因战国秦长城贯穿过境内而得名,总面积 29.25 平方千米,黄土丘陵地区,村域内有一条沟谷,地形北高南低,自西南向东北逐步降低,平均海拔 1300 米;共有树林及林地面积 8000 亩,其中退耕还林面积 3580 亩,荒山造林 3120 亩,"四旁"绿化林地 1300 亩。全村绿化覆盖率达到 45%;下辖乔区、蔺塬、乔洼、小寺、白庙、赵岭、花园、陈庄、叶寨 9 个村民小组。

2018 年 12 月,住房和城乡建设部会同文化和旅游部、国家文物局、财政部、自然资源部、农业农村部将长城村乔渠组列入第五批中国传统村落名录,长城村 2019 年被博鳌国际峰会组委会评为"中国最美乡村"。长城村内的红色景点乔家渠红军长征毛泽东宿营地,2010 年 3 月被彭阳县人民政府确定为县级文物保护单位,2012 年 7 月被自治区国防教育委员会命名为区级国防教育基地。围绕乔家渠红军长征毛泽东宿营地景区配套建设乔家渠长征博物馆,红军长征体验园、民宿、农家乐等旅游基础设施,周边建成 2000 亩苹果采摘园、600 亩红梅杏采摘园,同时将建设麦秆画、根雕、刺绣等手工艺馆，提高旅游接待水平。2022年，长城村入选第二批宁夏特色旅游村名单。

三、精典线路

红色教育研学游

小岔沟红军长征毛泽东宿营地（自治区级文物保护单位）—任山河烈士陵园（县级文物保护单位）—彭阳博物馆（国家AAA级旅游景区）—乔家渠红军长征毛泽东宿营地（自治区级文物保护单位）—中央红军长征十三大队宿营地旧址—中共固原县委旧址（县级文物保护单位）—彭阳县游客集散中心

绿色生态观光游

彭阳县城—悦龙山—金鸡坪梯田公园（国家AAA级旅游景区）—五峰山—茹河瀑布风景区—青云湾梯田—嘛喇湾77号彩虹路（网红打卡路）—茹河生态园—彭阳县游客集散中心

历史文化探秘游

古城镇下高速—皇甫谧文化园—朝那古城遗址—无量山石窟（自治区级文物保护单位）—姚河塬商周遗址（全国重点文物保护单位）—彭阳博物馆（国家AAA级旅游景区）—战国秦长城遗址（全国重点文物保护单位）—璎珞宝塔（自治区级文物保护单位）—彭阳县游客集散中心

第三节 旅游产业

一、游客集散中心

彭阳县游客集散中心位于彭阳县城汽车站旁边，占地面积约900平方米，分为上下两层，一层整体介绍彭阳县旅游资源，二层为彭阳县农特产品及非遗产品展售区。功能：游客咨询服务及旅游专线预订；游客接待及彭阳农特产、非遗、文创等产品展示售卖；游客信息反馈及意见建议处理。

二、友联农家大院

友联农家大院始建于2013年，经历了餐饮住宿、休闲采摘、农耕体验、民俗展示等由低级向高级的发展过程。度假村累计投资600余万元，经营面积3335平方米，建成以农家十大碗、蒸鸡为主的地方特色餐饮区1000平方米，以窑洞、火炕为主的特色住宿区300平方米，以杏子、蔬菜采摘为主的农耕体验区100亩，以垂钓、水上娱乐为主的休闲体验区226亩，同时将社火表演、婚庆嫁娶等民俗文化融入“吃、住、行、游、购、娱、教、学、养”等体验过程。度假村年均接待游客5万余人次，营业收入500余万元，吸纳农民就业21人，带动农户增收200余万元，为宁南山区农业多功能拓展，一、二、三产业融合发展，美丽乡村建设和农民增收，探索出了一套成功的脱贫致富经验。友联农家大院2016年被自治区文化和旅游厅评为“四星级农家乐”，2017年被宁夏旅游协会评为“三星级休闲农业和乡村旅游点”，2019年被彭阳县文化旅游广电局评为“示范农家乐”，2019年被自治区农业农村厅评为“宁夏休闲农业示范点”，2019年被中国旅游协会评为“全国四星级休闲农业和乡村旅游点”，2020年被自治区文化和旅游厅评为“五星级乡村旅游示范点”。

三、罗堡山庄

彭阳县罗堡山庄成立于2015年5月，位于彭阳县罗堡村罗庄队，距彭阳县城5千米，占地面积32020平方米，其中餐饮、住宿占地5600平方米，红梅杏采摘基地占地9980平方米，垂钓园3980平方米，田园观光采摘区12460平方米，初期投资150万元，后逐步投资累计490万元。罗堡山庄以农家餐饮、住宿、娱乐、休闲、垂钓，绿色的田园生态观光、采摘、科普农林教育和农家乡村活动等为主，带动当地扶贫就业，拓展非遗文化，吸引都市化的人们前来休闲养生，感受和体验农村生活，全面带动周围农户种植、养殖业的发展，形成联民联营的产业发展趋势。罗堡山庄餐饮特色以农家十大碗、农家土鸡、土山羊肉为主，原材料绿色生态无公害，面点以农家加工制成的五谷杂粮为主，美味可口。2021年，罗堡山庄被自治区文化和旅游厅评为“五星级乡村旅游示范点”。

2015年5月建成的罗堡村罗庄队罗堡山庄　县旅发中心/提供

四、江南农庄

彭阳县江南农庄位于彭阳县城以北约2.5千米处，始建于2004年，于2006年开始营业，是彭阳县首个休闲农业、乡村旅游微型基地。通过10年的发展，占地面积1.53公顷，包间21间，300平方米生态厅1处，停车场2处及60平方米多功能水厕，一次容纳300人就餐。2016年被固原市旅游协会授予三星级农家乐称号；2018年被宁夏休闲农业协会授予三星级企业称号，当年也被固原市旅游协会评为优秀会员单位，2017年度、2018年度被彭阳县文化旅游广电局评为农家乐示范户；2019年初参加宁夏国旅网络评选活动，在全区130家农庄企业中获得第一名；2021年被自治区文化和旅游厅评为“五星级乡村旅游示

2004年建成的彭阳县江南农庄农家乐　县旅发中心/提供

范点”。农庄分为就餐娱乐区和户外休闲区两部分,就餐区饭菜突出农家特色和风味,颇具地方味道的鸡血面制作过程曾被中央电视台全程录制;户外休闲区依山傍水、绿树环绕、空气清新、水质清澈,是一处集旅游观光、休闲垂钓、品酒烧烤等于一体的乡村休闲农业示范园。农庄邻近石头崾岘水库和阳洼流域,风光秀丽,独具特色,交通食宿方便,服务周到,是县内外旅游爱好者们休闲娱乐、乡村旅游的一个好去处。

五、金鸡坪度假山庄

金鸡坪度假山庄坐落于彭阳县金鸡坪梯田公园之中,距县城 11 千米处的玉洼村、阳洼村和崾岘村三村交界处,202 省道在此穿过,交通便捷。方圆 1 千米内古迹众多,其中有“营盘山”遗址(元朝)、乱井子古堡群(明朝)、关帝庙、中央红军长征军粮补给站等。

2016 年建成的金鸡坪度假山庄　　县旅发中心/提供

2015 年春开始筹建,占地面积 17300 平方米,建筑面积为 1100 平方米。投资 300 多万元,山庄先后被评为区级三星级农庄、四星级乡村旅游示范点。山庄建设可分为四大块:一是农家独立式大院,院内设有(办公室、图书室、会议室、接待室、卧室、茶楼、KTV、厨房、洗澡间、男女独立式卫生间等设备设施);二是山庄设有标准化的餐饮区域,包括标准化的后厨操作间、宽敞明亮的聚餐大厅和独具特色的窑洞雅间;三是山庄是自治区农牧厅投建的“农民田间培训学校”和被固原市人民政府确定并命名的“固原市实用人才培训基地”;四是新建造的 15 孔窑洞民宿宾馆。特色文化和特色产品有红歌传唱、毛笔书法活动、方言说书、精品采摘园和中华蜂所产的土蜂蜜、山庄里的传统菜肴、各种小秋杂粮面点及当地传统羊羔肉等。依托金鸡坪梯田公园秀丽的景色和绵延几百年的文化传统,全力发展民宿经济,一个有故事、有主题、有业态、有创意、有体验、有乡愁的民宿特色在这里悄然形成。2020 年,金鸡坪度假山庄被固原市文化旅游广电局评为“四星级乡村旅游示范点”。

六、任家湾窑洞民宿

彭阳县任家湾窑洞民宿成立于2020年8月13日，位于宁夏彭阳县白阳镇任湾村任湾队。任家湾窑洞民宿共11孔窑洞，是一家以农家餐饮、特色窑洞住宿、茶艺、采摘、垂钓、户外拓展、体验学习、当地土特产销售、民间手工为主的乡村旅游示范点，2021年被固原市文化旅游广电局评为“四星级乡村旅游示范点”。

该窑洞民宿占地3000多平方米，投资300多万元建成窑洞10孔，同时配备娱乐区、餐饮区、烧烤区、户外休闲区等，让更多的游客游在彭阳、吃在彭阳、住在彭阳，既能够体验到宁静的乡村生活，又不远离城市的生活便利，提升彭阳民宿的整体形象和服务水平。

七、嗨喝湾农家乐

彭阳县嗨喝湾农家乐修建于2018年4月，地址位于白阳镇老庄村海河队，总投资1000万元，占地面积3300平方米，建筑面积近200平方米，以清真农家乐特色饮食为主，集餐饮、娱乐、会议、休闲于一体，设施配套、设备先进，可同时容纳300人就餐，24张住宿床位，承接大中型会议，以当地游客访客为主。2020年被固原市文化旅游广电局评为“四星级乡村旅游示范点”。

八、茹河度假村

茹河度假村位于固原市彭阳县城阳乡杨坪村，距县城25千米，距离茹河瀑布1千米，这里傍山依水，气候适宜，人文荟萃。农家乐始建于2014年3月，经营面积130亩，资产总额达到514.4万元，年接待客人6万人次，年营业收入达到380万元。2015年被自治区文化和旅游厅评为“四星级农家乐”，2016年被宁夏旅游协会定为“理事单位”，经过近年来的大量投资，建成集自助烧烤、休闲娱乐、民俗文化舞台于一体的农家乐，示范带动作用明显增强。

2014年建成的茹河度假村　　县旅发中心/提供

九、金水湾农家乐

金水湾农家乐始建于2013年3月，地处彭阳县城阳乡杨坪村茹河瀑布北侧，依托瀑布景区和农庄的自然环境，平均每天接待游客五六十人，遇节假日一天接待百人左右，销售额达60多万元。作为茹河景区的一个接待窗口，金水湾农家乐，着力打造农家环境，让游客住窑洞睡大热炕，吃地道的四季农家菜，烫一壶农庄自酿的泉水黄酒，去农庄的菜园子采些蔬菜亲自下厨，感受自给自足的乐趣。现有3套院落8间住房，可入住40多人，有KTV包间2套，还建设有多功能大厅、麻将室、停车场、篝火晚会广场等。

2013年建成的城阳乡杨坪村金水湾农家乐　县旅发中心/提供

十、乔家渠民宿

乔家渠民宿位于城阳乡长城村，紧邻红色景区乔家渠红军长征毛泽东宿营地，为保护和有效利用红色资源，拓宽乡村旅游发展渠道，全面助力乡村振兴，结合美丽乡村和旅游特色村建设，在全力保护好乔家渠红军长征毛泽东宿营地遗址的基础上，在景区周围发展旅游民宿，完善配套设施，建成集红色教育、休闲旅游、民宿体验、观光采摘于一体的综合旅游景区。乔家渠民宿内含7栋采摘大棚4680平方米、5套民宿院落，其中房屋20间，主要提供餐饮、住宿、采摘服务。自开业以来，成为区内外游客最为青睐的旅游休闲之地之一。2023年被彭阳县文化旅游广电局评为“三星级农家乐”。

十一、梅林山庄农家乐

梅林山庄农家乐（清真）位于彭阳县古城镇任河村，彭青高速公路古城镇出口处，建筑面积2100平方米，建于2013年9月，总投资400万元，一次性能容纳150人就餐。山庄背倚罗家山、西偎鹦哥嘴，环境幽雅，彭青高速公路、彭青公路穿越而过，交通条件得天独厚。山庄集住宿、餐饮、娱乐功能于一体，主要接待本地以及外来至彭阳工作旅游人员，设有婚宴大厅、大型包间及包席30桌，设有KTV包间3间、客房8间、卫生间 3 间，配备有台球、麻将、乒乓球、象棋等娱乐项目，有停车场及 250 平方米的购物超市。梅林山庄农家乐秉承中华传统饮食内涵，保持农家原有的古朴风格，有手抓羊肉、梅林蒸鸡，蒸羊、农家烩菜、捞面等 20 余种农家小菜供游客品尝。

十二、乔家山庄

彭阳县乔家山庄位于城阳乡长城村乔渠队，与红色景点乔家渠红军长征毛泽东宿营地相对，依托红色旅游资源，得到了长足的发展。山庄累计投资 230 万元，占地 2200 平方米，乔家山庄有客房 4 间、8 张床位，提供农家特色美食，给往来的游客提供了极大的便利。2023 年被彭阳县文化旅游广电局评为“三星级农家乐”。

2020 年建成的城阳乡长城村乔家山庄　　县旅发中心/提供

十三、茹河庄园农家乐

彭阳县茹河庄园农家乐位于茹河瀑布 1 号观景台南岸 50 米处，依傍在樱桃沟的一座南山脚下，山林陡峭，地形地貌独特幽雅，是一处休闲、度假的好去处。茹河庄园农家乐努力打造精品农产品采摘品牌，种植无公害纯天然红梅杏、春雪毛桃、老梅李子、香瓜、新鲜蔬菜等。庄园设有普通客房和 KTV 包间，总投资 360 多万元，一次可容纳 100 多人就餐。为了让游客吃上放心的农家风味，体验田园生活，庄园保持农家味道，凸显地方美味，以农家土山羊肉、农家土鸡、韭菜炒毛驴肉、十大碗、五谷杂粮、各种野菜等为主。

第四节　旅游产品

一、美食

十大碗　十大碗历史悠久，蕴含浓厚的文化渊源。十大碗，又称“十样景”，明朝时期又叫“十全席”，寓意十全十美，五谷丰登。其中还有一段故事，明朝皇帝朱元璋打下江山后，在功臣楼大宴群臣，庆祝国泰民安。宴席上用什么样的饭菜，朱元璋皇帝也是颇费心思，当开国军事统帅徐达提起和皇帝当年流浪时所吃的农家宴席“十大碗”时，君臣回味无穷。当十大碗端到群臣桌面上时，香味扑鼻，引起全场的赞叹！皇帝十分高兴，即封十大碗。十大碗主要由“蒸”这种最朴素的方式烹饪而成，十大碗是彭阳宴会传统菜肴，是最能体现彭阳美食文化的载体之一。十大碗用料和做法非常讲究，主要包含凤头、龙爪、酥肉丸子、东坡肉、条子肉、鸡蛋饼、粉条等，以鸡肉、羊肉、牛肉、猪肉等肉食为主料。

鸡血面　杀鸡盛血，用荞面混合，捏成饼状，阴干，吃时以碎末血饼和面加水做成面条、面片，下锅熟后加调料炒菜而食。

燕麦酒麸子　燕麦酒也叫甜醅子，是民间广为流传的美食之一。精选小秋杂粮莜麦，经晾晒、刨毛、蒸煮、撒曲、焐热发酵等多道工艺酿造制作而成。酿造好的酒麸子可直接食用，亦可用开水稀释，做饮料，端午节比较流行，香甜可口，回味生津，酒精度微量，夏天食用，可解暑提神。

笼　食　因笼蒸得名，糕点类，彭阳特色美食之一，农家宴席珍品。做法为取当地优质小麦面粉，经过笼蒸，添加适量土蜂蜜、胡麻油搅拌，干湿适当，用笼蒸熟后过箩成面，装入阴刻花纹木模，用手指压实，轻轻磕出，即可成形，外观精致漂亮，营养丰富，点上红色小点作为装饰，更为美观。模具决定了笼食形状与图案，一般是乡村木匠或手艺精巧的人将一截方形的木头阴刻成内带花纹的模具，模具花纹以福寿字样或者吉祥花卉等图案为主。

荞面搅团　开水中一边撒荞面，一边朝一个方面搅动，黏稠熟后蘸醋蒜汤或蘸辣汤而食称干搅团，有的地方放到掺好的醋汤里加肉丝成汤搅团。

燕面糅糅　燕麦用开水浆过，炒到七八成熟，磨成细面，用开水调和，揉成长条，用饸饹床压成条，或蒸熟，或开水煮熟加调料菜蔬，或做菜或做饭食。

二、农特产品

朝那鸡（商品名） 品种名固原鸡，是经彭阳县回族、汉族群众长期饲养培育形成的优良地方品种，已被列入国家级地方畜禽遗传资源保护目录，也是宁夏回族自治区五个地方优良畜禽品种之一，被评为中国国家地理标志保护产品。该品种适应性强、耐粗饲、易放牧，即白天放养山间林地，采食青草、昆虫，夜间补给玉米等原粮，其肉质鲜嫩，营养丰富，风味佳。其中乌骨鸡品质最佳，农业部农产品质量安全中心认证为绿色食品。经西北农林科技大学食品工程学院、宁夏大学农产品质量检测中心检测，与其他鸡种相比：朝那鸡肉粗蛋白含量高达2.8%以上，人体所需的 18 种氨基酸总含量高达 13%以上，其中 8 种人体必需氨基酸含量高达13.6%以上；对人体健康有益的多不饱和脂肪酸比狼山鸡、北京鸡、白耳鸡、萧山鸡、泰和乌鸡等地方鸡种高出 18%～80%，是鸡肉中首选的“绿色营养保健”食品。

林下养殖——朝那鸡　　县旅发中心/提供

红梅杏 红梅杏，宁夏回族自治区固原市彭阳县特产，中国国家地理标志产品。红梅杏，果实外形近似圆形，果皮阳面呈红色，阴面呈黄色，果肉细腻多汁，酸甜可口。可溶性固形物≥13.5%，总糖≥8.1%，总酸≤1.2%，单果重 40 克左右。2016 年 12 月，国家质检总局批准对“彭阳红梅杏”实施地理标志产品保护。彭阳县年平均气温 7.4~8.5℃，无霜期 140~170 天，降水量 350~550 毫米，属典型的温带半干旱大陆性季风气候。彭阳县境内分为北部黄土丘陵区、中部河谷残塬区和西南部土石质山区三个自然类型区，海拔 1248~2418 米，适宜种植红梅杏。

果 脯 果脯酸甜适中，营养丰富，经多年发展改良，主要产品有杏脯、桃脯、杏肉、苹果脯、甘草杏、果片，还有深加工产品杏汁、杏仁露、五香杏仁类产品，是彭阳旅游产品的主要产业之一。

杏　脯　杏脯是将鲜杏去核、晒干后制成的。经糖渍后，再经干燥而成，成品表面不黏不燥，有透明感，无糖霜析出。果脯蜜饯营养丰富，含有大量的葡萄糖、果糖，极易被人体吸收利用。杏脯色泽美观，酸甜可口，色、香、味俱全，保持了鲜杏的天然色泽和营养成分，并具有生津止渴、去冷热毒之功效。杏脯以本地特产红梅杏、曹杏、高山杏为原料，从源头上保障了果品的纯天然、无污染。

桃　脯　桃脯是用桃肉制作成的一种果脯，外观呈扁圆整形，色泽金黄，半透明，清香甜美，肉质柔糯而近皮处微脆；质地柔软，甜中带酸，味美爽口，营养丰富。桃脯能够抗凝血，可以止咳，同时也能降血压，对于高血压患者很有帮助；含有丰富的铁元素，对于缺铁性贫血病人非常有益处；桃脯的钾含量丰富，对于水肿病人非常适合。桃脯可直接食用，但有胃病者不宜食用。

杏　肉　杏原产西北，杏味酸甘、温和，果肉含有丰富的蛋白质，还有胡萝卜素、维生素 A、维生素C 等抗氧化剂，以及钙、磷、铁等矿物质、儿茶素等，不但营养丰富，还可帮助人体对抗致癌物质及游离基的侵袭。杏肉因为有独特的元素，所以对于一些疾病有着很好的辅助治疗作用，例如可以用在止咳嗽、肺血以及便血等上面。经常食用生津开胃，防癌抗癌，强身健体，延年益寿。

苹果脯　色泽鲜亮，块形端正，果香浓郁，绵甜爽口，集色、香、味于一体，酸甜可口，是老少皆宜的食品。果脯是原料经糖渍后，再经干燥而成，成品表面不黏不燥，有透明感，无糖霜析出。苹果果艳味香，营养丰富，既可鲜食，又可深加工为果脯等产品，并且具有药用价值。主要表现在苹果脯含糖量较高，并以果糖、还原糖和蔗糖为主，容易被人体吸收，是很好的含糖果品；苹果脯含钾较多，可促进人体内钠盐的排出，对水肿及高血压患者有较好的疗效；苹果脯含有多量的果酸和鞣酸，有帮助消化和收涩的作用，适用于慢性腹泻患者食用；苹果脯含有较多的纤维素和有机酸，可促进胃肠的蠕动，治疗便秘，并可抑

彭阳特色旅游产品——彭阳果脯加工车间　　县旅发中心/提供

制胆固醇的增加，降低血糖含量；苹果脯含锌量较高，对增强记忆力有着特殊的作用；苹果脯含有丰富的维生素 B 和维生素 C，能阻止亚硝酸盐基的形成。

果 片 是以鲜杏果为原料制成，味道酸甜可口，老少皆宜，是馈赠的佳品，也是外出的零食，鲜杏含有丰富的维生素、蛋白质及微量矿质元素等人体必需的营养物质。同时，它还含有多种活性物质，具有增强免疫力、防衰老、抗肿瘤、抗氧化等方面的药理作用，是理想的药用食用植物资源。普遍认为，其中的生物活性成分主要有两类：一是类胡萝卜素，具有抗氧化和抗衰老特性，在预防自由基损害、心血管疾病和癌症方面有重要作用；二是甜菜碱，是非常重要的渗透调节物质，在生物体内起甲基供体的作用，能够促进脂质代谢，在脂质代谢和抗脂肪肝方面具有重要作用。

杏 仁 杏仁分为甜杏仁和苦杏仁两种。中国南方产的杏仁属于甜杏仁（又名南杏仁），味道微甜、细腻，多用于食用，还可作为原料加入蛋糕、曲奇和菜肴中，具有润肺、止咳、滑肠等功效，对干咳无痰、肺虚久咳等症有一定的缓解作用；北方产的杏仁则属于苦杏仁（又名北杏仁），带苦味，多作药用，具有润肺、平喘的功效，对于因伤风感冒引起的多痰、咳嗽、气喘等症状疗效显著；但苦杏仁一次服用不可过多，每次以不高于 9 克为宜。杏仁富含蛋白质、脂肪、糖类、胡萝卜素、B 族维生素、维生素 C、维生素 P 以及钙、磷、铁等营养成分。其中胡萝卜素的含量在果品中仅次于杧果，人们将杏仁称为抗癌之果。杏仁含有丰富的脂肪油，有降低胆固醇的作用，因此，杏仁对防治心血管系统疾病有良好的作用：苦杏仁能止咳平喘，润肠通便，可治疗肺病、咳嗽等疾病。甜杏仁和日常吃的干果大杏仁偏于滋润，有一定的补肺作用。杏仁还含有丰富的黄酮类和多酚类成分，这种成分不但能够降低人体内胆固醇的含量，还能显著降低心脏病和很多慢性病的发病危险。杏仁还有美容功效，能促进皮肤微循环，使皮肤红润光泽。杏仁还有抗肿瘤作用，杏仁抗肿瘤作用主要是由于苦杏仁中含有一种生物活性物质——苦杏仁苷，可以进入血液专杀癌细胞，而对健康细胞没有作用，因此可以改善晚期癌症病人的症状，延长病人生存期。同时，由于含有丰富的胡萝卜素，因此可以抗氧化。

杏仁露 杏仁露是以天然野生杏仁为原料，配以矿泉水制成的植物蛋白饮料。洁白如奶，细腻如玉，香味独特。杏仁露含有丰富的蛋白质、18 种氨基酸、亚麻酸、多种维生素及钾、钙、锌、铁、硒、碘等矿物质。杏仁露还含有丰富的黄酮类和多酚类成分。功效作用方面，杏仁露具有润肺止咳、调节血脂、防止动脉硬化、降低人体内胆固醇的含量、调节非特异性免疫功能等功效，还能有效预防和降低心脏病和很多慢性病的发病危险。

杏　果　杏果有着生津止渴、润肺化痰、清热解毒的医疗效用。杏果实营养价值极高，含有丰富的蛋白质、矿物质元素、维生素和氨基酸。经中国食品检测中心测定，杏肉含10%果糖，2.04%有机酸，18毫克/100克蛋白质；含5.8毫克/100克的维生素C，总量在80.3~97.5毫克/100克的17种氨基酸；含有0.36%~0.55%的矿物质元素，其中的钙、铁、钾、镁、磷、锌、硒等微量元素是人体健康和生命代谢所必需的。杏汁几乎含有杏果全部的营养成分，色香味都接近鲜果，而且容易被人体吸收和利用，是一种老少皆宜的高级营养保健饮料、滋补佳品。

彭阳蜂蜜　彭阳县位于宁夏东南、六盘山东麓，四季分明，光照充足，区域性气候差异明显，适宜发展农、林、牧多种产业。利用得天独厚的生态环境，彭阳人民自古以来就有养殖中华蜂的传统。经检测，彭阳蜂蜜含有180多种营养物质及活性酶，清热补中，解毒润燥、改善微循环、适合用于心脑血管疾病的人士及中老年人，具有很好的治疗保健功效，属蜜中之极品。

蜂蜜酿酒　蜂蜜酿酒是彭阳的一大特色，彭阳民间蜂蜜酿酒具有独特的区域风格，原料纯正，工艺严谨、方法独特、产品营养丰富、色香味俱全。中国蜂蜜资源以意大利蜂蜜、中华蜂蜜（土蜂）为主，彭阳当地自古以来以中华蜂养殖为主。

酿酒选料以稠如凝脂、微甜纯正、清洁无杂、不发酵的原生态蜂蜜为佳。每年在端午季节利用小麦、豌豆、黄豆、甘草及苍耳等原料制曲。蜂蜜加水稀释至含糖量21%~24%，糖分下降，酵母菌能够在适宜的渗透压下繁殖，加曲20%落缸发酵。经过前后3个月的发酵结束后过滤沉淀，糖分控制在4%以下称为蜂蜜干酒，糖分在5%以上就称为甜酒，糖分4%~5%的称为半干酒。去除沉淀物，将上清液85℃~90℃进行2分钟高温瞬时灭菌。按酒精度不同，分类储藏一年以上，按需灌装，进行第二次灭菌，即为成品出售。

彭阳蜂蜜酒，晶莹剔透、甘甜如汁，是利用当地原生态蜂蜜，历经百年几代传承人的相传工艺和现代科技相结合的产物。更重要的是将这一传承技艺产业化，为乡村振兴赋能，无论在史料的研究、文化保护还是实用经济价值方面都具有深刻意义。

地椒茶　地椒茶是由地椒子泡制，地椒子又名百里香，是遍布于宁夏六盘山区的一种药用蜜源草本野生植物。具有防暑避暑、补肝明目、温中散寒和胃止呕、祛风止痛、滋胃润肺的功能。端午节前后，地椒子成熟，人们从野外采摘其茎、叶，洗净泥土，用微火焙干，揉碎，再用开水冲泡，就成了清凉甘甜的地椒茶。地椒茶是西海固老百姓防暑解渴的常用饮料。

食用油　彭阳地理位置优越，土壤肥沃，气候适宜，盛产农特产品，其中食用油得到广大消费者的认可，主要有核桃油、杏仁油、胡麻油等。

核桃油　核桃油以核桃仁为原料，物理压榨精炼提纯而成的植物油，属于一种保健用油。核桃居所有木本油料之首，有树上油库的美誉。利用现代工艺提取其精华，在国内市场核桃油被誉为东方橄榄油。核桃油中含有丰富的不饱和脂肪酸组态。核桃油含亚麻酸等营养物质，口感清淡，无异味纯生原味。自然生长，无污染、无农药、无化学肥料，纯天然食用油。

杏仁油　杏仁油是从杏仁中提取，物理压榨精炼提纯而成的食用油，杏仁油颜色微黄透明，味道清香，易吸收，不会在血管中沉积。杏仁油是杏仁中的精华，既能作为保健食用油，又可以作为护理用品，如美发、防皱纹、去眼角纹等，用两滴杏仁油加上少许芦荟胶拌匀后抹于细纹处，一旦涂上去立即被皮肤吸收。杏仁在人类健康史以来及现代的医疗科学上具有特殊地位，长期食用杏仁油，不仅能降低人体中的甘油三酯，还能预防高脂血症、高血压。中医既述降气止咳、平喘、润肠通便，又可促进功能代谢。苦杏仁中含有较高含量的硒，有着神奇的护肝效果。

胡麻油　彭阳县位于宁夏东南、六盘山东麓，属黄土高原，四季分明，光热充足，历史上以小麦、豆类、谷物、亚麻籽等农作物种植为传统，农耕文化底蕴深厚。西汉张骞出使西域时，将亚麻籽从东印度地区带回中国，因种植于匈奴一带，是“胡人”聚集的地区，因此而得名“胡麻”。冷榨亚麻籽油含有丰富的 α-亚麻酸，是补充亚麻酸的最有效方法，可以削弱血小板的凝集作用，直接减少致癌细胞生成数量，抑制二烯前列腺素的生成，恢复及提高人体的免疫系统功能，具有预防心脑血管病、降血脂、降低临界性高血压、抑制癌症的发生和转移、抑制过敏反应及抗炎、抑制衰老等功效。

月子鸡　月子鸡又名黑羽乌骨鸡，被誉为“中国黑宝”，被农业部列为“全国种质资源保护项目”，属国家重点保护品种。月子鸡养殖注重林下放养，养殖户利用活动板房便于流动的特点，将鸡舍搭于山林杂草茂密之处，进行林地围栏散养，月子鸡终日在林草间吃虫草，享受充足的日晒，抵抗力远高于室内养殖的鸡，肉质鲜美、营养丰富，肉、蛋都是无公害绿色食品，是消费者所重视和需求的“健康食品”和“功能食品”，深受市场欢迎。月子鸡肉含多种人体所必需的氨基酸。月子鸡蛋低脂肪、低胆固醇，有增强免疫力功能、提高耐缺氧能力、抗衰老，能够降低血脂、软化血管作用，是药膳保健佳品。

三、旅游纪念品

根　雕　是一种雕刻方法，是中国传统雕刻艺术之一，是以树根（包括树身、树瘤、竹根等）的自生形态及畸变形态为艺术创作对象，通过构思立意、艺术加工及工艺处理，创作出人物、动物、器物等艺术形象作品。

根雕艺术是发现自然美而又显示创造性加工的造型艺术，根雕的制作一般可分脱脂处理、去皮清洗、脱水干燥、定型、精加工、配淬、着色上漆、命名等八个步骤。根雕工艺讲究“三分人工，七分天成”，意为在根雕创作中，应主要利用根材的天然形态来表现艺术形象，辅助性进行人工处理修饰，因此，根雕又被称为“根的艺术”或“根艺”。

彭阳根雕技艺传承人常金理从小在父亲的影响下开始学画画，从2014年在南阳镇平工艺美术学校苦修一年，出师后在彭阳县开办铭钰源玉石店，后从事根雕、雕刻。其根雕作品《裸女》《雄鹰》等受到广大群众的一致好评。

刺　绣　彭阳妇女的刺绣内容及题材广泛、形式多样、风格独特，刺绣图案一般以花草树木、凤凰、蝴蝶、蜜蜂、喜鹊、斑鸠、鱼、虫、家禽为主，人物和凶猛动物的极少，作品追求和谐对称，简单直接，色彩鲜丽、图案别致，具有浓郁的乡土民间气息。受传统文化影响，在刺绣作品中，很少有单独的动物出现，总是要配上点花花草草或树木，表现出大自然和谐的气息。枕头、肚兜、鞋垫等都绣着的花卉鱼鸟，形象逼真，娇嫩的花瓣，淡雅恬静，选取大自然中各种不同的植物叶，构成自己想象中的花草树木，枝与叶、花与蔓和谐统一。有《凤穿牡丹》《二龙戏珠》《狮子滚绣球》《龙凤呈祥》《百鸟朝凤》等丰富的民间彭阳刺绣的内容。

经过长期技艺的传承和实践积累，刺绣走向了工艺精湛、民族特色突出、针法细腻多变、表现内容丰富、形式多样化的道路，刺绣更多地表现出了实用价值、艺术欣赏价值和经济价值。现代人们似乎不再满足于纯现代工艺品的装饰，而是通过传统刺绣技能去表现现代象征寓意的美术作品，把传统工艺和现代美术、现代装饰、现代观念互相结合，使刺绣作品显得既上档次，又富有深刻的内涵。因而刺绣深受广大消费者喜爱。

麦秆画　彭阳县“瓮氏麦秆画”始于瓮国胜外祖母李氏，其外祖母有祖传布艺手艺，技艺闻名乡里，为各路剧团绣制戏服道具，瓮国胜母亲出生后，外祖母将自己的技艺倾囊相授，在母亲的影响下，瓮国胜从小便喜欢艺术创作。偶然了解麦秆画这一古老的艺术创作形式，而后潜心钻研，并积极推广，麦秆画制作技艺再度兴旺，率先走向市场，成为彭阳县民间艺术发展排头兵。

瓮国胜创作的麦秆画——仙鹤　县旅发中心/提供

彭阳“瓮氏”麦秆画创作风格多变，古典与现代结合，有着深厚的历史感和民族气息，体现了本地区特有的文化风格。制作工序复杂，作品使用天然麦秆，依麦秆本身的光泽、纹彩和质感，经过“熏、蒸、漂、刮、推、烫，以及剪、刻、编、绘”等多道工序，大胆吸收中国画、版画、剪纸、烙画、漆画及油画等诸多艺术表现形式，产品题材涵盖人物、建筑、风景、花卉、花鸟、卡通、动物、历史文化等多个方面，它象征丰收、财富和吉祥高贵，寄托了人们对美好生活的向往。

剪　纸　彭阳民间剪纸是独具特色的艺术形式，诸如墙花、门花、灯花、喜花、炕围花、顶花、箱柜花以及刺绣和鞋衣花边等底样。剪纸题材包括生活中的家禽、家畜，如鸡、鸭、鹅、牛、马、羊、狗、猫，以及生活中常常见到的梅、兰、竹、菊、牡丹、荷花、水仙等。

彭阳民间剪纸刀法“稳、准、巧”，形成剪纸艺术独具的“刀味纸感”，剪的作品寄托着人民追求美好生活的愿望，有着较为深刻的寓意，如“龙凤”“金鸡”“黄牛”“骏马”“双飞燕”“领头雁”等作品，从表面上看是一般的飞禽走兽，但实际上经过巧手布局，大胆点题，借形寓意，生动形象，富有含蓄的艺术魅力。彭阳剪纸传承人根据彭阳十大景点剪成的一幅幅栩栩如生的景区剪纸画，特别是《彭阳梯田》系列剪纸画，精致细腻，形象逼真、图案层次分明；《茹河瀑布》《皇甫谧》《乔家渠》《璎珞宝塔》《栖凤山》等，形象逼真；《不到长城非好汉》、《抓髻娃娃》及十大元帅等人物剪纸也比较典型，都具有不同艺术风格和艺术特色。

草　编　固原市彭阳县草编历史源远流长。关于草编起源时间，学术界看法不一，有学者认为自有人类进入刀耕火种的原始时期就有草编萌芽，是随着人类社会进步而进步。在彭阳县境内的古文化遗址中就发现了草编的足迹，在文献中也不缺乏记载，是非物质文化遗产的活化石。草编是民间广泛流行的一种手工技艺。是利用各地所产的秸秆就地取材编织成各种生活用品，草编的品种有提篮、果盒、杯套、鞋垫、帽子、枕头等。有的利用事先染有各种色彩的秸秆编织成各种图案，有的则编好以后加印装饰纹样，既经济实用又美观大方。彭阳人勤劳朴实，男耕女织，大多数回族、汉族妇女都能够掌握两到三门的绝活。20世纪80年代初期党的富民政策大力发展乡镇企业，彭阳县办起彭阳全区唯一的红河草编厂，有一部分青年变成了草编的骨干能手。彭阳县的草编是人们一代一代传承下来的民间手工技艺，是当地的文化艺术瑰宝。对于研究人类社会文明进步有一定的积极作用。草编手工艺是劳动人民智慧的结晶，反映了勤劳朴实的中华民族传统美德，体现了心灵手巧的劳动人民征服自然、利用自然的生活智慧。

第五节　旅游管理

一、基础建设

2010年，续建新建旅游项目5个，累计完成投资580万元。在城阳乡长城村乔家渠征地1公顷，建成乔家渠民俗风情园（毛泽东长征宿营地），修建停车场，硬化、绿化院落和游客走道，征集一批民间工艺品、老物件及文物史料，完成陈列室、工艺品展室和革命史料室的布展。皇甫谧文化广场一期工程完成皇甫谧大型石造像、仿汉代建筑风格的大门、停车场及绿化排水等附属设施建设，总投资380万元。9月开工建设完成仿古配套用房6间（207.35平方米），用于管理、展销、针灸、诊疗等。对茹河生态文化园进行建设，完成二十四孝浮雕、孔子雕塑、《三字经》等国学内容石刻。新建道路148米，硬化花岗岩广场3520平方米，绿化文化广场1500平方米，安装路灯12盏、草坪灯27盏；铺设排水管300米、给水管210米，安装精致果皮箱10个。同时，打造麦子塬果林景观、大沟湾生态流域2个生态观光景区。

2011年，完成《彭阳县任山河红色文化旅游区详细规划设计方案》《彭阳县杨万珍生态农业旅游区详细规划设计方案》的编制工作。编制《乔家渠民俗风情园建设方案》《彭阳百里香茶园建设方案》《彭阳纸织画项目方案》《彭阳县泥塑彩绘项目建设方案》等。

2012年，制定《中共彭阳县委、县人民政府关于进一步加快旅游产业发展的意见》，提出以“红色为点，绿色为面，人文为神”的总体规划建设思路，突出“红色体验、生态观光、山花观赏、休闲度假”四大品牌，建设西北黄土高原生态文化旅游城市。邀请旅游规划设计专家，对小岔沟毛泽东长征宿营地旧居改造、乔家渠民俗风情园扩建和茹河瀑布景观等景点进行规划设计。配合水务局完成茹河瀑布水利风景区的规划建设。

2015年，提升精品梯田观光景点，对青云湾、金鸡坪、栖霞滩、桃花山流域梯田公园地埂造林（山桃、杏树交替密植）。茹河双瀑周围、金鸡坪、栖霞滩、桃花山梯田公园通过农业结构调整“填色造景”（选择小麦、油菜、荞麦、芍药、油用牡丹等色彩鲜明、花期长且艳丽的农作物和中药材)，打造精品观光梯田景点。提升“花海”观光景点，对茹河双瀑周围梯田地埂及山体进行山桃、杏树密植，对茹河双瀑南边2个黄土大峡谷进行打造，建设一个“十里杏花谷”(刘沟)、一个“十里桃花谷”(南沟)；对贞爱花峪、牛湾杏树林进行密植。完成贞爱花峪、杏花秀岭、桃花山观景亭建设的概念设计、施工图设计和选址等前期工作；建成贞爱花峪、杏花秀岭，十里桃花谷、十里杏花谷“花海”游步道1500米。建成茹河双瀑风景区中型厕所2座。完成茹河双瀑风景区、骑诞兵沟2个中大型停车场及陡坡村自驾车营地停车场建设，完成贞爱花峪、栖霞滩、桃花山、杏花秀岭等旅游景点简易停车场各1个。完成莲花五峰经韩寨村至茹河双瀑风景区道路建设。对骑诞兵沟大门、窑洞、排水等进行维修保护。在杨坪、韩寨、长城、罗堡、白岔等村以村部为中心，新发展集餐饮、住宿、娱乐于一体的农家乐10家，农家乐累计达到25家。完成茹河双瀑清淤改造工程。完善旅游标志系统，在青云湾观景台入口、金鸡坪岔路口、栖霞滩岔路口等主要旅游线路沿线规划建设27处旅游引导标志牌。

2016年，建成茹河瀑布风景区停车场，完成金鸡坪梯田公园主题雕塑金鸡纳福，完成彭阳县两河全域旅游百里画廊游步道铺设工程，建成杏花岭、贞爱花峪、茹河瀑布桃花谷3个游步道，分别为478米、1220米、2100米，建成简易停车场702平方米，建设观景亭(台)6个。在青云湾、金鸡坪、栖霞滩等主要旅游景点沿线设置27处旅游引导标志牌。在杨坪、韩寨、长城、罗堡、白岔等村新发展农家乐12家，全县农家乐累计达到35家。引入彭阳县润雨文化旅游开发有限公司投资4000余万元，对茹河瀑布风景区内何家沟“百窑古村”进行保护开发。由政府出资12700万元(货币资本1000万元、实物资本11700万元)组建(政府独资的)彭阳县全域旅游投资有限公司，搭建旅游发展融资平台，为加快旅游业发展奠定基础。积极对接自治区、固原市旅游总体规划，编制完成《彭阳县“十三五”旅游总体规划》，配套制定《金鸡坪梯田公园建设详规》。

2017年，金鸡坪梯田公园完成11.97千米内部道路和4个观景节点及标志标牌建设。乔家渠红军长征毛泽东宿营地旧址完成建设用地征迁。在202省道沿线的罗洼乡、草庙乡、红河镇建设宁夏东部环线彭阳旅游驿站3个。在旅游环线、重点景区建设生态旅游厕所4座，其中茹河瀑布停车场生态旅游厕所被评为国家AAA级旅游厕所。培育发展集餐饮、娱乐、休闲、观光、体验、公益于一体的农家乐61家，丰富乡村旅游内涵。以实施旅游扶贫工程为抓手，突出彭阳辣椒、红梅杏、果脯、黄酒、地椒茶、朝那鸡等旅游商品开发，推进农旅融合和产村互动。打造杨坪、玉洼、罗堡等一批以特色种养、观光采摘、农耕体验、农家饭菜和农家旅馆为主的休闲农业聚集村，带动贫困群众脱贫增收。全年接待各类游客52万人次，实现社会综合收入3.14亿元。农家乐接待游客29万人次，创收1400万元。组建彭阳县全域旅游投资有限公司，推进旅游项目建设。借助媒体平台，发布彭阳旅游精品线路、主要景点、酒店、农家乐、彭阳特产、旅游咨询服务电话等信息和权威及时的旅游资讯，满足游客需求。完成宁夏移动大数据平台(智慧旅游)建设，组织参加新华网第五届旅游业融合与创新论坛。成立彭阳县旅游发展中心，开展县内旅游从业人员培训5期320人次。

2018年，完成茹河瀑布风景区基础设施、金鸡坪梯田公园内部道路、配套设施及绿化美化提升项目工程建设任务、青云湾梯田公园基础设施及绿化项目开工建设，累计建成22座旅游厕所。新修、绿化旅游环线2条42千米，建成县城公共卫生间24座，建设游客集散中心2个、东部旅游环线旅游驿站4个，新建停车场3万平方米、自驾车营地3个，安装旅游标志牌76块，发展旅游宾馆饭店5家，打造浙商国际旅游示范街1条。扶持发展农家乐6家(累计61家，其中三星级19家、四星级3家)，争取市旅发委补贴资金55万元，对三星级以上农家乐进行重点扶持。全县农家乐接待人数达55万人次，实现经营收入近2200万元。建成茹河旅游休闲“慢行系统”、茹河生态园、栖凤山森林公园、环悦龙山观景廊道等，提升旅游目的地人气，到彭阳旅游游客49万人次，实现社会综合收入达3.03亿元。重新组建彭阳县全域旅游投资有限公司董事会、监事会等机构。编制完成《金鸡坪梯田公园、茹河瀑布风景区停车场绿化美化提升工程实施方案》《五峰山自然风景区基础设施建设方案》《旅游示范村建设方案》《旅游扶

2018年建成的新集乡青云湾梯田公园 杨巨辉/摄

贫村建设方案》《旅游厕所建设方案》《青云湾旱作梯田基础设施建设方案》等。

2019年，努力打造精品景区景点，投资741万元实施青云湾梯田公园基础设施建设项目，建设观景点5个、停车场2处。巩固提升基础设施短板项目。完成悦龙山房车自驾车营地、旅游扶贫村、示范村、茹河桃花谷、茹河停车场绿化等建设项目。投资598.9万元建设旅游厕所11座。全力实施金鸡坪梯田（田园综合体）建设项目。政府向全域旅游投资有限公司注册资金1300万元，在金鸡坪梯田公园种植金光菊200亩、万寿菊5300亩、油菜200亩、高粱130亩、荞麦300亩、胡麻740亩、油葵300亩，打造大地景观，有效提升金鸡坪梯田公园建设水平和旅游观光水平。实施智慧旅游建设项目，投资49.5万元实施智慧旅游项目建设，开发"智慧旅游"微信小程序、外地游客触发短信系统、景区游客人流数据采集系统、大数据分析系统等。积极与区市业务主管部门对接，成功创建彭阳博物馆、金鸡坪梯田公园2个国家AAA级旅游景区。积极争取农家乐评星定级，与上级业务主管部门积极对接，成功申报星级农家乐22家，其中3星级农家乐20家（任家湾三江休闲农庄、彭阳县嗨喝湾农家乐、彭阳县岔口门农家院等），4星级农家乐1家（江南农庄），5星级农家乐1家（友联农家大院）。

2020年，全年组织实施建设旅游基础设施建设项目6个，其中，新建项目3个（嘛喇湾梯田公园内部道路建设项目、乔家渠红军长征毛泽东宿营地旧址加固项目、彭阳县太阳能泡沫生态厕所采购项目）、续建项目3个（青云湾梯田公园基础设施建设项目、桃花谷基础设施建设项目、五峰山基础设施建设项目）。全面完成彭阳县2020年旅游产业"一枝花"示范推广工程，按照《彭阳县2020年旅游产业"一枝花"示范推广实施方案》，全面完成"一枝花"种植3万亩。其中，万寿菊280亩、百合394亩、油菜4632亩，沿金鸡坪内部道路种植格桑花（梦幻彩虹）、黑心菊、二月兰、蜀葵等60亩，在金鸡坪、青云湾荒山、荒坡点播二月兰、蜀葵等24634亩。

2021年，完成金鸡坪梯田公园、茹河瀑布风景区等重点旅游景区及旅游环线四季花卉3万亩种植任务。修建嘛喇湾梯田公园内部道路6.892千米。实施彭阳县全域旅游乡村基础设施——茹河瀑布风景区河道两侧及周边绿化项目和彭阳县全域旅游乡村基础设施——旅游标志牌建设项目。实施乔家渠崖面复原项目，主要对宿营地窑洞外墙面进行修复，并配套建设停车场、诗词园等，对乔家渠红军长征毛泽东宿营地展室进行布展。实施小岔沟红军长征毛泽东宿营地旧址保护及基础设施建设项目，主要对旧址进行加固并原貌复原，并配套建设停车场、园路等。实施彭阳县郑庄至陡沟旅游道路绿化项目，主要对6.892千米道路两侧进行绿化美化等，年底建成并投入使用。金鸡坪梯田公园内部道路补短板项目，新建 462.6 米沥青混凝土道路，已建成并投入使用。实施茹河瀑布风景区视频联网监控项目、茹河瀑布河道两侧及周边绿化项目、彭阳县博物馆、图书馆维修项目，已全部竣工。

2022 年，开展吃住行游购娱配套提升行动，以城阳乡杨坪百窑古村、长城村乔家渠民宿和白阳镇周沟村大沟湾窑洞民宿为打造重点，加快建设一批有文化内涵的高品质民宿和乡村旅游名村。编制《彭阳县全域旅游示范区补短板提升方案》《彭阳县涉旅产业扶持办法》，完善通往茹河瀑布、乔家渠红军长征宿营地、嘛喇湾梯田公园、姚河塬西周遗址、金鸡坪梯田公园等景点的标志牌 78 块。编制《彭阳县全域旅游投资有限公司运营工作方案》，改造完成县城游客集散中心，配套建设文化旅游展厅，服务各类旅游群体，展销红梅杏、苹果、小秋杂粮、黄酒、果脯、蜂蜜、手工艺品等文旅产品。围绕国家两长公园建设，重点实施宁夏彭阳县长征文化公园——彭阳县小岔沟毛泽东宿营地东侧基础设施建设、彭阳县乔家渠红色廉政展厅建设、彭阳县冯庄乡“中共虎家小园子地下党支部旧址”保护及基础设施等建设、彭阳县红河镇“中共红河地下支部旧址”保护及基础设施等建设、宁夏彭阳县长征国家文化公园建设项目（小岔沟段）5 个建设项目。宁夏彭阳县长征国家文化公园建设项目（乔家渠段）完成主体建设。紧盯旅游基础补短板，重点实施彭阳县全域乡村旅游基础设施（杨坪村民宿基础设施）、彭阳县全域旅游基础设施—嘛喇湾梯田公园基础设施建设项目（二期）、彭阳县游客集散中心改造装修、彭阳县全域乡村旅游（茹河风景区）基础设施、彭阳县乡村旅游基础设施（大沟湾窑洞民宿）建设等 6 个建设项目。

2023 年，实施宁夏彭阳县长征文化公园建设（小岔沟段、乔家渠段）、彭阳县乔家渠民宿产业建设 2 个续建项目。实施彭阳县姚河塬遗址保护及基础设施建设、彭阳县景区景点基础设施（金鸡坪及茹河瀑布内部道路）、彭阳县全域旅游基础设施——金鸡坪阳洼驿站及停车场建设、彭阳县乡村文化示范点建设、彭阳县乡村文化旅游助力乡村振兴建设 5 个新建项目，其中彭阳县姚河塬遗址保护及基础设施建设项目概算总投资 2417.45 万元；彭阳县景区景点基础设施（金鸡坪及茹河瀑布内部道路）建设项目概算总投资 1498.83 万元；彭阳县全域旅游基础设施——金鸡坪阳洼驿站及停车场建设项目概算总投资 710.11 万元；彭阳县乡村文化示范点建设项目概算总投资 174.14 万元；彭阳县乡村文化旅游助力乡村振兴建设项目概算总投资 548.62 万元。

二、旅游宣传

2010 年，组团参加中国宁夏国际文化艺术旅游博览会。在《固原日报》编发彭阳旅游宣传专版，制作《彭阳旅游》宣传折页 1000 份，为县城内规模宾馆和特色餐饮制发旅游宣传架 10 个，建设旅游交通标志牌 6 块。宁夏中铁青年旅行社彭阳分社挂牌成立以来，向外输送游客 400 人次，旅游收入 60 多万元。

2011 年，编印《彭阳》《花果之乡·生态彭阳》宣传画册，制作《彭阳风光》旅游宣传片。邀请中央及自治区、固原市媒体进行宣传报道，在《宁夏日报》《固原日报》刊登宣传专版。扶持发展金水湾、清水湖休闲农庄等农家乐 10 家，邀请中央电视台 CCTV-2《消费主张》栏目组在彭阳拍摄《彭阳美景美食》专题节目，宣传彭阳的饮食文化。完成“知行宁夏”系列丛书——彭阳旅游资料和导游词的撰写。

2012 年，积极配合市旅游局开展“山花节”期间各类主题宣传活动。以“烟花三月下扬州　四月赏花到彭阳”为主题，在《固原日报》刊登彭阳旅游线路、景点以及旅游商品等，对彭阳旅游进行宣传推介。积极配合协调接待赴彭旅游团队。从 4 月初开始，先后有西安、兰州、银川等地旅行社组团到彭阳县赏花观光旅游，全县共接待各类游客近 10 万人次。邀请中央电视台、宁夏日报、固原日报、彭阳摄影、西北风情 21 城市旅游指南、宁夏旅游全攻略等多家新闻媒体到彭阳采风报道。组织企业参加固原市旅游局举办的庆祝中国第一个旅游日活动，发放旅游宣传折页 500 余册、旅游安全小常识手册及旅游产品资料 1000 余份。7 月 23—26 日，组织旅游企业参加中国（宁夏）第三届国际文化艺术旅游博览会，向国内外展示彭阳县百里香的椒茶、果脯、朝那鸡等独具地方特色的旅游商品，发放彭阳旅游宣传资料 2000 余份。在 2011 年全区旅游行业“千名服务标兵”评选活动中，文化旅游广播电视局职工张万有被评选为“感动明星”。在彭阳县文化旅游艺术月活动期间，首次征集（刺绣、根雕、剪纸、纸织画以及地椒茶、果脯、淀粉、黄酒、朝那鸡等）10 余类近 100 件旅游商品，并进行了展出推介。

2013 年，成功举办第九届宁夏六盘山山花旅游节暨第二届“粉红花海·魅力彭阳”杏花旅游文化节，先后举办民俗文化展演、广场文艺展演、彭阳文化旅游商品展，邀请中央及自治区、固原市等相关媒体进行宣传报道，同时，在《宁夏日报》《固原日报》刊登宣传专版，制作彭阳风光旅游宣传片，编印《彭阳》《花果之乡·生态彭阳》宣传画册，共发放各类宣传资料 1500余份。在新浪网、网易、腾讯等网站开展以“走丝绸古道、寻远古文明、觅皇甫故里、访红色热土、赏生态美景、品东山文化、享清凉彭阳”（文章、图片、音视频）为主要内容的博客大赛，对宣传推介彭阳旅游和“五个彭阳”建设发挥积极的推动作用。完成“知行宁夏”系列丛书——彭阳旅游资料和固原市旅游局征集旅游导游词。积极配合CCTV-2财经频道《消费主张》栏目组拍摄彭阳美景美食专题节目。充分利用中央党建工作领导小组秘书组联系点工作暨课题研究成果交流座谈会在彭阳召开的有利机遇，制作富有彭阳特色的旅游展板，宣传以“走丝绸古道、寻远古文明、觅皇甫故里、访红色热土、赏生态美景、品东山文化、享清凉彭阳”为主要内容的生态彭阳一日游、红色热土一日游、皇甫故里一日游三条旅游精品路线，分别设立在彭阳宾馆、红阳大酒店等宾馆饭店，使前来参加党建交流座谈会的领导、嘉宾和旅客对彭阳旅游有了进一步的了解，起到积极的宣传推介作用。

2014年，成功举办第十届宁夏六盘山山花旅游节暨第三届“粉红花海·魅力彭阳”杏花旅游文化节。通过宁夏电视台、《宁夏日报》、固原电视台、《固原日报》以及微信、微博、相关网站等媒体广泛进行宣传推介，举行开幕仪式，成功开展粉红之恋“游花海”、摄影大赛“摄花海”、丹青妙手“绘花海”、有奖征文“赞花海”、秦风汉雅“唱花海”、媒体聚焦“推花海”6项活动。全年接待游客15.8万人次，同比增长15%，实现旅游综合收入3400万元，同比增长21.4%。考察完成杨坪村、田庄村、红河村等10个“美丽乡村旅游扶贫重点村”申报工作相关资料。

2015年，创新发展理念，以“1+5+3”的营销模式，推动彭阳全域旅游发展。全年共接待游客37.4万人次，同比增长136.7%，实现旅游综合收入1.12亿元，同比增长229.4%。成功举办第十一届宁夏六盘山山花旅游节暨第四届“粉红花海·魅力彭阳”杏花文化旅游节，吸引游客13.5万人次，实现旅游社会收入4000万元，游客人数、旅游收入较上年同期分别增长1.7倍和3倍。全年共举办摄影大赛“摄花海”、丹青妙手“绘花海”、有奖征文“赞花海”、首届山地自行车赛、“乐游彭阳”杯钓鱼联谊赛5项活动。充分发挥平面媒体、电视媒体和网络媒体作用，大力宣传彭阳旅游。先后在宁夏电视台、固原电视台和彭阳县电视台播放彭阳赏花、生态旅游宣传广告。在《宁夏日报》和《固原日报》刊登“粉红花海·魅力彭阳”杏花文化旅游宣传专版。邀请新华社宁夏分社、《宁夏日报》、《宁夏画报》、《共产党人》杂志等11家自治区、固原市新闻媒体到彭阳开展采风活动。编辑出版《游彭阳》画册1万份，印制彭阳风光旅游扑克牌4万副，印制旅游导游图1万份以及彭阳旅游折页、自驾游线路图，制作易拉宝进宾馆（饭店）、农家乐，制作彭阳旅游风光片等，大力宣传彭阳旅游产品。开通“游彭阳”微信公众号，全年点击量超过50万人次。抓好规划编制工作，已编制完成《茹河瀑布风景区建设详细规划》和《彭阳文化生态旅游百里画廊建设规划》。彭阳旅游引起各级领导和社会广泛关注，固原市委政研室就此做专项调研，固原市市长马汉成带队就全市旅游业发展情况进行调研，并在彭阳召开现场会。

2016 年，成功举办第十二届宁夏六盘山山花旅游节、“宁夏休闲农业推进年”启动第五届“粉红花海·魅力彭阳”杏花旅游文化节。先后举办粉红之恋“游花海”、摄影大赛“摄花海”、有奖征文“赞花海”等活动，取得很好的宣传效果和经济效益。在《宁夏日报》《黄河报（生态周刊）》《固原日报》等报刊上进行专版宣传，同时通过“游彭阳”微信公众号广泛宣传，印制旅游宣传画册和彭阳县文化生态旅游“百里画廊”导游图以及制作易拉宝进宾馆，宣传彭阳旅游产品，尤其是“游彭阳”微信公众号受到广泛好评，并获得固原市十佳政务微信公众号荣誉。邀请著名书画家、摄影家、文学家、音乐家和新华社宁夏分社、《宁夏日报》、《宁夏画报》、《共产党人》杂志等 11 家自治区、固原市新闻媒体到彭阳开展采风活动。城阳杨坪、白阳镇周沟等 9 个行政村入选国家旅游扶贫示范村名单，其中杨坪村被确定为国家旅游扶贫重点村之一。

2017 年，联合移动公司开通移动大数据平台，累计发送信息 70 万条。全县累计扶持发展农家乐 61 家，其中三星级农家乐累计 24 家，4 星级农家乐 2 家，各星级农家乐已实现区域内 Wi-Fi 全覆盖。在新华社主办的 2017“最美中国榜”评选中，以文化魅力、特色魅力旅游城市，生态、自然旅游城市荣登 2017“最美中国榜”。举办全域旅游产业人才培训班共 4 期，培训 280 人次。参加自治区、固原市组织的各类旅游培训班、推介会 12 期，参训 17 人次。

2018 年，成功举办第十四届“宁夏六盘山山花节”暨第六届“梯田花海·生态彭阳”山花旅游文化节，开展全国山地自行车赛、全国百辆房车巡游、特色美食展、摄影、绘画、征文大赛等赛事活动。拍摄制作旅游形象宣传片在宁夏电视台、固原电视台播放，在《宁夏日报》《固原日报》刊登“梯田花海·生态彭阳”山花旅游文化节宣传专版，邀请新华社宁夏分社、《宁夏日报》、《新消息报》、《共产党人》等 11 家自治区、固原市新闻媒体到彭阳开展采风活动。开展彭阳县全域旅游人才培训，通过理论讲座和实地观摩学习，对旅游产业发展领导小组成员单位、乡镇旅游干事、星级农家乐、旅游商品生产企业、宾馆饭店、旅游扶贫村、旅游示范村等负责人集中开展培训 200 人次。

2019 年，成功举办第十五届“宁夏六盘山山花节”暨第七届“梯田花海·生态彭阳”山花旅游文化节，自治区党委书记石泰峰在北京召开的庆祝中华人民共和国成立 70 周年宁夏专场新闻发布会上，向媒体推介宁夏“一美”（彭阳花海梯田）：“欢迎大家到彭阳看看，漫山遍野杏花开，杏花春雨已经不再是江南的专属美景，也是我们的塞外风光。”山花节期间，共接待各类游客7.06万人次，实现社会综合收入2118万元，农家乐接待游客1.46万人，实现经营收入73万元。举办“多彩固原·美丽梯田”首届梯田花儿节系列文化旅游活动。组织开展民俗花儿唱梯田、聚焦固原拍梯田、诗词曲赋赞梯田等6项活动。央视记者重走长征路期间，歌星江涛、玖月奇迹等参加梯田花儿节实景演出活动，央视主持人尼格买提现场主持并进行宣传报道。宁夏电视台开通微信直播云，多层次、多角度报道梯田花儿节，关注点击量突破100万次，金鸡坪梯田再次成为全国“网红”。

2020年，彭阳县创新举办成功举办第十六届“宁夏六盘山山花节”暨第八届“梯田花海·生态彭阳”山花旅游文化节网络山花节。网络山花节期间，央视直播、新华社、外文频道等全国各大媒体发稿量600余篇，阅读量3000万人次，抖音话题点击量突破1300万人次，网络山花节成为彭阳四月“网红”，拉开宁夏六盘山山花节序幕。据统计，活动期间到彭阳游客10.64万人次，宾馆饭店接待游客0.56万人次，经营收入112.64万元，农家乐接待游客0.85万人次，经营收入44.77万元，旅游商品线上线下销售额36.52万元。举办彭阳县第二届梯田节暨“梯田百合·美丽彭阳”文化旅游节。两大节庆活动将彭阳旅游推向高峰。据统计，梯田节期间，到彭阳游客达12万人次，星级农家乐接待游客2.8万人次，实现经营收入达140余万元，旅游商品销售额达8.98万元，尤其是在悦龙山房车营地举办的“魅力梯田·百合花香·星空之夜”，游人络绎不绝，5天时间游人近7万人次，收入21万余元。2020年，到彭阳游客达86万人次，实现旅游社会综合收入3.9亿元，同比分别增长30%、62%。

2021年，成功举办第十七届宁夏六盘山山花节暨第九届“醉美花海　魅力彭阳”文化旅游节。山花节的举办，拉开了宁夏六盘山山花节的序幕，彭阳四月再次成为全国“网红”。山花节期间到彭阳游客6万余人次，实现社会综合收入2463万元，文化旅游商品销售额达32万元，农家乐收入35万元，宾馆入住率达到99%。其中，清明假期到彭阳游客5万余人次，实现社会综合收入2130万元。“五一”国际劳动节期间，创新开展戏曲进景区活动，丰富景区文化活动内涵，促进文化旅游深度融合，带旺景区旅游人气。“五一”国际劳动节到彭阳游客6.6万人次，实现社会综合收入2640万元；农家乐接待1.14万人次，经营性收入56.89万元。结合自治区党委和政府部署的“两晒一促”工作，深挖地方特色旅游资源，将旅游与乡村振兴和美丽乡村建设紧密结合起来，以农耕文化为魂、以田园风光为韵、以村落民宅为形、以绿色农业为基、以创新创意为径，精心

2021年4月1日，第十七届宁夏六盘山山花节暨第九届“醉美花海·魅力彭阳”文化旅游节在彭阳县城悦龙山盛大开幕 扈志明/摄

制作“两晒一促”宣传片——《在那杏花盛开的地方》，于5月中旬完成8分钟视频和60秒短视频。在宁夏广播电视台卫视频道播出，同时在全区范围内进行宣传推介，新华网点击量和阅读量108.5万人次、人民网10.6万人次，彭阳县特产推介网25万人次，27个省区观众直接订货单400多单。精心打造4个旅游观摩点，进行网红带货，宣传推介彭阳十大碗等特色经典小吃，对彭阳蜂蜜、杂粮、苹果、朝那鸡等农副产品进行网上带货1.25万元。当天到彭阳游客近2万人，实现社会综合收入约800万元。2021年到彭阳游客72万人次，实现社会综合收入3.2亿元。

2022年，成功举办第十八届宁夏六盘山山花节暨第十届“醉美花海 魅力彭阳”文化旅游节、第四届梯田节主题摄影大赛，创新举办首届宁夏·彭阳红梅杏开园节暨线上销售启动仪式，制作发布文旅宣传短片55个，80余家传统媒体和新媒体多角度、全方位、立体化宣传，全网点击量超过2亿次，邀请闽宁镇挂职干部到彭阳拍摄制作发布文化旅游宣传短视频3条，彩绘梯田景观252平方米，嘛喇湾77号彩虹路成为全国旅游目的地ID。结合自治区党委和政府部署的第三季“两晒一促”工作，深挖地方特色旅游资源，将旅游与特色商品紧密结合起来，以特产展示为主线、以田园风光为补充，创新形式，紧跟时代潮流，精心制作“两晒一促”1分钟预热宣传片——《美丽中国·彭阳篇》，并于抖音号及微信视频号同时发布，全网播放量超30万次，完成书记访谈和5分钟姚河塬遗址宣传视频，在宁夏广播电视台卫视频道播出；5月19日中国旅游日，在金鸡坪梯田公园发放宣传品 5000 余份，举办有奖知识竞答 1 期，参与竞答 200 余人次。面向全社会公开征集彭阳县文化旅游宣传口号及文化旅游形象标识（LOGO），共征集到文化旅游宣传口号 1300 条、文化旅游形象标识（LOGO）90 条。联合彭阳移动公司开发上线“畅游彭阳”App 微信小程序，设走进彭阳、畅游彭阳、多彩彭阳、彭阳好物、住在彭阳、舌尖彭阳六个板块，全方面介绍彭阳各景区景点、美食好物、旅游特产、非遗作品等旅游资源；山花节期间，发布彭阳文旅微信表情包 24 组，下载量 547 次，发送总量 5961 次；打造旅游目的地 ID、2 条赏花线路、7 个赏花点，3 条旅游精品线路上线“固原文化旅游”。积极参与自治区、固原市旅游宣传推介活动，彭阳梯田花海踏春赏花游线路入选第一期全国“乡村四时好风光——春生夏长万物并秀”乡村旅游精品线路。全年景区景点共接待游客 90 万人次，同比增长 26%，实现社会综合收入 4 亿元，同比增长 23%；农家乐接待 16.5 万人次，同比增长 3.5%，实现营业收入 828 万元，同比增长 3%。

2023 年，成功举办第十九届宁夏六盘山山花节暨第十一届“醉美花海　魅力彭阳”文化旅游节、宁夏固原（彭阳）第二届红梅杏开园节暨“瓜果飘香·清凉彭阳”文化旅游节、2023 年彭阳县第五届“金色彭阳　醉美梯田”文化旅游节、宁夏第六届农民篮球争霸赛决赛、“梯田花海”自行车挑战赛等 10 余项文体活动，向自治区内外推介展示彭阳旅游资源，以节庆活动带动文化旅游消费，拉动旅游经济快速增长。通过微信视频号和抖音制作发布彭阳文化旅游各类宣传视频 68 个，浏览量达 1000 万人次。制作全域旅游手绘地图 10 万份、遇见彭阳宣传册 0.5 万份、彭阳旅游指南宣传折页 2 万份、“梯田花海·醉美彭阳”宣传折页 1 万份，并投放于全县各景区景点、酒店宾馆、农家乐、民宿，扩大文化旅游品牌宣传覆盖面，不断提升彭阳文旅品牌影响力和知名度。组织参加自治区文化和旅游厅主办的宁夏“晒文旅·晒优品·促消费”大型文旅推介活动。全县景区景点共接待游客 115 万人次，同比增长 25%，旅游社会综合收入达 4.5 亿元，同比增长 28%。

三、旅游监管

彭阳县文化旅游广电局依照《中华人民共和国旅游法》和有关法律法规的规定，在职责范围内，建立健全旅游市场监督管理制度，完善监督管理的工作措施和工作机制，切实履行监督管理的职责。为确保旅游市场安全运营和更好为旅游者提供服务，成立旅游市场监督管理工作领导小组，对全县 12 家星级农家乐和民宿、1 家星级酒店、3 家旅行社、4 家国家 A 级旅游景区进行日常运营监督管理，规范旅游市场秩序，促进旅游业持续健康发展。

为落实安全生产相关要求，根据《旅游安全管理办法》《中华人民共和国旅游法》《中华人民共和国安全生产法》《中华人民共和国突发事件应对法》《旅行社条例》《生产安全事故报告和调查处理条例》等，联合市监局、消防大队、供电局等单位对全县旅游企业安全隐患问题进行联合排查检查，对存在安全隐患问题的旅游经营单位下发责令改正通知书，并监督及时整改。年均出动检查人员500余人次，对存在的安全隐患详细记录，督促企业自觉履行安全生产主体责任，及时消除安全生产隐患。要求经营单位严格落实安全生产责任制，建立隐患排查及整改台账，组织应急演练，开展安全生产教育培训等，切实保障全县旅游市场健康稳定和安全有序发展。

彭阳县旅游从业人员160余人，为适应旅游行业发展新势态，加强景区景点建设，增强农家乐、民宿、星级酒店、旅行社等管理及服务人员服务意识，不定期开展旅游市场管理及服务质量政策解读及宣传贯彻行动。定期举办培训班，邀请具有丰富教学经验的专家及优秀从业人员进行理论和实践的培训。培训内容以政策解读、管理理念、服务质量、主动服务意识、安全防范意识为主，加强彭阳县旅游从业人员队伍建设，保障游客合法权益，提升彭阳县旅游服务质量。

彭阳县现有旅行社（分社、营业部）共3家，分别是西安天马国际旅行社彭阳营业部、宁夏天桥百事通国际旅行社有限公司彭阳营业部、宁夏大为旅游咨询服务有限公司。根据《旅行社条例》《旅行社条例实施细则》《宁夏回族自治区文化和旅游厅关于进一步加强全区旅行社及在线旅游企业管理的通知》等管理办法和文件要求，全面落实彭阳县旅行社管理工作，对旅行社服务质量、游客安全、旅游包车等各方面进行日常监督和管理。根据固原市文广局旅行社备案要求，对3家旅行社进行备案，做好“一户一档”台账资料建立工作。

第六章　文物史迹

考古发现，早在3万年左右的旧石器时代就有人类沿彭阳红河、茹河流域繁衍、生息；西周时期，彭阳已被纳入中原王朝政治统治势力范围；东周时期，戎族在这里创造了独具特色的具有北方系青铜器特征的青铜文化；战国秦昭襄王时灭义渠，在这一带修筑了战国秦长城；秦汉之际，中央政府大规模移民实边，带来中原地区先进的生产技术，在生产、生活中遗留下众多文物精品；北朝、隋唐时期，中西文化商贸交流日益密切，茹河古道成为丝绸之路东段北线重要部分，留下了波斯银币等丝路遗珍；北宋时期这里成为北宋防御西夏的前沿，修筑的城、堡、寨，至今遗迹犹存；元明清时期，重农扶桑，社会经济文化持续发展，精美瓷器、铜器、书画作品成为这一时期的代表。这些文物从不同的侧面反映了县域政治、经济、文化、宗教、军事、风俗及其社会生活的历史形态和发展变迁。

彭阳县境内存在着为数众多的、反映人类历史发展轨迹的各类文物遗存，有古遗址、古墓葬、古建筑、石窟寺等不可移动文物300余处。其中，全国重点文物保护单位2处、自治区级文物保护单位15处、县级文物保护单位64处；有可移动文物6500余件，其中一级文物40件，二级和三级文物954件。文物内涵博大深邃、特征鲜明。

第一节　历史遗迹

一、古遗址

姚河塬遗址　姚河塬遗址位于彭阳县西22千米新集乡姚河村，是由李儿河和小河、大河切割形成的塬地，地势西北高、东南低。地处北纬35°51′52″、东经106°32′15.50″，海拔1585米。2019年被国务院公布为第八批全国重点文物保护单位。2017年获评年度“全国十大考古新发现”、2020年获评“中国六大考古新发现”、2021年获评“百年百大考古发现”、2022年获评“新世纪中国考古新发现(2011—2020)”等。

2017年4月，宁夏文物考古研究所、彭阳县文物管理所等单位在沿红河流域开展区域考古调查时发现姚河塬西周遗址，面积约92万平方米，东西长1000米、南北宽900多米。以遗址中部的城墙、壕沟为界分为内城、外城，东部为内城区域，有墓地、铸铜作坊、制陶作坊、宫殿基址、道路、渠池系统等遗迹；城址西部为外城区域，有制陶作坊区、村落、道路、渠池、陶窑等遗迹。

墓葬区位于遗址东北部，共发现墓葬、马坑、车马坑、祭祀坑50余座。墓葬可分为大、中、小3类，其中甲字形大墓2座、竖穴土坑大型墓2座、中型墓17座、小型墓18座、汉墓1座、东周墓1座、年代不明墓1座，马坑5座、车马坑4座，另有祭祀坑2座。

M4为“甲字”形墓葬，其墓道东西两侧、墓室西侧均有过道连通3个中型墓葬。斜坡墓道两侧有收分二层台，中部两侧有对称柱洞，通长19.40米，墓室位于墓道北部，口小底大，开口长6米，宽4.05米，墓葬深10.50米，墓底长5.90米，宽4.40米，墓壁倾斜平整。墓室二层台上放置被拆卸的车辆，青铜车马器保存完整。葬车3辆，部分位于棚板上，未保存下来，车轮位于东、西二层台上，南二层台上可见3个车衡及1个车轴，车饰有轫、辖、青铜轭、衡末饰、轴饰、车軎轭、泡饰等。墓底南北两侧各有一大范围凹坑。葬具有一椁、一棺、“井”形椁架及殓席，椁室长2.80米，宽1.80米，深1.50米；棺长2.20米，宽1.20米，棺内人骨散乱。棺椁下垫有一层活土夹杂有大量木炭。椭圆形腰坑内殉狗，头向朝南。随葬有原始青瓷、玉璧、骨梳、贝壳等。

M13处于M4的东侧，呈“甲”字形，墓道东西两侧以及墓室西侧有过道与3座中

2017年6月，宁夏考古研究所发现的姚河塬西周遗址M4、M13墓葬　　杨宁国/摄

型墓连通。为斜坡墓道，全长22.50米。墓室形状为斗状，口大底小，墓室底部南北长4.30米，东西宽3.30米，四壁壁面不规整，墓室底部至开口深8.70米。葬具为一棺一椁，平面形状呈长方形南北向，南北长3.10米，东西宽1.75米，椁侧板厚0.90米，葬式及陪葬品被晚期盗洞打破，具体情况不明。墓室底部分别有一个腰坑及四个角坑，其中腰坑位于墓室中间为南北向椭圆形，四个角坑分别位于墓室西北、东北、东南、西南四个角，坑内都殉有一狗。随葬有甲骨文、泡饰、费昂斯珠、绿松石、玛瑙珠等。中型墓葬有棺椁、腰坑殉狗，出土鼎、觯、泡等青铜器，瓿、豆罐等原始瓷器，柄形器、鱼、蝉、螳螂等玉器。骨簪、骨梳、骨珠、费昂斯珠、绿松石、玛瑙珠等。小型墓仅有一棺，腰坑殉狗，随葬陶器鬲、罐等。

马坑、车马坑10座，有大小两种，围绕墓地边缘环状分布，马坑为竖穴土坑，埋马分两层或者多层，上层马骨散乱，有肢解砍砸痕迹，下层马骨完整，2~16匹。其中，刀把形马坑制特殊，仅见于该墓地，刀身处为马坑，刀柄处为墓葬，可能是受当地戎人埋葬习俗的影响。另外，马坑内殉牲、散置石块等现象普遍。车马坑一座，马匹在最底层，其上放置四辆车，均拆卸放置，车轮、车舆等置于坑壁下，出土轭、銮铃、泡、軎等铜车马器。

祭祀坑两座，呈直筒井状，直径约0.90~1米，堆积分层，填埋有人、动物等。J1内的堆积，可分为18层，最底部用人祭祀，人骨为东西向，人头骨位于坑内西侧面部朝西，左臂骨压在头骨上方，背部朝天，盆骨位于东壁下，腿骨则竖向位于坑内南部，右臂骨下压在脊椎下，在坑内西部边缘发现3块石块，在石块上未发现有打磨和使用过的痕迹。其他层位发现羊、牛等动物。J2内堆积可分为44层，有牛、山羊、绵羊、鸡等动物祭祀。

宫殿区位于内城中部，为一组夯土建筑，周围有大量的踩踏面，房址、灰坑、窖穴、道路等遗迹，可视为一个整体的遗迹组合。经勘探该台基为13米×23米，基址厚度约1米，钻探中发现有柱础石等。在基址的西侧发掘房址1座，坐南朝北，出土完整铜爵。

作坊区在内外城都有分布，以陶窑为主。内城已发掘部分铸铜作坊遗址。位于墓地南侧，面积约4000平方米。经勘探和发掘有灰坑、房址、烘范窑址、储水池、储泥池、水渠、道路等遗迹，也是有着铸铜产业链性质的遗迹组合，出土陶范1000余块，可分为容器范、车马器范、工具范等，另有刻刀、磨石、石刀、骨锥等铸铜工具，熔渣、炉壁、范泥、鼓风嘴等遗物出土。

2018年在姚河塬遗址出土的饕餮纹梳篦

杨宁国/摄

另外，遗址灰坑及墓葬出土卜骨和卜甲数片，甲骨文单字近200个字，卜骨、卜甲均有出土，卜骨均圆钻，卜甲为方形钻，皆有灼痕。其中，“甲字”形大墓墓道填土中出土的刻字卜甲，质地为牛肩胛骨，正反面均经刮治上光，背面左侧有墨书“戎”字，正面左侧有两行刻辞，34个字，合文2个字，计36个字，大意为有2个人分别率领30人到夜、宕、隻等地，可能是巡查、巡视，涉及2个人名和5个地名。有一块卜甲是龟腹甲左下甲尾部分，背面有方形钻和长方形凿，正面有“T”形兆枝。在0.17米×0.12米范围内兆枝下部有竖向微刻辞4行，总计20余个字，部分字残损。可辨字形有“王”“至”“月”等字。在灰坑中出土的还有部分无刻辞的卜骨、卜甲。

姚河塬西周遗址是宁夏南部泾水上游地区首次发现的一处大型西周遗址，是近年来西北商周考古的重大发现之一。遗址功能结构复杂的聚落形态、带墓道的高等级墓葬、掌握高技能工艺的铸铜作坊，出土的青铜器、玉器、瓷器、象牙器等珍贵文物，以及以甲骨文为代表的特殊文化产品，都显示其绝非普通居址，而可能与关中的周公庙、孔头沟，北京房山董家林等遗址一样，属于西周大臣的采邑或分封诸侯国所在，即为一个西周封国的都邑遗址。这对研究探讨西周文化的起源和形成,西周王朝建立后对西部边缘地区控制管理模式,认识西周时期的西北边陲文化面貌和社会变迁具有非常重要的价值。

2018年,对部分已发掘的遗迹搭建临时保护棚,部分已发掘遗迹采取回填加固保护。2020年,在已发掘的墓葬区设置临时保护棚。2022年,设文物保护标志碑,并沿文物保护范围增设保护界桩。同年,完成姚河塬“四有”(有保护范围、有保护标志、有记录档案、有保管机构)档案;2023年5月,彭阳县委、县人民政府制定《姚河塬遗址文物保护总体规划》,确保姚河塬遗址文物本体、历史山水格局及自然生态环境的安全、真实、完整性,根据阶段性考古成果展示、利用遗址的价值与内涵,实现文物保护和地方经济文化建设的协调发展,打造以田野考古为特色,集遗址现场展示、公众科普研学、西北台塬地貌景观于一体的城址类郊野考古遗址公园。

岭儿遗址　位于彭阳县城南约2千米的白阳镇姚河村岭儿组西南部。地处北纬35°49′55.0″、东经106°38′30.0″,海拔1444米。

2002年,在茹河流域岭儿组的岭儿沟、立道沟等地调查发现旧石器时代遗址4处、湖泊遗址1处,分布面积约125万平方米。在岭儿河北边的断崖上,地层剖面由上至下可分为全新世土壤、马兰黄土、冲击黄土三层。遗物发现于第二层的马兰黄土层中,距地表深8.80米,文化层厚1.50~3米。采集到古人类石制品80余件,规格以小型为主,主要有尖状器、刮削器、雕刻器、石片、石核、断块等类型,岩性主要有燧石、英砂岩、白云岩和硅质灰岩等,剥片技术主要使用了常见的锤击法和砸击法。

旧石器时代,是人类的初始阶段,这一时期的远古人类主要制作一些木、骨、石质工具,用来挖掘和切割各种动植物,他们以采集和狩猎来维持生计,与大自然进行着顽强的抗争。同时采集到动物化石碎片,多数为牙齿和肢骨化石。根据地理环境和采集到的遗物分析,昔日这里是一片水源充足、草木丛生、禽兽出没的

2002年发现的位于白阳镇姚河村的岭儿遗址地貌
杨宁国/摄

山林沃野，生态环境良好，为人类提供了便利的生存条件。水波状的地层，与水洞沟遗址地层所表现的形式基本一致，距今3万年，也就是地质年代上正处于第四纪末次冰期的主冰期，受蒙古高压的控制，气候变得比较寒冷而干燥，由短时间的气候热胀冷缩引起的。依据断崖地层和暴露出的石制品、地质地层分析确定该遗址属旧石器时代晚期，地质年代大约属晚更新世中晚期，与宁夏灵武水洞沟旧石器时代遗址，距今3万~1.7万年。

岭儿遗址的发现，填补了宁夏南部旧石器时代考古的空白，开启了固原旧石器时代考古研究的先河，将固原有人类活动的历史向前推了2万年左右，宁夏南部是我国早期人类活动的区域之一。

2010年3月，彭阳县人民政府公布岭儿遗址为县级文物保护单位并公布保护范围及建设控制地带。同年3月，建立保护碑。2010年12月，自治区人民政府公布岭儿遗址为第四批自治区级文物保护单位。2017年7月，自治区人民政府公布保护范围，同年8月，公布建设控制地带。2022年，完成岭儿遗址“四有”档案。

打石沟遗址　属新石器时代，位于彭阳县城西7.5千米处古城镇店洼村水库北岸，背靠山坡，茹河从遗址南侧流过。坐标为北纬35°51′52″、东经106°32′15.50″，海拔1585米。遗址南部破坏严重，现存面积约12万平方米，文化层1~2米。

2013年4月，彭阳县文物管理所勘探的打石沟遗址　　杨宁国/摄

1988年5月，宁夏文物考古研究所和中国历史博物馆考古部联合对打石沟进行考古调查，发现暴露房址、灰坑10余处。采集到的陶器主要有陶钵、陶盆、陶罐、单耳罐、豆圈足残片和双耳罐等，多为泥质橙红陶和少数灰陶，纹饰以篮纹、麦粒状竖绳纹、附加堆纹和素面为主。石器有石斧、石刀、石凿等，呈浅黑色，磨制光滑、规整。

2013年4月，为配合彭青高速公路建设，宁夏文物考古研究所和彭阳县文物管理所联合对其进行为期5个月的考古发掘，发掘面积1600平方米。调查发现房址33座，发掘15座，房址依山势成排分布，同时发掘灰坑66个、墓葬7座、陶窑1座、出土遗物400余件。

房址可分为地面式、窑洞式以及半地穴式3种。地面式房址12座，结构基本相同，居室平面为圆角方形，由门道、圆形火塘以及两道侧墙和后墙组成。房屋朝向多为向南和向东。房址残存面积最小者为4.62平方米，火塘直径为0.50米；面积最大者为40.26平方米，火塘直径达1.80米。地面式夯土墙体房址的建筑方式为先在房屋左右两侧用黄土夯筑墙体，房屋之间共用墙体修建，个别墙面分布较密集的小洞（用于增强墙面与草拌泥吸附），直径0.30~0.40厘米，墙体先抹一层草拌泥，再在其上施以细泥墙面及高60厘米的白灰墙裙。墙面白灰层厚度比居室地面薄，墙面白灰层厚0.30~0.50厘米，居室地面白灰层厚0.30~1.20厘米。

窑洞3孔，其中一孔保存完整，建筑方式为直接在生土上掏挖拱顶形窑洞，洞高3.15米，底宽2.70米，残存进深3.08米，壁面遍布竖、横条状工具痕印，其上直接用细泥抹平，表面光滑平整。内壁四周下部粉刷白灰墙裙，高60厘米，居住面涂抹厚0.30~0.50厘米的白灰面，平整、光洁、坚硬。窑洞中间设有圆形火塘，直径为1米。这种利用黄土密度大、黏着力强的特点，因地制宜挖掘的窑洞，结构起架高，空间大，利于采光、通风，冬暖夏凉。这种原始窑洞保存如此完整，在国内新石器时代考古史上实属罕见，是我国目前发现较早且保存完整的窑洞式房址之一，为研究窑洞建筑史提供了极为珍贵的考古学资料。

半地穴式房址4座，其中1座平面呈圆形，门道向东，斜坡式；仅地面用细泥抹平，墙面未见加工痕迹。灶位于房屋东北，为红烧土烧结面。

房屋、窑洞遗址依山势成排分布，形成一个相当规模的聚落。其建造风格和样式与现在居民的土坯房屋建造结构基本相同，其中夯墙技术不亚于现代建筑技艺。

房址中出土遗物较少，仅F10中出土有6件陶器，均为泥质灰陶罐和夹砂灰陶罐；F11中出有彩陶双耳杯1件。其他房址中零星出土有石刀、石斧以及骨器、玉器等。

打石沟遗址发掘现场　　杨宁国/摄

灰坑以长方形、圆形或椭圆形袋状坑为主,多分布于房址之前，出土的遗物以陶器为主，另外还有数量较多的石器、骨器、蚌壳以及少量的玉器。陶器为泥质红陶、泥质灰陶和夹砂灰陶；器形主要有鬲、斝、敛口器、双耳罐、单耳罐、折腹盆、钵、双耳杯、单耳杯等,其制作方法仍沿用手工泥条盘筑法;纹饰主要有绳纹、篮纹、戳刺纹、附加堆纹以及刻画纹等。石器主要有斧、刀、凿、镞、石磨盘等。骨、角器有骨针、骨锥、鹿角等。同时出土有灼烧痕迹的猪头骨、肩胛骨等。猪头骨前额以及肩胛骨的灼烧痕迹反映了当时人们简单的占卜术,表现了较早的原始宗教意识。玉器主要为加工玉器时所剩的残片、残段,其器形大致有玉璧、玉璜、玉环、玉斧等,玉质有青黄玉、青白玉、墨绿玉等,个别完整器有玉琮、玉锛等。从出土的一块玉石废料观察,其切割线痕明显,极有可能发掘的是房址、灰坑出现弓弦一类的器具,用来切割玉料,表面光滑平整,反映出当时玉器加工工艺达到了较高的水平。

墓葬发现不多,仅 7 座。其中,M1 为 3 个幼年个体合葬,其余均为成人单人仰身直肢,面向或南或北,基本无随葬器物,仅 M6 随葬有陶器。

值得关注的是在遗址中提取到了一批炭化植物种子,种类有 25 种之多,其中粟、黍、早熟禾、野燕麦、野大豆等粮食作物种子数量可观,反映当时已经出现了原始的农业。葡萄种子则说明早在新石器时代,我国北方就已种植葡萄。无名精、旋花属热带亚热带代表性植物,在中药中具有清热解毒、祛痰止血、杀死体内蛔虫等功效,说明当时中医的雏形可能出现。这批植物种子的发现,为研究新石器时代宁夏南部生态环境、农业生产及社会生活提供了新的素材。

打石沟遗址是宁夏继 1985 年海原菜园遗址发掘后 20 年来又一次重要考古发掘,它的发现使宁夏南部新石器时代考古史有了新的突破,极大地丰富了区域性考古文化内涵,为研究泾水流域新石器时代晚期文化提供了重要资料。根据出土遗物,初步认定其时代为新石器时代晚期氏族部落遗址(陕西龙山时期客省庄二期文化),部分时代与齐家文化相当。

1988年，由自治区政府公布打石沟遗址为自治区级文物保护单位。2017年7月，自治区人民政府公布保护范围，同年8月，公布建设控制地带。2022年，完成打石沟遗址“四有”档案。

海子遗址　属新石器时代，位于彭阳县城西南20千米处新集乡姚河村海子组。石洼河从遗址东侧向南流去，周围有海子湖。坐标北纬35°47′35.09″、东经106°29′59.10″，海拔1628米。遗址分布面积约10万平方米，破坏严重，文化层1~2.50米。

考古调查中发现遗址分为居住区和墓葬区，相距40米。南部断崖上暴露两个上下叠压的灰坑，上面呈锅底状，坑口残长1.70米、深0.80米；下面的呈袋状，口径1米、底径2米、深1.50米，这里应为居住区。东部断崖上露出两座墓葬，每座有成人骨架一具，相距5米，距地表深1米，此处应为墓葬区。

出土的遗物非常丰富，陶器有大口罐、长颈单耳罐、小口瓮、单耳陶鬲，制作方法仍沿用手工泥条盘筑法，有些器壁上出现了轮修旋线。器物多为泥质橙红陶，少量的为灰陶，其纹饰主要以篮纹、附加堆纹为主。石器有磨制精细的石斧、穿孔石刀、石棒、石凿等。采集到的遗物从其形制和纹饰看，篮纹占主导地位，器形大多比较消瘦，器壁上已出现轮修旋痕等特征。其时代是新石器时代晚期，属齐家文化遗存。

2010年12月，海子遗址由自治区人民政府公布为自治区级文物保护单位。2011年6月，由彭阳县人民政府建立保护碑。2017年7月，自治区人民政府公布保护范围，同年8月，公布建设控制地带。2022年，完成海子遗址“四有”档案。

东海子遗址　又名朝那湫，位于彭阳县古城镇海口村北4千米东海子水库，历史上曾有长江、黄河、汉水齐名，为华山以西四大名川（水）之一。建有战国时期秦国北部的重要祭祀场所——朝那湫祠。

朝那湫四面环山，元大德十年（1306）开城路大地震，湫渊东部出现沟壑，湖水走漏。20世纪70年代在原址基础上修建水库，总库容373万立方米。水库东南有一小山丘，高约60米，即“丘东岗之上置祠设像”的地方，农田面积3万多平方米，文化层1~1.5米。

古人祭祀山川，主要因其能敛云布雨，润泽大地，敬畏于该山川的特殊“灵异”之处。“朝那湫渊，湖水常年不增不减，水中不生草木，故而秦人视为神，将《诅楚文》沉于此渊中，并置祠奉祀。”朝那湫的灵异之处，就在于高山有水，不增不减，古人不理解这一特殊地质现象，视其为神异，并设祠祭祀。朝那湫地位超过泾渭，成为人类文明进程中西北国家重要的祭祀地之一。

正是由于朝那湫独特的历史地位，关于朝那湫的具体方位，明清以来有很多地方争夺朝那湫遗址。但朝那湫遗址确为彭阳县东海子遗址。从文献记载来看，《史记》和《汉书》均记载：“及秦并天下，令祠官所常奉天地、名山、大川、鬼神可得而序也……自华以西，名山七，名川四。”“湫渊祠朝那。”《汉书》又明确记载：“朝那，有端旬祠十五所，胡巫祝，又有湫渊祠。”裴骃《史记集解》中引用三国经学大家苏林的话：“湫渊在安定朝那县，方四十里，停不流，冬夏不增减，不生草木。”唐初李泰在《括地志》言：“朝那湫祠在原州平高县东南二十里。”杜佑在《通典》也说道：“湫泉，祠朝那；湫泉在安定郡界，清彻可爱，不容秽浊，或有喧污，辄兴云雨。土俗亢旱，每于此求之，相传云龙所居也。天下山川隈曲，亦往往有之。”到北宋初乐史编著的《太平寰宇记》中也提到“朝那湫渊祠”。镇戎军设置后，学者高承《事物纪原》中记载：“镇戎军朝那湫，即龙庙，秦汉所祠湫渊也。天禧二年四月八日，赐庙名灵泽。”至于在镇戎军的具体方位，《宋会要》则详细说明：“朝那湫龙祠，在东山寨（今彭阳县古城镇）硖山。即汉《郊祀志》所祠渊也。真宗天禧二年四月赐庙额灵泽。神宗熙宁十年六月封泽民侯。”到元代，根据《重修朝那湫龙神庙记》记述，大德年间（1297—1307），开城知州率官员来此祭祀求雨。明代景泰年间（1450—1457）编修的《寰宇通志》记载：“朝那湫祠，在开城县东十五里。战国时秦人诅楚投文于此湫，汉祀。至今岁旱，土人祷雨于此。”嘉靖《固原州志》记载：“东海，在州东南四十里，泉流有声，广五里，阔一里。东岸还有庙。即古朝那湫。”以上这些文献记载，虽然各个时代参照的地名不同，但都说明了朝那湫即今东海子遗址，自战国后期至明一直被官、民祭祀。从实地考察看，在这片遗址上，历代绳纹大板瓦、陶罐残片堆积如山，俯首可拾。2007年在遗址中首次发现有关“朝那之湫”残碑，为确定朝那湫的具体位置，提供了重要的实物依据。

2011年6月，宁夏回族自治区将东海子遗址列为重点文物保护单位　杨宁国/摄

由于地理、气候的变迁，县境东海子湖面逐渐缩小，明代时，已由秦汉时的“方四十里”锐减为“广五里，阔一里”的小湖。其后，因地震的原因，湫渊东部出现沟壑，殿宇湮没，湖水走漏，下泻乃家河，现于原址修水库一座，库水面为南北长 3000 米、东西宽 500米。

现今探求朝那湫祠的意义，正如著名历史学者王子今指出“在历史文化记录中留有深刻印迹的朝那湫，曾经是国家祭祀圣地，也是民族文化交流的象征；朝那湫的水文地貌形势曾发生过变化，考察朝那湫及其相关现象，不仅有益于深化对当时宗教文化和民族关系的理解，也可以丰富我们对于当时生态环境的认识”。

2010 年，自治区人民政府公布东海子遗址为自治区级文物保护单位。2011 年 6 月，彭阳县人民政府建立保护碑。2017 年 7 月，宁夏回族自治区人民政府公布保护范围，同年 8 月，公布建设控制地带。2022 年，完成东海子遗址“四有”档案。

小河湾遗址　位于彭阳县新集乡下马洼村下马洼组西南冲积台地上，东距彭阳县城约 15 千米。坐标为北纬 35°48′10.50″、东经 106°31′55.10″，海拔高度 1583 米。2010 年，自治区政府公布小河湾遗址为自治区级文物保护单位。

这里地形较为平坦，面积约 50 万平方米，现为农田。地表散见大量的绳纹板瓦、筒瓦及陶器残片，另有少量的云纹瓦当和铁器等。在断壁中发现灰坑、沟及地层堆积等，文化层厚 1.50 米左右，为战国中期至西汉早期。

2009 年 7 月，为配合“西气东输”二线工程建设，宁夏文物考古研究所和彭阳县文物管理所沿管道线路对遗址进行局部考古发掘，发掘面积 3000 平方米，清理墓葬 4座。遗址的地层分为四层：第一层为现代耕土层，第二层为宋代文化层，第三层和第四层为秦汉文化层，出土大量的陶片、瓦片和动物骨骼等。根据出土遗物，将第三层和第四层推定为战国中期至西汉早期。发现遗迹主要有房址、灰坑、陶窑、水井、道路、壕沟古井等。壕沟位于遗址南部，东西向，口大底小，底部平，口宽 6 米、深 2.30 米。沟内填土灰褐色，系逐渐沉积堆积形成，上部疏松，近底部较坚硬，包含少量的绳纹板瓦、筒瓦残片、灰陶片及红陶片，器型与地层中出土的秦汉时期遗物相同，应是秦汉时期。发现水井 4 口，均为圆形，未用砖等砌井壁，从口部向下渐小，最深 15.50 米，最浅 10 米（半成品，未掘出水），填土和包含物均为当时废弃物。道路发现 3 条，第三层下开口，其中主道路宽 3.80 米，呈南北向。经钻探，该路南北向贯通遗址区，是遗址中的一条主要道路，时代在战国中晚期。共清理灰坑 177 个，以方形和长方形为主，圆形、袋状和不规则形较少。方形和长方形灰坑坑口和坑壁较规整，坑底不规则，有的深近 3 米；较浅者填土较纯，深者系使用后倾倒垃圾之用,大多可分层。除少数方形和长方形坑有柱洞可能是一种建筑外,大部分这种坑的用途目前不详。袋状坑可能是贮藏东西的窖穴,圆形和不规则形坑较少。发现灶两处,是两个直径0.50米左右、厚2~3厘米的烧结面,表现出一定的简易性。

瓮棺葬发现5座,其中3座发现于遗址发掘区,2座发现于小河北部的探沟中。此类墓先挖掘墓穴,然后放置瓮棺墓葬。墓穴有长方形和圆形,以长方形为主;瓮棺有瓮、鬲,盖以盆为主,有的以板瓦为盖封盖,其中1座在长方形的墓穴内以对扣的板瓦为棺,其上用瓮的残片覆盖,然后回填,骸骨缺少一上肢骨和一下肢骨,可能系非正常死亡。从骨骼的保存情况分析,瓮棺葬均葬婴幼儿。

遗物有板瓦、筒瓦、瓦当等建筑材料及陶器、铁器、铜器、铜钱、骨器等,另出土较多的是动物碎骨骼。板瓦、筒瓦和瓦当均为泥质灰陶,凸面饰绳纹,凹面有素面、方格纹、戳刺纹及布纹,未见完整器。陶器以泥质灰陶为主,次有泥质红陶、夹砂灰陶和夹砂红褐陶等。泥质陶主要用于制作瓮、盆、甑、罐、盒、壶等日用器,夹砂陶主要用于制作鬲、釜等炊器。陶器纹饰主要是绳纹和压印纹,素面器较少。

陶鬲有平裆鬲和袋状铲足分裆鬲,以平裆鬲为主,器型较大。平裆鬲饰绳纹,足部压印方格状的凹穴。袋状铲足分裆鬲饰附加堆纹,盆有敞口折腹和敞口斜腹等形制,腹部饰绳纹。罐均为小口束颈圆肩罐,肩部以下饰绳纹,有的有双耳。同时出土少量的带有"咸屈里宠""咸昌里番""咸东贾午"等陶文的器物残片。

铁器有削、斧、铲、凿、箍、钉等,出土数量较多。铜钱较少,均为半两铜钱。动物骨骼均残碎,部分有明显的敲击痕;从牙齿、角和蹄观察到的动物种属有马、牛、羊、鹿、狗等。

小河湾遗址是宁夏首次发现面积较大的秦汉聚落遗址,出土的陶器如平裆鬲和袋状铲足分裆鬲等在宁夏属首次发现,为比较研究和认识今宁夏同期遗址、墓葬提供了较为重要的资料。由于红河、茹河流域是北方草原文化和中原农耕文化的交汇处,对今后研究战国至汉代王国制向郡县制的转变和宁夏彭阳地区秦汉时期的县置情况,探寻该地区秦戎文化面貌以及秦文化与西戎文化、北方草原文化的关系都将提供珍贵的线索。同时,考古发现了与该遗址相关的两处墓地,对它们的保护和研究,对认识宁夏南部地区秦汉时期文化的延续、秦至西汉墓葬的形制特征和断代分期提供了资料依据。

2010年,自治区人民政府公布小河湾遗址为自治区级文物保护单位。2011年6月,由彭阳县人民政府建立保护碑。2017年7月,宁夏回族自治区人民政府公布保护范围,同年8月,公布建设控制地带。2022年,完成小河湾遗址"四有"档案。

彭阳县境内主要史前文化遗址一览表

表 6-1

名 称	位 置	文化类型	遗 迹
岭儿沟旧石器遗址	彭阳县白阳镇姚河村岭儿组	—	岭儿沟旧石器时代遗址，距县城南 2 千米，沿河二阶台地分布，东西长 2500 米，南北宽 500 米，分布面积约 125 万平方米。临河冲积和垮塌形成断崖，出土原始生产生活用具。2002 年由中国科学院专家发现，并确定为旧石器时代遗址。该遗址距今 2.7 万 ~3.2 万年，与宁夏最早发现的灵武水洞沟旧石器遗址属同一地质年代
刘 河旧石器遗址	彭阳县城阳乡刘河村刘河组	—	刘河旧石器时代遗址，距县城 3 千米，遗址大致呈梯形状，长 100 米，均宽 60 米。临河冲积和垮塌形成断崖，出土原始生产生活用具，2002 年由中国科学院专家发现并确定为旧石器时代晚期遗址。该遗址距今 2.7 万 ~3.2 万年，与宁夏最早发现的灵武水洞沟遗址属同一地质年代
峁头梁新石器遗址	彭阳县白阳镇余沟村杨树峁组	齐家文化	峁头梁遗址分布面积约 1.8 万平方米，地表散布大量新石器红陶片，纹饰有绳纹、篮纹、素面，曾出土玉铲等文物。文化层厚 0.2~2.4 米，发现灰坑 3 处，其中一处灰坑层厚 60 厘米
岭儿西新石器遗址	彭阳县白阳镇余沟村杨树峁组	齐家文化	岭儿西遗址分布面积 6500 平方米，地表有罐、瓮、钵、盆等陶器残片及战国和汉代陶器残片
庙 湾新石器遗址	彭阳县红河镇宽坪村西组	齐家文化	庙湾遗址分布面积约 1500 平方米，文化层厚 1~2 米。发现夹砂红陶片，有素面、篮纹、刻画纹等
城子胡同新石器遗址	彭阳县红河镇友联村马河组	齐家文化	城子胡同遗址分布在红河川地，面积约 6600 平方米。地面及断崖处有大量红、灰陶片，文化层厚 1~3 米
坪 上新石器遗址	彭阳县红河镇什字村油坊组	齐家文化	坪上遗址分布面积约 10 万平方米，文化层厚 4~5 米。遗迹有灰坑和墓葬，其中墓葬被村民挖毁。遗物有夹砂和泥质红陶罐、钵、泥杯及石斧等
瓦罐梁新石器遗址	彭阳县古城镇任河村海沟组	马家窑文化	瓦罐梁遗址分布面积 5000 平方米，现为农田和退耕植树种草区。被盗挖墓葬 50 多座；遗物有夹砂和泥质红陶罐等，纹饰有绳纹、篮纹、戳刺纹、附加堆纹、刻画纹
圪垯梁新石器遗址	彭阳县古城镇罗山村天喜湾组	马家窑文化	圪垯梁遗址分布面积 3300 平方米。散布大量红陶、夹沙灰陶片，有绳纹、网格纹等多种纹饰，曾出土石斧、陶罐等
打石沟新石器遗址	彭阳县白阳镇双磨村打石沟组	齐家文化	打石沟新石器遗址分布面积 10 万平方米，文化层 1~3 米。暴露遗迹有木炭、人骨、白灰层、草拌泥、房子等。采集到的遗物有陶钵、陶盆、陶罐、石刀、石斧等，2013 年考古发掘 3000 平方米
鹰鸽咀新石器遗址	彭阳县古城镇任河村鹰鸽咀组	马家窑文化	鹰鸽咀遗址分布面积约 6000 平方米，散布大量夹砂红陶片、篮纹红陶片等，灰坑多处
高 山新石器遗址	彭阳县古城镇乃河村石窑组	马家窑文化	高山遗址分布面积 3000 平方米。中心区为一废弃庄院，有旧窑洞 3 孔。散布大量红陶片，破陶罐等，有多种灰坑

续表 6-1

名 称	位 置	文化类型	遗 迹
刘 庄 新石器遗址	彭阳县新集乡 张化村刘庄组	马家窑文化	刘庄遗址(原名:张化遗址)分布面积约 4000 平方米,文化层厚 0.5~2 米。暴露有草拌泥白灰层、灰层,地面散布有夹砂红陶片,纹饰有绳纹、篮纹及素面,出土陶罐、盆、钵、石锛、石斧等
下蔡西 新石器遗址	彭阳县新集乡 上蔡村下蔡组	齐家文化	下蔡西遗址分布面积约 3 万平方米。散布大量夹砂、泥质红陶片,纹饰有篮纹、绳纹,文化层不详
下蔡东 新石器遗址	彭阳县新集乡 上蔡村下蔡组	齐家文化	下蔡东遗址分布面积约 2 万平方米。暴露在荒地及梯田表面,有大量夹砂、泥质红陶片,纹饰有篮纹、绳纹等,文化层不详
张 化 新石器遗址	彭阳县新集乡 张化村张化组	马家窑文化	张化遗址分布面积 1500 平方米,断崖处暴露有灰陶片,3 处灰坑,为新石器居住址
胡庄北 新石器遗址	彭阳县新集乡 张化村胡庄组	马家窑文化	胡庄北遗址分布面积约 200 平方米,残存白灰层长 1.5 米、宽 3.5 米,白灰层厚 0.2 毫米
胡庄南 新石器遗址	彭阳县新集乡 张化村胡庄组	马家窑文化	胡庄南遗址分布面积 3000 平方米。断崖处暴露有乳丁纹等瓦片、灰坑,文化层厚 1.5 米
上 蔡 新石器遗址	彭阳县新集乡 上蔡村上蔡组	齐家文化	上蔡遗址分布面积 10 万平方米,地面散布有大量的夹砂、泥质红陶片,纹饰有绳纹、篮纹等,暴露多处灰坑、白灰层和红烧土。出土文物有双耳折腹罐、单耳陶杯、深腹罐等
新王庄北 新石器遗址	彭阳县新集乡 新集村新王庄组	齐家文化	新王庄北遗址分布面积约 6000 平方米,散布大量粗细绳纹、泥质、夹砂陶片
谢 寨 新石器遗址	彭阳县新集乡 谢寨村谢寨组	马家窑文化	谢寨遗址分布面积 3500 平方米,文化层厚 0.2~1.5 米。暴露有灰坑,草拌泥白灰面,半地穴式房址 2 处,陶片、器形有泥质、夹砂红陶壶、杯、罐、碗,纹饰有绳纹、锥刺纹及素面
海 子 新石器遗址	彭阳县新集乡 姚河村海子组	齐家文化	海子遗址分布面积约 10 万平方米,散布大量泥质、夹砂红陶片,有绳纹、篮纹、刻画纹等
黑墩墩梁 新石器遗址	彭阳县新集乡白 草洼村白草洼组	齐家文化	黑墩墩梁遗址分布面积为 6000 平方米,散布大量泥质、夹砂红陶片,纹饰有篮纹、绳纹等
马 河 新石器遗址	彭阳县新集乡 姚河村马河组	马家窑文化	马河新石器遗址分布面积 5 万平方米,散布大量泥质、夹砂红陶片、灰色夹砂陶鬲残足
阳 坡 新石器遗址	彭阳县新集乡 崾堡村阳坡组	齐家文化	阳坡遗址分布面积 3000 平方米,散布泥质夹砂红、灰陶片,有篮纹、绳纹等多种纹饰
高 庄 新石器遗址	彭阳县古城镇 高庄村高庄组	齐家文化	高庄遗址分布面积约 6000 平方米。地表面散布细泥、夹砂红、灰陶片,纹饰有绳纹、篮纹、弦纹居多,其他为素面,文化层不详
白杨庄 新石器遗址	彭阳县古城镇 甘海村白杨庄组	齐家文化	白杨庄遗址分布面积 20000 平方米,地表散布泥质、夹砂红陶、灰陶片,纹饰有绳纹、篮纹、弦纹、网格纹等

续表 6-1

名 称	位 置	文化类型	遗 迹
阳 嘴 新石器遗址	彭阳县城阳乡沟圈村河湾组	马家窑文化	阳嘴遗址分布面积约 2 万平方米，地表散布泥质、夹砂红陶、灰陶片，红陶残罐、陶钵等，纹饰为绳纹、篮纹、网格纹、弦纹
祁家梁头 新石器遗址	彭阳县城阳乡杨坪村上河组	马家窑文化	祁家梁头新石器遗址分布面积约 1.8 万平方米，文化层不详。地表散布大量泥质、夹砂、红灰陶片，有绳纹、篮纹、方格纹、网纹、弦纹多种纹饰及素面。陶片纹饰粗细两类。同时在遗址处发现少量彩陶片
虎山峁 新石器遗址	彭阳县冯庄乡小湾村小湾组	齐家文化	虎山峁遗址分布约 1.7 万平方米，大量散布新石器红、灰陶片，质地有泥质夹砂，种类有素面、绳纹、篮纹、弦纹等。曾出土一批大小不等的红陶罐
庙 洼 新石器遗址	彭阳县冯庄乡小湾村陆湾组	齐家文化	庙洼遗址分布面积约 2.6 平方米，大量散布红灰陶片，有素面、绳纹、弦纹、篮纹、锥刺纹多种纹饰，曾出土过大小形态各异的红陶罐
庄坡梁 新石器遗址	彭阳县冯庄乡虎山岘村虎湾组	齐家文化	庄坡梁遗址分布面积约 5 万平方米。地表面大量散布新石器红灰陶片，分泥质、夹砂两类，有素面、绳纹、锥刺纹、弦纹多种纹饰
小园子 新石器遗址	彭阳县冯庄乡小园子村小园子组	齐家文化	小园子遗址分布面积为 1.2 万平方米。遗址区地表散布大量红、灰陶片，为泥质和夹砂，上有绳纹、篮纹、网格纹各种纹饰
黑山洼 新石器遗址	彭阳县王洼镇李寨村叶岘组	齐家文化	黑山洼遗址分布面积 3000 平方米，地面散布大量泥质夹砂红、灰陶片，纹饰有绳纹、篮纹、网格纹等
石碑梁 新石器遗址	彭阳县罗洼乡岘村岘组	齐家文化	石碑梁遗址分布面积 4000 平方米，地面散布大量泥质夹砂红、灰陶片，有素面、绳纹、网格纹、篮纹等
贺 渠 新石器遗址	彭阳县罗洼乡岘村岘组	齐家文化	贺渠遗址分布面积 3000 平方米，地表散布大量泥质夹砂红、灰陶片，有绳纹、网格纹、篮纹等
庙 坪 新石器遗址	彭阳县冯庄乡小园子村庙坪组	齐家文化	庙坪遗址分布面积 4.5 万平方米。遗址区地面散布较多红、灰泥质、夹砂陶片，有绳纹、篮纹、锥刺纹及素面
靶场沟 新石器遗址	彭阳县白阳镇姚河村赵洼组	齐家文化	靶场沟新石器遗址分布面积约 6000 平方米，与宋代遗址并存。遗址区地表散布大量泥质夹砂红、灰陶片，其中口沿居多。纹饰有绳纹、篮纹、锥刺纹等
西 庄 新石器遗址	彭阳县城阳乡杨坪村西庄组	马家窑文化	西庄遗址分布面积 5000 平方米。整个遗址区散布大量泥质夹砂红、灰陶片，纹饰有粗细绳纹、网格纹、锥刺纹等
下姚河 新石器遗址	彭阳县新集乡姚河村下姚河组	齐家文化	下姚河遗址分布面积约 2000 平方米。地表散布大量泥质红、灰陶片，有少量器皿残部，上有锥刺纹、绳纹、篮纹、网格纹等多种纹饰，锥刺纹居多

二、古墓葬

刘沟墓地　位于县城西南2千米处白阳镇姚河村刘沟组崖背塬山坡上。1990年8月3日，村民平田整地时发现3座。墓地周围为农田，墓向分别呈东南、南、西南坐向，依次编号为1号墓、2号墓、3号墓。其中，1、2号墓破坏严重，葬式不详。

1号墓出土陶器7件，其中陶罐2件，束颈，溜肩鼓腹，平底，口残，高39厘米、底径11厘米。单耳陶杯2件，侈口，溜肩鼓腹，平底，高10厘米、口径8厘米、底径4.4厘米。双耳折肩陶杯1件，侈口，折肩，平底，双大耳，高7.5厘米、口径7.4厘米、底径4厘米。陶盘1件，敞口沿外折，浅腹，平底，高5厘米、口径25厘米、底径10.5厘米。陶碗1件，敞口微敛，曲腹，平底，高6.5厘米、口径12厘米、底径6.5厘米。质地为夹砂、泥质红陶和灰陶，饰篮纹、细绳纹和篦点纹。另外还有石斧1件，平面梯形，双面弧刃，呈乳白色，通体磨光，长7.5厘米、宽4厘米。

2号墓出土人头骨一具，陶器12件。单耳陶杯8件，大小不一，形制各异，最高16厘米、最低11.9厘米。陶碗2件，敞口，直腹，平底，高5.6~7厘米、口径14.4~15厘米、底径5.5~8厘米。陶觚1件，侈口方唇，向下略粗，平底，高19.5厘米、口径13.7厘米、底径8.5厘米。陶盆1件，侈口厚圆唇，折腹，平底，高12.5厘米、口径18.5厘米、9厘米。质地为夹砂、泥质红褐、灰陶，饰绳纹、刻画纹、旋纹等。穿孔石刀1件，长方形，平顶，微弧刃，顶端有一圆孔，呈黑褐色，长8.5厘米、刃宽6.5厘米、厚0.4厘米。

3号墓保存较为完整，长方形竖穴土坑墓，墓长2.1米、宽1米、深0.5米。墓壁向下斜收，无葬具，为侧身屈肢葬式，头向东南，骨骼保存完好，初步鉴定死者为中年女性。出土陶器10件。带流壶2件，侈口半封顶，开两孔，束颈，弧腹，平底，单耳，高13厘米、口径7.5厘米、底径6厘米。双耳折腹杯1件，侈口，折腹，平底，双耳，高7.5厘米、口径7.4厘米、底径2.6厘米。单耳瓜棱杯1件，侈口为鞍形，单耳，鼓腹，平底，高8.5厘米、口径7厘米、底径5厘米。陶豆1件，敞口，曲腹，喇叭形高圈足，足上有镂孔，高10.5厘米、口径16厘米、底径10.5厘米。单耳罐2件，侈口，束颈，鼓腹，平底，单耳，高11.8~14.4厘米、口径9厘米、底径5~6.5厘米。深腹罐2件，敛口，深弧腹，高21.4厘米、口径10.5厘米、底径7.2厘米。质地多为夹砂红褐、灰陶，制作较粗糙，少量为泥质红褐、灰陶。纹饰为篮纹、绳纹、划纹和附加堆纹。另外，还出土1件石磨盘（组），呈不规则梯形，磨面呈“凹”形，长33厘米、最宽18.5厘米、厚2.3厘米。磨棒呈柱状，两头略扁平，长19.5厘米。

初步推断，这里是一处原始公共墓地，出土器物的形制、纹饰与周边地区原始社会晚期遗址、墓葬出土的基本相似，应属新石器时代晚期齐家文化范畴。

王大户墓地　位于彭阳县古城镇王大户村王大户组东200米的台塬地，北纬35°56′03.40″、东经106°26′00.50″，海拔1653米。墓地周围被北面的硷沟、东面的斜沟和西面的毛沟冲刷切割成三角状南北向的缓行坡地，现平整为梯田，面积约1万平方米。

2007年5月被盗，破坏墓葬6座。随后，经国家文物局批准，宁夏文物考古研究所、彭阳县文物管理所联合对墓地进行钻探和发掘，历时3个月，发掘墓葬7座，出土器物400余件。

2007年5月出土的古城镇王大户墓地殉坑的殉牲　杨宁国/摄

墓葬的形制可分为带墓道竖穴洞室墓、“凸”字形竖穴洞室墓、刀把形竖穴洞室墓。墓葬中的人体骸骨都保存得相对完整，有2座为儿童墓葬，由于较小，骨骼保存较差，性别不清，其余5座为成人墓葬，四男一女。葬式为仰身直肢，葬俗上，各墓均无棺椁类的葬具，是直接埋入土中下葬的，头低足高。墓葬另外一个丧葬习俗就是殉牲，殉牲种类仅限于马、牛、羊，与中原地区不同的是不放置整只的马、牛、羊，而是以牲畜的头颅和少量的蹄子作为殉葬。以羊的头骨最多，其次是马和牛的头骨，数量不等。这些殉葬的畜牲头颅、蹄子不是随意摆放在墓道中，而是有一定的规律，吻部一般朝向墓室。

随葬品的位置，最能反映死者生前对这些器物的用法，其摆放有一定的规律性质料为玛瑙、绿松石等串珠饰件，大多散置于人头、颈附近；耳环多在人头的两侧；带扣、动物纹牌饰、各种带饰多见于死者腰部；剑、矛等兵器和鹤嘴刀、斧、锛等生活用具多置于人体的两侧及头部左右；各种铜、骨质的车马器多放置在人体的周围，少部分则放置在墓道或殉坑内。这些基本上表明了是墓主人生前日用随身之物，而非专门用于随葬的冥器。

以M1（发掘编号）为例，墓葬形制为带墓道竖穴洞室墓，墓道平面略呈长方形，底斜坡，其南壁与殉坑（用于殉葬动物头骨的方形土坑）南壁基本在同一直线上，东西残长0.52米、南北宽0.51～0.60米，残深0.48米。殉坑介于墓道和洞室间，平面略呈弧角倒梯形，坑口略大于坑底，坑底较平，其中东部掏挖半圆形的竖穴洞室。殉坑内主要放置马、牛、羊的头骨和少量的随葬品。填土为挖掘殉坑和洞室形成的黄色五花土，土质疏松，未见其他包含物。洞室位于殉坑的东部，从竖穴东壁斜向下掏挖而成。洞室顶呈拱形，底部呈椭圆形斜坡状，倾角为20°，里端低，外口高，墓主人头里脚外倒置在洞室中，为仰身直肢葬式。随葬器物铜剑、刀、车马饰件、装饰品绿松石等主要位于人体骸骨盆骨以东的南北两侧及头骨周围。

王大户墓地出土短剑、马衔、镞、矛、刀、泡饰、动物形饰，与原州区杨郎、于家庄春秋战国墓中器物接近，其时代属春秋末至战国中晚期。

2010年3月，彭阳县政府公布王大户墓地为县级文物保护单位。同年4月，彭阳县人民政府公布保护范围和建设控制地带。2021年5月，彭阳县人民政府建立保护碑。2022年完成王大户墓地“四有”档案。

张街墓地　张街墓地位于彭阳县城北约25千米草庙乡张街村上山庄组北一处两面环山的台阶坡地上，北纬36°00′00.20″、东经106°39′21.00″，海拔1730米。面积约3000平方米，当地村民称这里为“藩王墓地”。

1987年6月，村民犁地时发现一土坑墓，距地表约0.7~1米，墓主人头低足高，无葬具，为单人仰身直肢葬式。随葬品散置于墓主人周围，在人骨之上有马、牛牲畜头骨层层叠压。出土青铜器160件。其中，生产工具:锛、鹤嘴斧;兵器:戈、镦;车马饰件:车辕饰、当卢、泡饰、杆头饰;装饰品:铲形牌饰、鸟形饰、人驼纹扣饰、羚羊扣饰、带扣、带钩、管状饰。

1998年5月，经国家文物局批准，宁夏文物考古研究所、彭阳县文物管理所对墓地进行全面钻探和发掘。发掘清理墓葬6座，仅2(M2、M3，发掘编号)座墓葬保存完整，其余4座均遭不同程度的破坏，葬坑1座。共出土殉牲72具，随葬品86件(组)。

M2墓葬形制为“凸”字形土洞墓。墓道为平面近似方形的竖穴土坑，坑壁近直，墓底较平，墓口北高南低。墓道长2米、宽1.94米、深0.86米。洞室平面为长方形，系在墓道东壁中间挖出和墓道相垂直的洞室作为墓室，长2.04米、宽0.76米、深0.48米，方向110°。洞室顶部呈弧形，直壁。无葬具，单人一次葬，仰身直肢，面向上，双臂平放于身体两侧，骨骼保存完好。

殉牲共23具，均摆放在墓室后端两侧和死者足部上端。在牛头骨和马头骨的空隙之间填充羊头骨和羊的颌骨，在牛头骨和马头骨下面两侧放置有蹄骨，殉牲的吻部均与死者头向一致。

随葬器物大部分放置在死者身体两侧和头部。出土青铜器47件。其中生产工具：凿；兵器：剑，出土时带有木质残剑鞘；车马饰件：铜铃、当卢、泡饰；装饰品：变形鸟纹饰、虎形牌(扣)饰2件、带饰。另外出土陶罐、铁剑各1件。

M3墓葬形制为“凸”字形土坑墓。墓道为平面呈长方形的竖穴土坑，墓道口呈南低北高状，坑壁较平直，墓道长2.90米、宽1.64米、深1米。墓道东壁偏北处为前高后低的土洞室，坡度20°，长1.65米、深0.40~0.50米。单人一次葬，仰身直肢，面向上稍偏南，双臂平放于身体两侧，右肢骨弯曲，骨骼保存完好。

殉牲共42具，有规律地放置在墓道底部，蹄骨均位于殉牲头骨下面。在墓道东壁紧贴墓室的右边放置一牛头骨，其后放置小牛头骨，牛头骨后边放置1具马头骨。在墓道的西南角和东北角排列有序地放置着羊头骨。殉牲的吻部朝向均与死者头向一致。

随葬品除杆头饰发现于墓道填土中外，其余均放置在人骨的两侧。出土青铜器15件。生产工具：铜刀、铜管(内装3枚骨针)；车马饰件：杆头饰、环、泡饰；装饰品：变形鸟纹牌饰、带饰。另外出土夹砂单耳陶罐、铁环、砺石和串珠一组，由玛瑙石、蛋白石珠饰组成。

另外在M2墓北端4米处，还发现1座葬坑，开口于地表下0.15~0.20米处，为不规则形土坑，最长处约2米、宽约1.50米、深0.40米。殉牲6具，其中牛头骨2具、羊头骨4具，在东北角牛头骨的吻部处发现一堆动物肋骨。出土青铜器4件，铜刀、铜凿、带扣等。另外出土骨器、串珠一组。

张街墓地出土文物与中宁县和原州区杨郎、彭堡战国早期墓出土的同类器大致相似，其时代下限应为战国中晚期。

2010年3月，彭阳县政府公布张街墓地为县级文物保护单位。同年4月，彭阳县人民政府公布保护范围和建设控制地带。2021年5月，彭阳县人民政府建立保护碑。2022年完成张街墓地“四有”档案。

秦沟墓地　位于新集乡姚河村秦沟组，东北距县城16千米，西北临小河湾秦汉遗址，分布面积约10万平方米。坐标为北纬35°47′22.40″、东经106°31′47.40″，海拔高度1613米。此处墓葬时代为秦至东汉中期，先后被盗墓分子盗掘数十座。

2010年5月，此处马姓农民在修庄打院时发现一古墓，彭阳县文物管理所组织专业人员进行抢救性清理。墓葬形制为竖穴洞室墓，南北向。墓道呈正方形，口略大于墓底，口长 3.20 米、宽 2.90 米，底长 2.80 米、宽 2.50 米，墓口距地表深 1.20 米，墓道深 2.56 米。墓室顶部为拱形，长 3.00 米、宽 1.60 米、高 1.40 米。棺木已朽，骨架保存较好，采用仰身屈肢葬式，头向西北，足跟紧贴近于臀部，双手置于腹部。出土灰陶蚕茧罐、单耳陶釜、陶罐、陶盆、双耳铁釜等。根据墓葬的形制、葬式以及器物确定其时代为秦朝中早期。

2009 年 9 月，宁夏文物考古研究所、彭阳县文物管理所发掘墓葬 2 座。M1 墓葬形制为竖穴土洞墓，南北向。由墓道、墓室构成，全长 9.30 米。墓道平面呈梯形，东西壁面垂直，墓道口长 6.40米、宽 0.90 米，距地表 0.30 米。墓道底部为台阶式斜坡，长 7.00 米、宽 0.90 米，距墓口 2.94 米。墓室顶部呈拱形，长 2.90 米、宽 1.70 米、高 1.80 米。同棺夫妇合葬，棺木已朽，仰身直肢葬式。出土陶罐、陶灶、铜镜以及钱币等遗物。M2 墓室墓葬形制为竖穴土洞墓，南北向。由墓道、墓室构成，全长 4.86 米。墓道平面呈长方形，壁面垂直，墓道口长 2.00 米、宽 1.70 米，距地表 0.30 米。墓道底距墓口 4.10 米。墓室顶部呈方形，长 2.86 米、宽 1.48 米、高 1.52 米。同棺夫妇合葬，棺木已朽，采用仰身直肢葬式，出土陶盆、陶罐、陶甑、铁剑、铁釜、环首刀、棺铁钉遗物。

根据墓葬形制、葬式、出土器物确定其时代为东汉中期。2010 年 3 月，彭阳县政府公布秦沟墓地为县级文物保护单位。同年 4 月，彭阳县人民政府公布保护范围和建设控制地带。2021 年 5 月，彭阳县人民政府建立保护碑。2022 年完成秦沟墓地“四有”档案。

圪垯峁墓地 位于新集乡姚河村下姚河组北 200 米的圆形山峁，俗称圪垯峁，东距小河湾遗址 100 米。坐标为北纬 35°48′08.40″、东经 106°31′36.70″，海拔高度 1590 米。分布面积约 5000 平方米。西南临小河，西北接姚河塬畔，四周为梯田，墓地多处被盗。

2009 年 9 月，宁夏文物考古研究所、彭阳县文物管理所挖掘墓葬 2 座。M1 由于修农田时墓道及墓室前半部挖毁，仅剩土洞墓室，南北向，方向 165°。墓室顶部是平顶，微弧，墓室残长 1.50 米、宽 1.60 米、高 0.75 米，墓室内填土为淤土，土质坚硬。同棺夫妇合葬，棺木已朽，上半体被损毁，下肢保存完整，仰身直肢葬式，头向南。墓中出土铜镜、陶罐、陶盆、陶釜、半两钱币以及一枚贝币。M2 墓室墓道及墓室前半部挖毁，墓葬形制不明，仅剩土洞墓室，南北向，方向 340°。墓室顶部呈拱形，残长 2.00 米、宽 0.90 米、高 0.80 米，墓室内填土为淤土，土质坚硬。棺木已朽，采用单人仰身直肢葬式，头向北。墓中出土陶罐、贝币。

根据墓葬形制、出土器物确定其为秦末至西汉早期。2010 年 3 月，彭阳县政府公布圪垯峁墓地为县级文物保护单位。同年 4 月，彭阳县人民政府公布保护范围和建设控制地带。2021年5月，彭阳县人民政府建立保护碑。2022年完成圪垯峁墓地“四有”档案。

幸福城墓地 位于县城南幸福城住宅小区内。坐标为北纬35°48′08.40″、东经106°31′36.70″，海拔高度1590米，分布面积约5000平方米。2013年8月，县城幸福城居住小区修建房屋地基时，发现该墓葬。经国家文物局批准，宁夏文物考古研究所联合彭阳县文物管理所联合对其进行抢救性考古发掘，清理发掘墓葬10座。

M1墓葬形制为带斜坡墓道的洞室墓，坐北面南，方向165°，由墓道、前室、耳室以及墓室四部分组成。墓口距地表1.40米，墓全长11.10米。

斜坡墓道长残长2.18米、宽2.68米，坡度为30°，墓道最深处距地表7.90米。前室呈长方形，壁平直，长3.98米、宽3.60米，距墓口6.50米，底部铺满木炭，厚0.15~0.20米。东、西两侧为生土二层台，其上铺有木炭层，中间薄、两端厚。

耳室位于前室西侧，洞室，顶部坍塌，长1.92米、残高0.90米、进深1.40米，壁平直，无随葬品。

墓室位于前室北侧，为拱形洞室，宽2.26米、进深4.94米、高6.70米。葬具为一棺一椁，在墓室底部及四壁均有朽木的痕迹，为椁室。椁室西南角有朽木痕迹，应为棺木。

棺内有一人体骸骨，为单人仰身直肢葬式，头向东南，面朝上。

墓室共出土各类遗物34件，有青铜器、陶器、铁器、车马器、石器等。其中铜器7件，铜釜、蒜头壶、铜锅、铜镜、铜盆、铜环2个，主要分布在椁室内北侧；陶器6件，陶罐5件、陶甑1件，主要分布在椁室内东侧；车马器13件：盖弓帽4件，当卢1件，铜饰8件，以铜泡饰为主，主要散乱分布在前室底部的木炭层中；汉半两钱币数枚，主要分布在棺内，集中分布于人骨头骨左侧和左臂。

M2墓葬形制为长方形竖穴洞室墓，方向137°，由竖穴土坑、耳室、墓室三部分组成。墓口距地表1.40米，墓全长7.85米。

墓道为长方形竖穴土坑，口大底小，口长4.15米、宽3.60米，底长2.72米、宽2.50米、深5.80米。土坑西壁壁面平整，东壁中部有横向和斜向的工具痕迹。东壁靠近南壁处设有脚窝6个，间距0.45~0.66米，其内填土为黄灰色土和五花土，土质较硬。墓道西壁处有一小龛，呈圆角方形，内有家禽类动物骨骼。耳室位于墓道东壁，为弧形顶，其内有朽木痕迹。

墓室为长方形洞室，宽1.80米、进深4.40米，墓室顶部坍塌，葬具为一棺一椁，棺内有一人体骸骨，为单人仰身直肢葬式，头向东南，面朝上。

墓室共出土各类遗物21件，有青铜器、陶器、铁器以及棺钉等。其中铜器9件，为铜釜、蒜头壶、铜盆、铜钫、铜鼎以及弩机、箭镞和铜饰等，主要分布在椁室内东侧；陶器8件，为陶罐5件、陶甑1件、陶鼎1件，主要分布在椁室内盖板之上以及西侧；铁器3件，主要为铁釜、铁灯、铁剑等，椁室内西侧；棺钉主要见于木棺的朽痕中。

M3墓葬形制为带斜坡墓道的洞室墓，方向140°，由墓道、耳室、墓室以及车马坑四部分组成。墓口距地表1.40米、残长11.84米。

墓道斜坡1.14米，坡度为25°，墓道最深处5.70米，其内填土为黄灰色土五花土，土质较硬。

车马坑平面呈长方形，长4.90米、宽4.36米，距墓口5.70米。车马坑底部铺有一层砂石层，厚0.25~0.30米。东、西两侧为生土二层台。底部殉葬有车马，出土有盖弓帽、铜泡饰等车马构件。两匹马侧卧，马头朝西南，骨骼多已腐朽为黄色粉末状。西侧有一小龛，平面为长方形，龛内有家禽类动物骨骼。耳室位于前室东侧，平面为长方形，内有动物骨骼。

墓室为长方形洞室，宽2.38米、进深4.70米，墓室顶部坍塌，椁室西北部发现有大片白灰色的粮食堆积。葬具为一棺一椁，棺木中部偏西处，覆盖一铁盔甲，长0.8米、宽0.8米，呈鱼鳞状。

墓室共出土各类遗物116件，有青铜器、陶器、铁器、车马器、石器等。其中铜器6件，铜钫、铜鼎、铜釜各2件，主要分布在椁室内南侧；陶器11件，主要为陶罐，共计10件，以及陶球等，主要分布在椁室内北侧；车马器52件，其中盖弓帽24件，鎏金当卢1件，以及各类铜泡饰和铜构件等，主要散乱分布在车马坑底部中；铁器35件，为铁剑2件、铁刀2件，均出土于椁室内，铁环13件，出土于前室底部马骨附近，铁釜1件；石器4件。另外，在前室底部的东侧发现有成套的弩机与箭镞，箭镞均与木质箭杆相连，呈捆状。

M4墓葬形制为长方形竖穴洞室墓，方向153°，由墓道、耳室、墓室三部分组成。墓口距地表1.40米，墓全长4.90米。

墓道为长方形竖穴土坑，口大底小，口长3.70米、宽2.90米，底长3.10米、宽2.10米、深5.85米。土坑壁面平整，南壁处设有半圆形脚窝4个，间距0.60~0.70米。墓道西壁有一耳室，为弧形顶，内有动物骨骼。

墓室为长方形洞室，宽2.96米、进深1.5米，墓室顶部坍塌，葬具为一棺一椁，棺内有一人体骸骨，单人仰身直肢葬式，头向东南，面朝上。

M4出土各类遗物19件，有青铜器、陶器、铁器等。其中铜器10件，铜铃3件，铜钫、铜勺、铜鼎、铜盆、铜釜以及铜构和铜质漆器底座等，主要分布在椁室内南侧。陶器7

件，陶罐4件、陶瓮1件，茧形壶1件、陶壶1件等，主要分布在椁室东侧，与东侧板紧贴；铁器2件，主要为铁釜、铁灯等，主要分布在椁室东侧，与东侧板紧贴。

M5墓葬形制为长方形竖穴洞室墓，方向153°，由墓道和墓室两部分组成。墓口距地表1.40米，墓全长8.75米。

墓道为长方形竖穴土坑，口大底小，口长4.80米、宽3.50米，底长4.30米、宽2.40米、深5.80米。土坑壁面平整，南壁处挖有半圆形脚窝6个，间距0.5米。墓道底部排列有一组自东向西灰陶板瓦。

墓室为长方形洞室，宽2.10米，进深3.95米，墓室顶部坍塌，葬具为一棺一椁。棺内有一人体骸骨，为仰身直肢葬式，头向东南，面朝上。

墓室共出土各类遗物36件，有青铜器、陶器、铁器、银器和石器等类型。其中铜器11件，铜壶、铜灯、铜双耳釜、铜扁壶、铜盆、铜镞、铜饰和铜构件等，主要分布在椁室内东侧、棺北侧；陶器10件、陶罐6件、茧形壶2件、彩绘陶罐1件、陶钵1件等，主要分布在椁室西侧，紧贴西侧板；铁器4件，可辨器形主要为铁斧、铁釜等。银器主要为包裹漆器口和底，因漆器腐朽不存，只剩银器。石器均为磨制，石器4件。

M6墓葬形制为斜坡式墓道洞室墓，方向132°，由墓道、过洞、前室、墓室四部分组成。墓口距地表2.90米，全长14.06米。

墓道为长斜坡式，坡度为23°，长7.70米、宽2.40米。墓道西南角与过洞相接处出土马头骨一件。

过洞平面呈正方形，长1.80米、宽1.80米、进深1.80米。前室位于过洞后，平面呈长方形，长3.90米、宽2.20米。

墓室为长方形洞室，宽2.20米、进深1.06米，底距墓口3.30米。墓室顶部为弧形顶，已经坍塌，在2米处起弧。葬具为一棺，木棺大部分位于前室内中部，少数部分放置在墓室内，棺内有一人体骸骨，为仰身直肢葬式，头向东南，面朝上。

墓室共出土各类遗物18件，有青铜器、陶器、铁器、石器等类型。其中铜器8件，铜铃4件，铜环4件，主要分布在墓室内，右小腿和脚骨附近；陶器6件，陶罐2件、陶钵1件、彩绘陶罐2件、彩绘陶鼎1件，主要分布在墓室内东侧；石器2件、石璧1件，均出土于前室铁器35件。

M7为竖穴土坑墓，方向138°，由墓道、墓室两部分组成。墓口距地表2.90米，长3米。

墓道呈长方形，长0.64米、宽0.60米。出土有陶罐、陶盆、陶甑、铁釜等。

墓室为长方形，长2.40米、宽0.9、深0.58米。出土有红陶釜、铜钱等。葬具为一棺，棺内有一人体骸骨，为仰身直肢葬式，头向东南，面朝上。

墓室共出土各类遗物10件，有陶器、铁器和铜钱等类型。陶器7件、陶罐4件、陶甑1件、陶盆1件，主要分布在墓道内，红陶釜1件，随葬于墓室内；铁釜1件，随葬于墓室内；铜钱2枚，随葬于墓室内人头骨右侧。

M8为竖穴土洞墓，方向101°，由墓道、墓室两部分组成。墓口距地表2.90米，长5.06米。

墓道呈长方形，长2.30米、宽0.78米，壁较平整。

墓室位于墓道西侧，平面为长方形，长2.76米、宽0.72米、深0.48米，出土有红陶釜、铜钱等。葬具为一棺，棺内有一人体骸骨，为仰身直肢葬式。墓室共出土各类遗物4件，有陶罐2件，铜饰和铜箭镞各1件，均随葬于墓室内。

M9为竖穴土洞墓，方向160°，由墓道、墓室两部分组成。墓口距地表2.90米，长5.10米。

墓道平面呈长方形，长2.50米、宽0.80米，壁较平整，墓道北端殉葬有1只狗骨架，侧躺，头向东。

墓室平面为长方形，长2.60米、宽1.10米、残高0.90米。出土有灰陶罐、铜镜等。葬具为一棺，棺内有一人体骸骨，保存差，面向、头像均不详。

M10为竖穴土洞墓，方向345°，墓室后半部已被挖毁，墓口距地表1.40米，东侧残长2.20米，西侧残长1.80米。

墓室平面为长方形，东西两侧有生土二层台。内仅发现有少量的木质朽痕，不见人骨及其随葬品，应属迁葬墓。

根据墓葬形制和出土遗物，墓地时代为秦—西汉早期。该墓地未被盗掘，出土遗物丰富，大部分遗物在宁夏属首次发现，填补了宁夏地区秦—西汉早期文物资料的空白。墓葬形制不尽相同，随葬遗物的具体位置也有别，反映出秦—西汉早期在社会变化过程中的丧葬习俗，为研究宁夏秦汉时期历史文化提供了十分重要的考古材料。

石洼北魏墓地　位于彭阳县城西南30千米处新集乡新集村石洼组“圪垯梁”的北山中部，坐北面南。北纬35°47′26.50″、东经106°27′57.40″，海拔1761米。1984年3月经上级批准，宁夏固原博物馆对墓地进行考古发掘，发掘墓葬2座相距20米。西侧的编为1号墓，东侧的编为2号墓。

M1全长44.76米，由封土、墓道、过洞、天井、甬道和墓室六部分组成。封土周长69

米、残高 6.20 米，为积土夯筑，形似覆锅。封土下为一长方形土圹，长 11.80米、宽 6.48、深 1 米。土圹前端为一座长方形土筑房屋模型，夯筑，简单粗糙，仅剔出略有倾斜，前低后高的瓦垄，长 4.82米、宽 1.28米、前高 0.28 米、后高 0.4 米。土圹中央为 2 号天井，长 6.2 米、宽 4.6 米，四壁分次内收，形成阶梯状。土圹后端（向下垂直即墓室顶部）为又一长方形土筑房屋模型，长 4.84米、宽 2.90 米、最高处为 1.88 米。依地势高低而筑，其底部呈斜坡状，前高后低。墓道长 18米、宽 2.20 米，方向 185°，呈斜坡状，坡度 17°，墓道上宽下窄。墓道向北连接第一个过洞，长 5.85米、宽 1.28 米、高 1.70 米。1 号天井呈长方形，长 3.60米、宽 1.40米，北壁因有盗洞部分塌陷。第二个过洞因有盗洞已塌毁。墓门高 1 米、宽 0.56 米，甬道长 0.56 米。墓室顶部全部塌毁，四壁不甚规则，长 6.60米、宽 3.15 米。

2011 年发现的石洼北魏墓地的土筑房屋模型　杨宁国/摄

虽遭多次盗掘，破坏严重，但仍出土各种陶俑及陶模型等 146 件。其中陶俑 126 件。武士俑 65 件，首身分制，细木棒穿入领及颈下的圆孔中固定。外着带盆领的鱼鳞甲，面部用墨勾画须眉，胡须多为“八”字形，双手握于腰际，拳心有孔，做执武器状；风帽俑 26 件，头戴圆形风帽，面墨勾“八”字须，尖鼻，深目。身着对襟大衣，左手下垂，右臂弯曲，足蹬圆头靴；文吏俑 4 件，首身分制，头戴小冠，长颈，身着长袍，腰束带，双手拢于前胸；乐俑 10 件。8 件为吹角俑，头戴冠，边沿上翻，墨笔勾画八字须，身着短袄，长裤，双手托一长角，张口吹奏。一件为击鼓俑，头戴小冠，身着束腰长袍，左臂残，右臂上屈，另一件为持鼓俑；男役俑 1 件，头戴软帽，身着对开短衣，长裤，双手前伸，拳心有小孔，原或执绳索，似为牛车驭手；女侍俑 4 件，一件，眉目模糊不清，身着长袍，双手握于胸前。另三件面目清晰，头微上仰，小口紧闭，身着束腰长袍，双手拢于胸前；甲骑具装俑 16 件，头戴鱼鳞冠，顶部有一孔，面墨勾“八”字须，身着盆领鱼鳞甲，双手屈于胸际。骑于铠马之上，马身着具装铠甲而立。

同时出土陶狗、陶鸡、陶瑟、陶竽、陶鼓、陶仓、陶磨、陶碓、陶灶、陶井、陶罐、陶盆、陶甑、陶钵、陶灯、陶饼等。陶牛车较为精美，牛与车各 2 件。牛造型相同，圆眼，嘴微合，双角上曲，昂首而立。车一件为敞篷车，高 24.60厘米、长 20.40厘米、宽 41 厘米。另一件为卷棚车，高 33厘米、长 27.60 厘米。

M2 由封土、墓道、过洞、天井、墓室五部分组成。封土周长 66 米、残高 5.40 米，夯筑，中间夹杂有大量的木炭。墓道长 38.50 米，方向 184°。两壁有生土台逐层内收，墓道底宽 2.20 米，呈斜坡状，坡度 13°。第一个过洞长 3.10 米、宽 1.60 米、高 1.80 米，券顶塌毁，掩埋一具马骨架，头北足东。第一个天井上口长 3.80 米、宽 2.50 米。第二个过洞长 4、宽 1.20~1.80 米、高 1.90 米，顶部有一盗洞。第二个天井长 5.30 米、宽 1.25~1.45 米。墓室平面略呈梯形，南北长 2.60 米、东西宽 4~4.7 米。墓中遗物很少，只出土几件零星器物，牙簪 1 件，金环 1 件，陶钵 1 件，铁钉若干枚。

石洼两座墓葬，规模宏大，虽未见墓志铭，但根据其形制和出土的陶俑分析，其时代属北魏早期。两座土筑房屋模型之间由第二个天井连接，这种组合恰好似一完整的院落。这种模仿墓主人生前所居的形式，开同期考古发现的先河，在全国尚属首例。同时，形成以牛车为中心随葬甲骑具装俑、武士俑、风帽俑、文吏俑、乐俑、侍女俑的出行仪仗群俑，其中甲骑具装俑是反映了十六国以来的新因素。

2010 年 3 月，彭阳县政府公布石洼北魏墓地为县级文物保护单位。同年 4 月，由彭阳县人民政府公布保护范围和建设控制地带。2021 年 5 月，彭阳县人民政府建立保护碑。2022 年完成石洼北魏墓地“四有”档案。

海子塬北魏墓　北魏时期，位于彭阳县城西南 22千米新集乡姚河村海子组北南坡塬地北朝隋唐墓地内，北纬 35°47′35.90″、东经 106°29′59.20″，海拔 1692 米。这里地势较高，西南距新集乡政府驻地 3 千米。南距自治区级文物保护单位——海子新石器时代遗址 1 千米。墓地所处地势西北高东南低，呈坡状倾斜。2010 年 7 月，宁夏文物考古研究所、彭阳县文物管理所联合进行发掘。

墓葬形制为竖穴墓道土洞横室墓，平面形状呈铲状，南北向，方向 140°。由墓道、墓室构成，墓葬全长 4.60 米。

墓道位于墓室东南端，距地表深 1.10 米，开口平面略呈梯形，墓道南北长 2.60 米、北端宽 1.04 米、南端宽 0.84 米。墓道底呈斜坡状，北端深 2.20 米、南端深 1.60 米、墓道底长 2.90 米。

墓室大致为东北—西南向土洞横室墓，平面呈不规则形，墓室东壁较南壁长，东壁长 1.68 米向西北拐折 0.57 米，南壁长 0.66 米，向西南拐折 0.65 米，形成横向洞室。墓门开在墓道北部,拱形顶,宽 1.04 米、高 0.96 米。墓室内积满淤土,土质较硬。未见封门迹象。

棺木呈东北—西南向置于墓室西部,朽蚀,但轮廓清晰,平面呈梯形,前、后挡板与两侧板、底板齐平。棺底板南北长 2 米,前档部宽 0.56 米,后档部宽 0.40 米,高不详,棺木厚 0.04 米。发现较多铁棺钉,锈蚀严重,推测棺板间用铁钉钉合。棺木内人体骸骨一具,仰身直肢,头向西南,面朝上。骨架长 1.85 米,左手置于腹部,两手各出土 1 枚波斯银币。骨架保存完好。出土遗物较少,有陶器、铜带饰、萨珊俾路斯银币、棺钉等。

根据墓葬的形制及出土文物,确定其时代为北魏时期。这种铲形墓葬形制,应是北魏时期斜坡墓道洞室墓的一种地方变体。萨珊俾路斯银币在彭阳的出土,极大地丰富了研究丝绸之路的畅达及中西文化交流的实物资料。

海子塬隋墓　位于彭阳县城西南 22千米新集乡姚河村海子组北南坡塬地北朝、隋唐墓地内,北纬 35°47′35.90″、东经 106°29′59.20″,海拔 1692 米。这里地势较高,西南距新集乡政府驻地 3千米。南距自治区级文物保护单位——海子新石器时代遗址 1 千米。墓地所处地势西北高东南低,呈坡状倾斜。

2010 年 7 月,宁夏文物考古研究所、彭阳县文物管理所联合进行发掘。发掘墓葬 5 座,根据墓葬形制分为铲形(M15、M19、M25、M26)和“日”字形(M18)两类。除 M18 为单人葬外,其余为均为合葬墓,以夫妇同棺葬为主。

以 M15 为例:墓葬形制为竖穴土坑墓道土洞横室墓,平面形制呈铲状,南北向,方向 145°。由墓道、甬道、墓室构成,全长 4.30 米。

墓道位于墓室东南部,口平面略呈梯形,南北长 1.80、北端宽 1 米、南端宽 0.92 米。斜坡墓底,坡度 30°,南端深 1.16 米、北端深 1.90 米。

甬道位于墓道西部,沿墓道西壁掏挖形成,拱形顶,进深 0.36、宽 0.86、高 0.96 米。

墓室大致为南北向土洞横室,平面略呈不规则四边形,东壁较直,长 1.50 米;南壁呈弧形与西壁相接,长 1.56 米;西壁西壁中部偏北略向外折,长 2.98 米;北壁长 1.63 米。拱形顶,高 0.55 米。墓室内积满淤土,土质较硬。未见封门迹象。

棺木两具,置于墓室北部和南部西侧,双棺合葬。北部棺木内人体骸骨一具,仰身直肢式,头向东,面朝上。骨架长 1.20 米,骨骼零乱。西侧棺木内人体骸骨二具,为夫妇合葬,东侧男性,侧身直肢式,头向南,面朝西,骨架长 1.65 米。西侧为女性,头向南,面朝东,骨骼零乱,男性骨架保存较好。

出土遗物少,仅有铜器为方形铃和五铢钱币,另外铁器有铁刀和数量较多的棺钉。

另外M19墓葬形制为竖穴土坑墓道土洞横室墓，平面形状呈铲状，南北向，方向145°。由墓道、甬道、墓室构成，全长4.10米。同棺夫妇合葬，棺木南北向置于墓室偏西。均为侧身直肢式，出土遗物有陶壶、铜带扣、铁刀、棺钉以及五铢钱币等。

M25墓葬形制为竖穴墓道横向洞室墓，平面形状呈铲状，南北向，方向125°。由墓道、甬道、墓室构成，全长4.63米。同棺三人合葬，棺木南北向置于墓室偏西。棺内东侧为男性，侧身直肢，骨架长1.60米；西侧为女性，仰身直肢，口含铜钱，骨架长1.60米。中间为小孩，头骨已碎，仰身直肢，身体骨骼分化。出土器物较少，仅有骨柄铁刀、镰、铁环、棺钉以及五铢钱币等。

M26墓葬形制为竖穴墓道土洞横室墓，平面形状呈铲状，南北向，方向125°。由墓道、封门、墓室构成，全长4.46米。同棺夫妇合葬，棺木呈南北向置于墓室偏西，均为仰身直肢式。出土遗物少，仅有铁棺钉以及2枚五铢钱币。

M18墓葬形制为竖穴土坑墓道土洞墓，平面呈“日”字形，西北—东南向，方向130°。由墓道、墓室构成。墓葬全长4.64米。

墓道位于墓室东南部，开口平面略呈梯形，南北长2.50米、北壁东西宽0.72米、南部东西宽0.80米。斜坡墓底，坡度30°，坡长2.46米，北部深1.40米、东部深0.34米。

墓室为西北—东南向纵长方形洞室，向西南略倾斜。拱形顶，墓室南、北壁0.56米高处起拱。墓室长2.14米、宽0.80米、高0.80米。封门用土坯横向单排平铺，黄土填缝。

棺木东西向置于墓室偏南，棺形状平面呈梯形，前、后挡板与两侧板、底板平齐。棺木内人体骸骨一具，男性，仰身直肢，头向南，面朝上，骨架长1.70米。出土遗物仅见铁铲、刀和棺钉等。

清理发掘的5座隋代墓葬，保存完整，墓虽规模不大，且属于庶民墓地，但在彭阳尚属首次发现，解决了彭阳考古文化序列中隋代考古的缺环，对研究隋时彭阳墓葬的形制提供了新资料。同时，隋开皇三年(583)废长城郡，以县属原州，大业二年(606)改长城县为百泉县，其故址位置大致在彭阳新集乡姚河一带，但确切位置至今未能找到。

隋唐墓地的发现对寻找和确定隋唐“百泉县”故址及其历史沿革提供了新思路。

海子塬唐墓　位于彭阳县城西南22千米新集乡姚河村海子组北南坡塬地北朝、隋唐墓地内，北纬35°47′35.9″、东经106°29′59.2″，海拔1692米。这里地势较高，西南距新集乡政府驻地3千米。南距自治区级文物保护单位——海子新石器时代遗址1千米。墓地所处地势西北高东南低，呈坡状倾斜。

2010 年 7 月，宁夏文物考古研究所、彭阳县文物管理所联合进行发掘。发掘墓葬 15 座。其中，有 13 座墓葬的形制为竖穴土洞墓，葬式除 M5（发掘时的编号）为侧身直肢葬外，其余均为仰身直肢葬，方向除 M3 为东西向外，其余均为南北向。

以 M1 为例，墓葬形制为竖穴土坑墓道土洞墓，平面呈刀把形，西北—东南向，方向 132°。由墓道、甬道、墓室构成，全长 5.52 米。

墓道位于墓室东部偏北，口平面略呈梯形，南北长 2.85 米、北端宽 0.82 米、南端宽 0.86 米，深 1.50 米。墓道底部较平，与墓室地面平齐。

甬道较短，拱形顶，进深 0.20 米、高 1.10 米、底宽 0.80 米。封门位于甬道内，用土坯横向错缝平铺，黄土填缝，共为 11 层，保存较为完整。土坯长 0.30 米、宽 0.20 米、厚 0.10 米。

墓室平面呈南北向梯形，南宽北窄，墓室东壁向西北拐折，长 2.32 米，南壁较长，宽 0.82 米，西壁向东北拐折，长 2.65 米，北壁较短，宽 0.60 米。墓道与墓室形成典型的刀把形。

棺木呈南北向置于墓室偏西，棺形状平面呈梯形，前、后挡板与两侧板、底板平齐。

棺木内人体骸骨一具，女性，仰身直肢葬式，头向南，面朝西，骨架长 1.58 米。

出土遗物有陶器、铜器、棺钉和骨器。陶器有陶壶和灯碗；铜器有铜镜、铜带饰、铜簪等；铁器有提勺、铁锥和棺钉；骨器有天然蚌壳 2 个。

另外 2 座（M7、M12）墓葬形制为竖穴土坑墓道土洞横室墓，西北—东南向，其中 M7 为二人合葬墓，M12 为单人葬。

以 M7 为例，墓葬形制为竖穴土坑墓道土洞横室墓，平面形状呈铲状，西北—东南向，方向 150°。由墓道、甬道、墓室构成，全长 7.20 米。墓道位于墓室东南部，开口平面略呈梯形，南北长 7 米，北端宽 1.20 米、南端宽 1.00 米、北端深 2.87 米、南端深 2.60 米。斜坡墓底，坡度 30°，坡长 4.50 米，墓道底部高于墓室底 0.34 米。

甬道较短，拱形顶，进深 0.60 米、底宽 1.10米、顶宽 0.66米、高 1.58 米。

墓室位于甬道西北部，为南北向土洞横室墓，平面呈不规则四边形，南、西、北三壁较为规整。东壁为了做成铲形和增加墓室的空间较为曲折，分为两段，南段较短，甬道口开于此，宽 1.55米、北段长 1.82 米；南壁略外弧，宽 1.80 米；西壁较直，长 3.16 米；北壁较短，宽 1.30 米。顶部东西向为拱形顶，由四壁渐内收形成。墓室地面与甬道地面平齐，较墓道和墓门低。墓室南北长 3.16 米、东西最宽 2.16 米、宽 1.10 米、高 1.80 米。未见封门迹象。

同棺夫妇合葬，棺木呈南北向置于墓室偏西，棺形状平面呈梯形，前、后挡板与两侧板、底板平齐。棺内西侧为女性，仰身直肢葬式，头向南，面朝西，骨架 1.60 米。东侧为男性，侧身直肢葬式，头向南，面朝东，骨架 1.72 米，上体侧向右方，左臂伸向东南方，握铜钱，背部呈弓形，脊椎严重变形或驼背。

出土遗物有陶器、铜器和棺钉。陶器有陶壶和灯碗，陶壶、灯碗；铜器有铜镜、铜带饰和开元通宝钱币 4 枚以及数量众多的棺钉等。

清理发掘的 15 座唐代墓葬保存完整，虽规模较小，属庶民墓地，但在彭阳尚属首次发现，墓葬的形制具有明显的地域特性，这种墓葬的棺木形制及随葬习俗，上承北魏，下延续至清代，成为当地主要的墓葬形制和丧葬习俗。

张湾金墓　位于彭阳县罗洼乡张湾村宗家壕，西南距县城 66千米。北纬 36°11′28.50″、东经 106°42′61.20″，海拔 1664 米。2016 年 4 月村民在修整农田时发现，彭阳县文物管理所组织专业人员进行抢救性清理发掘。

墓葬形制为仿木建筑结构的砖砌单室墓，墓向东西，由墓道、甬道、墓室三部分组成，墓葬全长 7.35 米。

墓道位于墓室正东，开口平面略呈梯形，东西长 4.48 米，东端宽 0.60 米，西端宽 1.24 米，2 级斜坡状墓道，墓道底与甬道底持平，西端深 1.66 米。

甬道封门砖 6 层，封门高 0.93 米，宽 0.88 米底层方砖侧立砌筑一层，其上四层单砖侧立四层，最上一层单砖斜砌。封门砖大部为砌筑墓室所剩余的砖雕。甬道位于墓室正东，上部为方砖砌“八”字形顶，高 1.66 米，宽 0.63 米，外侧由 4 个竖立的忍冬纹单砖砌成甬道门，两壁的压模砖雕及砌筑结构与墓室相同。

墓室由地面向下挖一近方形的土圹，口小底大，然后在土圹内用条砖加工成榫卯结构的砖及砖雕用黄泥砌筑，平面呈正方形，边长 2.23 米，从高 1.71 米处向上砌券呈内收进的四坡穹窿顶，墓室顶端的压顶砖距地表仅 20 厘米。压顶方砖上画一同心圆，沿圆边用白色颜料画太阳纹一周，间以墨笔点缀，中间墨书“镇宅大吉”。棺床高出甬道底 0.28 米，用方砖和条砖错缝铺地，双棺东西向南北排列，南侧仰身直肢葬式，面朝上，男性，北侧侧身屈肢葬式，面朝南，女性，夫妻合葬，骨架保存较好。棺木已朽，只剩个别铁棺钉。

墓室南、西、北三侧墓壁正中靠上部各有仿木结构的砖雕假庙堂门。正西门楣上方用白色颜料草书“风花雪月”四字，内收穹窿四壁各挂一造形似龙形的兽头。浮雕砖除假庙堂门、枋、檐等部位是人工雕磨制成外，其余均系模压烧制而成，个别又经过彩绘，画面清晰、浮雕立体质感强。墓室四壁按顺时针方向分四层，由形态各异的马、鹿、羊、花卉及人物故事内容的浮雕画像砖镶嵌成画带，整个墓室营造十分别致华丽。各种砖雕画砖共100余块，内容涉及“卧冰求鱼”“哭竹生笋”等二十四孝故事和求仙问道、教育子女等生活画面，植物砖雕主要有莲花、菊花、葵花等图案，动物砖雕有飞马、山羊、驯鹿、怪兽、鲛人（美人鱼）等。出土的鲛人（美人鱼）形象砖雕在国内尚属首例，有两种图案造型，下身为鱼身，上身造型以中国妇女形象为原型，出土遗物较少，仅有陶罐，褐釉瓷碗、玉戒指等。

墓葬无墓志，没有确切的纪年，但从墓葬的形制，砖雕内容以及出土的陶罐、褐色釉瓷碗可以初步判断其年代大致为金代。南宋绍兴元年（1131）固原、彭阳陷于金地，南宋淳熙九年（1182）设镇戎州，领东山、三川二县，今彭阳北部基本归三川县管辖。对于墓主人的身份，墓地属山区，交通极不方便，不太符合官僚阶层。而墓室砖雕壁画富丽，内容又多是人物孝子故事，且用砖量也不小，一般贫民无能力修建这样的砖雕墓，因此墓主人可能是当地的一位地主或富裕人家。

表6-2

彭阳县主要古墓葬一览表

名　称	位　置	时代	墓葬形制	出土文物	备　注
合岔墓葬	孟塬乡白杨庄村合岔组西	战国	竖穴土洞墓	青铜羊、鹿及车马饰件等	—
小河口墓葬	白阳镇姚河村小河口组	汉	斜坡土洞墓，墓室为拱形顶，距地表6米	灰陶罐、五铢钱币	2002年村民修院时挖毁
石头崾岘墓葬群	白阳镇姚河村赵洼组北山组	汉	两座。一座为竖穴土洞墓，坐北向南，距地表深3米。人骨架下面用板瓦对称铺地。一座为砖室墓，坐北向南，墓室为拱形顶，距地表2米，棺木已朽，人骨架散乱	灰陶罐、壶、板瓦	墓葬周围有大量的灰陶片，破坏严重
大沟圈墓葬	崾岘乡陡坡村西南虎家大沟圈	汉	竖穴土洞墓，距地表深3米	—	破坏，地表散布汉残砖及灰陶片
涝池墓葬群	城阳乡涝池村西山坡上	汉	—	—	地表保存有18个封土堆，残高1～2.5米，底径6米，占地面积7200平方米。周围曾出土过汉代铜镜及灰陶罐
陈沟墓群	城阳乡陈沟村南台地上	汉	—	—	地表保存有5个封土堆，残高3～6米，底径15～30米，占地面积120平方米。曾出土五铢钱币

续表 6-2

名　称	位　置	时代	墓葬形制	出土文物	备　注
北山墓葬	城阳乡刘河村宁湾组北山坡地	汉	竖穴土洞墓	灰陶灶、罐、壶、盆、甑	2020年被村民挖毁
上洼墓葬	城阳乡城阳村上洼组北山坡	汉	斜坡多墓室，由墓道、墓室、左耳室、甬道组成。双人合葬，骨架散乱	灰陶罐、盆、壶、灶	—
转湾墓葬	城阳乡城阳村转湾组	汉	多室砖墓，由前、后室，左、右耳室，墓道组成	铜镜、五铢钱币、琉璃耳	1998年被村民挖毁
友联墓群	红河乡友联村南山坡上	汉	—	—	地表保存有16个封土堆，残高3～4米，底径4～6米。周围散布汉代残砖及灰陶片
红花沟墓群	红河乡友联村北薛河组	汉	竖穴土洞墓	灰陶罐、五铢钱币及昭明铜镜	地表无封土，东西长400米，南北宽60米，地表及断崖暴露出大量的人骨及灰陶片
郭家庄墓葬	古城镇古城村郭家庄南山坡上	汉	斜坡砖室墓，坐北向南，墓道斜坡状，长7.6米、宽1.2米、深7米	—	地表有封土，残高4米，底径10米。1982年进行了考古钻探
曹湾墓群	小岔乡曹湾村南山坡台地上	汉	—	—	地表保存有15座封土堆，残高2~3米，底径4~5米，占地面积2400平方米。周围散布汉代残砖及破瓦片
老坟洼墓群	彭阳乡袁老庄村张壕组	宋	竖穴土洞墓，坐北向南，东西长150米、南北宽50米	—	断崖暴露人骨，地面散布宋灰色器物残片，器形有瓮、盆及宋均窑瓷片
东洼山墓葬	白阳镇姚河村东南	明	竖穴土洞墓，坐东向西，由后室、左、右耳室组成	—	—
岔口门墓地	城阳乡城阳村岔口门组	清	—	—	已开垦为农田，面积约2500平方米。周围立有墓碑、座11件（组），由县文物站收藏
任湾墓地	白阳镇任湾村任湾组	清	—	—	已开垦为农田，面积约2000平方米。周围立有墓碑、石人、石羊、石马等

三、古建筑

战国秦长城　战国时期秦昭襄王三十五年(前272),灭义渠戎国,设陇西、北地、上郡,“筑长城以拒胡”。长城西起甘肃临洮县三十里墩洮河东岸,东北至内蒙古托克托县十二连城东城坡村,距今2280多年。

其中一段由甘肃静宁县进入宁夏,经西吉县、原州区,于原州区河川乡黄河村黄家庄沿骆驼河进入彭阳境。沿西北—东南走向经古城镇田庄村北塬,沿穆河南岸东西经郑庄进入白阳镇的袁老庄、罗堡,延伸至小河口梁坡头后,折向东北上白阳镇陡坡、里湾、碉堡梁、杨湾到白岔村的西峁盖至于家𡾰岘。东西向过城阳乡长城村、乔渠、白马庙后,东南走向经祁庄至涝池张沟圈。然后成直角北折至杨小庄入深沟,再呈东北方向上孟塬乡施坪、虎山庄,在孟庄(属甘肃省镇原县)、草滩、城墙湾(属甘肃省镇原县)两出两入,最后从玉塬村糜岔塬出县境入甘肃省镇原县马渠乡三合村。战国秦长城彭阳段途经4个乡(镇)10个村20多个村民小组,全长62千米。

境内长城无论是建在山上,还是山下,是沟边还是河岸,都因地制宜,就地取材,用黄土分层夯筑而成。而且取土多在城墙外侧,这样就形成了外高内低,外陡内缓修筑特点,达到了易守难攻的目的。在河沟地带利用陡立的崖壁稍加修筑即成城墙。长城残存高度2~13米,基宽7~10米,顶宽2~3米,夯土层0.1~0.3米。

长城一般在川塬地势平坦地带相隔200米左右筑一座方形敌台(俗称长城墩),长城塬、孟塬等地多处出现这种情况。有时也因地势等原因出现较大差异,如白岔等山峦上的敌台相距为50~150米。敌台要比长城高大且凸出墙外,白岔村段最大的一座敌台坡长14米,底部周长73米,顶部直径约5米,而这里的长城高度2~7米,夯土层0.30米。每座敌台及长城附近散布大量的砖瓦,敌台上原有建筑以供士兵据守。

2010年,位于城阳乡长城村乔家渠烽火燧遗址　杨宁国/摄

在长城沿线的交通要塞和视野开阔的地方筑有城障和烽火台。城障均设在长城内侧,烽火台则多在长

城外侧。涝池张沟圈的长城大拐角处有一小城障，城障北侧紧靠长城，城墙均已毁，四隅角墩尚在。城障呈长方形，东西长120米、南北宽60米，残存角墩基座周长60米，残高17米。城内到处可见各种纹饰的瓦片。这座城障北扼孟塬，西阻长城塬，南控茹河古道，为要冲地带。另一座城障在白岔村姚湾，修建在南距长城约90米的小山峁上，长85米、宽46米、残高3米。长城外侧的烽火台或二三里，或四五里不等。

长城、党岔、乔渠等处倾圮后的烽燧，呈圆锥形堆积。在长城沿线附近及断面上发现大量的瓦片和陶片，其纹饰有粗、细绳纹，带条式弦纹、锥刺纹和网格纹等，厚度1～3厘米。根据残存瓦片弧度延伸的趋势推测，瓦片的体型较大。

彭阳境内的这段长城，因长期的自然风蚀和人为破坏，倾圮严重。孟塬和长城塬除敌台尚存外，其城墙在20世纪六七十年代大部分已辟为道路和耕地，但遗迹明显，走向十分清晰。现存较好的属白阳镇白岔村段和孟塬乡玉塬村段。

1985年、1988年，战国秦长城先后被县人民政府和自治区人民政府公布为县、自治区级文物保护单位。1993年县人民政府划定其保护范围。2001年6月25日被国务院公布为全国重点文物保护单位。2022年完成战国秦长城“四有档案”。

璎珞宝塔　位于彭阳县城东北约50千米处冯庄乡小湾村牛湾组，始建于明嘉靖三十年（1551）。北纬36°05′40.00″、东经106°46′57.00″，海拔高度1625米。宝塔前临深涧，背依山坡。与东面呈“一”字形、等距离排列的7个宛若馒头状、钟灵奇秀的小山隔河相望，相互映衬。

璎珞宝塔为仿木结构七层八角楼阁式空心砖塔，通高20米，由塔基、塔身、塔刹三部分组成。塔基呈八角形，用红砂岩砌筑，高0.25米。整个塔身各层由下而上逐级缓收，显得挺拔稳健。每层以叠涩砖出檐，檐下各面正中及转角处均饰以砖雕一斗三升斗拱。

塔身第一层略高，每面边长1.60米。面东辟有高1米、宽0.5米的券门，以红砂条石砌筑。塔身第二层背壁正中嵌有一长0.9米、宽0.45米的长方形石匾。中间双阴线镌刻横书“璎珞宝塔”四个大字，右竖刻“发心功德主张侃高氏”，左竖刻“嘉靖三十年二月初一日立”。塔身第三层起各角挑檐原有砖铎悬挂风铃，今已铃失柄残。塔身除第五、第七层外，其余每面均以阴数（单数）层砖砌就。塔开十窗，南北两面的第三、第六、第七层正中对应开六窗，东西两面的第四、第五层正中对应开四窗，窗孔均一尺见方，用于通风采光、远眺。第七层之上为塔刹，仰莲瓣形刹座承托八面十三璇相轮，相轮之上置圆形刹顶。

塔室采用厚壁空心式木构楼层结构，塔室内西面高约4米处设一佛龛。顶部的八

始建于1551年左右的璎珞宝塔，位于冯庄乡小湾村
杨宁国/摄

面收分上雕琢“(乾)、(坤)、(震)、(巽)、(坎)、(离)、(艮)、(兑)”道教阴阳八卦图。

据民国《固原县志》载：“张侃，固原卫人，家居七个山。嘉靖三十年春，有堪舆士过其庄，上下相度，谓侃曰：‘此山若塔，当主斯郡文风日进，科第联翩’。侃应之曰：‘若然，当勉之’。于是竭资鸠工，阅一年而告成，塔高五丈余，至今犹巍然生色也，自题曰：‘璎珞宝塔’。”这与塔的铭刻始造年代相吻合。当地传说为高氏功德塔，是对“发心功德主张侃高氏”的穿凿附会。它实属明代风水学说及考试文风发展影响下的产物，属文昌塔。

1991年4月，县文物站对该塔周围进行清理保护，发现了大量的遗迹、遗物。从塔的中轴线后1米处发现有对称排列着宽5米、进深2.8米的庙宇建筑遗迹，残存墙基多处。其后10米处有一塌陷了的窑洞，洞口残存砖砌抱厦痕迹。经清理发现，窑洞内设一供台，白灰粉面，用浓墨绘葵花、莲花图案。供台后塑3尊泥质佛像，均以金粉涂身，佛像腰部以上残毁。中间佛像结跏趺坐于莲花宝座上，应为释迦牟尼，右侧佛坐大象，应为文殊菩萨。左侧佛坐狮子，应为普贤菩萨。另外在塔周围出土的遗物还有陶质文吏俑、提梁俑数件，大量塑有虬龙的瓦当、筒瓦，雕刻简单花纹的柱础、殿宇饰件、吻兽件以及规格相同的大青砖。同时还出土长0.4米、宽0.24米的花边瓦匾，竖阴刻“崇宁护国”四字。

清理出庙宇遗址中的青砖，与宝塔砖的形制、质地、成色丝毫不差，说明庙宇与塔可能同时修建，是后来宝塔下乌云寺的组成部分。民国《固原县志·形胜》乌云寺条下“在城东100里，上有宝塔一座，石匾一，文曰‘璎珞宝塔’，明嘉靖年造”。“崇宁护国”匾额的出土，说明乌云寺所祭祀对象为三国名将关羽，“崇宁护国”为其封号。相传北宋崇宁年间，解州盐池产量下降，当地官民怀疑是蚩尤作怪，于是请来时任佛教护法神的关羽，经过一番大战，最终战胜蚩尤，关羽遂被“道君皇帝”宋徽宗封为“崇宁真君”。此后历代帝王都十分推崇关羽，元至正十三年(1353)四月，朝廷颁发《关庙诏》，又给关羽加封“护国”等字，简称即“崇宁护国真君”。明嘉靖三十年(1551)璎珞宝塔建成时，仍然沿用这一封号。直到明万历十年(1582)封“协天大帝”,各地对关羽的庙宇的称呼才逐渐改为“关帝庙”。

璎珞宝塔是宁夏南部山区现存的唯一一座确有纪年的明代古塔。有较高的历史、科学、艺术价值,它为研究明代儒、释、道三教在中国西北地区的融合渗透及其演变情况,提供了珍贵的实物资料。

1988 年,自治区人民政府公布璎珞宝塔为自治区级文物保护单位。2013 年 6 月,彭阳县人民政府建立保护碑。2017 年 7 月,自治区人民政府公布保护范围,同年 8 月,公布建设控制地带。2022 年,完成璎珞宝塔“四有”档案。

亭阁式石刻墓塔 1984 年,在彭阳乡(今白阳镇)罗堡村的小河川被当地群众称为“塔渠壕”的一台地上,发现一座组合型亭阁式石刻墓塔,部分埋在地下。1991 年清理出埋在地下的部分,分段运回收藏。其时代为明代。

墓塔是用当地的褐红砂岩分七段雕凿而成。通高 2.54 米,由塔座、塔身、塔刹三部分组成。塔座及第一段埋在地下,其余各段因风雨侵蚀,表面已呈灰黑色,满布苔藓地衣。整个塔除塔身第一段券门残损外,其余基本完好。

塔座分上下两段,通高 0.34 米,边长 1.1 米。下段分两层,下层为方形,四角及边雕云头纹和如意纹。上层为八角形,正中雕一瞪目露齿的兽头,前四角雕凿形制相似的四力士,袒胸露腹,落地而坐,一手扶地,一手上托,显得刚劲有力,后四角各雕一圆柱。上段为圆形覆莲座,直径 0.66 米、高 0.18 米。莲瓣肥硕,莲瓣下饰卷草纹一周。

塔身两层,分做四段。第一、三段为上下层塔身,第二、四段为上下层塔檐。第一段塔身呈圆鼓状,高 0.54 米。正面居中辟有券门(已残损),中空,为烧香燃纸之用。背面浮雕两朵带叶葵花,近上沿处饰凸起绳纹一周。券门两侧为对称的瓶插牡丹(右稍残)。券门左侧及下方各镌刻楷体竖书铭文题记一则。因埋入地下多年,水渍、锈渍较为严重,铭文多处漫漶不清。

第二段和第四段塔檐形制相同,为仿木构四坡单檐。高分别为 0.4 米和 0.2 米。四坡雕有瓦垄,四条垂脊和檐角各雕一倒挂卧龙,龙首起翘较高,给人以舒展轻快之感。

塔身第三段为造像柱,呈方柱体,边长 0.37~0.45 米。四面雕刻佛龛和佛像,造像剥蚀严重,面相模糊,但整体形象还可以辨认,其中前一佛高肉髻,双耳垂肩,身着交领袈裟。双手相叠,置于腹部做禅定印。结跏趺坐于椭圆形仰莲宝座上;后一佛高肉髻,身着右袒袈裟,双手置于膝上,结跏趺坐于莲座上;左一佛身着双领袈裟,衣袖宽大,双手合十置于胸前。结跏趺坐于仰莲座上；右一佛大耳，双腿倚坐，足踩圆形莲台，左手弯曲于胸前，右手扶膝作降魔印。

塔刹分上下两段，通高 0.43 米。下段为圆柱状，上刻莲瓣，底部刻出榫头，与塔身第四段顶部的圆形榫窝相接。上段为覆莲，圆鼓状，其上刻有球形刹尖。

亭阁式石刻墓塔，比例协调，古朴典雅，别具匠心。从铭文题记可知，建于明天顺□□年。塔铭虽然十分简略，仅记述了陕西平凉府开城县马□□，在"宣德年间任本府（开城县）僧会，于天顺年间在任上亡故"的情况。为研究彭阳历史沿革和明代宗教活动提供了有用的资料。

据嘉靖《万历固原州志》载，明初，彭阳属开城县，弘治十五年（1502）开城县改升固原州后，又属固原州。塔铭马□□葬于天顺年间（1457—1464）。在弘治之前，此时彭阳属陕西平凉府开城县，与史书记载是一致的。嘉靖《万历固原州志》载，固原州设十里，彭阳里是其中之一。依塔名得知，在开城县升固原州之前，彭阳就是开城的一里。

中国历代王朝，皆设僧道管理机构，以控制宗教活动，明朝在这方面更为严格。据载，明洪武十五年（1382），就在中央政府设置"僧录司"，主管全国佛教事务，并要求地府、州、县三级，分别设立"僧纲司""僧正司""僧会司"三级僧道衙门，并遴选"都纲""僧政""僧会"等僧职人员。在明初，开城属小县，并经常受"北虏"的掠劫，仍然设立"僧会司"，说明明代对宗教的管理十分严格。有关古代地方设置僧道机构的资料极为短缺，开城县设立"僧会"的资料，就显得十分重要。同时，此种亭阁式石刻墓塔，在宁夏尚属首次发现，为研究宁夏的古塔建筑，增添新的内容。

彭阳城址　位于今彭阳县老城，俗名白杨城。北纬 35°50′44.50″、东经 106°38′42.90″，海拔 1470 米，依山傍水，始筑于唐。北宋咸平六年（1003）设彭阳城。

城址坐西面东，依山以建，属土筑连山城，分山、川城两部分。城墙有重叠的夯土层，夯土层厚 2~17 厘米，夯窝密集，直径 10 厘米，历代都有修葺和加固。整个城址修筑时多在外侧取土，形成宽 12 米的护城壕堑。山城呈等腰梯形，周长 820 米，残高 9~13 米，基宽 9.10 米、顶宽 3 米，两腰筑有城墩。川城呈近长方形，南北长 675 米，东西宽 210~270 米。开南北两门。城墙残高 10~13 米、基宽 9.10 米、顶宽 1.70 米。顶部有女墙残存。每隔 100 米左右筑一凸出墙外的马面，马面凸出城墙外 6 米、宽 4.50 米、高 5.50 米。昔时彭阳峰峦拱卫，雄踞茹河古道，为历代兵家必争之地。唐贞观十年（636），置折冲都尉府（相当于县级军事建置），当时约有数百名士兵在这里驻扎。宋咸平六年

彭阳古城址，位于彭阳县白杨城(今白阳镇)　县博物馆/提供

(1003)置彭阳城，隶属镇戎军。金为彭阳堡，明为彭阳里。1983年10月，从固原县析置彭阳县，县治所于此。

近年在城内出土大量的遗物，有粗、细布纹砖瓦建筑遗物，唐灰陶瓮、碗、开元通宝，宋青釉瓷碟、银锭及石狮等。同时出土《彭阳万年□新修石路记碑》一方，其史料价值珍贵。彭阳城址，山城保存完好，川城因城市建设破坏严重，城墙多处残缺不全。

1985年8月26日，彭阳县人民政府公布“彭阳城址”为第一批县级文物保护单位。2005年9月，自治区人民政府公布彭阳古城址为自治区级文物保护单位。2006年8月，自治区人民政府建立保护碑。2017年7月，自治区人民政府公布彭阳古城址保护范围，同年8月，公布建设控制地带。2022年，完成彭阳古城址“四有”档案。

古城城址　城址属北宋时期，位于彭阳县城西16千米处的古城镇人民政府驻地。北纬35°51′27.1″、东经106°27′37.8″，海拔高度1613米。因其年代久远，故名古城，为秦汉朝那县治所。城址居古城川正中，茹河北岸，为古丝绸之路中西文化交流传播的要冲，其军事战略地位亦十分重要。1985年，被彭阳县政府公布古城城址为县级文物保护单位。

城址一带地势平坦，其平面呈长方形，东西长682米、南北宽480米，占地面积32.70万平方米，历代加以修葺利用。城墙残高1~13米，基宽14米，夯土层14~20厘米。依东西南开三门，今彭固公路(彭阳至固原)穿东西城门而过。沿城墙外四周辟有深

3 米、宽 20 米的护城壕堑。

近年在古城区出土了大量珍贵的文物，如西汉初期的朝那铭文鼎、错金银铜羊、“弘宫”铜盘；具有秦汉建筑特点的残砖碎瓦——绳纹大板瓦、小筒瓦、卷云纹瓦当、陶水管等俯首可拾；历代货币时有发现，且数量众多；宋《东山寨修城记》碑、《宋故董府君墓志铭》等具有历史、科学和艺术价值的文物，无不折射出昔日朝那古城的辉煌与文明。

朝那古城历史悠久，是宁夏境内设置最早的四个县治之一。秦昭襄王三十五年（前 272），秦昭襄王伐灭义渠戎国，“筑长城以据胡”，设北地、陇西等三郡，以朝那邑（塞）为中心，肇置朝那县。汉、魏晋仍为朝那县治，宋置东山寨，金为东山县，元代为广安县、州，有县治达 2200 多年，明降为东山里，清为东昌里。

西汉前元十四年（前 166）冬，匈奴老单于率 14 万铁骑越长城侵入朝那萧关（今彭阳古城镇），北地郡都尉孙卬及其将士血洒疆场，沿茹河川过彭阳（今甘肃省镇原县东南彭阳镇）兵锋直达关中，朝野震惊。1949 年解放宁夏第一仗的任山河战斗在这里打响，364 名烈士长眠于地下，惊天地，泣鬼神。几经沧桑，古城已残垣颓壁，倾圮严重，但城址至今轮廓清晰，气势雄伟。

1985 年 8 月，彭阳县人民政府公布古城城址为县级文物保护单位。1993 年 10 月，彭阳县人民政府公布古城城址保护范围。2007 年 8 月，彭阳县人民政府竖立保护标志碑。2008 年 6 月，全国第三次文物普查对古城城址进行详细调查。2022 年，完成古城城址“四有”档案。

城阳城址　城址属北宋时期，位于彭阳县城东南约 18千米处城阳中学校址，东距开边城（今属甘肃镇原县）20 千米。北纬 35°48′45.70″、东经 106°47′01.50″，海拔 1388 米。北靠长城塬，南临茹河川，彭镇公路东西穿城而过。城址分南北两座，相距 40 米。据考，先筑川城，后筑连山城，总面积为 6.4 万平方米。

川城呈梯形，东北—西南长 280 米，北宽 200 米、南宽 220 米。城墙破坏严重，残高 9 米、基宽 8米、顶宽 1~2 米，夯土层为 7~13 厘米。西南城角残存一城墩，长 40 米、宽 35 米、外高 9 米、内高 6 米。开东西城门，四周有护城壕，宽约 10 米、深约 2 米。连山城呈不规则长方形，南北长 320米、东西宽 160~200 米。残高 9 米、基宽 7 米、顶宽 2 米，夯土层 10 厘米。城墙每隔约 60 米筑一马面，内外各凸出城墙，长 10 米、宽 3 米。东西开城门。山顶两条并列的护城壕宽各 15 米、深 4 米。

两城内出土的遗物有灰陶罐、素面灰陶片、砖瓦、青釉瓷片等。1990 年 7 月，两城交

城阳古城遗址，位于城阳乡城阳中学校址　　县博物馆/提供

界处的东城墙外侧出土70余枚北宋崇宁通宝、大观通宝、政和通宝等铁质钱币。

《武经总要》记载，城阳城址宋为平安寨，东距开边寨（甘肃镇原县城西北）15千米，西至彭阳城10千米，北至绥宁寨（冯庄乡境）40千米。根据调查，疑为北朝时白池县治所。

2005年，自治区人民政府公布城阳城址为自治区级文物保护单位，2006年8月，自治区人民政府竖立保护标志碑。2017年7月，自治区人民政府公布城阳古城址保护范围，同年8月，公布建设控制地带。2022年，完成城阳古城址“四有”档案。

耳城城址　城址属北宋时期，位于彭阳县城东北约80千米的小岔乡耳城村耳城组，北纬35°50′44.50″、东经106°38′42.90″，海拔1470米，坐北向南，南临安家川河，周围群山绵延叠嶂，地理位置颇为重要。

城址属土筑连山城，依山而建，呈葫芦形，俗称耳朵城。残存东城墙长1340米，西城墙1460米，残高10~18米、基宽8米。城址依山势由下而上分做四段，第一段城墙长400米，第二段至第三段相距80米，第三段至第四段约40米，第四段到城址顶部相距25米，并有一圆形土筑望台，原设敌台上有建筑。北宋初置柳泉镇，领耳朵城堡，始筑城。北宋庆历五年（1045），改置靖安寨，时属原州（治所为今甘肃省镇原县）。

城址内有丰富的文物遗存，各种残陶片、布纹大瓦残片遍地散布。同时还出土青釉宋瓷、釉陶三足香炉等。

耳城城址保存较为完好，2005年，由自治区人民政府公布耳城城址为自治区级文物保护单位，2006年8月，自治区人民政府竖立保护标志碑。2017年7月，由自治区人民政府公布耳城城址保护范围，同年8月，公布建设控制地带。2022年，完成耳城城址“四有”档案。

烽　燧　烽燧也称烽火台、烟墩、烽堠、狼烟台、烽台等。它是我国古代军事防御体系设施之一，在战事报警和传递信息方面有着不可代替的重要作用。《史记·索引》：“烽见敌则举，燧有难则焚；烽立昼，燧立夜。”《史记·正义》载：“昼日燃烽，以望火烟；夜举燧，以望火光也。”烽燧伴随战争而产生，多设在重要的谷口和视野宽广的山巅。遇有敌情，即在烽火台上点燃烟火报警。

彭阳境内烽燧林立，从战国到明清均有修筑或修葺。已查明的多达40余处，成为县域特有的一种人文景观。烽燧亦用黄土分层夯筑，个别的夹杂石块，现呈方锥台体、圆锥台体和鱼脊形堆积。每座烽燧一般相距5～10千米。围绕战国秦长城及汉、宋、明清时城、堡、寨，其分布犬牙交错，大致呈网格状。北路沿彭罗公路（彭阳至罗洼）白阳镇的白岔、党岔、阳洼、姚湾，王洼镇的梁壕、北洼、姚岔、李寨、崖堡，小岔乡的榆树、李渠、米沟，罗洼乡的丁渠，古城镇的郑庄分布；中路沿茹河流域古城镇的高庄、罗山，白阳镇的姬山、斩刀山、黄沟，城阳乡的里沟、黄湾、乔渠、长城、沟圈分布；南路沿红河流域新集乡的东湾，沟口乡的白草洼、白庄湾，红河乡的墩墩梁、庙沟、友联等分布。这三条路线沿蒲河流域、茹河流域、红河流域延伸至邻县镇原，一旦发现敌情，堡、城、墩连成一气，相互报警，到处防范，构成了纵深的军事防御体系。

彭阳县境烽燧一览表

表6-3

名　称	保存现状	时代	地理位置	级别
丁渠烽燧	方锥台形	北宋	罗洼乡罗洼村丁渠组	县级
阳山湾烽燧	方锥台形	北宋	交岔乡大坪村阳山湾组	县级
保阳烽燧	圆锥台体	北宋	交岔乡保阳村保阳组	—
后壕烽燧	圆锥台体	北宋	交岔乡保阳村下渠组	—
东洼烽燧	圆锥台体	北宋	交岔乡东洼村东洼组	—
北洼烽燧	圆锥台体	北宋	王洼镇北洼村北洼组	县级
墩梁烽燧	方棱台体	北宋	王洼镇梁壕村东梁组	—
车路岔烽燧	圆锥台体	北宋	王洼镇姚岔村车路岔组	—
喜阳洼烽燧	圆锥台体	北宋	王洼镇姚岔村喜阳洼	—
靳寺烽燧	圆锥台体	北宋	王洼镇姚岔村阳洼组	—
碾子梁烽燧	圆锥台体	北宋	王洼镇李寨村水泉组	—
李寨烽燧	圆锥台体	北宋	王洼镇李寨村李寨组	县级
上王洼烽燧	方锥台形	北宋	王洼镇王洼村上王洼组	—

续表 6-3

名　称	保存现状	时　代	地理位置	级　别
南湾烽燧	圆锥台体	北宋	王洼镇崖堡村南湾组	—
马岗堡烽燧	圆锥台体	北宋	王洼镇尚台村马岗堡组	县级
前台烽燧	方锥台形	北宋	王洼镇李岔村前台组	县级
刘洼烽燧	圆柱台体	北宋	王洼镇石岔村墩墩梁	县级
李渠烽燧	圆柱台体	北宋	小岔乡李渠村李渠组	—
后梁烽燧	圆锥台体	北宋	小岔乡榆树村后梁组	—
米沟烽燧	方锥台形	北宋	小岔乡米沟村米沟组	—
杨台峁烽燧	方锥台形	北宋	草庙乡刘塬村米塬组	—
郑庄烽燧	方锥台形	北宋	古城镇郑庄村郑庄组	县级
晁坡西烽燧	圆柱台体	汉代	古城镇高庄村晁坡组	—
晁坡东烽燧	圆柱台体	汉代	古城镇高庄村晁坡组	—
北庄洼烽燧	圆锥台体	汉代	古城镇任河村北洼组	—
圪垯梁烽燧	圆柱台体	北宋	古城镇罗山村天喜湾组	—
梁湾烽燧	方锥台形	北宋	白阳镇刘台村梁湾组	县级
阳洼烽燧	圆锥台体	北宋	白阳镇阳洼村阳洼组	—
寨湾烽燧	圆柱台体	北宋	白阳镇双磨村寨湾组	—
党岔烽燧	呈鱼脊状	战国	白阳镇白岔村党岔组	县级
斩刀山烽燧	方锥台形	北宋	白阳镇南山村斩刀山组	—
刘庄烽燧	圆柱台体	北宋	城阳乡陈沟村刘庄组	—
虎湾烽燧	圆锥台体	北宋	城阳乡陈沟村虎湾组	县级
转湾烽燧	圆柱台体	北宋	城阳乡城阳村转湾组	—
长城烽燧	圆锥台体	战国	城阳乡长城村长城塬畔	县级
乔渠烽燧	圆锥台体	战国	城阳乡长城村乔渠组	县级
徐沟烽燧	方锥台体	北宋	红河乡夏塬村徐沟组	县级
庙沟烽燧	圆锥台体	北宋	红河乡何塬村庙沟组	县级
坟台塬烽燧	圆锥台体	北宋	红河乡韩堡村新店组	县级
喇嘛山烽燧	圆柱台体	北宋	新集乡上马洼村上马洼	—
白草洼烽燧	方锥台体	北宋	新集乡白草洼村白草洼	—
东湾烽燧	方锥台体	北宋	新集乡峁堡村东湾组	县级

四、石窟石刻

无量山石窟　北宋位于彭阳县城西北约 25 千米处的古城镇田庄村北塬组。北纬 35°56′13.10″、东经 106°30′38.10″，海拔 1516 米，沿石峡河谷逆水而上 1 千米许，便见东西 2 处石窟凿于无量山半山腰，相距约 200 米。

东窟窟顶呈穹窿形，进深 0.80 米。石质造像 5 尊，4 尊保护完好。3 尊主佛并排而坐，造像通高 2.10 米。居中为释迦牟尼，结跏趺坐于莲花宝座上，面相清瘦，高肉髻，身着袈裟，右手伸二指指天，左手扶膝，嘴微动，作说法状。在莲花宝座的束腰处雕三力士双手上擎，以示承托。居右为无量寿佛（阿弥陀佛），结跏趺坐于仰莲座上，着袈裟，眼微闭，神情庄重肃穆，双手相叠置于腿部，做禅定印。莲花座束腰处雕两头相向而立的雄狮以承托。居左为弥勒佛，双腿倚座，面相丰韵饱满，阔鼻大耳，笑容可掬，着袈裟，两耳垂肩，足踩分枝莲花，双手扶膝。在三尊主佛像左侧 4 米处，有护法神造像（有学者认为是道教护法神——北帝造像），高 1.60 米，右腿平放于圆台上，左腿弯曲下垂，足踩形似翘首挣扎的蟒蛇。左手扶膝，右手呈握剑状，怒目而视，神态威严。右侧 2 米处有一未完成造像，高 1 米。其右下站立一小像，头已残，残高 0.65 米，为胁侍弟子。

崖壁铭刻题记两处，一处文字漫漶，难以识读，另一处竖阴刻文字三行，左刻“天圣十年”（1032），右刻“张行□□”，中间一行模糊不清。

西窟造像 20 尊，一线排列在距地面高 0.90 米、长 8.20 米的石崖上，造像最高 0.80 米、最低 0.38 米。造像内容为一佛二菩萨、十六罗汉、一护法神。整个造像从左向右依次编号为 01 号至 20 号。

11 号佛造像，通高 0.8 米，结跏趺坐于莲花宝座上，身着袈裟，右手扶膝，左手托钵置于腿部，头残。10 号为左胁侍菩萨，身着长裙，双手合十置于前胸，通高 0.55 米。12 号为右胁侍菩萨，身着长裙，右手呈握状，左手扶膝，双腿倚座。09 号为供养人。其余两侧分列着十六罗汉像，高 0.38~0.75 米。保存较完整者有 7 尊，其余有不同程度的毁损，均在头部，轻者毁面，重则无头。但造像姿态分明，衣褶清晰可辨；完整者有的闭目养神悠闲自得；有的手捧经卷，俯首诵经，形态各异。

距地面约 2.6 米处有一题记：“景祐二年四月十二日刘绪等公修罗汉人。”

这里山峦叠起风景秀丽，水光山色相映成趣，景致恬淡幽雅。民国《固原县志》载：“石家峡……形势壮丽，草木蒙茸。山腰古石佛三，罗汉一十有八。水出峡口，淙淙之声，无间冬夏，烟云霭霭，朝夕不散。”

无量山石窟雕像　　　　杨宁国/摄

无量山石窟实为摩崖造像，但其具有石窟造像的特征，它仍属石窟艺术范畴。从未完成的多处造像分析，北宋时期，彭阳地处宋、夏对峙的前沿阵地，战事频繁，僧人或逃或亡，致使无量山石窟开凿终未完成，便草草作罢。尽管如此，它仍不失镶嵌在宁夏南部山区艺术瑰宝中一颗璀璨耀眼的明珠。它融合了圆雕、浮雕和阴刻等多种雕凿艺术手法，造像体型圆润，线条流畅、活泼，对衣纹、眼神等处刻画入微、生动。创造出一种敦厚含蓄、健康优美的艺术形象。无论从内容到形式都表现出了中国古代劳动人民的聪明智慧和雕凿艺人娴熟雕凿技巧。它为研究宁夏地区北宋时期的宗教文化和石窟雕凿艺术提供了实物资料。

1985 年 8 月，彭阳县人民政府公布无量山石窟为县级文物保护单位，1988 年自治区人民政府公布其为自治区级文物保护单位。2000 年，自治区人民政府建保护标志碑。2017 年 7 月，由自治区人民政府公布保护范围，同年 8 月，公布建设控制地带。2022 年，完成无量山石窟“四有”档案。

段园子石窟　明代，位于彭阳县城北 80千米处罗洼乡张湾村的段园子。石窟坐南朝北，背靠山岭，面临浦河。北纬 36°12′22.80″、东经 106°44′12.70″，海拔高度 1516 米。

段园子石窟原名黄龙寺。窟洞 9 处，上下两层排列。上层一窟，毁坏严重，窟形不能辨认。下层为 8 窟，保存较好，洞窟均为拱顶方形。中间最大的窟进深 6 米、高 7 米，库内四壁布满固定塑像的榫窝，窟门呈梯形，上有一尺见方的窗孔。根据现存遗迹，内原有壁画和石雕、泥雕造像，壁画是做在草拌泥之上的白灰层面上，现剥落毁坏。塑像及石雕佛像今已荡然无存，只遗存残件。

窟前残存石碑一方，长 1.20 米、宽 0.70 米，题额横书“皇图巩固□□”，碑文字迹漫漶难辨。

2010 年，彭阳县人民政府公布段园子石窟为县级文物保护单位并公布保护范围及建设控制地带。2021 年 5 月，彭阳县人民政府建立保护碑。2022 年，完成段园子石窟“四有”档案。

李渠石窟　明代，位于彭阳县城西北65千米处小岔乡李渠村。石窟坐北面南，前临小河，周围为纵横交错的沟壑。西北距段园子石窟1.5千米。北纬36°12′04.60″、东经106°44′53.10″，海拔高度1514米。

石窟仅有2个窟洞，窟室凿通相连，为平顶方形窟。进深4米、宽2.50米、高2.50米。左窟残存9尊造像痕迹，居中一尊形体较大，通高2米，佛像高1.10米。两侧各有4尊小佛，像高1.30米。右窟佛像全部毁坏，无痕迹。凿窟时间待考。

常湾摩崖造像　位于彭阳县城东北50千米处小岔乡吊岔村常湾组。北纬36°06′35.60″、东经106°49′54.60″，海拔1433米。造像刻凿在约15米高的石崖上。

造像有7尊。居中雕刻拱形龛，高0.3米、宽0.25米，内容为一佛二菩萨，一供养人，位置略高，龛内刻凿佛及弟子造像，正中雕一佛结跏趺坐于长方形榻床上。高肉髻，身着交领袈裟，双耳垂肩，双手合十于腹部，两眼微闭，逼真生动。两旁为二胁侍菩萨，头戴花冠，上着长衫，下着长裙，跣足而立。佛龛左下角雕刻一供养弟子，做单腿跪状，左手扶膝，右手呈托盘状。下方阴刻题记“三月二十九日，石佛图造，弟子负卫起，供养侍”，左侧三尊中，一尊雕刻为柳叶形佛龛，高0.3、宽0.21米。佛结跏趺坐于长方形榻床上，　高肉髻，面相模糊，着袈裟，双手置于腹部，掌心向上左侧题刻“员衔起造”；两尊雕刻三角形佛龛，高分别为0.17米、0.22米，底宽分别为0.17米、0.21米。佛结跏趺坐于长方形榻床上，雕刻简单，面相模糊，着袈裟。右侧雕刻两拱形佛龛，高分别为0.24米、0.16米，宽分别为0.16米、0.13米。左边一佛结跏趺坐于长方形榻床上，高肉髻，着袈裟，双手置于腹前，左侧题刻“弟子□正翟”。右侧题刻“四月十日□□□□”；右边一佛一佛结跏趺坐于长方形榻床上，高肉髻，着袈裟，双手置于腹前，掌心向上，题记多处，可以辨识的右侧题刻“员显进造”，下方题刻“和平二年”“弟子□□”。

造像有多处题记，大都模糊不清，从北朝北魏和平二年（461）可知，常湾摩崖造像时代为北魏早期，是宁夏现知时代最早、保存较好的北魏早期摩崖造像。为研究北魏时期佛教在西北的传播与发展提供了实物资料。

2010年，彭阳县人民政府公布常湾摩崖造像为县级文物保护单位并公布保护范围及建设控制地带。2021年5月，彭阳县人民政府建立保护碑。2022年完成常湾摩崖造像“四有”档案。

第二节 文物精选

一、史前文物精选

石器标本 旧石器时代。2002年,岭儿旧石器时代遗址采集。种类有刮削器、雕刻器、尖状器、石片、石核等。

玉 琮 新石器时代。2013年打石沟出土,长7.5厘米,宽8厘米,口径8.2厘米,青黄玉质,泛浅褐色,较细腻,素面,半透明,表面局部有碱壳附着。通体呈正方体,内圆外方,对钻中空;两端出短射,射口呈圆形,四面整齐直削,切割规整,抛光精细。

玉 璧 新石器时代。1986年城阳乡城阳出土。外径16.1厘米、内径6.4厘米、厚0.9厘米。青黄色质玉,局部黄褐色,半透明,素面。平面呈圆形,表面有一处瑕疵及二交叉线痕。两面钻孔,外大内小,璧面抛光精细,玉质晶莹纯净,有玻璃光泽。

四璜联璧 新石器时代。1984年征集,外径21.2厘米,内径7.9厘米,厚0.8厘米,青灰外糖色玉质,半透明,素面,布有藻丝沉积结构纹,两面抛光,有光泽。两端穿孔,一端为一孔,另一端为两孔。通体磨制光滑,精细。由四件玉璜组成。

玉 琮

玉 璧

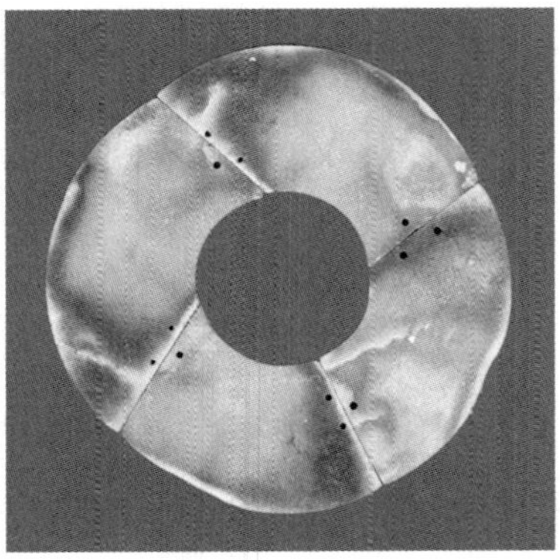
四璜联璧

双耳彩陶罐 新石器时代。2013年古城镇古城出土。通高19.2厘米、口径13.2厘米、底径8.3厘米。细泥红陶。侈口束颈,溜肩、鼓腹,平底。颈部置对称双耳。黑红彩,颈部饰旋纹及三角纹,上腹至肩部饰四对称的叶瓣纹和网格纹,下腹素面。

双耳彩陶罐 新石器时代。2013年打石沟遗址考古发掘出土。通高11厘米、口径9厘米、底径6厘米。细泥红陶。侈口束颈,溜肩,折腹,平底。颈部置对称双耳。口沿至腹部饰黑彩，口、颈、肩部饰四周宽带纹，颈部和肩部之间饰竖条纹，肩部和腹部之间饰方块纹，下腹素面。

单耳陶斝 新石器时代。1994 年新集乡白林出土。通高 37厘米、口径 20 厘米。夹砂红陶。侈口，方唇、束颈。置单耳，分档三袋足，通体饰粗绳纹。

陶 豆 新石器时代。1990 年白阳镇姚河出土。通高 10.5厘米、口径 16厘米、底径 10.5 厘米。细泥红陶。敞口，弧腹，喇叭形高圈足，足部有三处镂空。

单耳陶杯 新石器时代。1984 年冯庄乡小园子出土。通高 11厘米、口径 7.3厘米、底径 4.2 厘米。泥质灰陶。侈口束颈，溜肩鼓腹，单耳，平底。颈部以下饰竖凸棱纹。

穿孔石斧 新石器时代。1985 年红河乡红河出土长 11厘米、刃宽 3厘米、厚 3 厘米。平顶，双面直刃。器身中央有一穿孔，孔径 0.6 厘米。通体琢制，浅黑色，有使用痕迹。

骨 笄 新石器时代。1988 年交岔乡交岔出土。通长 19厘米、顶宽 1 厘米。通体呈长条尖状，上粗下渐细，锋锐。尾端宽平钻一孔。背面磨制精细、光滑。

骨项饰 新石器时代。1987 年孟塬乡双树出土。通长 7.5厘米、宽 1.2 厘米。野猪獠牙磨制，呈月牙形，两端钻小圆穿绳小孔。精细光滑。

二、春秋战国文物精选

人驼纹铜牌扣饰 东周。1987 年草庙乡张街出土。通长 6.3厘米、高 5.1 厘米。2 件。骆驼四肢弯曲做平卧状，昂首，圆眼，长颈。背骑一人，身着长服，下摆宽松，腰系带，右手握驼鬃，左手扶驼后峰，回首，目视后方。背有一弓形小纽。

狮子形铜牌 东周。1987 年罗洼乡郭阳洼出土。通长 9厘米、高 4 厘米。一狮子呈行进状。三角状耳，柳叶形眼睛，前额置半圆形环。张口，长舌吐露，利齿可见，口噬一物。长尾卷曲至腹部，颈部及前肢均饰密集的鱼鳞纹饰。

人驼纹铜牌扣饰

狮子形铜牌

双鸟触角铜短剑　东周。1992 年交岔乡苋麻出土。通长 25.6厘米、身长 14.7厘米、格宽 3.8 厘米。剑首呈双鸟触角式，鸟喙相吻，长方形茎，茎缘两侧各饰凹槽，间饰涡纹。剑格方平。剑身上宽下窄，中起脊，断面呈菱形。剑体完好且精美。

鎏金夔龙纹铜节约　战国。1997 年征集，长 4.8 厘米，三条龙呈团簇状在云中相拥，面目清晰，脊体饰凸点纹，背有四桥形纽，通体鎏金。

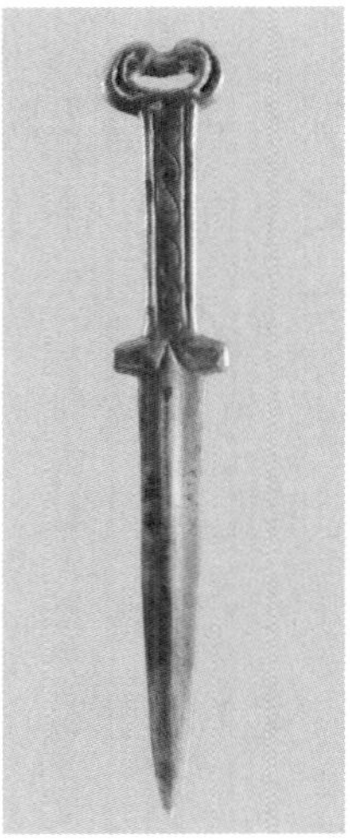

双鸟触角铜短剑

鎏金夔龙纹铜节约

动物纹铜牌饰　战国。长 8.2 厘米，宽 4.6 厘米，虎做伫立状，圆眼，桃形耳直立，体肥硕，粗颈，腰拱起，长尾下垂，尾端卷曲。张口噬一动物，圆眼，饰网格状鬃毛。

虎噬鹿铜牌饰　战国。2014 年征集，长 9.5 厘米，宽 4.1 厘米，虎做伫立状，桃形耳前倾，体肥硕，腰弓起。张口噬一动物。周身饰凸旋纹。背后附有弓形小纽。

透雕铜鹿　春秋战国。2010 年罗洼乡罗洼村出土。通长 7.5厘米、高 6.4 厘米。2 件，形制相同。鹿作跪卧状，长颈，昂首，眼、口清晰，短尾上翘，前后蹄相接，通体云纹透雕。

云纹带饰　春秋战国。2008 年小岔乡米沟出土。通长 5.2厘米、宽 2.5 厘米。24 件。通体呈长方形，有一对角翘出，上饰联珠云纹，中间有凸起的乳钉，背面有纽。

鸟形带饰　春秋战国。1987 年草庙乡米塬出土。通长 3.5厘米、宽 1.7 厘米。2 件。通体呈“8”字形，两个鸟背向相连接，尾上翘，圆眼，尖喙，圆耳。中间有凸起的乳钉，背面有纽。

铜　鹿　春秋战国。2008 年小岔乡米沟村出土。通长 10厘米、高 6.5 厘米。8 件。形制相同，整体呈卧状，昂首张口，竖耳，颈直挺，短尾上翘。腹中空，前后肢相连首身浑铸。

铜扣饰　春秋战国。1992 年新集乡白林出土。通长 10厘米、宽 5.7 厘米。2 件。通体呈长方形。网络状镂空，相间有凸圆包相接。正面一端饰扣针，背面一端饰“T”形纽。

青铜戈　春秋战国。2007 年古城镇王大户出土。通长 18厘米、内长 7.2厘米、宽 3.1 厘米，援长 10.9厘米、胡长 5.2 厘米。中胡三穿，圆角长方形直内，内上穿孔，援上刃直并高于内，中部起脊，栏细窄。援平直，前锋呈弧形。

青铜短剑　春秋战国。1992 年交岔乡苋麻出土。通长 25.6厘米、身长 14.7厘米、格宽 3.8 厘米。剑首呈双鸟触角式，鸟喙相吻，长方形茎，茎缘两侧各饰凹槽，间饰涡纹。剑格方平。剑身上宽下窄，中起脊，断面呈菱形。剑体完好且精美。

青铜矛　春秋战国。1991 年刘塬乡米塬出土。通长 24厘米、骹径 2 厘米。直筒状骹，下粗上渐细。两叶基本对称，锋呈三角状。骹端有圆形钉孔。

铜　镞　春秋战国。Ⅰ式：长 3.3 厘米，1992 年交岔乡苋麻出土。三翼弧刃，三角状峰。脊圆鼓，三翼倒刺凸出，铤为圆柱形。Ⅱ式：长 3 厘米，1992 年白阳镇白岔村出土。中脊凸起，呈矛状，扁翼刃弧形，两翼倒刺凸出，断面呈菱形。短圆形铤，上有圆形钉孔。Ⅲ式：长 6.3 厘米。1991 年草庙乡米塬村出土。圆形銎，三翼弧刃，三角状峰，上有钉孔。

铜　铃　春秋战国。1992 年崾岘乡白岔出土。高 10厘米、口径 9 厘米。形体较大，铃身筒状，平顶。两腰微鼓，椭圆形口，半圆纽，纽下有一方形孔。铃身呈品字形排列三矩形镂孔。

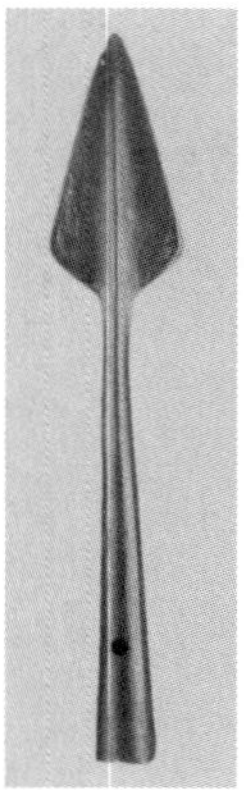

青铜矛

Ⅰ式

Ⅱ式

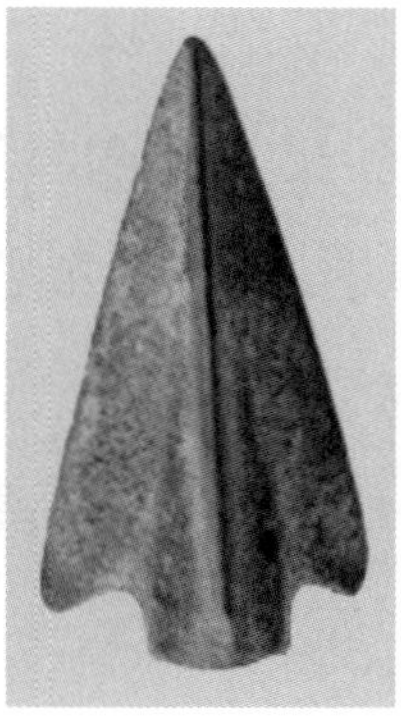

Ⅲ式

铜　镞

铜　铃

铜车辕饰　春秋战国。1992 年古城镇店洼出土。通长 9.1厘米、高 4.5 厘米。长方体桶状，素面，一端较小封顶，另一端开口略粗，断面呈梯形，底有 6厘米×2 厘米镂空槽。

铜车轴饰　春秋战国。2013 年新集乡白草洼出土。通高 18.7厘米、底径 8.1 厘米。一端呈尖圆状封顶，另一端为圆形銎，器身有一圆形钉孔。

铜当卢　春秋战国。2008 年小岔乡米沟出土。通长 12.2 厘米。4 件。呈叶形，素面，正面上部有圆形凸起，中穿可插缨。两侧各两个对称的铆孔。

铜马镳　春秋战国。1992 年交岔乡苋麻出土。通长 15.9 厘米。4 件。通体呈“S”形，一端弧部饰锯齿，另一端弧部饰圆弧形锯齿。侧面有两穿孔。

铜马衔　春秋战国。1991年草庙乡乡刘塬村出土。通长20.5厘米。2件。直棍式。由两截连杆组成,中间两环相套。两端双环之处附有梯形小环。

铜节约　春秋战国。2008年小岔乡米沟出土。直径4.1厘米、高1.3厘米。35件。形制基本相同,呈圆饼形。正面略弧凸,底面较薄平,中间镂空。侧面有长方形的“十”字形穿孔。个别孔内遗留铁质残件。

铜銮铃　西周。2012年交岔乡苋麻出土。通高15厘米。铃身扁圆,正面有8个三角形辐射状镂空,内置球形丸,外圈镂空与内十字相连。下部为梯形座,正、背面有4个对称的凸钉及一穿孔。

玛瑙、绿松石项饰　春秋战国。1987年草庙乡张街出土。由玛瑙石、绿松石、蛋白石珠组成。

玉　璜　西周。2009年城阳乡杨坪征集。通长10.5厘米、宽3厘米、0.40厘米。青玉质,透明,素面。呈三分之一扇形,器身布满有藻丝沉积结构纹,边缘有崩痕,两端双面钻孔。通体抛光精细。

三、秦汉文物精选

茧型罐　先秦。2010年新集乡秦沟墓出土。高31.6厘米、口径13厘米、底径10厘米。泥质灰陶,平沿,侈口,短颈,长圆形鼓腹,矮圈足。横向长圆腹,腹上饰竖向细旋纹间以阳旋纹,两端为同心阴旋纹。

朝那铭文铜鼎　西汉。1979年古城镇古城村出土。通高23厘米,口径17.5厘米,腹径9.7厘米,腹深13.2厘米,耳高7厘米。宁夏固原博物馆藏。鼎身子母口,方形附耳,鼓腹圆底,三蹄形足,腹中部饰有一道凸棱,凸棱上部阴刻有三段铭文:“第廿九,五年,朝那,容二斗二升,重十二斤四两”;“今□二斗一升,乌氏”;“今二斗一升,十一斤十五两”。

错金银铜羊　汉。1974年古城镇古城村出土。通长8.5厘米、高6.2厘米、宽6.4厘米,重665克。现藏宁夏博物馆。一公羊前肢后屈,后肢前屈做平卧回首状。大眼凝视后方,长卷曲角,大嘴。用细如丝发的金银线镶嵌羊身,如同毛状花纹,金光银彩交相辉映,显得生机勃勃。

“弘宫”铜盆　汉。2002年古城镇古城村出土。通高16厘米、口径35.5厘米、底径17厘米。宁夏博物馆收藏。敞口,平折沿,斜直腹,平底。上腹饰一周凸线纹。沿面隶书阴刻铭文:“弘宫铜盘一容五斗卖”九字。

蒜头铜壶

蒜头铜壶　汉。2013年彭阳县幸福城小区出土，高31厘米，口径3.2厘米，底径12.7厘米，圆口，浅直唇，唇下饰六瓣蒜头，束颈，近肩部有一凸箍，溜肩，球腹，圈足，上有一木塞。

蒜头铜扁壶　汉。2013年彭阳县幸福城小区出土，高33厘米，口径4厘米，底长17.4厘米，宽7.5厘米，圆口，浅直唇，唇下饰六瓣蒜头，短颈，扁腹，两侧置对称的衔环铺首，前后肩腹部饰皮带纹，长方形圈足。

鎏金龙纹铜当卢　汉。2013年彭阳县幸福城小区出土，长20.5厘米，宽5.4厘米，呈叶形，中部饰龙纹，边饰联珠纹，面目清晰，通体鎏金。

铜鐎斗　汉。1984年城阳乡城阳村出土。通高12.7厘米、口径21厘米、足高4.7厘米、柄长14.6厘米。侈口沿外翻，弧腹，圜底，三兽蹄足。腹部置曲柄，柄端做螭首形。

四乳铭文镜　汉。2009年新集乡姚河村出土。直径7.4厘米、厚0.2厘米。圆形，三旋纽，纽外凹面方格。方格四角各饰四个小乳丁，方格四边中心点外各饰一枚带圆座乳钉纹，四乳两侧各一铭，字体较大，合为“长乐未央，长勿相忘”。素卷缘。

四乳四虺纹镜　汉。2012年古城镇海口出土。直径11.4厘米、厚0.6厘米。圆形。圆纽，十二连珠纹纽座。内区宽凸旋纹与钮座间用短凸线点缀，外饰一周栉齿纹。外区带座四乳钉配列四方，乳钉间饰四虺纹，四虺腹背两面各有两只小鸟，外饰一周栉齿纹，素宽平缘。

连弧星云纹镜　汉。2002年古城镇羊坊村出土。直径9.8厘米、厚0.5厘米。圆形。由多枚小乳形成连峰纽，圆纽座。内区为内向十六连弧纹，两周栉齿纹间为星云纹带。中区带座四乳将镜分为四等份，二十四颗小乳钉用曲凸线串联。外区为内向十六连弧纹。素平缘。

伏波将军印　汉。1975年白阳镇嵝岘村出土。通高3厘米、印座边长2.3厘米、厚1.3厘米。宁夏博物馆收藏。龟纽，正方形。印文没有边栏，阴刻篆文“伏波将军章”五字。

弩　机　汉。2009年新集乡小河湾遗址出土。郭长9.3厘米、高3.5厘米、悬刀长8.5厘米、望山高5.5厘米。宁夏文物考古研究所藏。青铜质。由郭、望山、牙、悬刀、牛、枢钉等部件组成。机件由两个用作连接与转动的枢钉套合于郭内。

石　磨　汉。2006 年红河乡友联出土。轮径 55厘米、通高 33 厘米。上下两扇。上扇中部凸起，中间有一凹窝内有横梁相隔，横梁两侧各穿一孔。上扇侧面有一长方形孔，用于安装推磨的木柄。上下底面各刻有篦点状沟槽。

弩　机

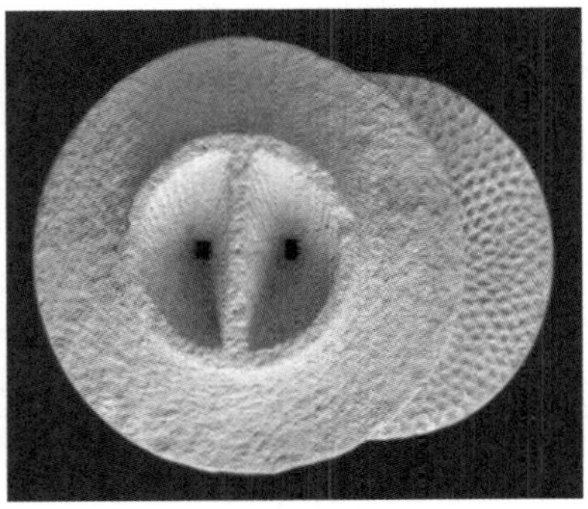
石　磨

黄釉陶仓　汉。2012 年城阳乡沟圈出土。通高 25厘米、口径 5厘米、底径 11.5 厘米。泥质红陶。伞式顶出檐，直口，方唇，有瓦槽，筒身上粗下细，平底，三兽形足。身饰两周凹弦纹，器表通施绿釉。

绿釉陶仓　汉。2013 年新集乡姚河出土。通高 28厘米、口径 6厘米、底径 13 厘米。泥质红陶。伞式顶出檐，直口，方唇，有瓦槽，筒身上粗下细，平底，三兽形足。身饰两周三凹弦纹，器表通施绿釉。

绿釉陶磨坊　汉。2013 年罗洼乡郭阳洼出土。通高 16.4厘米、长 22.9厘米、宽 17.7 厘米。泥质红陶。单面斜坡顶，长方形脊，中间略低。内置陶碓、陶磨各一。磨坊外通体以及施陶碓、陶磨饰绿釉。

黄釉陶灶　汉。2012 年红河乡红河出土。通高 12厘米、通长 19.5厘米、宽 9.5 厘米。泥质红陶。灶面呈半圆形，无底，前方后圆。由灶身、灶面、灶门、火眼、烟囱组成。灶面一周饰菱形花纹，灶面有分布一大一小凸起圆形火眼。间饰盘、叉、铲、钩、瓢等食品和灶具图案。灶前有正方形灶门，灶门左侧模印一手持物，做烧火状人物，右侧模印两花瓶。灶门上方饰菱形凸纹。

绘彩陶鍑　汉。2013 年出土于幸福城小区。通高 14 厘米、口径 8.5 厘米。泥质灰陶。直口，方唇，扁圆腹，外圈有隔，圜底上有 3 个模制蹄形足，肩部饰对称两衔环铺首。并以橘红、粉白饰弦纹、龙凤纹。

铜　鼎　汉。2012 年新集乡姚河出土。通高 16.5厘米、口径 14.5 厘米。顶盖弧隆，上置三环形纽，纽上各有一突乳。鼎身子母口，两侧直立环形附耳。圆腹，圜底，腹中部饰有一周凸棱，三蹄形足较直。素面。

双耳铭文铜壶　汉。2013年幸福城小区汉墓出土。通高32厘米、口径14.5厘米、底径17厘米。侈口方唇，束颈，圆肩鼓腹，高圈足。口、肩、腹部各饰一周宽带。上腹两侧置对称兽面纹衔环铺首，衔环残失。颈肩部饰铭文饰两段铭文。颈部刻文“曲阳大官”，肩部刻文“三年正月(阿)(文)造又二斤斗四升”。

铜　甗　汉。2012年新集乡姚河出土。通高28厘米、口径21.5厘米、底径11厘米。盆形，侈口，折沿，腹缓下收，平底，上腹饰对称环耳；盆上置釜，直沿束口，扁圆腹，外圈有隔，肩部饰对称两环耳。釜上为甑，盆形，侈口，折沿，腹缓下收，圈足，有箅孔，上腹饰对称环耳。

铜　敦　汉。2012年新集乡姚河出土。通高口径21.5厘米、底径11厘米。带盖，子母口，圆腹，盖和器身基本相同。近檐处各有一对对称的环形耳，凹底。素面。

铜　钫　汉。2013年新集乡白草洼出土。通高39.9厘米、口11.9厘米、底13.8厘米。方唇，有领，肩部饰铺首衔环一对，腹部略鼓方形高足。覆斗形盖，上有四纽。

鎏金龙形扣饰　汉。2010年新集乡白草洼出土。直径4.8厘米。2件。3条龙呈团簇状在云中相拥，面目清晰，脊体饰凸点纹，背有四桥形纽，通体鎏金。

错银铜镦　汉。2012年城阳乡刘河出土。通长7厘米、口径3.2厘米。筒形，截面为圆形，一端封顶，另一端开口，器身饰一道凸起的弦棱匝道，通体以银丝、银片镶嵌流云几何纹。

铜熏炉　汉。2013年古城镇川口出土。通高10.2厘米、口径5.4厘米、底径7.3厘米。由炉盖和底座组成。盖呈圆锥状，形似山峦盖面有圆形、云纹镂空。灯座子口内敛，弧腹。灯柱近直，喇叭形足，上有一凸棱。底盘折沿，弧壁，平底。

铜提梁卣　汉。2013年红河乡韩堡出土。通高19.8厘米、口径9厘米。子母口，溜肩，鼓腹，圜底，三蹄形足。肩部有一对称环纽，套接提梁，环形提手，梁由两侧对称3个双环柄套接而成。盖为弧顶，倒置喇叭形口，顶面有3个环形圆纽，纽上各有一凸钉。素面。

四、北朝隋唐时期文物精选

陶　瓶　北魏。2010年新集乡海子塬北魏墓出土。高27.2厘米、口径6.8厘米、底径7.2厘米。泥质灰陶。盘口，圆角方唇，竹节纹高细颈瓶，圆肩，斜直腹，平底中部略凹。外表涂黑色颜料，大部脱落。

具装甲骑陶俑　北魏。1984年新集乡石洼村北魏墓出土。通高43.5厘米，长34.8厘米。宁夏固原博物馆藏。泥质灰陶。面部施粉，有须。头戴鱼鳞甲兜鍪，身着带盆领的鱼鳞甲，甲片以墨线勾勒。双臂弯曲至腹前，双手握拳，拳心有孔。骑于铠马之上，腿部亦有甲片，无马镫。马身披具装铠，铠甲下沿一周涂红。两颊有护板，头戴面帘，额置三瓣花饰。马身中空，马腿、马尾为另制套接。

武士陶俑　北魏。1984 年新集乡石洼村北魏墓出土。通高 37.5 厘米。宁夏固原博物馆藏。2 件。造型基本一致。泥质灰陶。眉毛细长，高鼻深目，有须。头戴鱼鳞甲兜鍪，身着带盆领的鱼鳞甲，甲片以墨线勾勒。双手握于腰际，拳心有孔，做执武器状。身首分制，用细木棍插入衣领后的圆孔中固定。

文吏陶俑　北魏。1984 年宁夏新集乡石洼村北魏墓出土。通高 41.7 厘米。宁夏固原博物馆藏。4 件。泥质红陶，面部有须。头戴不同高冠，身着长袍，腰束带。两件左手下垂，右手前举；两件双手笼袖于腹前。身首分置，套接而成。

风帽陶俑　北魏。1984 年新集乡石洼村北魏墓出土。通高为 41.7 厘米。宁夏固原博物馆藏。2 件。泥质红陶。尖鼻，深目，有须。头戴圆形风帽，身着翻领对襟大衣，足蹬圆头靴。右手下垂至腰际。左臂弯曲，拳心有孔。

吹角陶俑　北魏。1984 年新集乡石洼村北魏墓出土。通高 39.3 厘米。宁夏固原博物馆藏。泥质灰陶。面部施粉，有须。头戴高冠，冠顶突起，边沿上卷。双手托一长角，鼓腮吹奏。角上粗下细，中空，两端施朱红色。身首分制，套接一体。两手及角亦分别制成，后用石灰黏合。

击鼓陶俑　北魏。1984 年新集乡石洼村北魏墓出土。通高 39.3 厘米。宁夏固原博物馆藏。泥质红陶。头戴小冠，面目清秀，身首分制，套接而成。身着束腰长袍，足为长袍所遮。左手持红色鼓，手臂残缺。右臂前屈，拳心有孔，做击鼓状。

陶牛陶车陶驭者　北魏。1984 年新集乡石洼村北魏墓出土。陶牛：高 21.9 厘米，长 31.5 厘米。陶车：高 24.6 厘米，长 20.4 厘米。驭者：通高 34.5 厘米。宁夏固原博物馆藏。陶牛，泥质红陶，中空。双角前曲，昂首而立，尾夹于股间，体浑圆。角与腿另制套接，用石灰黏合。陶车，泥质红陶。敞篷，车身两侧有栏板，栏板内外绘有红色条状纹饰，前后各有一柱。栏板及柱顶有圆形、方形穿孔。从车与穿孔的位置来看，车辕为木质，车轮为陶质，原有十六根木质辐条已朽，现修复。辐条两端分别用石灰固定在车轮及车毂上。驭者，泥质红陶。头戴软帽，面施粉彩，无须。身着对开襟短衣及长裤，双臂前屈，手做握拳状，拳心有孔。身首分制，套接而成。

阿广墓表　前秦。2002 年征集于彭阳县新集乡。宁夏固原博物馆藏。梁阿广墓表 1

组(两件),灰砂岩石质。圆弧形碑额,方形碑身,长方形底座,有榫卯结构。通高36厘米,宽27.5厘米,厚5厘米。底座高10厘米,宽20厘米,长29厘米。圆弧形额头正中竖阴刻篆意隶书“墓表”2字,下部阴刻志文,竖排9行,行满刻8字,全文共72字。

阿广墓表碑阳、碑阴

碑阳文:

秦故领民酋大功门将,袭爵兴晋王,司州西川梁阿广。以建元十六年三月十日丙戌终,以其年七月岁在甲辰廿二日丁酉葬于安定西北小卢川大墓茔内,壬去所居青岩川东南卅里。

碑阴文:

碑表及送终之具于凉州作致。

贠标墓志砖　北魏。1964年白阳镇赵洼出土。宁夏固原博物馆藏。砖制,呈长方形,泥质灰陶。高36厘米,宽16.5厘米,厚6厘米。墓砖右侧面竖阴刻:“兖岐泾三州刺史新安子贠世墓志铭”。墓砖志文以魏碑体竖书阴刻,凡7行,116字。

碑阳文:

兖、岐、泾三州刺史新安子,姓贠,讳标,字显业,泾州平凉郡阴盘县武都里人。楚庄王之苗裔,石镇西将军、五部都统、平昌伯暧□之曾孙,冠军将军、泾州刺史、始平侯郎之长子。惟公文照资于世略,英毅括囊仁伦,纳言则贞,波显司出,收则纯风。再宣匪悟,星寝宵泯,华景尽戾。以大魏景明三年岁次壬午。

萨珊俾路斯银币　北魏。2010年7月征集,直径2.6厘米,正面偏外侧有一周斜菱形纹,中部为萨珊王侧面头像。王冠下有一周连珠纹装饰,前有一新月,冠顶有翼状物起,再上部为一新月托圆球纹,超出斜菱形纹。肖像前自下而上半周铭文,是一种草写的古波斯帕勒维文。字体较模糊,辨别困难。背面的图案与正面的图案正好垂直,即图案向上而不是向上，偏外侧亦有一圈斜菱形纹，中央为拜火教祭坛，祭坛上有燃烧的三角形火焰纹，其左侧为一五角星，右侧为一新月。祭坛两侧立两名抽象化的祭祀，相对呈拱手状。祭祀的头部和面部不清晰，双腿和身躯圆圈纹构成。其右下亦有一行帕勒维铭文，应是铸币地点的缩写。

石造佛像 北魏。1981 年红河乡红河街道出土。通高 18厘米、宽 9厘米、厚 4 厘米。白泥石质。造像舟形背光，顶部稍敛内翘，正中雕一端坐佛像，像高 14 厘米。外着广袖通肩袈裟，内着僧祇支。高肉髻，大耳，面相清秀，细眉长眼，俯视微笑，神态和蔼慈祥，腰系网格状宽带，衣纹折褶多变，衣角呈尖状。

石造佛像 北魏。1981 年红河乡红河街道出土。通高 18厘米、宽 11.5厘米、厚 6 厘米。白泥石质。造像为一佛二菩萨。舟形背光，顶端边饰火焰状佛光。正中雕一释迦佛，做说法状。像高 15 厘米，高肉髻，面相清瘦略长，双耳垂肩，双目微闭。外着袈裟，内着僧祇支。下摆宽大，衣褶层叠如堆云，错落有致。右手上举，施无畏印。左手下垂，掌心向外，施与愿印。佛后侧饰联珠纹椭圆形背光，头后饰两圈联珠纹头光。两侧为二胁侍菩萨，身着羊肠大裙，帔帛从左右手臂穿绕后向外飞扬。双手合十，跣足而立，头部饰尖状头光。

石造佛像 北魏。1981 年红河乡红河街道出土。通高 29厘米、宽 18厘米、厚 5 厘米。红砂石质。荷叶形大背光连一四方座，座高 6 厘米。正中雕一结跏趺坐释迦禅定坐像，像高 17 厘米。身着右袒袈裟，高肉髻，面相丰圆，双耳垂肩，眼细长微闭，高鼻阔嘴，嘴角微翘呈微笑状。双手置于腹前作禅定印。

石造佛像 北魏。1981 年红河乡红河村出土。通高 14厘米、宽 9~11 厘米、厚 3.5 厘米。造像呈长方体，上小下大，通石满雕一座佛像，高肉髻，长眼，高鼻，颈细长，着交领袈裟，袒露两小臂，双手平放于两腿上。结跏趺坐，赤露两足，手、十指、足以阴刻线条表示。

石造佛像 北魏。1981 年新集乡新集村出土。碑高 48厘米、宽 22厘米、厚 5.5 厘米。宁夏固原博物馆藏。造像浮雕在一石碑上，碑为红砂岩质，长方体，顶为弧状。造像的正面分上下两层。上层雕刻一拱形龛，龛内刻释迦多宝说法相。两佛相对，结跏趺坐于长榻上，皆为高发髻，身着褒衣博带式袈裟，衣纹下垂至地。右边佛右手举至胸前，手指向上，掌心向外，左手屈至胸前，掌心向外下垂。左边佛右手上举，掌心向外，左手上举向前伸。佛榻后雕四个听法比丘半身像。下层雕一长方形龛，内刻大势之菩萨，面相方圆，头戴花冠，肩披帔帛，下着羊肠大裙，跣足立于圆座上，右手上举，掌心向外，左手持物。菩萨有火焰文身光，中有一圆形头光。菩萨两边为二供养弟子，头梳双髻，身着双

领袈裟。跣足，面向菩萨。其上分别有二比丘，皆面朝外。

造像左侧至背部刻“使持节假镇西将军西征都督泾州□□安戎县开国子金神庆敬造石像二区建明二年二月十七”。

石造佛像　北魏。1981年新集乡新集村出土。通高38厘米、宽14厘米、厚8厘米。宁夏固原博物馆藏。红砂岩石质，整体为舟形。造像出土时颈部断裂。中雕一站立菩萨，头戴高冠，面相长方，身着通肩大衣，下摆宽大，衣褶较密，肩披帔帛，帔帛中段下垂至两脚之间，两端在臂部从里向外搭绕两周后，下垂至大衣两侧，两手上举胸前。手掌相合，跣足站立。外有柳叶形背光，下有榫。

石造佛像　北魏。1981年新集乡新集村出土。通高52厘米、宽18厘米、厚6厘米。宁夏固原博物馆藏。红砂岩石质，整体为舟形。造像出土时颈部折断。中雕一站立菩萨，头戴花冠，身着通肩袈裟，帔帛在胸前交叉下垂，然后上卷搭于两臂，两端下垂。头光为椭圆形阴刻线，外有柳叶形背光。

石造佛像　北魏。1981年新集乡新集村出土。通高24厘米、宽12厘米、厚6厘米。宁夏固原博物馆藏。造像紫红色砂岩质。外形为柳叶形，中雕一地藏菩萨，身着通肩袈裟，结跏趺而坐，体态肥胖，阴线雕衣纹。

石造佛像　1981年新集乡新集村出土。通高48厘米、宽17厘米、厚9厘米。宁夏固原博物馆藏。造像下部凿有方形座，高9厘米。雕一供养菩萨，头戴莲瓣花冠，头发梳辫下垂，身着通肩圆领大衣，下着羊肠裙，肩披帔帛，帔帛在胸前交叉下垂至两腿之间，然后上卷，搭于两臂。帔帛的两端上部向外飞扬，下部飘垂大裙的两侧。系带，跣足站立，双手置于胸前，捧一供盘。面相方颐，细眉长眼，颈部饰一莲瓣纹项光，有柳叶形背光。

石造佛像　北魏。1981年新集乡新集村出土。残高35厘米、宽43厘米、高8厘米。宁夏固原博物馆藏。造像主尊佛高肉髻，头稍前倾，面相长圆，颈细长，两肩窄溜。身着双领下垂袈裟，内着僧祇支。有柳叶形背光，内刻二圈阴线。下部残失。佛的两旁雕两菩萨。右边残破，不甚清晰。左边菩萨较完整，头戴花冠，褒衣博带。帔帛在前胸穿环后向下向外飘飞。头部有浅浮雕的柳叶形背光，项光两旁雕两飞天，着短襦束腰，裙带向后飞扬。飞天一手托宝盒，赤露一足。胸部稍弯曲，头部扭向外看。佛右肩上部雕两小坐佛。

四神仁寿铭带镜　2010年新集海子塬唐墓出土。直径18.6厘米、缘厚0.5厘米。圆形，圆纽，四蒂纹纽座，其间饰以弧线纹。座外搭双线方格，四角与双线“V”形纹相对，“V”形纹内饰山形纹。方格四边外与“V”形纹分割的四边各置“青龙、白虎、朱雀、玄

四神仁寿铭带镜

武”四神均做奔驰状，四神周围用“云纹”补空。其外饰二周锯齿纹带，外区一周铭文，铭词是“仙山并照，治水齐名，花朝采艳，月夜流明，龙盘五瑞，鸾舞双情，传闻仁寿，始验销兵”。铭带外饰二周锯齿纹。

双鸾瑞兽花鸟镜　唐代。2012年草庙乡草庙村出土。直径21.5厘米、厚0.5厘米。八出葵花形，内切圆形。纽左右各立一鸾，足踩花枝，振翅翘尾起舞。纽上瑞兽奔驰，口衔葡萄蔓枝，纽下一花二叶，二叶是双鸾所踩花枝上生出。长尾鸟展翅吸吮花蜜。边缘四鸟四云相间环绕。

四鸟菱花镜　唐。1986年城阳乡韩寨村出土。直径11厘米、缘厚0.5厘米。八瓣菱花形，圆纽，内切圆形。纽外四鸾鸟间蔓草纹相向展翅飞翔。边缘展翅的四蜂蝶与四朵两叶一苞的折枝花相间排列。

萨珊俾路斯银币　北魏。2010年新集乡海子塬北魏墓出土。直径2.6厘米，重3.7克。2枚，其一略残，圆形。正面偏外侧有一周斜菱形纹，中部为萨珊王侧面头像。王冠下有一周连珠纹装饰，前有一新月，冠顶有翼状物起，再上部为一新月托圆球纹，超出斜菱形纹。肖像前自下而上半周铭文，是一种草写的古波斯帕勒维文。字体较模糊，辨别困难。背面的图案与正面的图案正好垂直，即图案向右呈直角，偏外侧亦有一圈斜菱形纹，中央为拜火教祭坛，祭坛上有燃烧的三角形火焰纹，其左侧为一五角星，右侧为一新月。祭坛两侧立两名抽象化的祭祀，相对呈拱手状。祭祀的头部和面部不清晰，双腿和身躯圆圈纹构成。其右下亦有一行帕勒维铭文，应是铸币地点的缩写。

陶　钵　唐。1984年新集乡马旺堡出土。高11.5厘米、口径22.7厘米、底径10厘米。泥质红陶。子母口，弧腹，矮圈足。腹部阴刻陶文。

五、宋元时期文物精选

皈依罐　宋代。1972年城阳乡城阳村出土。通高69厘米、底径28厘米。细泥灰陶。由盖、罐、座三部分组成，形似塔形。盖为圆边空腹，上置尖圆首；罐为方唇，短颈，圆肩，鼓腹，平底；座为高圈足附加一花盆，上有镂空，折沿。

皈依罐　北宋。1972年出土于城阳乡城阳村。通高50厘米、底径18.5厘米。细泥灰陶。由盖、罐、座三部分组成，形似塔形。盖为折沿空腹，上置尖圆首；罐为方唇，短颈，圆肩，鼓腹，平底；座为二层，饰二圈卷叶纹花瓣。

皈依罐　北宋。2010年新集海子塬宋墓出土。通高36厘米、口径11.5厘米、底座径18.8厘米。泥质灰陶。由盖、罐、座三部分组成。盖为圆形，稍厚，沿为花边，上部有塔刹式纽；罐为敛口，外折平沿，圆角方唇，束颈，弧腹，平底内凹。外表绘橘黄色图案，脱落残存局部。底部覆盆状，中部镂空成六朵花瓣纹，弧底和筒壁间粘贴四个模制的人物，残存腹部以下，人物裸体蹲举式，双臂向上，圆鼓腹。

“□那之湫”碑残片　北宋。2007年东海子秦汉遗址出土。今存22字：“……□而雨……跋尾赋……那之湫□……一夕而移……不常其居……司侯□□。”镌刻时代与形制不详，疑为北宋刻碑。

东山寨修城记碑　北宋。1982年古城镇古城村出土。通高1.60米、宽0.79米、厚0.09米。宁夏固原博物馆藏。碑紫砂岩质，圆首方座，边缘四周线刻卷草纹。碑额正中小篆阴刻“东山寨修城记”。碑文楷体竖书阴刻，为东山寨酒税康湛书，乡贡进士□渐撰文。首行题：“东山寨□□□”。碑文残损严重，字体漫漶不清，凡23行608字。

碑文记载了北宋元祐元年（1086）增筑东山寨城（朝那古城）始末，北宋与西夏军事形势及若干战事等。为研究彭阳古城地理沿革、宋夏关系史提供重要的史料。碑文照录如下，碑文残损字加“□”，满行用“」”相隔。

碑文：

东山寨□□□

□□进士□渐□

乡贡进士齐□□

□□东山寨酒税康湛　书

国家太平百年□兹城列□□□□苏免者□□□城垒不□□□下深非古所谓设入□以」守国之意也然国家爱养黎庶畜戚□□□□□于城守不为虑哉今夏贼叛命舛□□以□侵」扰边陲靡有宁多」主上慨然绍复」前列庙堂之间朝讲忠义□□正诸夏殊诸戎狄应陕西河东边守御之地乃□□□□□□」完城隍除治戎器凡可以备预不虞者□不整□以保吾民而固邦本也今东山□□□□□」平凉临泾高平三郡之间□□□□粟之□雄北关贼□此诸垒为□远□州原□□□□俗」繁庶今春虏犯天圣□游骑□至□□则守御之备尤不可少懈矧旧城毕薄无险□□□□固」□非□为增筑是未可以壮形势而□为

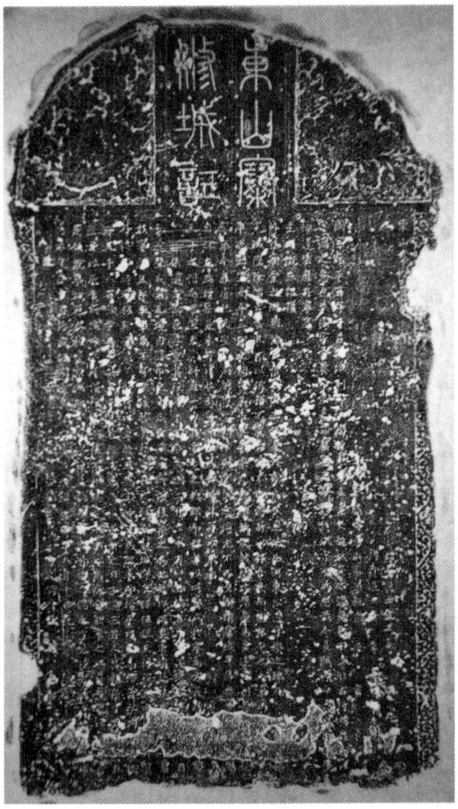

东山寨修诚记碑拓片

□此非可以本承」天

子之诏令也□夫□帅府一以其专委之于郡

而郡亦以此责成于寨焉方是时□□□□承」□旅侯适□斯邑专重董其役□□一□岁闰二月二平有一日协□为□工之始然□□□□□彐」会边声戒严凡境内将甲之□咸□备寇所谓板筑之具殆无以供其求惟张挟侯同□□□靡」□宁□且以正事为不可少缓于是籍□服之余□起城守之保伍继人得役其□□□□县」乃粮□峙□板□□春□帅府以军将王锡王仲□为部率而增毕以□高培薄以为□□□」□凡千八百余步□□□□□□百余工□入役者□之日不过三百人莫非积寸累□□曰」历□以低于成呜呼哉可谓□□然侯不以为□□不以为疾□非平之以身说之以骨□□」是□既毕□邑人□庆曰岁斯文□□□□□枕而□□皆□传之赐也方是役之兴今□□事」为不诬毁□□为□固□□其□□□□□□□八月十日记」□□□武骑尉□」

彭阳城万年新修□石路记碑　1992年县城西山转播台院内出土。长0.6米、宽0.48米、厚0.05米。碑为紫砂岩质，呈长方体，碑面沿四周线刻方框，框内饰缠枝卷草纹。首行楷体阴刻“彭阳城万年新修□石路记”11个字，碑文竖行楷体阴刻，笔法严谨。碑文损坏严重，多处已漫漶不清，凡27行490字。

碑文记载了北宋早期彭阳城“倚山以建”其上楼台亭榭林立，“层层参差隐若图画，居民庐舍比比焉”居民安居乐业，百业繁荣的可喜景象。同时叙述因忙于战事，道路遭历年雨水冲刷，已破损不堪。北宋庆历二年（1042），西夏王李元昊欲取宋地关中，在天都山（今宁夏海原）点集厢军10万人，分东、西两路合攻镇戎军（今宁夏回族自治区固原市），东路犯彭阳城，对彭阳城破坏严重，建筑圮倾。供备库副使镇戎军彭阳城寨主胡安戎临治彭阳，“百废修举”，始筑盘山石路，大植树木于西山，并常告诫畜主勿让牲畜践踏林木，保护森林植被，以防止水土流失，惠泽乡里。碑文照录如下，碑文残损字加“□”，满行用“」”相隔。

碑文：

彭阳城万年□新修石路记

□□道路无有障碍见于吕氏□今问知险阻□」□不得□绝掌不公礼之官是□□之为邑者□」□□□□□□□□□政云小者君子不取焉何也」□□□路□□□小者尚不治况其大者乎故彭」阳□□□□修辟□过而知其不能矣尚□□境」得知□□□□□□也彭阳城倚山以建城寨其上」有□□□层层参差隐若图画居民庐舍比比焉」如□□□次第刻亭馆以为游观之所尽一城之」□□□□□在是矣旧有盘路久而□□累政不」治□颇□其登降也供备库副使胡公」一来临治百废修举民同请治其路既有献其谋」曰道路之崩圮□岁时之雨水冲壑今其垒石以」□□之于水久矣　　公可其请力役□□民」自取之下月既成坦若砥焉非夫善效□□□易」致□□山石未尝有林木矣公又林之种」植□□食之常戒牧□□使牛羊勿践今则林林」□态□□是民惠而相告之曰胡公之仁及」草木□□□之人一何幸而受□□□将见其流」□□□传乎□数政而无有□寒□□□□□□」□□土也其遗爱固远矣后之人治斯而□修其」木之茂盛矣其途之夷□矣□□□贤□今日兴」废补□□□虑也有□□□之□民思胡公之恩」慧而□□□□者矣绍圣二年□夏□古四□□」

奉官华□□□递铺兼□□巡检□光□

彭阳城□□主簿兼充第□□公事王□

供备库副使镇戎军彭阳城寨主胡安戎

刻花梅瓶　北宋。1984年征集于城阳乡杨坪村。通高31.5厘米、口径6厘米、底径10.5厘米。侈口圆唇，短颈，平肩微斜，直筒形壁，玉璧形浅圈足。灰胎，质坚硬。通体施青釉，满布冰裂纹，施釉不及底。装饰多道弦纹，用写意手法随意在肩部勾画出菊瓣纹，上腹及中腹刻画菊花，下腹刻画肥硕莲花。造型修长美观，图案疏密相间，简洁明快。应为北宋耀州窑早期产品。

影青双鱼盘　元代。1988年彭阳乡周沟出土。通高3.3厘米、口径12.3厘米、底径5.3厘米。侈口圆唇，平折沿，浅腹，圈足，平底。胎灰白，细腻。通体施青釉，周身满布冰裂纹。外腹饰一周莲瓣纹，盘心贴印首尾倒置两条小鱼，鱼尾弯曲，做嬉水追逐状。色泽光亮莹润。

花卉镜　北宋。1991年孟塬乡石沟出土。直径10.7厘米，厚0.3厘米。圆形，弓形纽，圆纽座。此镜分内外两区。内区一周为十颗双线花瓣，每个花瓣中间饰有花蕊。外饰连珠纹，弦纹各一周，底部饰栉齿纹。外区两圈弦纹间一周饰十二勾连云纹，云纹饰十二乳钉，外为一周栉齿纹。素宽平缘。

人物山水故事镜　北宋。1993年彭阳乡刘台村出土。直径22厘米，厚0.8厘米。圆纽，以一周弦纹为界，内区饰山水人物故事。右侧一仙人肩披薄带骑瑞兽做奔驰状，左为二人一前一后奔跑。周围铺陈山峦、树木和飞鸟。外区饰云纹十朵，沿内为十瓣葵花形素宽平沿。

带柄神人龟鹤故事镜　金代。2002年彭阳县沟口乡白草洼出土。直径9.6厘米，厚0.7厘米、柄长8.4厘米。圆形有柄，无纽。镜背内区正中端坐一人，后立一侍，手持有物，边缘一树，枝干斜生至镜上部，枝叶繁茂，树梢有一轮太阳。左侧形似一人，图案模糊，下为一爬行的灵龟。外区为一细叶缠枝花纹带。素窄缘，下有一柄，柄部凹面内饰莲花荷叶。

缠枝花卉镜　北宋。2012年古城镇羊坊出土。直径9.7厘米、厚0.2厘米。八瓣葵花形，圆纽。散点连珠纹座。座外布满缠枝花卉，连珠纹圈带及八瓣之间各有一组叠云纹。纽左方形框，框内铭文“镜子局官口”。

陆绩怀橘纹砖　金代。2016年5月罗洼乡出土，长31厘米，宽30厘米，砖制，微残，长方形，雕刻有陆绩怀橘遗亲图案，砖面左侧一人面向右侧而站，头戴小帽，帽带于体后飘扬，身着宽袖长袍，腰系带，于体侧打结，左手食指伸开，其余四指弯曲；右侧一小孩面向左侧身体前倾，头发束起，身着圆领窄袖长袍，腰系带，于体前打结，两手交叉置于胸前。

王祥卧冰纹砖　金代。2016年5月罗洼乡出土，长30厘米，宽26厘米，砖制，长方形，雕刻有王祥卧冰求鲤，刻一男子俯身卧于冰上，衣服搭于头前的树干上，头顶有两只鸟儿飞过。

孟宗哭竹纹砖　金代。2016年5月罗洼乡出土，长30厘米，宽28厘米，砖制，长方形，雕刻有孟宗哭竹生笋图案，有一男子身穿长衫而站，腰系带，面向竹子，双手掩面痛苦，情状悲恸。

董永葬父纹砖　金代。2016年5月罗洼乡出土，长29厘米，宽27厘米砖制，长方形，雕刻有董永卖身葬父图案，砖面左下方站立一身着长衫男子，腰系带，结于体前下垂，身体略前倾，两臂弯曲，双手掩面，仰面而视，右上角一妇人立于冉冉升起的祥云之上，身着宽袖长裙，两臂屈于体前，面向右下方，做辞别之状。

六、明清时期文物精选

舍利石塔　明代。1991年征集，塔身通高2.44米，褐红砂岩分七段雕凿而成，分塔座、塔身、塔刹。上有铭文“大明国陕西平凉府开城县彭阳里”。

崇宁护国匾　明代。1991 年璎珞宝塔塔院内出土。通高 34 厘米、宽 24 厘米、厚 4 厘米。泥质红陶。长方形，内凹，边缘为花瓣，内为方框，框内竖阴刻楷体“崇宁护国”四个大字。

双耳青花瓷瓶　明代。1984 年征集于新集乡上蔡村。通高 41 厘米、口径 17 厘米、底径 13.50 厘米。一对。盘口方唇，长筒颈，圆肩鼓腹，凹圈足。灰白胎，外施青白釉，釉层莹润。颈部饰对称的青花衔环铺首及菊花，肩部饰菱形纹，腹部饰青花“喜鹊掸梅”图案及卷草纹。底足饰一周菊瓣纹，足部露胎。

五彩牡丹蟠桃瓶　清代。1984 年征集于沟口乡姚河村海子组。通高 43.50 厘米、口径 17 厘米、底径 13.50 厘米。一对。喇叭形口，圆唇，长束颈，圆鼓腹，平底，凹圈足。灰白胎，通体施白釉，足根露胎。正面用红、黄、绿等绘牡丹、蟠桃、石榴、佛手图案。背面颈部篆、行书“大吉祥永作之”。腹行书“富贵花开一品，蟠桃果熟颂千家”诗句，落款“甲寅之秋于客邸，刘和顺作”。

景泰蓝牡丹瓶　清代。1989 年征集于彭阳县城。通高 12.50 厘米、口径 4.90 厘米、底径 3.60 厘米。一对。侈口圆唇，长颈，圆折肩，深腹微鼓，平底，圈足。胎体较薄，釉黑发亮，用纤细的铜丝掐成云纹、牡丹、飞鸟等图案的轮廓线，再用红、黄、绿、白等色装饰。

黑褐釉葫芦瓷瓶　清代。2013 年征集于白阳镇刘沟村。通高 16 厘米、口径 4 厘米、底径 9 厘米。侈口，束颈，束腰，矮圈足。通体施黑褐釉，施釉不及底。

菩萨造像　明代。1985 年白阳镇丰台村出土。通高 17.50 厘米、像高 13.50 厘米、座高 4 厘米。造像头戴扇形高冠，胸佩三道串珠下垂，双手持竖物两端。浓眉长眼，面相温和，两耳垂肩。腰带一端露于裆前，两肘及小腿带有串珠，结跏趺坐于束腰莲座上。有鎏金痕迹。

童抱蜡烛台　明代。1992 年征集于古城镇店洼村。通高 24 厘米。一对，左右相对。一童子抱蜡烛台赤足立于镂空方座上，光头留偏发，颈部挂锁。童子赤裸上身戴兜肚，腹部圆鼓，身着开裆短裤，生殖器外露。手、脚肢节清晰，笑容满面，憨态可掬。烛台座呈竹节状，烛盘为荷叶形。

福寿双全铭文镜　明代。1993 年新集乡乡姚河出土。直径 13.80 厘米，厚 0.60 厘米。圆纽。镜背无底纹素面，以纽为中心，四周分别有凸纹方框，框内铭文为“福寿双全”四字铭文，外为凸弦一圈，凸面素宽缘。

（本节文物照片均由文馆所杨宁国摄）

第三节 文博事业

一、考古发掘

1984 年3 月，宁夏固原博物馆对石洼北魏墓地（北魏时期）进行考古发掘，发掘墓葬 2 座相距 20 米。西侧的编为 1 号墓，东侧的编为 2 号墓。M1 全长 44.76 米，由封土、墓道、过洞、天井、甬道和墓室六部分组成，出土各种陶俑及陶模型等 146 件，其中陶俑 126 件。M2 由封土、墓道、过洞、天井、墓室五部分组成。墓中遗物很少，只出土几件零星器物，牙簪 1 件，金环 1 件，陶钵 1 件，铁钉若干枚。石洼两座墓葬，规模宏大，虽未见墓志，但根据其形制和出土的陶俑分析，其时代属北魏早期。两座土筑房屋模型之间由第二个天井连接，这种组合恰好似一完整的院落。这种模仿墓主人生前所居的形式，开同期考古发现的先河，在全国尚属首例。同时，形成以牛车为中心随葬甲骑具装俑、武士俑、风帽俑、文吏俑、乐俑、侍女俑的出行仪仗群俑，其中甲骑具装俑是反映了十六国以来的新因素。

1988 年 5 月，宁夏文物考古研究所和中国历史博物馆考古部联合对打石沟遗址（新石器时代）进行考古调查，发现暴露房址、灰坑十余处。采集到的陶器主要有陶钵、陶盆、陶罐、单耳罐、豆圈足残片和双耳罐等，多为泥质橙红陶和少数灰陶，纹饰以篮纹、麦粒状竖绳纹、附加堆纹和素面为主。石器有石斧、石刀、石凿等，呈浅黑色，磨制光滑、规整。

1998 年 5 月，宁夏文物考古研究所、彭阳县文物管理所对张街墓地（战国时期）进行全面钻探和发掘。发掘清理墓葬 6 座，仅 2座（M2、M3，发掘编号）墓葬保存完整，其余 4 座均遭不同程度的破坏，葬坑 1 座。共出土殉牲 72 具，随葬品 86 件（组）。张街墓地出土文物与中宁县和原州区杨郎、彭堡战国早期墓出土的同类器大致相似，其时代下限应为战国中晚期。

2007 年 5 月，宁夏文物考古研究所、彭阳县文物管理所联合对王大户墓地（春秋战国时期）进行钻探和发掘，历时 3 个月，发掘墓葬 7 座，出土器物 400 余件。王大户墓地出土短剑、马衔、镞、矛、刀、泡饰、动物形饰与原州区杨郎、于家庄春秋战国墓中器物接近，其时代属春秋末至战国中晚期。

2008 年 8 月，宁夏文物考古研究所和彭阳县文物管理所对中庄墓地（春秋战国时期）进行了考古钻探，共勘探面积 2 万余平方米，发现春秋战国时期墓葬 2 座，其中 M2 被盗毁。中庄墓地出土铜柄铁剑、刀、泡饰、卧鹿形动物饰与中宁、原州区杨郎、于家庄春秋战国墓中器物接近，其时代属春秋战国末至战国中晚期。

2009 年 7 月，为配合“西气东输”二线工程建设，宁夏文物考古研究所和彭阳县文物管理所沿管道线路对小河湾遗址（秦汉时期）进行局部考古发掘，发掘面积 3000 平方米，清理墓葬 4 座。遗址的地层分为四层：第一层为现代耕土层，第二层为宋代文化层，第三和第四层为秦汉文化层，出土大量的陶片、瓦片和动物骨骼等。发现遗迹主要有房址、灰坑、陶窑、水井、道路、壕沟古井等。小河湾遗址是宁夏首次发现面积较大的秦汉聚落遗址，出土的陶器如平裆鬲和袋状铲足分裆鬲等在宁夏属首次发现，为比较研究和认识今宁夏同期遗址、墓葬提供了较为重要的资料。由于红河、茹河流域是北方草原文化和中原农耕文化的交汇处，对今后研究战国至汉代王国制向郡县制的转变和宁夏彭阳地区秦汉时期的县置情况，探寻该地区秦戎文化面貌以及秦文化与西戎文化、北方草原文化的关系都将提供珍贵的线索。同时，考古发现了与该遗址相关的两处墓地，对它们的保护和研究，为认识宁夏南部地区秦汉时期文化的延续、秦至西汉墓葬的形制特征和断代分期提供了资料依据。

2009 年 9 月，宁夏文物考古研究所、彭阳县文物管理所挖掘圪垯峁墓地（秦汉时期）墓葬两座。M1 由于修农田时墓道及墓室前半部挖毁，墓葬形制不明，仅剩土洞墓室，墓中出土铜镜、陶罐、陶盆、陶釜、半两钱币以及一枚贝币。M2 墓室墓道及墓室前半部挖毁，墓葬形制不明，仅剩土洞墓室，墓中出土陶罐、贝币。根据墓葬形制、出土器物确定其为秦末至西汉早期。

海子塬北魏墓（北魏时期）位于彭阳县城西南 22 千米的新集乡姚河村海子组北南坡塬地北朝、隋唐墓地内。2010 年 7 月，宁夏文物考古研究所、彭阳县文物管理所联合进行发掘。墓葬形制为竖穴墓道土洞横墓室，由墓道、墓室构成，墓葬全长 4.60 米。出土遗物较少，有陶器、铜带饰、萨珊俾路斯银币、棺钉等。根据墓葬的形制及出土文物，确定其时代为北魏时期。这种铲形墓葬形制，应是北魏时期斜坡墓道洞室墓的一种地方变体，开隋和初唐时期流行铲形墓的先河，其源头应在彭阳地区。另外，萨珊俾路斯银币在彭阳的出土，极大地丰富了丝绸之路研究及中西文化交流的实物资料。

2010 年 7 月，宁夏文物考古研究所、彭阳县文物管理所联合对海子塬隋墓（隋朝时期)进行发掘。先后发掘墓葬5座。出土遗物有铜器、五铢钱币、铁刀、棺钉等。清理发掘的5座隋代墓葬,保存完整,墓虽规模不大,且属于庶民墓地,但在彭阳尚属首次发现,解决了彭阳考古文化序列中隋代考古的缺环,对研究隋时彭阳墓葬的形制提供了新资料。同时,隋开皇三年(583)废长城郡,以县属原州,大业二年(606)改长城县为百泉县,其故址位置大致在彭阳新集乡姚河一带,但确切位置至今未能找到。隋唐墓地的发现对寻找和确定隋唐百泉县故址及其历史沿革提供了新思路。

2010年7月,宁夏文物考古研究所、彭阳县文物管理所联合对海子塬唐墓(唐代)进行发掘,整理墓葬15座。出土遗物有陶器、铜器、棺钉、骨器和“开元通宝”钱币等。清理发掘的15座唐代墓葬保存完整,虽规模较小,属庶民墓地,但在彭阳尚属首次发现,墓葬的形制具有明显的地域特性,这种墓葬的棺木形制及随葬习俗,上承北魏下延续至清代,成为当地主要的墓葬形制和丧葬习俗。

2010年7月,宁夏文物考古研究所、彭阳县文物管理所联合对海子塬宋墓(宋代)进行发掘,发掘墓葬1座,出土遗物较少,仅有陶塔式罐以及开元通宝、祥符元宝各一枚,另外有数量较多的铁棺钉。根据墓葬的形制、器物以及祥符元宝钱币,确定其时代为北宋时期。

2013年4月,为配合彭青高速公路建设,宁夏文物考古研究所和彭阳县文物管理所联合对打石沟遗址(新石器时代)进行为期5个月的考古发掘,发掘面积1600平方米。调查发现房址33座,发掘15座,房址依山势成排分布,同时发掘灰坑66个、墓葬7座、陶窑1座、出土遗物400余件。打石沟遗址是宁夏继1985年海原菜园遗址发掘后20年来又一次重要考古发掘,使宁夏南部新石器时代考古史有了新的突破,极大地丰富了区域性考古文化内涵,为研究泾水流域新石器时代晚期文化提供了重要资料。根据出土遗物,初步认定其时代为新石器时代晚期氏族部落遗址(陕西龙山时期客省庄二期文化),部分时代与齐家文化相当。

2013年8月,宁夏文物考古研究所联合彭阳县文物管理所联合对幸福城墓地(汉代)进行抢救性考古发掘,清理发掘墓葬10座。出土大量青铜器、陶器、铁器、车马器、石器、银器等遗物。根据墓葬形制和出土遗物,墓地时代为秦—西汉早期。该墓地未被盗掘,出土遗物丰富,大部分遗物在宁夏属首次发现,填补了宁夏地区秦—西汉早期文物资料的空白。墓葬形制不尽相同,随葬遗物的具体位置也有别,反映出秦—西汉早期在社会变化过程中的丧葬习俗,为研究宁夏秦汉时期历史文化提供了十分重要的考古材料。

2016年4月，彭阳县文物管理所对张湾金墓（金代）进行抢救性清理发掘。墓葬形制为仿木建筑结构的砖砌单室墓，墓向东西，由墓道、甬道、墓室三部分组成，墓葬全长7.35米。墓室四壁按顺时针方向分四层，由形态各异的马、鹿、羊、花卉及人物故事内容的浮雕画像砖镶嵌成画带，整个墓室营造十分别致华丽。各种砖雕画砖共100余块，内容涉及"卧冰求鱼""哭竹生笋"等二十四孝故事和求仙问道、教育子女等生活画面，植物砖雕主要有莲花、菊花、葵花等图案，动物砖雕有飞马、山羊、驯鹿、怪兽、鲛人（美人鱼）等。出土的鲛人（美人鱼）形象砖雕在国内尚属首例，有两种图案造型，下身为鱼身，上身造型以中国妇女形象为原型，出土遗物较少，仅有陶罐，褐釉瓷碗、玉戒指等。墓葬无墓志，没有确切的纪年，但从墓葬的形制，砖雕内容以及出土的陶罐、褐色釉瓷碗可以初步判断其年代大致为金代。

2017年4月，宁夏文物考古研究所、彭阳县文物管理所等单位在沿红河流域开展区域考古调查时发现姚河塬西周遗址，面积92万多平方米，东西长1000米、南北宽900多米。以遗址中部的城墙、壕沟为界分为内、外城，东部为内城区域，有墓地、铸铜作坊、制陶作坊、宫殿基址、道路、渠池系统等遗迹；城址西部为外城区域，有制陶作坊区、村落、道路、渠池、陶窑等遗迹。姚河塬西周遗址是宁夏南部泾水上游地区首次发现的一处大型西周遗址，是近年来西北商周考古的重大发现之一。对研究探讨先周文化的起源和形成，西周王朝建立后对西部边缘地区控制管理模式，认识西周时期的西北边陲文化面貌和社会变迁具有非常重要的价值。

二、文物保护

文物概况　彭阳县具有悠久的历史和丰富的文物资源，境内存在着为数众多的、反映人类历史发展轨迹的各类文物遗存，现有古遗址、古墓葬、古建筑、石窟寺等不可移动文物300余处，其中，全国重点文物保护单位2处，自治区级文物保护单位15处，县级文物保护单位64处；有可移动文物6500余件，其中一级文物40件，二级和三级文物954件。

文物保护状况　编制彭阳县文物保护规划：为有效保护彭阳县境内各类文物，自2015年3月15日至2022年12月30日，彭阳县文物管理所主持完成彭阳县战国秦长城白岔段本体维修工程、彭阳县战国秦长城基础设施建设工程、彭阳县璎珞宝塔基础设施建设项目、小岔沟毛泽东长征宿营地保护规划、彭阳城保护规划、朝那古城保护规划、城阳城址保护规划、姚河塬西周遗址总体保护规划、彭阳县博物馆可移动文物保护方案》等9个项目的编制,保护规划编制,通过专家评审。为保护文物提供了法律依据。

实施彭阳县战国秦长城基础设施保护项目。2016年5月10日至2019年10月30日,负责项目的设计、招标、施工,完成投资1200万元,对长城两侧30千米进行围栏保护、栽植界桩500个,设置保护标志30个,修建巡护道路6千米等。完成项目实施,通过验收。

实施战国秦长城白岔段本体维修工程。2016年7月11日至2019年10月11日,负责项目的设计、招标、施工,投资210万元,对3千米长城本体进行维修保护。完成维修任务,通过验收。

编制姚河塬西周遗址保护总体规划。2018年4月21日至2019年10月23日,负责编制保护总体规划文本,完成规划的编制,通过专家评审。姚河塬西周遗址临时保护棚搭建时间为2018年10月3日至2019年1月16日。负责姚河塬遗址临时保护棚的设计、施工,搭建保护棚4200平方米,使发掘的现场得到保护。

彭阳县博物馆可移动文物预防性保护项目。2019年11月15日至2020年4月15日,彭阳县博物馆共收藏各类藏品6500余件,其中一级文物40件、二级文物116件、三级文物838件。为提升馆藏文物预防性保护能力,更好地保护该馆珍藏文物,组织申报了预防性保护项目专项资金,完成《彭阳县博物馆可移动文物预防性保护方案》的实施。投资163万元,完成政府采购以及施工,通过验收。

2021年10月至2022年3月,彭阳县文物管理所为加强文物保护管理,历时半年完成全县81处各级文物保护单位的记录说明,进一步完善文物“四有”档案。

2022年,为改善县城内零星文物安防措施,完成“彭阳县零星文物保护围栏项目”,对全县32处文物保护单位及不可移动文物点立碑保护,围栏围护烽燧42处,新植安全警示牌78处。由彭阳县文广局申报国家文物保护专项资金,实施无量山石窟安全防范系统工程,项目竣工并通过验收。对无量山石窟本体及周围环境实时监控,确保文物安全。

第七章　东山文化

一个地理意义上的文化传统不是一年两年形成的，也不是几个文化人能左右的，生活在其中的人无法不受其影响。有什么样的文化氛围，就会形成什么样的文化属性。东山文化就是在彭阳境内传承的一种地域文化和本土文化，大约形成于清晚期，经过160多年的积淀和发展，历久弥新，在新时代焕发出新的内涵和活力，无时无刻不激励着彭阳人的对美好生活的向往和追求，成为区别于其他文化的显著标志。

“东山”有狭义、广义之分。狭义的东山指行政区划，北宋咸平二年(999)在今彭阳县古城镇秦汉朝那故址及其附近设立的东山寨(乡级军事建置)。金代升东山寨为东山县，明降为东山里，沿用至清光绪三十四年(1908)改为东乡，民国改为东区。广义的东山是特定的地理概念，泛指固原城区黄峁山以东的广大地区，在固原、彭阳未分县前习惯称“东山”哩！

第一节　文化起源

一、“东山”的来历

北宋至道三年(997)在固原设镇戎军,在彭阳境内修筑平安寨、绥宁寨、东山寨、彭阳城、天圣寨、乾兴寨等,以增强防御力量。其中,东山寨为北宋咸平二年(999)所置,位于秦汉所置朝那县故址(今彭阳县古城镇)。这是“东山”第一次以“寨”的形式出现,距今已经有1000多年的历史。

金代升镇戎军为镇戎州,改东山寨为东山县(治今古城镇)。元撤东山县,置广安县并升为州。明降为东山里,废为东山城堡。明代推行里甲制度①,“东山里”就是一个以户为基础的基层组织形式。清为东山城寨,称境内为东乡。民国18年(1929)实行区村制,红、茹河流域属固原县东区,北部山区属万安区。清以后所称东山里、东乡,更多的是指固原东部山里的方位。所以,“东山”就成为今彭阳的代称,是历史形成的称谓。

二、东山文化的形成

汉魏时期,境内教育较为发达。东汉度辽将军皇甫规曾于朝那县(今古城镇)设馆,教书14年,授徒300余人,门下名人迭出。魏晋时期皇甫谧博学多识,于医学文史建树颇丰,成为世界历史文化名人。唐代私学兴起,士绅富商兴办村学、家学,传授儒家经典。清代东山设有官办小学,私塾兴起,私塾教育在东山持续时间较长,颇有影响。咸丰至民国前期,东山以私塾为主要就学之所。清代有官办小学,清宣统《新修固原直隶州志·卷五》记载,官立初等小学有白杨城、陈家坪(今属镇原),民立初等小学有韩家寨、陈家涝庄、杨家坪等②。“东山文化之乡”美誉大约形成于这一时期。

查宣统《新修固原直隶州志》、民国《固原县志》、《彭阳县志》,境内有嘉庆年贡生陈钰,道光、咸丰年贡生陈荣先、陈生秀(陈家坪),同治年贡生杨国佐、赵德滋,武生杨国栋、祁相堂,附生张希仲、高折桂、王凤仪,光绪年贡生杨可相,廪生虎继召、韩兴邦、高

①里甲制度:是明代的基层组织形式,10户为一甲,110户为一里。

②固原地区地方志办公室:《宣统固原州志》,陕西人民出版社1992年版,第161页。

凌云、陈希贤，增生酆登瀛、冯明新，附生高凌霄、梁育德，武生杨国藩、冯榜魁、高步月，虎屏科等，皆为东山文武贤达，多授业于乡间私塾。

陈家坪贡生陈钰，“嘉庆初，以教读谋生，而性极慷慨。遇乡里有聪颖子弟无力读书者，钰必召之来。书籍笔墨，悉解囊以助。由是赖以入庠食饩者，三十余士。里人至今称之”①。长城塬私塾先生负保清帐下弟子陈荣先，“贡生，咸丰中署合水县训导”②。任甘肃庆阳府合水县训导六年，业绩突出，光绪七年(1881)钦赐诰封，封其父为“修职佐郎”，其母为“八品孺人”。陈荣先未入仕之前，在陈家涝池创办私塾，授徒二十余载，培养学生数百人。其弟子虎继召(今城阳乡陈沟村虎石嘴人)，清光绪廪生，被委任化平(泾源)知县，第而未仕，执教一生，培养出韩光祖、虎映旌、孙守魁、杨正东等一批东山文化名人。私塾教育成就了“东山文化之乡”之名。

城阳杨家大庄人杨国藩，系光绪年武生，在杨家坪接受私塾教育后，回杨家大庄自家窑洞创办私塾，亲自授课。光绪三十四年(1908)又办起初等小学堂，东乡名儒虎继召、韩光祖等一批饱学之士受聘任教。学堂声名鹊起，生源增多，他扩大校舍，正式挂牌成立城阳国民小学校，在固原东乡开近代小学教育之先河，东乡文风渐盛。民国16年(1927)，接受国民政府改制，将自家小学校改为县立城阳国民初级小学。民国21年(1932)，杨国藩长子杨梅轩子承父业，捐出自家位于宋代平安寨连山城遗址内关帝庙西侧川地4亩，新建土木结构鞍架房26间，学校迁入新址(现城阳中学校址)。民国26年(1937)，廪生高凌云(今红河镇高河村人)之子高天光，陇东师范毕业，任城阳国民初级小学校长，杨梅轩、杨梅亭、虎映旌等名儒应高天光之聘，在城阳国民初级小学任教，几年时间培养祁彦炳等小学毕业生102名。韩国昌、韩时敏、梁子云、陈世忠、李天才、刘耀廷、李雅斋、杨铎被誉为东山“八大文豪”。

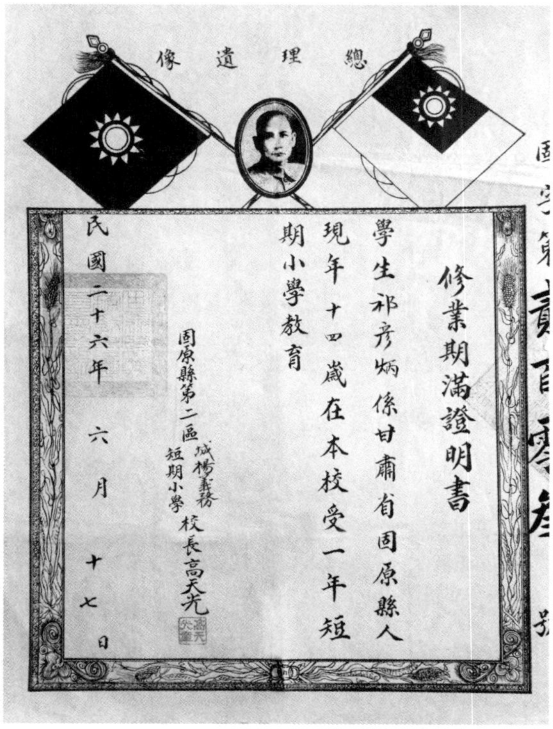
總理遺像
修業期滿證明書
學生祁彥炳係甘肅省固原縣人
現年十四歲在本校受一年短
期小學教育
固原縣第二區城楊壽務短期小學校長高天光
民國二十六年六月十七日

祁彦炳修业期满证明书　　祁悦章/摄

①固原地区地方志办公室：宣统《固原州志》，陕西人民出版社1992年版，第287页。
②固原地区地方志办公室：宣统《固原州志》，陕西人民出版社1992年版，第214页。

民国30年(1941),该校升格为城阳中山中心国民小学,成为享誉固原的“东山名校”。中华人民共和国成立后,这所小学逐渐发展成城阳中学,1965年秋迁到彭阳乡,改名彭阳中学,是现彭阳一中的前身。

民国15年(1926),境内已有城阳、彭阳、王洼、石家沟口4所初级小学。1932年,境内相继在城阳、石家沟口、店洼、乃河、王洼、草庙、孟塬办起7所中山国民小学,毕业生家庭条件好者,多在固原提署街小学继续读书。今白阳镇姚河村人杨文选于民国29年(1940)从固原提署街小学高级科毕业。至民国37年(1948),境内有城阳乡、王洼镇、张化乡、万安乡中心小学4所,保国民学校(包括分校)38所,教师51人,学生2000余人。

中华人民共和国成立后,小学在巩固中不断发展。1957年,境内小学129所,在校学生6189人,入学率为21%,教师189人。1958年秋,城阳、王洼小学始设三年制初中班,1959年秋,中、小学相继分设,城阳中学焦达人、虎炳文(字东山)等被誉为东山名师。1960年,小学增至180所,在校学生11898人,入学率为59%。1976年,小学发展到796所(其中民办632所)。1977年,有初中40所、学生4830人,高中9所、学生596人。1980年,小学调整为445所,在校学生27184人,入学率为73.3%。1984年,有石岔、新集、沟口、交岔、古城5所民族小学。1993年,全县小学462所、中学25所(其中完全中学4所、职业中学1所、初级中学20所),在校学生12979人,教职工835人,每万人中有小学生1993.9人、中学生562.6人。学校教育成就“东山文化之乡”之实。

三、东山文化的属性

2013年4月,考古工作者在店洼水库北岸发现新石器时代打石沟遗址,其中有保存完整的窑洞式房址,灼烧痕迹的猪头骨、肩胛骨,一批炭化植物种子——粟、黍、早熟禾、野燕麦、野大豆等,反映当时已经出现了原始农业文明。

姚河塬西周遗址有墓葬、马坑、车马坑、祭祀坑、铸铜作坊、制陶作坊、池渠系统、路网、城墙、壕沟等遗迹,其城址可能是西周早期分封的诸侯国获国的都邑城址,是目前发现的周人最西北的军事前哨基地,防御西周边疆以西的戎人族群侵扰。出土了陶器、原始瓷器、青铜器、陶范、玉石器、漆木器、骨角牙蚌器等遗物,出土了西周纺织工具——骨质打纬刀,出土了甲骨文100多字。考古发掘表明姚河塬获国都城是从西周早期延续到西周晚期至周人东迁洛邑,贯穿整个西周历史,是具有连续性的周文化在西北地区的桥头堡。关中周文化及其礼乐制度对彭阳的影响根深蒂固。

战国时期,商鞅辅佐秦孝公实行变法,改革秦国户籍、军功爵位、土地制度、行政区划、税收、度量衡以及民风民俗，制定严酷的法律；主张重农抑商、奖励耕战；军事上收复河西之地，使中原文化覆盖西部边陲。秦昭襄王三十五年（前272）灭义渠，筑长城以拒胡，设北地郡，置朝那县（治今古城镇）。前221年，秦始皇统一六国，车同轨、书同文，朝那县仍属北地郡。始皇巡视北地、陇西，在朝那湫（今古城镇海口村东海子）祭祀山水。陇东秦文化深深植根于这片沃土，影响彭阳两千多年。东山文化属于陇东文化的一个分支。

秦汉以降，以汉族为主流的东山文化接受西戎、鲜卑、女真、党项、蒙古族、回族等民族文化的优秀成分，形成多元并存、兼容并蓄的文化格局。因此，东山文化属于以关中周文化为根基，陇东秦文化为主干，边陲少数民族文化为枝叶的多元文化，是农耕文化和游牧文化的相互融合。

四、东山文化的外延

地域文化　从地域上分，以固原州（城区）为中心，把清水河河谷平原的头营、杨郎、三营、七营等称作北川，把黄峁山以东、今彭阳全境称作东山。东山是相对于与北川而并存的地域概念。东山文化就是在这片土地上成长起来的地域文化。东山文化的范围包括彭阳全境，如果要划分区块的话，那么城阳、红河基本是一个区块，白阳、草庙、孟塬基本是一个区块，王洼、冯庄、小岔、罗洼基本是一个区块，古城、新集、交岔基本是一个区块，是为“三里不同风，五里不同俗”。

特色文化　从内涵上分，东山文化与黄河文化、草原文化、关陇文化、边塞文化、丝路文化等既有联系又有区别，东山文化继承了农耕文化的优秀品质，又吸收了其他文化的有益成分，还接收了外来文化，形成了多元一体的特色文化。

本土文化　在历史发展的长河中，生活在这片土地上的东山里人创造了独具特色的文化具象，表现在生产活动、饮食起居、婚丧嫁娶、礼仪习俗、节日风俗、为人处世、宗教信仰等诸多方面，与众不同的，是在这片土地上土生土长的文化。

传统文化　东山文化传承中华优秀传统文化的核心理念、传统美德、家国情怀、价值追求和人文精神，是传统与现代的相互融合，是中华传统文化的组成部分。

五、东山文化的特征

崇文重教　彭阳，偏居西海固一隅最贫瘠的土地，却生长出最富有的东山文化，是这里的人们与恶劣的自然环境抗争的结果。历代先贤撒下“知识改变命运”的种子，无论是私塾授业，还是学校教育，只要有条件都要让孩子读书，这是刻在彭阳人骨子里的观念。人们把有文化的人尊称“先生”，没文化的人戏称“白先生”，把对老师的尊敬当成自觉的行为规范。所以，崇文重教是东山文化最显著的特征之一。

重视农桑　彭阳人惜土如金，视土地为生命。从发现的1000多份清代、民国契约中可以看出，绝大多数都是买卖、典当土地契约。实行联产承包责任制后，农村若有矛盾纠纷，十有八九是与耕地疆界有关，爱惜耕地是历史传统。重视农桑，不遗余力。从古至今彭阳人保持着良好的耕作习惯，地耕三番，禾锄三遍，“过了惊蛰不停牛”“庄稼一枝花，全靠粪当家”“九月路上牛喝水，不种麦子发后悔”“深谷子浅糜子，胡麻种在地皮子”“人误地一时，地误人一年”这些从生产实践中总结出来的农谚，反映出彭阳人重视农耕的传统美德，农耕文化根深蒂固。

孝老爱亲　孝老爱亲是中华民族的优良传统，也是彭阳人引以为荣的优秀品格。无论是经济困难时期，还是实现全面小康以后，晚辈对长辈的孝敬代代相传。有一口吃的必先让老人和小孩吃，饭做好了先端给长辈，长辈不动筷子，晚辈不能动筷子；过去住窑洞、睡土炕，长辈都住在中间正窑，进门让长辈先进，长辈在炕上坐，晚辈不能上炕；老人生病要问医求药，或送医院治疗，精心伺候。长辈赶集或其他外出，要给娃娃带好吃的东西，过年要给娃娃每人做一件新衣裳，年三十晚上，晚辈给长辈磕头拜年，长辈给晚辈压岁钱、核桃、枣儿、糖。大年初一，分家另过的晚辈要把新年的第一碗饭端给长辈，晚辈见到长辈要问“年过得好着吗”？初二女婿要陪媳妇回娘家，给老丈人拜年，外甥要给舅舅家拜年，如果带着小娃娃，亲戚中的长辈要给压岁钱。

崇尚礼仪　东山里的人生礼仪有做满月、百禄子、请干大、赎身、升学、结婚、过寿、丧葬、过三年等。

做满月　做满月是在男婴出生29天、女婴30天设宴庆贺，女婿要带礼品到媳妇娘家登门去请，家门户族当面敬烟相邀，其他亲戚朋友捎话带信，信息时代打电话、发信息即可，有人情往来者自会打听来贺。民间有“男不做十，女不做九”的说法，过寿也是如此。

百禄子　百禄子是孩子出生一百天举行的祝福和宴请礼仪。如果做过满月，百禄子很少再过；如果没过满月，则百禄子必过，有的比满月还隆重。父母给小孩子过生日只是家里人吃顿饭。

请干大　请干大在民间由来已久。不管男孩、女孩，“不乖”了（即生病），会以请干大这种方式来禳治。具体有两种方式，一种是“请”，即在亲戚、朋友、家门中请熟悉的三姓人给孩子当干大,没结婚的、没儿子的、辈分不合适的人,一般不能当干大。另一种是“迎”,即大人把“不乖”的孩子抱到路口,迎到的第一个成年人就是干大,这个人或许认识、或许不认识,能论来辈分的或许是干爷、或许是干大、或许是干哥,迎到的人当即要用随身方便之物如裤带、鞋带、钥匙链等,给孩子挎在脖子上,把孩子拴了,然后另择吉日行规程,再正式“挎锁锁”。有的在迎了一个干大后再请两个干大,构成“三姓”干大。定好“三姓”干大后,择吉日请干大挂锁锁、请阴阳先生诵经、写“保状”,“三姓”干大预备好红项圈,届时戴在干儿子(干女儿)的脖子上,并在“保状”上签字画押,保佑孩子长命百岁、一生平安。主人备好酒席招待干大和亲朋好友。一般孩子过了12周岁就不再请干大。

赎　身　赎身是孩子满12岁操办的一种礼仪,也叫“抹锁锁”,即把干大戴在脖子的项圈抹了,没有干大的叫赎身。要把干大请来出席,请阴阳先生诵经,为孩子设置“板凳桥”等各种关卡,男孩穿女孩衣服,围女孩头巾,女孩穿男孩衣服,戴男孩帽子,“过关”过程中孩子双脚不能着地,寓意战胜一生磨难。完成过关后,抹下锁锁,意为套在孩子身上的枷锁已经打开。若孩子12岁没有赎身,在结婚前要补上赎身这个礼仪。

升学礼　升学礼在科举制度下就有传承,乡试、府试题名,贡生、廪生、附生、增生学成归来,现在学生考上大学,都要举办一定范围的庆贺活动,谢师酬宾,是崇文重教的表现。

结　婚　结婚是最隆重的人生礼仪,从说媒、看家、合八字、送自验酒、研礼、订婚(拴媳妇子)、送二程、看日子、打婚书、请舅家、响棚、娶亲、拜天地(婚礼)、开脸、铺床、谢媒、酬宾等,都有一套约定成俗的礼节。如结婚前一天或前三天要给去世的祖辈上坟,告慰他们的在天之灵。结婚前三天新窑(房)炕(床)不空,新郎和弟弟、侄子等健康男孩一起睡,叫暖炕。过去送亲女方去8人,其中有一位小男孩,叫“压箱的”,有一位送亲女宾,叫“女大客”,男方娶亲3人或5人,去时是单数,回来时加上新媳妇就是双数。男方还要选一位女宾陪“女大客”,给新媳妇梳头、开生脸、铺床。所有娶亲、送亲、迎亲之人,在前三个月内不进暗房(丧窑、坟坑、产房),尤其是“女大客”和梳头女宾,必须家眷人齐,单亲、没儿子、丧期、伤残、受刑等人,忌讳不用。过去结婚喜事两天或三天,新媳妇娶进门的第二天早上要亲自擀长面,叫“试刀面”或“闪腰面”,以展示新媳妇的茶饭水平。娘家人、舅家人晚上睡前还要喝一次汤,所谓汤其实是红汤长面或酸汤长面,叫“安枕面”或“稳枕面”。筵席开了新郎要给长辈磕头,然后和新娘一起敬酒认亲,长辈要给喜钱。娘家人要返回时,新娘放声大哭,表示不舍分别,新郎给娘家人磕头行礼,娘家人则要给磕头钱。

过　寿　过寿是子女为老人祝寿而举办的礼仪，是尊老孝亲的表现。相比近邻甘肃省镇原县50岁就开始做寿，彭阳人在这一点还是比较保守，坚守“父母在，不做寿”的信条，即便给老人过寿也是在60岁以后，每逢整十寿辰或许庆贺一下，如果老人愿意，子女就操办宴席，耄耋之年、百岁诞辰会隆重一些，在外地的子女、亲戚都会赶回来给老人磕头祝寿。

丧　葬　丧葬礼仪是最能体现东山文化内涵的表现形式。在亲人去世后，为逝者举行一系列的丧葬礼仪，请阴阳行道家礼仪，请礼宾行儒家礼仪，庄重严肃，规程严谨。

过三年　老人去世的头年、二年都比较简单，子女等直系亲属在坟上烧纸祭奠，有的带一两件纸活，不搞其他祭祀活动。三周年忌日多数要举行悼念活动。一般都置纸活、设灵堂，到坟上请回亡灵供奉三日，请阴阳先生念三天经，请娘家、舅家人祭祀，请家门代劳，备酒席招待亲戚、朋友。祭祀议程完成后将亡灵送回坟地，将纸活、灵堂在坟前焚烧。

除人生礼仪外，在社交礼仪、家庭礼仪等方面也有约定成俗的礼节。

尚武从军　境内古代地处西北边陲，历为军事要冲。战国秦筑长城，“拒胡”御边。汉初北地郡都尉孙卬驻守朝那，率部与匈奴单于14万骑兵激战，以身殉国。五胡十六国，前秦苻登屯军朝那，狼烟不息；夏赫连定拥兵自立，设长城护军，战火连年。唐置折冲都尉府，抗御吐蕃南侵。宋夏对峙，筑堡设寨，长期征战。元疆域拓展，境内成为关中通往朔方的门户之一。明属九边重镇之一，境内筑堡、烽火台，控扼要害。清代仍为军屯牧地，兵燹肆虐。民国时期，国民党反动派欺压盘剥，民不聊生。两千多年战火不息，生活在这块土地上的人民养成了尚武从军的性格。清代武生杨国栋、杨国藩设馆授徒，习文练武。“查固原武功最盛，为陇东之冠，从国初至今，以行伍历显秩者甚伙。”[①]1936年6月，红军西征部队进驻东北部地区，一百余名青年参加陕甘宁独立师和地方游击队。1937年1月，参加驻彭阳境内的红二十八军80人，参加红三十二军60人。1951年5月，境内139名爱国青年参加中国人民志愿军，奔赴朝鲜战场。中华人民共和国成立后，境内参军入伍的青年超过5000人，戍边报国。

①固原地区地方志办公室：宣统《固原州志》，陕西人民出版社1992年版，第241页。

第二节　文化构成

一、饮食文化

彭阳属黄土高原丘陵沟壑残塬区，除小麦、玉米外，盛产洋芋、荞麦、燕麦、谷子、糜子、豆子、亚麻籽等小杂粮。荞面饸饹、搅团、荞面摊馍馍、荞面窝窝、燕面糅糅、燕麦酒（甜醅子）、燕面馓饭、燕面疙瘩、燕面碗钵子、豆面馓饭、豆面糊糊、黄米干饭、洋芋摊馍馍、洋芋包子、洋芋片片、玉米面甜馍馍、笼食、地软包子、麻麸包子、荏包子、油千层饼子、红汤长面、麻食子、油饼子、馓子、煮黄酒等，都是东山里人最拿手的特色小吃，是不同于其他地方的饮食文化。

东山里的传统筵席别具一格。传统宴席用方桌，每桌8人，分上席、侧席、下席，主桌上席后墙挂一幅中堂，坊间有“筵席桌上分贵贱”的说法，按长幼尊卑依次入座，女婿、外甥不坐上席。上席设靠背椅，其他人坐长条凳或方凳、圆凳，上席以左为大，上席先动筷子，其他人再动筷子。离席也是主桌、上席先离席，其他桌依次离席。席间丸子、笼食等每人只能吃一个。

传统筵席有粉汤、独碗子、四碗（盘）、五魁、八件子、九魁、十大碗、十漏一、十二起、十三花。

粉　汤　无论是红事、白事，一般客人来了先喝粉汤，这种汤是用煮肉、粉条、豆腐、萝卜、青菜等烩成红汤，故又叫“粉汤子”，配以豆芽、咸菜、酸菜等几样小菜和馒头、花卷，有的在汤碗里加一个熟鸡蛋，叫“硬碗子”。喝汤是先让客人垫垫底，后面再坐席。粉汤随来随喝，想喝就喝，不限人次，长汤不倒。

独碗子　独碗子是一碗带骨肉，可以是猪肉、羊肉、鸡肉，碗里加一个熟鸡蛋，就是“干骨头硬碗子”。独碗子只有请客（如娘家人、舅家人、礼宾等）才能享用，多用在请客刚到或早上点茶时，同时配6个凉菜和主食。

四碗（盘）　多用在过年、过节招待宾客人数不多的时候，将提前备好的肉、菜装四碗，荤素搭配，浇上鸡汤，用蒸笼蒸热，或现炒四盘菜。在红、白事上也可以用四碗菜式招待尊客吃便饭。

五　魁　是过去老人“过好天气”（过生日）家人庆贺的小宴席，以猪肉、鸡肉、鸡蛋

等较简便的食材做成，边喝酒边吃菜，酒后再吃长寿面。

八件子　也叫八大碗，多用于婚嫁等喜庆时候，有鸡肉、猪肉、羊肉、肉丸子（四柱），长粉、小炒、甜米饭和凉豆芽（四菜），用肉品盖帽，用熟洋芋块、熟萝卜片（干）、豆腐、扁豆芽、胡麻菜等垫底，叫垫碗子。灌汤分别用羊汤、鸡汤、猪骨汤等，装大碗用笼熥（tēng）热上席。

十大碗　又称十全席，是东山传统筵席的标配，一般在喜庆、团圆时宴请宾客，寓意十全十美。彭阳十大碗可以追溯到西汉时期，汉武帝元鼎三年（前 114）析北地郡置安定郡，领高平、朝那、乌氏等 21 个县，汉武帝在位时曾 6 次北巡安定，朝那湫渊祭祀，宫廷御厨和历代驻安定郡的朝廷命官、皇亲国戚，把宫廷菜、官邸菜带入陇山以东地区，后经一些厨师和群众结合当地食材、饮食习惯，不断继承创新，形成流传至今的十大碗。

彭阳汉族十大碗以猪、鸡、羊肉为主，一时、一地略有不同，以 20 世纪 80 年代为例：

城阳乡杨坪村十大碗为“四柱五菜一盘子”，四柱为鸡肉、清炖羊肉、东坂肉和丸子，五菜为酥肉、长粉、小炒、排骨和凉拌豆芽，外加一盘甜米饭。上菜顺序是“一鸡二羊三东坡，丸子跟着往上走。四柱端起上五菜，五是酥肉六长粉。七上小炒八下骨，九是凉拌豆芽菜。甜盘子是扫席饭，最后一个端上来”。

城阳乡长城村十大碗为“四柱五菜一丸子”，四柱为鸡肉、羊肉、肘子和甜盘子，五菜为三萨（又称酥肉）、长粉、小炒、东坡肉和豆芽（凉拌），一丸子为丸子汤。上菜顺序是“一鸡二肘三羊肉，甜盘子往上端，五是三萨六长粉，七上小炒八东坡，九是豆芽十丸子”。

城阳乡涝池村十大碗也是“四柱五菜一盘子”，只是个别菜和上菜顺序稍有差别，四柱是鸡肉、清炖羊肉、东坡肉、丸子，五菜是肘子、三萨、长粉、蛋卷、甜盘子，再加一盘凉豆芽。上菜顺序是“鸡三萨肘丸子，羊肉蛋卷粉条子，东坡豆芽甜盘子”。

每端一碗上桌，桌上的碗菜位置随之移动，形成各种组合，“碗碗成席”，菜全部上齐后，坐“上席”者（也叫“上罡子”）前面从左到右依次摆放三排，第一排是东坡肉、鸡肉、羊肉，中间一排是长粉、小炒、肘子，第三排是排骨、丸子、甜盘子，席口放豆芽菜。

九　魁　即九大碗，是给老人祝寿或娃娃满月常用筵席，十大碗裁掉丸子就变成九魁，因“丸”与“完”同音而回避，九魁取长久、长寿之意。

十漏一　在十大碗基础上加一道不重样的荤菜或素菜变成十漏一席。11 样菜品数量为奇数，一般在办丧事时用。

十二起　在十大碗基础上加两道不重样的菜品，就地取材，荤素均可，凉热皆宜，突出特色，锦上添花。过去交通不便，红白事多为两三天，最后一天的筵席可以与头一两天有所不同，因为宾客要返回了，有的人家就用“十二起”待客，十二也暗合一年十二个月，吃筵席的人心里也明白，吃完筵席就要起身回家了。

十三花　共13种菜，在十大碗基础上加三道不重样菜，是东山传统筵席的最高规格，食材主要是猪、羊、鸡和五谷杂粮，传统手法烹饪，多用于耄耋老人去世或过三年待客。十三花也叫“风搅雪”，一次上两道菜，每次跟一道杂粮饼、一小碗汤菜，先上四次八道菜，最后一次把五道菜上齐，上一次菜看（斟）一轮茶、一轮酒，乐人奏一次乐，共两轮黄酒、三轮白酒，换酒中间还要沾盅子，这种上菜方法叫“十三花零上”。

十大碗上桌前，有十二个喝酒的凉菜碟子：四个肉菜碟子，分别是排骨、猪肝、瘦肉、鸡蛋（切成花牙）等，代表父骨母血（父骨指排骨，母血指肝子，肉即血肉，蛋指卵），不忘父母生养之恩；四个水菜碟子，分别是扁豆芽、菠菜、杏仁红萝卜、粉丝（皮）等，代表四季轮回，敬天之道，尊重自然；四个干果碟子，分别是笼食、枣儿、瓜子、花生等，代表地生万物，珍惜土地，爱惜粮食。

二、节日文化

腊月八（腊八节）　腊八节是中华民族的传统节日，喝腊八粥最早开始于宋代，已经有一千多年的历史。彭阳人的腊八节习俗是炒“雀儿头”、吃腊八米饭、喝腊八粥。

炒“雀儿头”是在腊月初七天黑以后，或初八天亮之前，即在麻雀进窝以后、天亮出窝之前完成，就是不能让麻雀看见。“雀儿头”的做法有两种，一种是取适量白面，用开水（加少许盐）烫面，在面里加五香调料，也可以打一两个鸡蛋拌在面里并揉匀，把面擀成饼状，用刀把面饼切成一个个菱形小方块，放在热油锅里用小火慢慢翻炒，直到炒熟、炒干出锅，这样香、酥、脆的“雀儿头”就做好了。另一种是取适量荞面，加少许白面，用热盐水和面，揉匀后捏成一个个麻雀头样子的“雀儿头”，有的搓成面棒棒（叫“麦穗子”），下到开水锅里煮熟，捞出后把水滗干，再放进热油锅里，用小火慢慢翻炒，根据个人口味加入各种调味品。有的人家先在锅里炒些牛肉丁或猪肉丁，再把煮好的“雀儿头”倒在锅里一起翻炒，做成肉丁“雀儿头”。炒好的“雀儿头”可以直接盛到碗里吃，也可以掺到黄米干饭、腊八粥里吃。

腊八米饭就是馇一锅黄米饭，然后把炒好的“雀儿头”倒入黄米饭里，加几勺熟油及调料，边馇边搅，馇好出锅。黄米干饭舀到碗里要高出碗沿，寓意粮食满篇。吃的时候要从碗边转圈吃，最后在碗中间留一个麦垛形状，象征明年麦垛大，粮食丰收。

腊八粥过去多用小米、黄豆、红枣等熬成。现在食材丰富了，用小米、大米、黑米、薏米、黄豆、赤小豆等，加入核桃仁、花生、红枣、莲子、葡萄干、枸杞、桂圆等，煮成各式各样的粥，成为腊八节的特色早餐。

吃腊八饭有很多讲究。腊八饭做好了先要敬灶神、土地神、门神等，把饭敬在灶台上、糊在门楣上、牛槽上、树干上、墙头上，糊住神仙的嘴，祈求五谷丰登、六畜兴旺。敬完神就赶紧吃喝，要赶在天不亮、麻雀出窝前吃完，象征麻雀已经被人吃掉了，来年麻雀不害庄稼。腊八饭不能下菜吃，吃菜地里就会长草，以此祈愿来年粮食丰收。腊八饭要多做一些，不能一顿吃完，要一直吃到腊月二十三或年三十，寓意年年有余。还要给牛、羊等每天拌料时放一点腊八饭，搅匀拌在草料里面，牛、羊吃了有劲儿，来年庄稼丰收。

俗话说"过了腊八就是年"，吃完腊八饭、喝过腊八粥，人们就逐渐进入过年模式了。东山里过年从腊月初八开始，到正月二十三结束。

腊月二十三（小年） 送灶火爷（灶神），扫尘，吃搅团。在道教和神话传说中，灶神与民间诸神在腊月二十三回天宫，向玉皇大帝述职，禀报一年在人间的情况。吃过早饭，在锅台上点油灯、上香，供灶糖[①]、灶干粮、枣山（发面中镶大枣并盘成山形），最重要的是摆上灶糖，现在供糕点、水果和其他糖，为甜灶火爷的嘴。中午要缠一锅搅团吃，也是为糊灶火爷的嘴，好让他"上天言好事，回宫降吉祥"。午饭后撕下旧灶神像到户外和黄表一起焚化，放鞭炮，送灶神回天宫议事。家家户户开始大扫除，除旧迎新，扫除晦气。之后逐渐进入过年模式，杀猪宰羊、缝制新衣新鞋、炸油饼子、发面蒸馒头、生豆芽菜、做豆腐、压粉条、贴窗花、糊灯笼、写春联，新年气氛日渐浓厚。乡间流传"二十三送灶神，二十四浆洗尘，二十五宰羊猪，二十六做豆腐，二十七把鸡杀，二十八把面发，二十九蒸馒头，三十晚上守一宿，初一早上迎喜神"的年俗。东山里有"四、六不破圈"的忌俗，卖牲、杀牲避开初四、初六这两天。

年三十（除夕） 早晨起来就清扫庭院，贴春联，挂灯笼，放鞭炮，接回灶火爷，准备午饭和年夜饭。各门上贴春联，门前树上贴"出门见喜""抬头见喜"，老年人睡的炕窑墙上贴"老者安康""身体健康""寿比南山"等。若在三年孝期内，则不贴春联或贴绿色春联。午饭取决于各家女主人从娘家带来的习俗，有的人家吃红汤长面，说法是"拉魂

---

①灶糖是用甜菜熬制的形似梳子的大板糖，又叫梳子糖、板板糖。

面”；有的人家吃搅团，说是“三十吃搅团，一年够搅然”；有的人家吃凉粉、凉皮、皮冻之类凉食，说是“冰鬼呢”。

午饭后妇女在家准备年夜饭，有的人家剁饺子馅准备包饺子，有的准备擀长面，有的准备煮骨头、炖羊肉、鸡肉，有的准备六到八个喝酒凉菜、八大碗、十大碗席。午饭后男人们准备上坟烧纸，本户族集中到一起上坟祭祖，有的还会接祖宗灵位回家过年，到正月初三送走。过去年三十上坟还有“吃坟头”习俗，一个户族的人每年轮流准备一个猪头，拿到坟上“泼散①”少许以后，大家一起坐在坟头分享，既有祭祖的意思，也有族人团聚的意思，因为上完坟就各回各家过年去了。有宗族祠堂的户族，上完坟到祠堂集中祭祖、报丁②。

三十晚上点灯笼，在灶台上点三炷香，在院子里点五炷香（东西南北中各点一炷香），放烟花爆竹，一家人围坐在一起吃年夜饭，晚辈向长辈按烟、敬酒、磕头，长辈给晚辈压岁钱，欢欢乐乐过大年。有了看电视的条件后，看春晚成为新民俗，守岁到子夜甚至天明，各窑（房）里点长明灯。乡间流传“一夜连双岁，五更分两年”的民谣。

正月初一（春节）　村民在除夕夜有上庙祭祀神明的习俗，传说在零点钟声响起时谁能抢上第一炷香，谁就能得到神明庇护，当年行大运。初一早上大多数人家吃饺子，有的是三十晚上包好的，有的初一早上现包，包饺子时候还包上几枚硬币，谁吃到硬币谁的运气就好。吃过早饭后，全家老少穿戴一新，一起赶着牛羊到河（溪）边饮水、撒欢，有勇敢的小伙子还骑上马、骡子跑一段路，称“出行”，又叫“迎喜神”（看皇历确定喜神方向）。家庭长者面向喜神方向燃表上香跪拜迎喜神，香表灰抹到小孩眉心，寓意神明护佑一生平安。出行结束回家时，折取田边最繁茂的蒿子，回去插在粮食篇上，寓意请回摇钱树，粮食满篇。正月初一一般只给族内长者拜年，不走亲戚。

初一到初四有很多禁忌，初五这天解除禁忌，称“破五”“赶五穷”，在大门外挖坑即“破”，把积攒的垃圾倒在里面称“倒穷土”，填埋称“填穷窟窿”。正月初七俗称“人七”，寓意“家眷人齐”，这天不走亲戚，禁忌把病带到别人家，只在户外田间走动，称“游百病”。初七晚饭一般吃“拉魂面”，当晚迟睡，叫“等魂”。正月初九是新年首个最大阳数，称“上九”，新春系列年俗活动拉开序幕，社火开始出傩，先告庙后走村串户，给各家各户拜年，送去吉祥祝福。有的村组织唱秦腔。

---

①泼散：指把祭奠用的供品、酒水向坟地抛洒。

②报丁：把过去一年各家新增和减少的人口报告给族人，并在族谱上添注。

正月十五(元宵节) 元宵节彭阳人叫“过十五”,耍社火是重头戏,各社火队从早到晚走村串户,所到之处人头攒动,锣鼓齐鸣。接社火要放鞭炮,摆上烟、酒、茶、瓜子、花生、糖、水果等。传统社火主要看春官说诗、跑旱船、骑毛驴、害婆娘表演。春官(议程官)说议程,一般由有文化、口才好、反应快的人扮演,见啥说啥,出口成章,多为现挂的打油诗,也有提前背会的经典诗。议程官一把孔明扇、一副墨镜、一顶礼帽、一副髯口、一身长袍,和着鼓点节奏,张口即来,是社火队的灵魂人物。跑旱船的船姑娘要年轻漂亮,貌若天仙,步履轻盈,划旱船的后生要勇敢、朴实,配合默契。骑毛驴叫拉花子,表演者风趣幽默,与船姑娘逗趣照应,活泼洒脱。害婆娘是社火队的丑角,男扮女装,扮相越丑越好,臂挽一个篮子,手拿一个笤刷子,见人就扫,满场子乱跑,尤其见到大姑娘小媳妇更要多扫几下,扫走晦气,逗得满场哄笑不止。有的社火队还有童子跑马灯、扭秧歌,有的还有传统戏曲人物、威风锣鼓等表演。

彭阳建县以后,各社火队于正月十五集中到县城游街表演,晚上县城集中放烟花,在公园猜灯谜,十里八乡的群众赶到县城过十五,县城人山人海,成了欢乐的海洋。

过去元宵节中午吃猪油渣包子、煮骨头、吃猪爪爪,晚上吃辣红的红汤长面,改革开放后逐渐吃元宵。夜晚各家各户都亮起灯笼,燃放烟花爆竹,三五成群下棋、打牌、喝酒,通宵达旦,也有年轻人唱歌跳舞、老年人唱秦腔自娱自乐的文化活动。

正月二十三(燎疳节) 燎疳是东山里一种古老的民俗。白天在野外割蒿草、拾地软软①,为“篝火晚会”做好准备。中午吃猪头,晚饭吃搅团,乡间有“正月二十三,地软软缠搅团”的说法,一顿荞面搅团,用地软软炝红汤、炝酸汤,连吃带喝。吃完搅团剪“疳娃娃”(用黄纸剪的小纸人),把卫生香点燃用香头点出眼睛、鼻子、嘴巴、四肢和衣服纽扣,家人轮流拿上小纸人在身上擦,哪里有病擦哪里,然后放到柴火堆上。揭下年三十贴的对联,还有剩余的鞭炮、做饭剥的葱皮蒜皮之类能燃的东西,都放到柴火堆里。天黑时点燃柴火堆,一家人挨个从火苗上跳过,老人在火堆边跨一下,小孩由大人抱着跳,并拾起带火星星的柴火,在小孩头上绕几圈,祈求孩子平安健康,稍大一点淘气的孩子在火堆上活蹦乱跳。燎疳寓意燎去疾病晦气,除去“疳气”,祈求全年平顺。有的还会抓一把粗盐、一把五谷粮食扔到火堆里,在灰烬未熄之前,用扫帚挥打使烟花四溅,用木锨将灰烬高高扬起,如天女散花,边打边扬边问是什么花,自己或旁边人以各种粮

①地衣,颜色和形状非常像黑木耳,生长在阴凉、潮湿的坡地和河沟边,是贴着泥土自然生长的一种藻类植物,有很高的营养价值。东山里很多,以冬天拾的最好。

食、花名字回答，看哪种花繁、哪种花大，就寓意来年那种粮食丰收。最后把余灰扫爨压好，燎疳结束。东山里人的年从腊月二十三一顿搅团开始，到正月二十三一顿搅团结束，燎疳后年就算过完了。

二月二（二月节）　农历二月初二，也称“龙抬头”，正值惊蛰前后，冬去春来，万物复苏。因为正月里有禁忌，所谓“正月理发死舅舅”，所以，男人们在这天要推头理发，称“推龙头”，期望新的一年吉祥顺利，从头开始。各家各户把绿豆、黄豆、豌豆等各样原粮爆炒成熟，叫“炒豆豆”，其中最传统的当数燕麦、麻子、荏等混合炒成的豆豆，大人小孩都喜欢吃。最热闹的要数走村串户爆米花的生意，大人、小孩拿着自家玉米、大米、各样豆子，从前几天就开始挤着爆米花，看着那烟火气，听见“嘭”的一声响，是孩子们最高兴的时刻，心里像玉米一样乐开了花。孩子们吃着豆豆，跑着闹着哼唱歌谣：“二月二，炒豆豆，门上来了（个）大舅舅，要豆豆，没豆豆，一棒打到门背后。”大人们会到庄稼地里看一看土壤解冻情况，准备春耕生产，用木榔头、刨子打碎地里大胡墼疙瘩，边打边说：“二月二，龙抬头，老鼠瞎瞎[1]不抬头。”希望老鼠、瞎瞎这些害虫不要祸害庄稼。

三月三（上巳节）　农历三月初三，相传是黄帝的诞辰，东山里人用一顿搅团来感念黄帝的恩德。春暖花开的时节，蛰伏了一冬的苜蓿长出嫩芽，是春天送给东山里人最早、最好的天然山野菜。乡间有“三月三，苜蓿芽芽缠搅团”的说法。掐回新长出的苜蓿嫩芽，拌一盘苜蓿菜，缠一锅荞面搅团，再用苜蓿芽炝一盆酸汤，用舌尖感受春天。

清明节　按照传统习俗，清明节最重要的活动是扫墓祭祖。户族亲房人等各自携带酒食果饯、纸钱、花圈等，将祭品“泼散”在亲人墓前，在坟头压挂纸，打扫墓地，为坟墓培上新土，将纸钱焚化，然后叩头行礼祭拜，表达对过世亲人的悼念。

东山里清明扫墓，以前清明节上坟有前三天、连三天开始的，也有从清明节前一天开始的，新坟多在清明节前三天上，也有赶“春社”上坟的。东山里有“逢七不上坟”的忌俗。现在国家有法定假日，身在外地和上班族都在假日回乡扫墓，所以大都改在清明当天上坟扫墓。清明时节，彭阳到处山花盛开，除上坟扫墓以外，也有亲人相约踏青赏花的成分。“清明前后，种瓜点豆”，也正是农人春耕的大好时节。

五月五（端午节）　端午节在中国已有2000多年历史，东山里人叫“过单午”，是夏季最重要的传统节日。清早人们折下柳条或艾蒿插到门楣上，成为端午节标志性民俗。端午节小孩子争相佩戴各式各样的香包（也叫香囊），香包外面用各色丝绸，绣上花鸟

[1]瞎瞎：学名鼢鼠，专吃植物的根、茎和种子，为地下生活的鼠类。东山里人叫Ha Ha。

鱼虫图案、福、平安等字样，形状做成活泼可爱的十二生肖或辣椒、玉米、南瓜等形状，有的用碎布缝制而成，香包内装有朱砂、雄黄、香草、麝香、艾草等，再以五色丝线弦扣成索，戴在衣服扣子上，芳香四溢，有辟邪驱瘟之意。大人、娃娃手腕、脚腕系上五色花绳绳，意在虫蛇不上身。花绳绳一直系到农历六月六解下，扔到牛圈里，传说牛会下花牛娃，来年七月七牛郎骑上花牛娃去鹊桥相会。

农家端午节大多吃辣红的红汤长面，希望能"拉"回屈原的"魂"，以此来纪念伟大的爱国诗人屈原。以前缺乏包粽子的食材原料，所以，吃粽子是近些年形成的习俗，有的人家自己包粽子，大多数人家从超市买回冷冻粽子蒸熟再吃。东山里人在这一天煮燕麦酒（又叫甜醅子、酒麸子），也有喝过年存下的用酒谷酿造的黄酒。

端午节还有一项重要的习俗是收艾草、采地椒①。地椒具有祛风止咳，健脾行气，利湿通淋之功效，且有强烈芳香气。端午正处仲夏之月，民间习俗认为重午日阳气旺盛，地椒药性最强，是采地椒的最佳时候，所以，端午采地椒成为多年老传统。彭阳山川遍地都有地椒，有的用手拔，有的用镰割，拣净杂草，自然晒干的为生地椒，经热锅温炒的为熟地椒。感冒头痛、咳嗽，喝生地椒茶；消化不良、呕吐腹泻，喝熟地椒茶。尤其收麦子天气，泼一罐罐熟地椒茶提到地头，割热了喝上一碗，解暑止渴，沁人心脾。

六月六（姑姑节）　女儿出嫁的第一年收麦子，娘家接回去"躲麦忙"，是对女儿的关心和爱护，是老祖先留下来的传统。结婚第二年就没这个待遇了，要在婆家收麦子，要浪娘家只等把麦子收完了，六月六都会接已出嫁的老少姑娘回娘家。过去交通不方便，娘家人牵着马、驴去接，在娘家招待一番，缓上几天再送回去。这一天还有晒被褥、晒陈粮、晒书、洗羊、洗衣服等习俗，把春天换季的被褥、羊皮袄、狗皮条子、棉衣等拿出来晾晒，把上年的陈粮拿出来翻晒，老先生把藏书拿到太阳底下晒，防止过夏生虫、发霉，男人们把羊赶到河里、溪水边洗浴，女人们把割麦子换下的脏衣服、被褥拿到河边浆洗。

八月十五（中秋节）　又称团圆节，是中国四大传统节日之一。仲秋是东山里一年最美的季节，五谷丰收，瓜果飘香，农家自养的土蜂蜜收获。东山里人传统以蜂蜜、核桃仁、大枣、枸杞、葡萄干等为馅，烙成月饼，或以红曲、姜黄等食品染料，发面中间夹蜂蜜、苦豆子、苼、葡萄干等，蒸成五层或七层圆形大月饼（花馍馍）。近些年大多数买月饼过节，烹羊宰鸡，美酒飘香，女婿都要到老丈人家"追节"，一家人围坐在一起吃月饼赏

①地椒为唇形科植物百里香，属多年生灌木状小草本，植株矮小，茎匍匐生长，喜生于山坡、地埂、溪旁、草丛等向阳地。

月,共享幸福团圆。

十月一(寒衣节)　十月一,送寒衣。送寒衣的习俗与孟姜女千里寻夫送寒衣、哭倒长城的传说有关,为先人送去御寒衣物,寄托今人对故人的思念。传统的是用五色纸叠成衣服样子,里面装棉花,拿到坟上和纸钱一起焚烧,泼散酒食祭品,磕头祭拜。现在图方便都买现成的寒衣,有的在家门前或十字路口,用浆凉水或酒浇一个圈,或者画一个圈,将寒衣、冥币、纸钱置于圈内一起焚烧。也有不送寒衣的人家,据说是当年修长城被拒在长城之外了。

三、居住文化

窑洞是黄土高原特有的居所类型。2013 年 4 月,考古工作者在位于彭阳县城以西 7.5 千米的新石器时代遗址——打石沟遗址,发现 3 孔古人类居住的窑洞,距今约四五千年,表明新石器时代彭阳境内就有人类居住的窑洞。

20 世纪 80 年代以前,东山里人都居住在窑洞里。修庄打院挖窑洞时都有看风水、选地形习俗,请阴阳先生用罗盘坐字,以坐北朝南、土质结实、避风向阳、利水安全、靠近水源、开阔易行、藏风聚气为主要条件,民间有"修庄容易采土难"的说法。新挖一处庄宅先取土挖崖面,崖面挖好后开挖窑洞,然后砌门肩、安门窗、打院墙、安大门等。崖面一般高 9 米以上,有一定坡度,长度因地形而定,正面一般挖 3 孔、5 孔、7 孔、9 孔窑,忌偶数,侧面(庄膀子)根据地形也可挖 1～3 孔窑。庄子正中间一孔窑一般高于两侧窑,称主窑或正窑,家中长者或掌柜居住,用于接待尊贵客人,是儒家文化的体现。正窑西侧窑称偏窑或边窑,是小辈住处,东侧窑筑灶台作厨房用,称"家"或灶窑、火窑。崖背顶一般打拦马墙,作为安全护栏,亦能防风挡尘。窑洞前留出院子,用六根椽打土院墙,或用胡墼砌墙,抹泥、粉白灰,现在多用砖砌围墙。院子深度不能小于崖面高度,取"地包天"之意。盖大门很有讲究,开门方向不与崖面平行,不正对主窑,而是对着火窑方向。院子的雨水不从大门流出,而是在院墙下面专门留一个水窗眼,水窗眼不与任何一个窑洞正对,否则"泄财"。一处庄宅除住人的窑洞和火窑外,还有附属用窑,在庄膀子两侧或院墙外面,修磨窑、牲口窑、场窑、柴草窑、厕所、猪圈、鸡窝、狗窝等必不可少。

窑洞是东山里人祖祖辈辈居住的地方,凝结着先辈的智慧和汗水,其冬暖夏凉的自然特性,千百年来一直受到村民的尊崇。窑洞包含着传统文化中的五行,其崖面朝向、高低、院子大小、大门坐落、水窗眼流向、窑洞坡度比、窑口高低、窑脑宽窄、窑洞深浅等等,都具有科学性;崖面波纹、窑内波纹,既有艺术美,又符合力学原理。窑洞里的火炕、锅头,见证着东山里人的礼仪道德,也见证着岁月沧桑。东山里人出生在窑洞,窑洞是生命的摇篮;东山里人成长在窑洞,窑洞是心中的乡愁;祖辈们老去在窑洞,窑洞是生命的终点。窑洞是东山里人的精神家园,承载着独特的人文精神,铸造了坚忍不拔的性格、包容进取的品行和吃苦耐劳的精神。

20世纪80年代以后,随着生产条件、生活方式的改变和人口流动,绝大多数人逐渐搬出了窑洞,住进宽敞明亮的砖瓦房,仅有少部分村民住在加固修缮后的窑洞里。东山里人建房也有其独特的讲究,和挖窑洞一样,一般是选择地势开阔、土质结实、坐北朝南的方向,民间有“有钱不盖东房”的说法,因为坐西朝东的房子,上午晒东面墙,下午晒西面墙,四季的西北风直吹西墙,冬不暖,夏不凉。东山里人盖房喜欢盖四合院,上房一般高大气派,多为3间,中间作客厅,两边作卧室,是长辈的住房;两侧(厦)房稍矮小,依院子大小两、三间不等,是晚辈的住房或作灶房、杂房。

东山里盖大门非常讲究。院墙怎么打(砌)、大门怎么盖,一般都请阴阳先生搭针坐字,有“门不对门”的禁忌,一般以大门中轴线斜对厨窑(房)门。过去讲究的人家大门都是木质双扇棋盘门,门框漆黑,门头装牌匾,如“紫气东来”“福瑞祥和”“惠风和畅”等吉祥词语,尽显东山文化特色。因此,村民把盖大门叫盖“财门”、盖大门楼子,一座好的大门用料不亚于一间房的用料。

四、丧葬文化

丧葬文化是东山文化的重要组成部分,其核心是“怀亲承孝、尊祖敬宗、省邻化里、策勉子孙”。老人去世,举行葬礼是一个家族的头等大事,整个家族的一切活动都围绕葬礼而展开,为逝者料理后事,给逝者以最后的尊严。从净身、换老衣、停丧(落草)、做棺材、合日子、报丧、请乐人、划穴、修墓、请家门、设灵堂、成服(孝)、诵经、入殓、吊唁、领羊、出殡、下葬、爨山、居丧等环节,送逝者最后一程。

丧葬活动一般从请阴阳先生开始,阴阳主要完成相选茔地,合下葬日子,窝丧,划穴,斩草,打坟,入殓,发丧,下葬,伏埋圹砖,撵遗丧,迁坟,合葬,安土、刷扫阳宅房间院落等事项,主持亡斋醮各项仪式。如相选茔地,要看流年、山向、风向、水流、地势等,与逝者八字相合,用罗盘测定坐字。合下葬日子,一般7天下葬,也有5天、9天下葬的。若合不上日子,暂时将逝者棺木阙葬,待能合上日子了再下葬,具体由阴阳先生确定。彭阳西南部一些乡村3天下葬,有所不同。主持亡斋醮各项仪式是阴阳最重要的任务,如举办二十四分亡斋醮需五位至七位阴阳先生,在3天内完成。阴阳醮事活动结束之后

“倒方杆”，参加葬礼的所有人都要给自己去世的先人烧纸，以此教化后辈怀亲承孝、尊祖敬宗。

丧葬活动的另一个重要角色就是礼宾。逝者生前有一定贡献和声望的，后辈会请四位至七位知书达理的饱学之士当礼宾，主持丧葬祭奠仪式，行儒家之礼，书写对联、执事榜、门告、灵牌、神牌、荐条（挽诗）、祭文、哀辞、铭旌、墓志铭、碑文等。主要的丧葬祭奠仪式有祀先、祭方弼、方相、祭铭旌、墓志铭、家祭（献饭）、点主、祀土等礼仪。礼宾以弘扬孝道文化为己任，以规范的礼仪省邻化里、策勉子孙，是传统礼俗的示范者和引领者。

接待亲戚、朋友前来吊唁是丧葬活动的一项重要内容。其中厚尊姑舅是最隆重的礼节，在老人去世后三天内请姑舅前来吊唁，下葬前一天接姑舅祭奠，乐人奏哀乐，孝子头顶香盘、手执丧棒跪地迎候，放声痛哭。姑舅点纸后端水洗尘，安排点茶，吃便饭（坐相桌），给姑舅专门安排休息的地方，后面再安排坐席，姑舅每动弹一回，都有乐人和孝子请和送。其他亲戚、朋友携带香烛、麻纸、白祭、花圈等祭奠物品，有的还恭送挽匾、挽幛或挽联等前来祭奠，有乐人和专门迎宾人员迎接，送挽匾、挽幛或挽联者，要鸣炮、三接，且穿长衫作揖行礼。

彭阳境内的丧葬活动总体沿袭周礼，是道家文化和儒家文化的集中展现。随着新时代倡导移风易俗、厚养薄葬，一些陈规陋习已逐渐被摒弃。

第三节　非遗文化

彭阳县有自治区级非遗名录保护项目 4 项(草编、纸织画、麦秆工艺品制作、彭阳蜂蜜酿酒技艺),市级非遗名录保护项目 5 项(泥塑彩绘脸谱、彭阳鼓乐、剪纸、刺绣、根雕),县级非遗名录保护项目 17 项(地椒茶制作技艺、秦腔等);区级非遗保护传承基地 1 个(建茹剪纸、刺绣保护传承基地),市级非遗保护传承基地 4 个(剪纸、刺绣、麦秆画、蜂蜜酿酒非遗保护传承基地)。非遗项目代表性传承人 32 人,其中,区级传承人 3 人,市级传承人 17 人,县级传承人 12 人。这些非遗文化项目有着鲜明的彭阳地域特征,是东山里人在长期的生产实践中创造和积累而成的,是东山文化的瑰宝。

一、非遗项目

草　编　彭阳草编历史源远流长,境内的古文化遗址中就发现有早期的草编。在文献中也不乏记载,是非物质文化遗产的活化石。草编是民间广泛流行的一种手工艺品,是利用各地所产的野草和庄稼的茎、叶、根等、就地取材、编成各种生活用品,草编品种有提篮、果盒、杯套、盆垫、帽子、拖鞋和枕、席等。有的利用事先染有各种色彩的秸秆编织成各种图案,有的则编好后加装饰纹样,既经济实用,又美观大方。

彭阳人勤劳朴实,男耕女织(编)习俗代代相传,大多数妇女都能掌握 2~3 种草编技艺。20 世纪 80 年代初期,由于党的富民政策,大力发展乡镇企业,彭阳办起了全区唯一的红河乡草编厂。有一部分回乡青年成了草编骨干能手。20 世纪 90 年代,大力发展多种经营方式,有相当一部分彭阳儿女走出大山,走南闯北赴外地靠他们的手工艺——草编打工赚钱,才使得彭阳草编传承下来。

草　编　　谢　波/摄

纸织画　纸织画流传于彭阳县的红茹河流域。红茹河两岸山清水秀，人杰地灵，素有“东山文化之乡”的美誉，能工巧匠，人才辈出，是全县的主要民间艺术区。纸织画属传统文化表现形式中的民间手工技艺项目。纸织画艺术集绘画与编制于一体，神奇迷人，规格主要以横幅、条屏、斗方、镜片为主，题材广泛，内容丰富多彩。

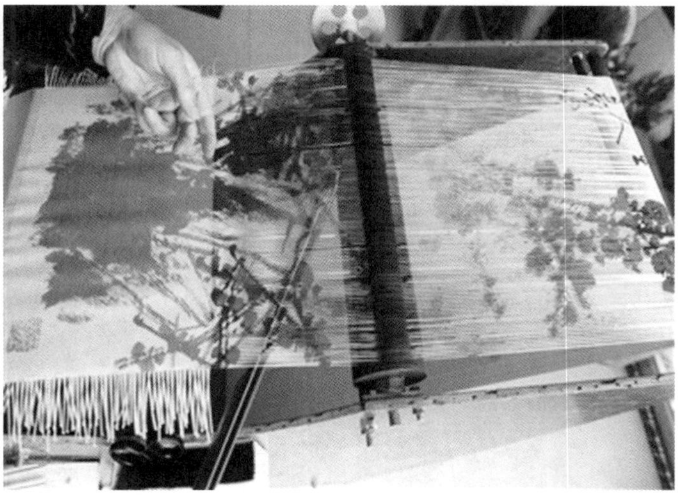

制作纸织画　扈正有/摄

深得纸织画真传的彭阳红河籍女青年雷红霞和丈夫赵谦对这一濒临失传的民间手工技艺潜心研究，精心改进工艺制作技术并对内容、材质不断推陈出新。同时，他们在固原成立了纸织画社，开设了纸织画专卖店，从而使纸织画技艺得以继承并发扬光大。作品具有高雅的艺术价值、文化价值、工艺价值和经济价值，深受各界人士的欢迎和青睐，也成为彭阳文化的重要品牌之一。

彭阳纸织画的历史，虽无文字记载可以考证，但这一民间手工技艺确有传人。在彭阳县红河乡雷红霞家中已流传几代人，其祖父（已故）念其聪颖好学，亲传手教，现在，她已有好几年的编织经验，手法也十分纯熟，为了真正将这一民间传统文化发扬光大，她又与丈夫赵谦一起决心对传统手工业生产方式进行改革。2007 年 1 月，他们变卖了家中财产，开始研发纸织机。由于传统的纸织方法是卧式的，与农妇手工织布方法极其相似，因此他们多次参观纺织厂和塑料编织厂，总结归纳，借鉴出新组合安装，调试改进，终于在传统纸织画工艺基础上，成功研制出竖式纸织画机，用半机械化代替完全的手工裁制，形成了独具彭阳特色的纸织画。

麦秆画　麦秆画又称麦草画、麦烫画、麦秸画、烧烫画等，其工艺源于中国古代中原地区，历史已有千年，后经历代传播，成为一种完善的艺术形式。而彭阳县民间麦秆画自隋唐时期由河南地区传入到彭阳境内，历史悠久，源远流长，形成了彭阳县独有的特色工艺品之一，民间剪贴画的一种。

彭阳县民间麦秆画传统文化历史悠久，源远流长，是彭阳县独有的特色工艺品之一，民间剪贴画的一种。受东山文化的影响，显示出其独特的艺术魅力和纯朴的乡土文

麦秆画　　谢　波/摄

化底蕴，麦秆画不仅是彭阳地区人们热爱生活、点缀生活、装饰生活的一部分，也是他们寄托情思、抒发情怀的一种载体。其传承人瓮国胜是彭阳县长城村人，自祖上伊始，几代人生活在秦长城的脚下。瓮国胜的麦秆画自外祖母李氏起，经过四代传承，充分展示了非遗文化在民间的存续。随着生活水平的提高，人民对于精神上的享受日趋高涨，瓮国胜开始了将传统美术作品大众化、共享化、时尚化的发展道路。2014年，在彭阳县委、县政府的支持下，建立了"繁园艺术合作社""繁园麦秆画艺术展览馆"，长期开展彭阳县麦秆画技艺培训和接待省内外游人的观摩。主要代表作品《梅兰竹菊》《春夏秋冬》《山水大幅》《孔雀长幅》《战疫》《春馨》等，深受社会各界好评。

彭阳麦秆画主要流传在白阳镇、城阳乡一带，主要沿战国秦长城流域呈树状分布，彭阳民间麦秆画作为一种传统装饰艺术和美术作品，具有独特的风采和艺术魅力，其"熏、蒸、漂、刮、推、烫及剪、刻、编、绘"等多道工序，依麦秆本身的光泽、纹彩和质感，制作出的人物、花鸟、动物栩栩如生，活灵活现，给人以古朴自然，高贵典雅之美，是彭阳县民间美术作品中的一朵奇葩。

彭阳县麦秆画既不是传统观念的自然的模仿，也不是现代观念、自然形态的夸张变形，充分表现了人民的心理意识和朴素、大方、自然的审美观。从民俗的角度看，人们通过世代相传的习俗，将当地历史、政治、经济和日常生活中的人和事，艺术地表达出来。它满足了当地民众的精神需求,并成为这一地区凝聚力和认同感的标志。

蜂蜜酿酒　彭阳的蜂蜜酿酒历史悠久,从古代开始老百姓几乎家家户户都会酿酒。唐肃宗一首“彭阳有酒皆罐罐,提神醒脑舒坦坦,有朝一日归长安,大宴三日罐罐酒”的历史诗句,更是道出了彭阳蜂蜜黄酒的好味道、高品质。彭阳本地蜂蜜黄酒历史上一直有添加药材调配养生黄酒的传统。枸杞、茯苓、山药等这些道地草药与蜂蜜的融合发酵,不但使黄酒口感醇厚、滑润、酒香可口,还大大促进黄酒驱寒暖体、舒筋活络、强体壮骨、抗衰护心、养颜、改善肠道促进消化、消除疲劳、改善睡眠、增强免疫力等功能的发挥。蜂蜜酿酒传承人虎忠龙，就是这样一位祖祖辈辈守着这门老手艺的传承代表。其家族一直生活在六盘山的大山里，精湛的酿酒技艺传承于千年古技艺，经历了家族近代上百年的不断继承创新，积累了极为丰富的酿造经验,其独特的蜂蜜黄酒酿造古技艺成了当地一项绝技。

蜂蜜酿酒制作　　县文化馆/提供

剪　纸　彭阳民间剪纸主要有两种,一是窗花,二是贴花。窗花是把彩色纸剪成的剪纸贴在窗框子里或玻璃上的剪纸叫窗花。窗花形象多姿多彩,古朴浑厚,富有装饰情趣,很受回族群众喜爱。贴花是用彩色纸剪成的各种各样的剪纸贴在顶棚上、箱柜上、或墙上的叫贴花。贴花比窗花大而丰满,它的构图朴实、造型生动、色彩鲜丽、对比强烈,充分表现了彭阳回汉群众的生活情趣和审美观念。

彭阳民间剪纸更是独具特色的艺术形式,诸如墙花、门花、灯花、喜花、炕围花、顶花、箱柜花以及刺绣和鞋衣花边等底样。剪纸题材包括生活中的家禽、家畜,如鸡、鸭、鹅、牛、马、羊、狗、猫,以及生活中常见到的梅、兰、竹、菊、牡丹、荷花、水仙,等等。

彭阳剪纸主要流传在白阳镇、红河镇、王洼镇、城阳乡、草庙乡、小岔乡、孟塬乡等四镇八乡,100 多个村庄。彭阳民间剪纸作为一种传统装饰艺术,具有独特的风采和艺术魅力,彭阳民间剪纸艺术,也是我国民间剪纸艺术中的一朵奇葩。

赵玉贵剪纸——满门贤孝　　县文化馆/提供

彭阳民间剪纸形式多样，题材广泛，常采用“寓意”“谐音”“象征”等托物寄情的手法，表现作者对幸福和情感生活的追求。主要特点是形象夸张、简洁、优美，线条流畅，富有节奏感。既不是传统观念的自然模仿，也不是现代观念、自然形态的夸张变形，而充分表现了具有人民的心理意识和朴素、大方、自然的审美观。有许多作品还寄托着回族、汉族人民追求美好生活的愿望，有着较为深刻的寓意。如“龙凤”“金鸡”“黄牛”“骏马”“双飞燕”“领头雁”等作品，从表面上看是一般的飞禽走兽，但实际上经过她们巧手布局，大胆点题，借形寓意，生动形象，富有含蓄的艺术魅力。

泥塑彩绘脸谱　彭阳泥塑彩绘脸谱是泥塑、彩绘综合性生产形式的表现。创意新颖，纹样稚拙，色彩浓烈。是彭阳大地上一朵绚丽的民间艺术奇葩，也是我国珍贵的民族文化瑰宝。

彭阳脸谱具有鲜明的装饰性特征。古今中外的戏剧演出都追求外部形式的美感，脸谱的变形首先要“离形”，“离形”就是不拘于现实生活的自然形态，大胆地进行夸张、装饰。

彭阳脸谱具有鲜明的程式性特征。戏曲脸谱的变形大胆而夸张，正所谓“粉墨青红，纵横于面”脸谱艺术非常讲究章法、特点，以线、道、形有规律地组织成装饰性的图案。脸谱艺术是一个严谨有序的系列，是服从并协调于戏曲艺术的整体风格和美学性质的。戏曲表演有唱、念、做、打的各种形式，构成了戏曲艺术严谨和谐，节奏鲜明、气韵生动的艺术风格。

泥塑、彩绘脸谱经过造材、做坯、打磨、上漆、绘画等 40 多个工序，环节繁杂，每一个环节都要精益求精，非常需要耐心和细心，总的概括为四步。第一步，雕塑成型。其中包括形象设计，胎膜制作，要翻制成型，细部加工。第二步，脸谱绘制。根据生旦净末丑五个行当舞台形象不同特点，人物的外貌特征，采取不同的绘制方法，刻画人物相貌。

第三步，头饰制作。根据人物整体装饰，大体分为盔帽制作、髯口制作、服装制作和配件制作等。第四步，整体组装。绘制成型的人物脸谱与其所需要的盔幅饰品在背筐上组合成型。其相关器具及制品有泥土、石膏、模型、调制好的泥土（石膏）配方、雕刻工具、彩绘工具、装饰器具等。

彭阳脸谱具有鲜明的象征性特征。脸谱是一种象征符号，主要突出人物的性格特征，具有"寓褒贬、别善恶"的艺术功能，使观众能目视外表，窥其心胸。脸谱在表现人物性格及身份、烘托与渲染戏剧氛围、间接反映观众观剧心理等方面起着巨大的作用。

泥塑彩绘脸谱　　县文化馆/提供

彭阳鼓乐　鼓乐是彭阳劳动人民民俗音乐的一大主流。它形成于清代中叶，后来进入军旅、宫廷，渐渐流传民间，平时为红白喜事服务。春节、庙会为秧歌伴奏，并参与寺庙音乐笙管演奏。彭阳县境内的茹河流域两岸，山清水秀，城阳乡、红河乡过去艺人众多，鼓乐是当地民间的一种音乐曲谱。

彭阳鼓乐相传源于北狄。西汉武帝时称"横吹"。起初用于军旅，又谓"骑吹"，在汉代军旅中还流行一种军乐叫"短萧饶歌"，是汉族古老的军旅音乐，进入宫廷后，用于帝王宴享和大驾出行，渐而流传于民间。汉代把"短萧饶歌"和北狄的"横吹"统称为"鼓吹"。汉代厚葬之风颇盛，士庶人家逢丧便用鼓吹，延至晋代之后。金代鼓吹仍沿袭辽、宋之前的形式，宫廷用鼓吹颇为隆重。婚丧用鼓吹极为普遍。明清两代，鼓吹乐发展昌盛，鼓乐还成为民俗活动不可缺少的艺术形式。据《清太宗实录》载，清初后金天聪九年（1635）八月，皇太极为欢送出征，"打鼓吹箫、吹喇叭唢呐，对天叩头"这是清代出现最早的满族鼓吹乐的记载。其后，清入关，汉人大量流入关外。汉、清文化融会贯通，汉族鼓吹得以广泛流传，不仅在民间婚、丧中普遍应用，迎神赛会。清代中叶，彭阳鼓乐随着经济的恢复发展，鼓乐艺术必然根据彭阳人民的风俗习惯和审美要求，经过一个互相吸收、融合、演变的过程，逐渐形成具有彭阳特色的民间鼓吹乐。清末、民国年间，彭阳鼓乐达到鼎盛时期。

在彭阳县境内闻名的韩寨五峰山庙，每年都要举行几次庙会，会期有上千人聚集。尤以每年的“四月初八日、六月二十四”庙会为盛，会期善男信女上山求神，以期丰年如愿，于是鼓乐便成了庙会的音乐主调，有时还相互竞技，有众多鼓乐班在此吹奏，这也是每年彭阳鼓乐艺术提高的最佳场所。

艺人祖辈从艺，代代相传，不断提高技巧，丰富演奏内容，并巡回到各地演艺，在彭阳县城阳乡的韩寨村韩鼓乐家已有四辈从事鼓乐演奏，兄弟三人从事鼓乐行。据调查，在彭阳县境内从事鼓乐的艺人达300余人。

彭阳鼓乐是彭阳民间鼓吹乐的简称，主要用于婚、丧事件中的音乐和佳节的娱乐，同时也为寺庙祭祀庆典活动服务，是我国民间民俗乐的一大支流。

彭阳鼓乐是以吹、打乐为主，弹、拉、咔为辅的一种民间演奏形式，演奏曲目丰富多彩，演奏技巧高超娴熟，表现力强，独具特色，成为群众文化生活和民俗生活中的一个重要组成部分。鼓乐班坊，彭阳鼓乐班是民间自发组织，多是由一家主办或几家联办，是个比较松散的组织，一般由“班主”负责对外一切事务，由四人至七人组成，平时受雇于婚丧人家，闲时切磋技艺。

彭阳鼓乐，在长期发展演变的历史过程中，已形成自己独有的特色，以鼓（含锣、钹）与吹（唢呐、笙管）合奏的音乐，俗称“鼓吹乐”。后来增加了现代鼓乐，以吹（吹管乐器）、打（打击乐器）为主，以弹（拨乐器）、拉（拉弦乐器）、咔（咔戏）为辅的民间管乐。乐队编制，一般4~7人，多则十几人。彭阳鼓乐在声、律、调方面所积累的经验，丰富了中国传统音乐理论体系，如鼓吹乐中唢呐的“借字法”转调，它与中国古代的“旋法”是一致的，“五调朝之”和“生调还原”是鼓吹乐的演奏技法，还有“三十五调”“六十调”“里七外四调”的表现手法，此外还有“加花”与“变奏”，都是彭阳鼓乐的主要特征。

刺　绣　彭阳县民间传统刺绣彭阳刺绣历史悠久，源远流长。受东山的影响，显示出其独特的艺术魅力和淳朴的乡土文化底蕴，由于彭阳妇女讲究“针线活计”，而刺绣是“针线活计”的一部分，姑娘、媳妇常常以刺绣争巧手，相人品，看本事。刺绣不仅是彭阳地区妇女们热爱生活、点缀生活、装饰生活的一部分，也是她们寄托情思、抒发情怀、展示姑娘情窦初开的思念美好爱情的一种载体。

彭阳刺绣主要流传在白阳镇、城阳乡、小岔乡、罗洼乡、古城镇、草庙乡、王洼镇、红河镇、新集乡、冯庄乡、孟塬乡、交岔乡四镇八乡以及156个行政村。彭阳民间刺绣作为一种传统装饰艺术，具有独特的风采和艺术魅力，其平针、套针、齐针、扎针、长短针、打籽针等十几种刺绣针法也是中国民间刺绣技艺中的一朵奇葩。

在彭阳县当地，每到端午节都有绣香包的习俗，绣好的香包戴在小孩们的身上寓意着纳福辟邪，祈求平安。此外，在姑娘们出嫁的时候都会有亲戚和母亲绣很多双鞋垫的传统，寓意着寄予美好给新人。其实，这也寓意着姑娘们必须学好“针线活”，撑得起家里的“半边天”，一代传一代，代代永相随。所以，彭阳的姑娘们把刺绣当作出嫁前的必修课。当地流传着这样的民歌：“金线线，银线线，不如手中个花线线。”学针线活要耐得住性子，忍得了寂寞。彭阳姑娘、媳妇常常以刺绣看“针线活儿”的好坏，看是否心灵手巧。另外出嫁姑娘都有一个可心的小包袱，用来包裹刺绣或做针线用的碎屑用品，小包袱多数是姑娘的奶奶或姥姥用手亲自抖制的，小包袱缝制也很讲究，用平时积攒下的各种彩色小布条、小布块，用剪子剪成小三角形和小长方形，用针线拼缝成长方形或正方形，再用红布作内里，用长布条作包袱带，民间又叫“针线包包”。在冬日里闲暇之余，互相串门，三个一伙、五个一群地坐在土炕上，拿出心爱的绣花绷子，配好线，一针一线，相互讨论、相互学习，相互嬉戏，相互比赛，研究色彩搭配和针法的技艺。

刘粉金刺绣——前程似锦　　县文化馆/提供

彭阳妇女的刺绣有自己巧妙的构思和飞针走线的“套路”，喜欢以黑、白、藏、青、深紫色作为底色，将红、蓝、黄、绿色彩作为花色，用色大胆新奇，作品具有印象派绘画之意境，形成了独特的风格。刺绣装饰作品以枕头、被套、鞋垫、兜肚、围裙、提包、耳套、门帘、被单、针扎子，娃娃鞋头等为主，其目的是为使这些生活用品显得美观、大方、素雅、好看，确实具有一定的观赏价值。俗话说“男人沿街走，带的女人两把手”，说的就是妻子针线手艺的好坏。因此，彭阳刺绣在漫长的积累发展过程中，确实有很多刺绣作品，由于其构思具有地方民族特色，针法细腻、布局合理，给人以美感和美的享受，具有一定的艺术欣赏价值。

彭阳民间刺绣，在一定程度上积淀着本民族的心理特征、审美情趣和风俗习惯，它对本民族的形成、迁徙、人居、劳动生产等各方面都有所反映,它蕴含着民间美术的特殊魅力。其主要价值:少数民族历史研究价值。刺绣对回族的形成、迁徙、人居、劳动生产、经济基础、社会结构等各方面都有所反映,在回族文化史上占据着重要的地位。学术价值。对民间刺绣的发掘、抢救和保护,将带动和促进整个六盘山地区民间美术的发展。实用价值。发掘、抢救、保护民间刺绣,对六盘山地区乃至全国的精神文明建设,丰富当地群众的文化生活,提高彭阳县人民的素质,促进全面发展和构建社会主义和谐社会,都将产生重要的作用。

根　雕　根雕是流传于彭阳地区的传统美术。根雕,是一种雕刻方法,是中国传统雕刻艺术之一,是以树根(包括树身、树瘤、竹根等)的自生形态及畸变形态为艺术创作对象,通过构思立意、艺术加工及工艺处理,创作出人物、动物、器物等艺术形象作品。

根雕作品——金鱼　　县文化馆/提供

彭阳县虽然没有名贵树木,但是可用于根雕的树木不少。如枣树、槐树、椿树、榆树、核桃树、杜梨树、酸枣树,材质坚硬细腻,木性稳定不易龟裂变形,不蛀不朽能长久保存,都是朴素而华美的根雕材料。

彭阳的根雕艺术涉及多种科学和边缘艺术,比如它与书画艺术有难分难解的缘分。书画同源、书画一家,书画艺术同根雕艺术关系密切,书画是根雕艺术良好的范本,书画艺术有一定的借鉴作用。比如书画讲究虚实对比、浓淡疏密,根雕艺术制作也有同样方法。同时,根雕艺术还涉及音乐、诗词、心理、哲学等各种文化范畴的科学,其幽深广阔文化内涵是根雕艺术的土壤和营养。彭阳县的根艺作品之所以有独特的艺术风貌,是因为它能最大限度地保持其本身固有的自然素质,展示其特有的材料美感。它既是自然天成,又是人工巧夺,是自然美及其艺术美结合的产物。

附表: 表 7–1　彭阳县非物质文化遗产代表性项目一览表

表 7–2　彭阳县非物质文化遗产保护传承基地一览表

彭阳县非物质文化遗产代表性项目一览表

表 7-1

自治区级非遗项目					
序号	类　别	项目编号	项目名称	项目批次	入选时间
1	传统技艺	Ⅷ	草　编	第一批	2007 年 6 月
2	传统技艺	Ⅷ	纸织画	第二批	2009 年 5 月
3	传统技艺	Ⅷ	麦秆工艺品制作(固原麦秆画）	第七批扩展项目	2023 年 12 月
4	传统美术	Ⅶ	彭阳蜂蜜酿酒技艺	第七批	2023 年 12 月

市级非遗项目					
序号	类　别	项目编号	项目名称	项目批次	入选时间
1	传统美术	Ⅶ	剪　纸	第一批	2009 年 7 月
2	传统美术	Ⅶ	泥塑彩绘脸谱	第一批	2009 年 7 月
3	传统音乐	Ⅱ	彭阳鼓乐	第二批	2011 年
4	传统美术	Ⅶ	刺　绣	第五批	2022 年 8 月
5	传统美术	Ⅶ	根　雕	第五批	2022 年 8 月

县级非遗项目					
序号	类　别	项目编号	项目名称	项目批次	入选时间
1	传统技艺	Ⅷ	地椒茶制作技艺	第二批	2023 年 6 月
2	传统技艺	Ⅷ	彭阳果脯制作技艺	第二批	2023 年 6 月
3	传统技艺	Ⅷ	擀毡技艺	第二批	2023 年 6 月
4	传统技艺	Ⅷ	窑洞营造技艺	第二批	2023 年 6 月
5	传统技艺	Ⅷ	十大碗制作技艺	第二批	2023 年 6 月
6	传统技艺	Ⅷ	笼食制作技艺	第二批	2023 年 6 月
7	传统技艺	Ⅷ	燕麦酒酿造技艺	第二批	2023 年 6 月
8	传统技艺	Ⅷ	彭阳根编	第二批	2023 年 6 月
9	传统技艺	Ⅷ	山桃核编织	第二批	2023 年 6 月
10	传统体育游艺与竞技	Ⅵ	方　棋	第二批	2023 年 6 月
11	传统体育游艺与竞技	Ⅵ	纸　牌	第二批	2023 年 6 月
12	传统舞蹈	Ⅲ	社　火	第二批	2023 年 6 月
13	民　俗	Ⅹ	春官词	第二批	2023 年 6 月
14	曲　艺	Ⅴ	口　弦	第二批	2023 年 6 月
15	传统戏剧	Ⅳ	秦　腔	第二批	2023 年 6 月
16	传统音乐	Ⅱ	花　儿	第二批	2023 年 6 月
17	传统美术	Ⅶ	根　雕	第二批	2023 年 6 月

彭阳县非物质文化遗产保护传承基地一览表

表 7-2

序号	项目类别	项目级别	基地名称	申报单位	保护单位
1	传统美术	区	建茹剪纸、刺绣保护传承基地	宁夏建茹文化产品创意有限公司	彭阳县文化馆
2	传统技艺	市级	彭阳蜂蜜酿酒技艺传承保护基地	彭阳县狮虎酒业有限公司	彭阳县文化馆
3	传统美术	市级	彭阳刺绣技艺传承保护基地	宁夏建茹文化产品创意有限公司	彭阳县文化馆
4	传统美术	市级	彭阳麦秆画技艺传承保护基地	宁夏国胜艺术服务有限公司	彭阳县文化馆
5	传统美术	市级	彭阳剪纸技艺传承保护基地	宁夏贵斌工艺传媒有限公司	彭阳县文化馆

二、非遗传承人

彭阳县非物质文化遗产项目代表性传承人一览表

表 7-3

自治区级传承人										
项目基本信息					代表性传承人基本信息					
项目类别	项目编号	项目名称	申报地区或单位	入选县级名录时间	姓名	性别	民族	出生年月	当选区级代表性传承人时间	所在单位或主要开展传承活动地区
传统美术	Ⅶ	剪纸	白阳镇	2016 年	张金霞	女	汉族	1960 年 6 月	2013 年 6 月	彭阳及周边地区
传统美术	Ⅶ	剪纸	白阳镇	2016 年	杨志仓	男	汉族	1963 年 1 月	2019 年	彭阳及周边地区
传统技艺	Ⅷ	草编	白阳镇	2018 年	吴丽霞	女	汉族	1967 年 8 月	2008 年 6 月	白阳镇

市级传承人										
项目基本信息					代表性传承人基本信息					
项目类别	项目编号	项目名称	申报地区或单位	入选县级名录时间	姓名	性别	民族	出生年月	当选市级代表性传承人时间	所在单位或主要开展传承活动地区
传统技艺	Ⅷ	蜂蜜黄酒	白阳镇	2017 年	虎忠龙	男	汉族	1971年11月	2022 年 6 月	白阳镇
传统美术	Ⅶ	麦秆画	城阳乡	2018 年	瓮国胜	男	汉族	1970年12月	2022 年 6 月	城阳乡

续表 7-3

市级传承人										
项目基本信息					代表性传承人基本信息					
项目类别	项目编号	项目名称	申报地区或单位	入选县级名录时间	姓名	性别	民族	出生年月	当选市级代表性传承人时间	所在单位或主要开展传承活动地区
传统美术	Ⅶ	根雕	白阳镇	2018 年	常金理	男	汉族	1973年11月	2022 年 6 月	白阳镇
传统技艺	Ⅷ	十大碗	白阳镇	2018 年	罗有升	男	汉族	1982年11月	2022 年 6 月	白阳镇
传统美术	Ⅶ	剪纸	白阳镇	2016 年	刘克斌	男	汉族	1973 年 8 月	2022 年 6 月	白阳镇
传统美术	Ⅶ	剪纸	新集乡	2016 年	赵玉贵	男	汉族	1980 年 7 月	2022 年 6 月	新集乡
传统美术	Ⅶ	剪纸	白阳镇	2016 年	石贵斌	男	汉族	1993年11月	2022 年 6 月	白阳镇
传统美术	Ⅶ	剪纸	白阳镇	2016 年	杨会兰	女	汉族	1951年10月	2022 年 6 月	白阳镇
传统美术	Ⅶ	剪纸	白阳镇	2016 年	杨立荣	男	汉族	1978 年 2 月	2022 年 6 月	白阳镇
传统美术	Ⅶ	刺绣	白阳镇	2017 年	刘　茹	女	汉族	1974年10月	2022 年 6 月	建茹有限公司
传统美术	Ⅶ	刺绣	白阳镇	2017 年	赵秉兰	女	汉族	1975 年 1 月	2022 年 6 月	白阳镇
传统美术	Ⅶ	刺绣	白阳镇	2017 年	安冬梅	女	汉族	1968 年 8 月	2022 年 6 月	白阳镇
传统美术	Ⅶ	刺绣	白阳镇	2017 年	李巧红	女	汉族	1968 年 8 月	2022 年 6 月	白阳镇
传统美术	Ⅶ	刺绣	白阳镇	2017 年	刘粉金	女	汉族	1968 年 8 月	2022 年 6 月	固原刺绣培训机构
传统美术	Ⅶ	刺绣	白阳镇	2017 年	陈彩霞	女	汉族	1970年12月	2022 年 6 月	白阳镇
传统音乐	Ⅱ	原生态花儿	古城镇	2017 年	张　平	男	回族	1979年12月	2022 年 6 月	白阳镇
传统音乐	Ⅱ	宁夏山花儿	新集乡	2017 年	姬满录	男	回族	1962 年 6 月	2022 年 6 月	新集乡

续表 7-3

县级传承人										
项目基本信息					代表性传承人基本信息					
项目类别	项目编号	项目名称	申报地区或单位	入选县级名录时间	姓名	性别	民族	出生年月	当选县级代表性传承人时间	所在单位或主要开展传承活动地区
传统美术	Ⅶ	剪纸	城阳乡	2016 年	王淑霞	女	汉族	1971年11月	2021 年 6 月	城阳乡
传统美术	Ⅶ	剪纸	白阳镇	2016 年	李治勇	男	汉族	2003 年 4 月	2021 年 6 月	白阳镇
传统美术	Ⅶ	刺绣	白阳镇	2017 年	陈玉慧	女	汉族	1972年11月	2021 年 6 月	白阳镇
传统美术	Ⅶ	刺绣	白阳镇	2017 年	祁晓梅	女	汉族	1958年12月	2021 年 6 月	白阳镇
传统美术	Ⅶ	刺绣	小岔乡	2017 年	虎小兰	女	汉族	1977 年 6 月	2021 年 6 月	原州区残联手工制作室
传统美术	Ⅶ	刺绣	白阳镇	2017 年	张彩霞	女	汉族	1970 年 4 月	2021 年 6 月	白阳镇
传统美术	Ⅶ	刺绣	小岔乡	2017 年	安亚春	女	汉族	1979 年 1 月	2021 年 6 月	小岔村乱洼组
传统音乐	Ⅱ	花儿	古城镇	2017 年	马德莲	女	回族	1974 年 8 月	2021 年 6 月	古城镇
传统音乐	Ⅱ	花儿	古城镇	2017 年	海生满	男	回族	1970 年 3 月	2021 年 6 月	古城镇
传统技艺	Ⅷ	笼食燕麦酒	白阳镇	2018 年	刘彩芳	女	汉族	1976年11月	2021 年 6 月	白阳镇
传统技艺	Ⅷ	泥塑彩绘脸谱	白阳镇	2009 年	郭昊东	男	汉族	—	2009 年	白阳镇
传统技艺	Ⅷ	彭阳鼓乐	城阳乡	2011 年	韩　旭	男	汉族	—	2011 年	城阳乡

第四节　文学艺术

一、文学创作

民间文学

1979年后，国家要求对民间文学进行搜集整理。彭阳县境内一些教师、学生开始整理，向《六盘山》等报刊投稿发表。青年教师高忠雄业余搜集整理民间文学作品约50万字，被收入《全国民间艺术人才大集》。自治区、地区文联也派人到境内挖掘整理。1984年，国家文化部、民族事务委员会和中国民间文艺家协会联合发出通知，编辑《中国民间故事集成》《中国歌谣集成》《中国谚语集成》，并被列为国家重点科研项目。全区民间文学集成工作在自治区民间文学集成办公室统一部署和领导下进行。1986年3月，彭阳县相应成立编辑室办公室，划拨专款、抽调人员、动员社会力量，对民间文学全面普查。1987年底，普查完毕，先后编印民间文学3套集成丛书。

《彭阳民间故事》　全县普查收集神话、地方传说、生活故事、幻想故事、动植物传说、笑话500余篇，约65万字。经筛选整理，精选符合科学性、全面性、代表性原则的故事200篇，于1987年5月编印成书，主编高万伟，该书获自治区第二届民间文学"金凤凰"奖。

《彭阳歌谣》　全县普查收集民歌、民谣、花儿900首，约40万字，具有浓厚的乡土气息。其中情歌比重较大，生活歌独具特色。经筛选整理，选用反映时政、劳动、生活、仪式、历史传说、儿歌、花儿、爱情的340首歌谣，于1988年4月编印成《彭阳歌谣》，主编孟承道，该书注重收集歌词，还收录了少量典型的曲谱。

《彭阳谚语》　全县普查收集谚语4000余条，约30万字，选出内容包括时政、事理、修养、社交、生活、自然、生产、其他8类2060条，于1988年5月编印而成，主编为梁志强。

小　说

20世纪80年代，韩聆、瓮志明、刑连平等人的小说《明天结婚》《红雾》《黄昏飞来一只鸽》等在《六盘山》发表，受到读者的欢迎。20世纪90年代初韩聆的《小炉匠龙灌角》《边缘情感》，瓮志明的《花狗》在《朔方》《六盘山》发表。1994年，欧阳秉的《雨中的脚印》在《六盘山》第5期发表。2001年，林生库《小小说五题》在《朔方》第12期发表。杨秉卓《闲人》在《黄河文学》第1期、《朔方》第12期发表。

李向荣　笔名穹宇，1973年生于彭阳，专业作家。小说《去双喜那儿》在《朔方》1999年第5期发表，并在2005年12月被固原市委宣传部、固原市文联在固原市第四次文学艺术作品评选中评为三等奖，被收入《生命的重音》《彭阳文学作品选》中。小说集《穹宇小说》中《不合时宜的夜晚》入选《文学固原》一书。多次担任全区全市学生作文大赛及中华经典电视诵读大赛评委，曾指导中学文学社活动、担任文学杂志编辑各10年。宁夏作家协会理事、宁夏朗诵艺术学会会员、银川市作家协会副主席、银川文学院副院长。

苏炳鹏　1976年生，彭阳人，曾在《朔方》《六盘山》《黄河文学》等杂志发表小说、散文多篇，现供职于银川市文联。2015年12月，小说《鸳鸯车》入选《文学固原》。

张治乾　1964年生，彭阳人，后搬迁至红寺堡。为中国少数民族作家协会会员，宁夏作家协会会员，吴忠市作家协会理事，《罗山文苑》文学季刊副主编。在《时代文学》《小说界》《黄河文学》《雨花》等刊物发表作品多篇。出版有小说集《大漠长歌》。曾获第一届全国微型小说奖，第六届新月文学奖。2015年，小说《顿亚村纪事》入选《文学固原》。

王秀玲　女，1976年生，彭阳人。2008年开始创作小说。《收狗的女人》《好大一棵树》《打碗碗花》《梦见槐米》等短篇小说先后在《六盘山》《黄河文学》《朔方》等刊物上发表，宁夏作协会员。

韩海霞　女，1983年生，彭阳古城镇店洼村人，现在银川市西夏区实验小学任教。2011年在《黄河文学》发表第一篇小说《风中的花》后，陆续发表小说《暖冬》《长在河里的庄稼》《秋水无痕》《风雪夜归人》等。散文《带我到春暖花开地方的人》获银川晚报征文比赛二等奖。

姬莉红　女，1979年生，彭阳人，曾在《彭阳文学》《六盘山》《固原日报》等报纸杂志发表小说《夜话》等多篇文章。

诗　歌

20世纪80年代以来，权锦虎的诗歌作品在《宁夏青年报》《朔方》等报刊发表，并被评为全区十位实力诗人之一。诗歌《山妹子》（组诗）等多首作品发表在《朔方》《宁夏青年报》《六盘山》《宁夏大学学报》等报刊，被诗评家评论介绍；诗歌《西海固》获2008年宁夏党委宣传部组织的全国诗歌征文一等奖。“润丰源”杯诗歌大赛一等奖。《春天，是您给中国留下的一笔遗产》获宁夏文联评奖二等奖：《那一年的冬天》等诗歌作品曾获自治区文化厅评奖一、二等奖。著有诗歌集《穿行的树根》。

权锦虎　1962年9月生于宁夏海原。两岁时回到针灸鼻祖皇甫谧的故乡——彭阳萧关古城，在那里成长上学。1980年毕业于固原县教师进修学校英语班，1983年8月分配至彭阳县古城中学担任英语教师工作，1983年考入宁夏教育学院（现为宁夏大学南校区）中文系，1985年毕业。1986年3月调动到宁夏永宁县文联工作，1992年5月调入银川市文化艺术馆工作。曾任银川市群众艺术馆办公室主任，银川市文化艺术馆创作研究部主任，《银川文艺》主编，宁夏诗歌学会名誉副会长等职，为宁夏作家协会会员。

杨建虎　20世纪70年代出生于宁夏彭阳。1992发表文学作品。诗文散见于《人民文学》、《诗刊》、《青年文学》、《十月》、《星星》诗刊、《绿风》诗刊、《诗选刊》、《朔方》、《飞天》等多种报刊。有作品入选《当代诗人咏宁夏》《当代校园文学作品联展》《中国诗选》《2000年中国最佳抒情诗》《2002年中国散文诗精选》等选本。著有诗集《闪电中的花园》、散文集《时光书》。中国作家协会会员，宁夏《共产党人》杂志社编辑。

郭富国　1962年10月生，北京林业大学水土保持专业本科毕业。农学硕士学位，工程师。编著出版《山区农业可持续发展探讨与实践》专业论文集。任彭阳县人大常委会副主任。

瓮志罡　1958年8月生于彭阳县新集乡，大学文化。任彭阳县工会主席。任县文化局局长时，组织成立彭阳县文协。其书法、诗词作品见于区内外多种报刊，并多次入选国内多种选本。系固原市文联委员，中国乡土作家协会理事。

七律《六盘山》高度赞扬了六盘山的历史影响及毛泽东在六盘山率领红军长征的意义。2005年11月1日被中华诗词复兴联合会、《中国诗歌》杂志社、人民诗家评审委员会评为“人民诗家”。

虎维屏　1952年10月生，大学文化，政工师，中华诗词学会会员，供职于彭阳残联。爱好诗词、书画、篆刻，有诗文曾在《宁夏日报》等报刊发表。著有诗集《生活中的我》《走进诗的绿洲》。

赵　辉　1964年2月生于隆德，供职于彭阳社会事业保险局、政工师。2005年1月出版诗集《关山月》。萧关诗评说：赵辉长于诗词艺术的研究和探索，注重深入实际感悟人生，其作品以极为凝练的笔墨，烘托出极为深邃的意境，行文简洁犀利，想象奇特新颖，文字对仗工整，清娴淡雅幽香，语言质朴明达，刻画细致真切。

袁治忠　1968 年生，彭阳人，曾在区内外报刊发表诗作多篇。《古都咸阳：历史发出的请柬》入选《文学固原》。

祁国民　笔名南山子，1972 年生，彭阳城阳乡涝池村人。任中国工业报宁夏记者站记者、站长。宁夏诗词学会副秘书长，宁夏毛泽东诗词研究会会员，中华诗词学会会员。1990 年以来发表作品 60 万字。《组词十四首》入选《文学固原》。

陈云飞　1990 年生于彭阳，区作协会员。有诗歌见于《小说月刊》《固原日报》《彭阳文学》《春雨》《茹河浪》等刊物。全国奥运杯"青少年文艺作品大赛优秀奖获得者，出版个人诗集《灵莽》《云飞诗刊》。

杨廷武　1978 年生，彭阳人，诗歌在区内多种报纸杂志上发表。有诗集《萧关情》。

李德生　1965 年 1 月生，宁夏中卫人。彭阳县政协委员、固原市作协会员、彭阳县作协理事、固原市民间文艺家协会理事。编辑出版《六盘山民间故事·彭阳卷》《彭阳神韵》《彭阳情韵》《彭阳文化丛书》等，在《中国教育》《六盘山》《宁夏群众文艺》《临风的泥香》发表文学作品多篇，诗集《白马庙》入选《文学固原》。

韩建军　1971 年 5 月生，彭阳人。大学文化程度，毕业于长安大学公路学校，在区内外刊物发表文学作品多篇，诗歌《行走在初春的路上》入选《文学固原》。

张　嵩　1963 年生，彭阳人。中华诗词学会常务理事，宁夏诗词学会副会长兼秘书长，宁夏毛泽东诗词研究会常务副会长。任区政协民宗委办公室主任。在《人民日报》《诗刊》《中华诗词》《朔方》等刊物发表作品多首（篇），曾获全国诗词大赛一等奖，宁夏第七届文学艺术奖，著有散诗集《遥远的岸》诗集《渐行渐远集》。

杨秉卓　1976 年 3 月生，彭阳人，就职于彭阳人民政府办公室。诗歌《乡下四季》，2005 年 10 月获宁夏第六届群星杯文学类铜奖。

刘莉萍　女，1981 年生，彭阳人，有《冥想》等诗歌发表于《汉江诗歌》《固原日报》等报刊，曾获魅力六盘清凉固原全国网络诗歌大赛入围奖，彭阳文学艺术奖诗歌一等奖。

黄　涛　笔名禾必，1990 年生于彭阳，供职于固原市中级人民法院，工作之余，读诗写词，在《诗歌月刊》《黄河文学》等刊物发表诗歌多篇。

刘天文　1975 年生，彭阳县党校干部，曾在《人民文学》《扬子江诗刊》《朔方》《六盘山》《宁夏日报》等刊物发表大量诗歌，曾获得固原市第二届"华艺杯"2012 年新锐作家诗歌奖，并有多篇小说、散文、文史类作品发表。

散　文

20 世纪 80 年代末，徐志明的散文《山记》《水记》《城记》《狼歌》在《六盘山》发表，开创彭阳县散文先河。

韩　聆　20 世纪 60 年代生。系宁夏作协会员、固原市作协理事。80 年代初开始文学创作，至今在区内外多种报刊发表作品 60 余万字。中篇《吴志胜的世界》获宁夏第五次文学艺术类三等奖，散文集《边缘情感》（东方出版社 1999 版）获宁夏第六次文学艺术奖二等奖。作品曾入选区内外多种文学选本。获宁夏第六次文学艺术评奖散文类二等奖，固原市第四次文学艺术奖散文类一等奖。散文《在旱地里怎么栽培一棵玫瑰》2004 年发表于《中华散文》，获宁夏第三次"群众杯"业余文艺比赛金奖。

万亚平　1961 年生，大学文化程度。曾任彭阳文化广播电视局局长，有散文《彭阳民间艺术撷英》等发表于多种报刊。

王立地　1962 年生，大专文化程度。任彭阳县文化广播电视局局长，有《我爱故乡那条弯曲的小路》等多篇散文在《宁夏政协报》《固原日报》《六盘山》等报刊发表。

张富宝　1976 年生，彭阳人。2015 年的散文《随想七题》入选《文学固原》。

马君成　20 世纪 80 年代生，彭阳人。宁夏作家协会会员，齐鲁文学院第六期少数民族作家培训班学员。作品见于《写作》《朔方》《六盘山》《固原日报》。《第二百次花开》等散文入选《彭阳文学作品选》《文学固原》。

虎维鹏　1976 年 4 月生于彭阳，固原作家协会会员，在《六盘山》《固原日报》《文学教育》《临风的泥香》等刊物上发表《空巢·空心》等散文及其他作品 20 余万字。

马江驰　1970 年 1 月生，中学语文高级教师，宁夏作协会员，宁夏杂文协会理事，彭阳文联副主席、作协主席，以散文、杂文创作为主，作品散见于区内外各杂志。杂文在区内多次获奖并收入《宁夏杂文十人集》，散文《西风望》散文被收入《临风的泥香》。

何海燕　女，1976 年生于彭阳县，大专文化程度，彭阳作协会员，供职于彭阳盐业管理局。曾在《六盘山》《中国盐业》《彭阳文学》等刊物发表《刮头》等散文 20 余篇。

刘喜王　1979 年 10 月生于彭阳县小岔乡，大学学历。先后担任记者、秘书、教师等职，20 世纪 90 年代开始发表作品，在《黄河文学》《人民日报》《宁夏日报》《宁夏教育》等刊物发表《为了孩子更好地走出大山》等散文和消息多篇。

杨万忠　1968 年 10 月生于彭阳。《彭阳文学》编辑，2011 年开始散文创作。《听雪》等多篇散文发表于《宁夏教育》《固原日报》《六盘人家》《彭阳文学》等刊物。

王能能　女，1988 年 10 月生，彭阳人，2011 年毕业于宁夏师范学院，曾担任校北斗文学社社长、《山城》主编，任县委办公室秘书，兼任《彭阳文学》散文编辑。

文学评论

20 世纪 90 年代以来，瓮志罡的文学评论《弘扬主旋律就要弘扬人的主体精神》在《六盘山》发表。2000 年以来，杨奉宇的文学评论《从“文化间离”原则看西海固文学的发展》在《固原师专学报》发表，显示了不俗的实力。该文被收入《生命的重音西海固文学作品选》一书。

杨奉宇　1976 年生，彭阳交岔乡人。《生命的探寻与揄扬》《从“文化间离”原则看西海固文学的发展》《一腔真情〈走宁夏〉》等多篇文学评论、散文随笔在《回族文学》《共产党人》《六盘山》《宁夏日报》《固原日报》《彭阳文学》等刊物上发表，获固原市第四次文学评奖三等奖，作品入选《西海固文学作品精选生命的重音》。

海　杰　1979 年出生于彭阳，诗人、策展人、影像批评家、专栏作家。在《读书》《新周刊》《南方周末》《中国摄影》《摄影之友》等杂志发表文章逾百万字。出版社摄影评论《照镜子的人》《表态》。2011 年平遥国际摄影节首届资助奖评委员会执行主任，2011 年“徐宥冰”摄影大展推荐委员会委员。

张富宝　1976 年生，彭阳人。宁夏大学人文学院副教授，文艺理论教研室主任，文艺学硕士，主要从事文艺美学、当代审美文化与宁夏文学研究。曾有文学与评论作品见于《光明日报》《文艺报》《山花》《名作欣赏》《朔方》《银川晚报》《新消息报》《六盘山》等刊物。

报告文学

20 世纪 90 年代以来，韩聆的报告文学作品《吴志胜的世界》在《宁夏文艺家报》发表后，获宁夏第五次文学艺术作品评奖三等奖。韩聆、牛德生的报告文学作品《爱心铺就求学路》在《中国教育报》头版发表。祁强的报告文学作品《宇宁的企盼》在《宁夏日报》(西部周末版)发表。王成峰、王立地创作的《二十年风雨著华章》在《六盘山》上刊登。

二、艺术创作

音乐戏曲

1985 年 3 月，全县举办首届文艺调演，县机砖厂、城阳、峁堡、高庄、草庙等，12 个代表队参加演出，峁堡、城阳代表队分别获演出奖和创作奖。演出剧目主要为历史剧目。20 世纪 70—80 年代，焦达人创作现代剧《酒馆》《墙里墙外》《邻舍风波》等，由城阳村戏班排练在彭阳县城演出，其中《茹河岸边》(合作)、《一举两得》、《张连卖粮》等参加固原县调演。《赶集》等在《六盘山》上发表。《农家春》(合作)参加自治区现代戏创作会演，获三等奖。王立地先后创作的《绿染彭阳》《六个老汉逛县城》《惠农财政得民心》《话社保》《十位大爷夸农业》《话彭阳》《夸粮食》《彭阳草业喜空前》《庆七一话城建》《说说咱们县医院》《彭阳水利巡礼》《话沼气》《赞谱九》等戏剧被搬上舞台，有的在自治区、固原市调演中获得一等奖、银奖和铜奖。同时，各单位各乡镇也兴起自编自演文艺节目的热潮。

1986 年，文化馆组织开展歌舞爱好者参加全区民族民间音乐、电视录像比赛获三等奖；燕南访创作的歌曲《谁不夸咱固原美》获创作三等奖、《中国当代艺术界名人录辞书》收录他的演唱，孟承道演唱的《拉长工》《冻冰花》获三等奖。

建党 80 周年庆典期间，组织全具职工革命歌曲大合唱比赛，14 个代表队参加，演员 1500 多人，观众达 3 万余人。建县 20 年之际，举办《绿色彭阳》文艺晚会，其中万亚平作词、燕南访作曲创作的歌曲《欢庆彭阳二十年》获一等奖。

2003 年 4 月，编剧王立地，作曲罗丽丽的戏曲《绿染彭阳》连续上演 5 次，被固原市和区文化厅调演，获全区"群星奖"暨第三届岗位技能大赛铜奖。由王立地、尹德智作曲，燕南访导演的表演唱《六个老汉逛县城》，上演 10 多场，参加固原市首届文化体育节文化广场调演，彭阳县 20 周年县庆专场演出，获固原市首届文体节演出一等奖。万亚平独唱《党啊，永远热爱您》获宁夏杯全区岗位大赛铜奖。张嵚独唱《山路十八湾》获全区"光彩之声"文艺比赛三等奖，燕南访歌曲《我们闪耀　我们燃烧》获全区少儿歌曲创作比赛二等奖。群文助理馆员郑英凤秦腔《西湖山水还依旧》在第二届全区群文岗位技能大赛中获银奖。燕南访独唱《嘎达梅林》获第二届全区群文岗位大赛铜奖。张嵚的独唱《青藏高原》获全国新闻"记者情"声乐大赛三等奖。万亚平、燕南访创作的歌曲《彭阳腾飞的凤凰》、王立地群口快板《绿染彭阳》参加市区文艺调演。2005 年，郑鄞作曲的彭阳二中校歌《山桃花》获彭阳"颂歌唱彭阳"优秀奖，获固原市首届文化体育节演出一等奖。

2004 年，进一步深化"彭阳精神""20 字建县方针""绿色彭阳""生态彭阳""党建四个新"成为工作的重点和亮点，为了更好地配合县委、县政府开展工作，文化部门提出"文化搭台、部门唱戏、实现双赢"的工作思路。2004 年共演出 10 场，累计观众达 30 万人次以上。12 月举办"庆元旦'移动杯'秦腔清唱大奖赛"。组织人员参加了全区"群星杯"岗位技能大赛，并有 2 人获二等奖，1 人获三等奖，1 人获优秀奖。同年 12 月文化馆组织参加固原市"供电杯"六盘情歌手、舞手、乐手大奖赛获优秀组织奖。

2005 年，县委、县政府提出以"四个新"落实"四篇文章"的战略思路，打造"党建彭阳”“诚信彭阳”“平安彭阳”的举措，给群文工作提供强大的动力。文化部门继续以搞好广场文化为目标，在完善总结的基础又提出“文化搭台、部门唱戏、城乡互动、群众参与”的工作思路，一个部门联系一个乡镇给钱给物，文化馆具体承担演出活动的节目审定和艺术指导工作，联系的部门乡镇聘请艺术人才、中小学音乐教师精心编导节目，形成了部门乡镇领导带头，干部职工、教师、学生参加，城乡到处搞文化的场面。2005全年共演出32场次，观众达48万多人次，二重唱《欢庆彭阳二十年》参加全区“四进社区”文艺演出和全区“群星奖”演出并参加固原市首届文化艺术节演出，获“群星奖”银奖。

2010年，新编排演歌舞、小品、快板等文艺节目35个，参加自治区、固原市各类演出18场次，承办广场文化活动26场次，社区文化活动7场次。

2011年，开展送文化下乡活动演出各类文艺节目46场次。

2012年，编排节目参加固原市春晚演出，艺术团编排舞蹈、小品等文艺节目36个，开展送戏活动50场次。在县城怡园广场集中组织广场文化演出37场次，举办乡村、社区各种广场文化活动72场次，举办秦腔业余培训40天，培训秦腔爱好者100多人。举办以“鼓劲、凝心、聚力、祥和”为主题的秦腔戏曲会演，古城镇等5个文艺队在怡园广场演出秦腔10场次。

2013年，编排节目参加固原市春晚演出，艺术团编排舞蹈、小品等文艺节目36个，开展送戏活动50场次。在县城怡园广场集中组织广场文化演出37场次，举办乡村、社区各种广场文化活动72场次，举办秦腔业余培训40天，培训秦腔爱好者100多人。举办“颂歌唱彭阳”青年歌手大赛和秦腔比赛、曲艺小品比赛等“东山文化美丽彭阳”系列活动，丰富广大城乡群众精神文化生活。选送节目参加2014“欢乐宁夏”群众文艺会演，获得表演一等奖1个。组织节目参加固原市第二届消息小品大赛，获得2个二等奖、1个三等奖和1个优秀奖。公共文化服务体系示范县创建验收工作顺利通过。

2014年，投入150万元扶持发展民营文艺团队和乡村文艺团队25个1250人。举办秦腔、歌舞培训班5期，培训学员600人。积极发挥拉丁舞培训学校、少儿“123”培训学校等社会力量培训青少年400余人。强化公共文化队伍管理，采取以会代训方式培训管理人员190人，提高文化艺术管理队伍人员的整体素质，保证公共文化服务活动场所的免费开放。

2015年，组织开展“科技惠春、欢歌颂春、翰墨咏春、戏曲赞春、银幕展春、猜谜喻春、彩灯扮春、情韵寄春”等11项系列文化活动。开展庆新春茶话文艺晚会、元宵晚会、“三下乡”、广场（社区）文艺演出等活动。组织节目参加固原市春晚演出及自治区文化厅2015年“欢乐宁夏”全区群众文艺会演，男声独唱《沁园春·雪》获表演类三等奖。参加固原市广场舞大赛、固原市第三届“小戏小品”大赛，广场舞大赛获得优秀奖，选送的“小品小戏”《东山牧羊人》《挖林带》《买辣椒》《情系大棚》分别荣获二、三等奖和优秀奖，演员卜金红获得最佳表演奖。选派人员参加自治区、固原市舞蹈培训班5期，培训文艺骨干10人。送戏下乡和广场文化演出86场次。完成城乡数字电影放映2300场，观众27万人次。

2016年，投入150万元扶持发展民营文艺团队和乡村文艺团队25个1250人。举办秦腔、歌舞培训班5期，培训学员600人。积极发挥拉丁舞培训学校、少儿“123”培训学校等社会力量培训青少年400余人。强化公共文化队伍管理，采取以会代训方式培训管理人员190人，提高文化艺术管理队伍人员的整体素质，保证公共文化服务活动场所的免费开放。

2017年，组织开展文化、科技、卫生“三下乡”“迎新春”茶话会文艺演出、元宵节社火大赛和庆元宵文艺晚会，编排大型舞蹈《安塞腰鼓》参加固原市2017年春节联欢晚会，县内14个秦腔剧团在怡园广场举行秦腔展演。全年共开展广场文化演出60场次、送戏下乡96场次、戏曲进校园12场次。村综合文化服务中心开展文化活动160场次，农民文化大院开展活动1800场次。创作小品《高价彩礼》《二牛的婚事》《彩礼风波》、音乐快板表演唱《禁绝毒品　珍爱生命》等文艺作品，参加固原市群众广场舞大赛和文化大院文艺调演暨第五届移风易俗树文明新风小品小戏大赛，荣获一等奖1个、三等奖2个、优秀奖3个。

2018年，举办陕甘宁电视秦腔大赛选拔赛彭阳分赛区大型演出3场，开展“文化进万家”等公益性品牌活动4次。开展戏曲、电影进校园、进军营、进敬老院等活动22场次。山花节期间，在城阳乡杨坪村、白阳镇玉洼村举办专场文艺演出20场次，对彭阳剪纸、刺绣、根雕等非遗文化产品、农副产品和旅游商品大力推介。

2019年，举办“快行慢游”赏花海、“房车巡游”闹花海、“大地飞歌”唱花海、“杏花诗里”吟花海、“全媒融合”宣花海、“名师聚焦”摄花海、“彭阳有礼”展花海、“万人盛宴”品花海、“美丽家园”大型文艺晚会等9项活动。央视《朝闻天下》等全国电视知名栏目、国家级报纸杂志及新型媒体竞相宣传报道。

2020年，评选优秀作品参加自治区、固原市抗疫作品评选。彭阳县选送的歌词《致敬——最可爱的人》、快板《抗疫情》获全区优秀奖。

书画篆刻

1976年,杜文祥的国画《农田大会战》参加自治区、全国画展。1987—1993年,全县参加自治区各类画展80件,参加地区画展120件,其中白阳镇第二小学学生崔新剑的儿童画《葡萄》获全区少儿美术展一等奖,并选送到荷兰展出。1987年10月,固原地区文联举办首届硬笔书法展览,彭阳县13人获奖,1998年后虎炳文、王正鲜、焦达人、高维斌、杨廷福等人书法作品曾参加黄河流域五地区书画联展,陕西省三源于佑任书画展和“三峡杯”国际诗书法篆刻大赛,其中虎炳文获于佑任书画三等奖,杨廷福获“三峡杯”佳作奖,还涌现出计立言、徐文奇、梁志强、瓮志罡、万亚平、王立地、燕南访、李永福、梁宗仁、王耀武、杜正全等一批书法新秀。

1993年9月,举办建县10周年县庆书法、绘画、摄影展、征集各类作品156幅,在县图书馆一楼大厅展出,观众2500多人。

1998年7月,以“弘扬彭阳精神”为主题,在县图书馆一楼大厅举办全县书法、绘画、摄影作品展,共展出县内外作者作品170余幅。其中有46幅优秀作品被县文物站收藏。

2001年1月,在图书馆一楼大厅举办全县书法、绘画、摄影展,征集干部、职工、师生、农民的各类作品290余幅,经筛选装裱展出124幅,千余人前来观赏。

2003年9月,举办建县20周年大型干部职工书法、绘画、摄影展,共征集各类作品近300幅,装裱展出180余幅,收到自治区、固原市领导祝贺作品14件,固原市书法名人作品5件一同展出。观众3000多人。同时在县文化馆多功能厅举办建县20年成就展,涉及林业、水利、农业、建环、文化等10多个门类,历时展出10天,观众万余人。

2005年9月,参加固原市举办的“固原首届农民职工文化体育节”,彭阳县选送书法、绘画作品共15件,其中计立言的书法作品获一等奖,杜正权的书法作品获二等奖。

2005年10月,参加自治区人民政府举办的首届文化艺术节,彭阳县选送参展作品共35件,其中文学作品5件,书法作品6件,美术作品3件。韩聆的小说获金奖,李向荣的小说获铜奖,李永福、梁志强的书法获银奖,万亚平的书法获铜奖,燕南访、瓮志罡的书法获优秀奖。

2010年,举办西部书画艺术研究院院长赵凤祥书法作品邀请展,展出作品120幅,观众万人次。

2011年,虎维屏国画《当惊世界殊》获全区“爱心杯”书画大赛二等奖。杜文祥,1962年在彭阳任民办教师,1984年在电影公司从事电影宣传画工作,美术作品多次参加区展览并获奖。1987年彭阳县书画展中获优秀奖。国画《归》被选入《彭阳县志》,国画《腾飞》在全区“万德杯”书画大赛中获铜奖，篆刻《人间遍种自由花》获全国篆刻大赛一等奖，行书对联获全区第二届文化岗位技能大赛优秀奖。

摄 影

彭阳历史悠久，源远流长；文化蕴藉，民俗璀璨；杏花簇拥，梯田舞动；地貌多姿，风光旖旎。彭阳地处宁夏东南，六盘山东麓，早在3万年前就有人类繁衍生息，是世界针灸鼻祖皇甫谧的故里，是红色革命老区。自秦启迄明，置郡设县。境内秦长城盘亘百里，朝那湫渊、城郭堡寨、石窟寺院星罗其中，风景秀丽的茹河丝绸古道、鬼斧神工的红龙峡、连环相生的茹河瀑布、气势恢宏的黄土大峡谷等亮丽景观自然天成，史称“关中门户”，美誉“固原东山文化之乡”。

20世纪60年代初期，境内始有私人自带布景、相机在农村拍摄黑白照片，无专业照相馆。1978年，彭阳中学购置照相器材，主要为参加大、中专考试的考生和毕业学生照相，1979年，彭阳区中心文化站配有照相器材，对外营业。始搞创作，向外投稿，1980年，彭阳、王洼供销社设立照相馆营业。1987年成立县照相馆，有工作人员3名，年收入1.5万元，建筑面积90平方米。1987年8月个人承包经营，同年，境内始用“135”照相机拍摄彩色照片。1990年彩扩基本普及，在平凉、固原冲洗。1993年10月，县城始有红光采扩部，有新华、红光、百灵、长春、风光等照相馆7家，流动于农村各主要集镇的个体照相馆10余家。

自1983年重置县制以来，勤劳朴实的彭阳人民坚持小流域综合治理不放松，用铁锹镢头把彭阳大地镌刻成梯田、林带、库坝交相辉映的“大花园，大果园”，呈现出一幅生态文明的“人工画廊”。2012年被水利部评为国家水利风景区；2012年被宁夏文联、宁夏摄影家协会命名为“宁夏摄影创作基地”；2013年彭阳旱作梯田入选“中国美丽田园”10项梯田景观(农业部)。在彭阳这块热土上，厚重的历史文化，绚丽的自然风光，独特的人文景观，浓郁的民俗风情，为摄影艺术提供了取之不尽、用之不竭的创作题材，也孕育了一支创作活跃的摄影队伍。他们在追求着摄影艺术的同时，以热爱家乡的眷眷情怀宣传着彭阳、推介着彭阳，提升了彭阳的知名度和影响力，推动了文化与旅游的深度融合，为彭阳的经济发展和社会的全面进步，营造了昂扬向上的良好环境。《彭阳摄影作品集》的结集出版，既是彭阳摄影艺术创作的阶段性总结，也是对彭阳风物的一次集中展示，更是为广大摄影人提供了一个交流的平台。希望通过这本作品集，引导更多的文艺人才创作出更多的文艺精品，为推进彭阳文艺事业繁荣发展作出积极的贡献。

1983年后，文化、宣传、科技、史志等部门因工作需要，配有照相机，执机者和社会摄影爱好者经文化馆组织培训，初步形成业余摄影队伍，经常向《固原报》《宁夏日报》《宁夏画报》等投送新闻照片。1993年底，共有10余名作者的42幅摄影作品在报刊发表。王志文的黑白摄影作品《土专家》《苗》分别在地区和自治区影展中获奖。林生库在1999年10月举办黑白彩色摄影作品展，展出作品60余幅，并有作品在区内外展出获奖。

三、文学作品

隋柱国左光禄大夫弘义明公皇甫府君之碑

〔唐〕于志宁

夫素秋肃煞，劲草标于疾风；叔世艰虞，忠臣彰于赴难。衔须授命，结缨殉国，英声焕乎记牒，徽烈著于旂常。岂若衅起萧墙，祸生蕃翰；强逾七国，势重三监。其有蹈水火而不辞，临锋刃而莫顾，激清风于后叶，抗名节于当时者，见之弘义明公矣。

君讳诞，字玄宪，安定朝那人也。昔立效长丘，树绩东郡。太尉裂壤于槐里，司徒胙土于郿门；是以车服旌其器能，茅社表其勋德。铭功卫鼎，腾美晋钟。盛族冠于国高，华宗迈于栾郤。备在史牒，可略言焉。

曾祖重华，使持节龙骧将军，梁州刺史。润木晖山，方重价于赵璧；媚川照阙，耀奇采于随珠。祖和，雍州赞治，赠使持节散骑常侍车骑大将军，仪同三司，胶泾二州刺史。高衢将骋，遽友追风之足；扶摇始抟，早坠垂天之羽。父璠，使持节骠骑大将军，开府仪同三司，随州刺史，长乐恭侯。横剑桤桓，威重冠军。抃瑞蕃条，声高勃海。公量包申伯，禀嵩山之秀气；材兼萧相，降昂纬之淑精。据德依仁，居贞体道。含章表质，讵待变于朱蓝；恭孝为基，宁取训于桥梓。锋剸犀象，百练挺于昆吾；翼掩鸳鸿，九万奋于溟海。博韬胥产，文瞻卿云。孝穷温凊之方，忠尽匡救之道。同何充之器局，被重晋君；类荀攸之宏图，见知魏主。斯故包罗众艺，囊括群英者也。

起家除周毕王府长史，荣名蕃牧，则位重首寮；袨服睢阳，则誉光上客。既而苍精委驭，炎运启图。作贰边服，实资令望。授广州长史，悦近来远，变轻讴于雕题。伐叛怀柔，渐淳化于缓耳。蜀王地处维城，寄深磐石，建旃玉垒，作镇铜梁。妙择奇材，以为僚佐，授公益州总管府司法。昔梁孝开国，首辟邹阳。燕昭建邦，肇征郭隗。故得驰令问于碣馆，播芳猷于平台，以古方今，彼此一也。寻除尚书比部侍郎，转刑部侍郎。趋步紫庭，光映朝列。折旋丹地，誉重周行。俄迁治书侍御史，弹违纠慝，时绝权豪；霜简直绳，俗寝贪竟。随文帝求衣待旦，志在恤刑。呪纲泣辜，情存缓狱。授大理少卿，公巨细必察，同张季之听理；宽猛相济，比于公之无冤。但礼闱务殷，枢辖寄重，允膺此职，实难其人。授尚书右丞，洞明政术，深晓治方。臧否自分，条目咸理。丁母忧去职，哀恸里闾，邻人为之罢社；悲感衢路，行客以之辍歌。孝德则师范彝伦；精诚则贯彻幽显。虽高曾之至性，何以加焉。寻诏夺情，复其旧任。于时山东之地，俗异民浇，虽预编民，未行声教。诏公持节为河北河南道安抚大使，仍赐米五百石，绢五百匹。公輶轩布政，美冠皇华之篇；拥节观风，荣甚绣衣之使。事讫反命，授尚书左丞。然并州地处参墟，城临晋水，作固同于西蜀，设险类于东泰。实山河之要冲，信蕃服之襟带。授公并州总管府司马，加仪同三司。公赞务大邦，声名藉甚，精民感化，黠吏畏威。属文帝剑玺空留，銮跸莫反。杨谅率太原之甲，拥河朔之兵，方叔段之作乱京城，同州吁之挺祸濮上，虽无当璧之兆，乃怀夺宗之心。公备说安危，具陈逆顺，翻纳魏勃之荣，反被王悍之灾。

仁寿四年九月，溘从运往，春秋五十有一，万机起歼良之叹，百辟兴丧予之悲；切孔氏之山颓，痛杨君之栋折。赠柱国左光禄大夫，封弘义郡公，食邑五千户，谥曰："明公"，礼也。丧事所须随由资给，赐帛五千段，粟三千石。惟公温润成性，夙表白虹之珍；黼黻为文，幼挺雕龙之采。行已穷于六本，蕴德包于四科。延阁曲台之奇书，鸿都石渠之秘说，莫不寻其枝叶，践其隩隅。譬越箭达犀，饰之以括羽；楚金切玉，加之以磨砻。救乏同于指囷，亲识待其举火；进贤方于推毂，知己俟以弹冠。存信舍原，黄金贱于然诺；忘身殉难，性命轻于鸿毛。齐大小于冲襟，混宠辱于灵府。可谓楷模雅俗，冠冕时雄者也。方当亮采泰阶，参综机务，岂谓世逢多故，运属道消。未展经邦之谋，奄钟非命之酷。

世子民部尚书上柱国滑国公无逸，以为邢山之下，莫识祭仲之坟，平陵之东，谁知子孟之墓。乃雕戈勒石，腾实飞声，树之康衢，永表芳烈。庶葛亮之陇，钟生禁之以樵苏；贾逵之碑，魏君叹之以不朽。乃为铭曰：

殷后华宗，名卿胄系。人物代德，衣冠重世。
逢时翼主，膺期佐帝。运荣经纶，执钧匡济。
门承积庆，世挺伟人。夜光愧宝，朝采惭珍。
云中比陆，日下方荀。抑扬元辅，参赞机钧。
王叶东封，贰图北启。伏奏青蒲，曳裾朱邱。
名弛碣石，声高建礼。珥笔宪台，握兰文陛。

分星裂土，建侯开国。辅藉正人，相资懿德。
中台辍务，晋阳就职。望重府朝，誉闻宸极。
乱阶蔓草，灾生剪桐。成师构难，太叔兴戎。
建德效节，夷吾尽忠。命屯道著，身殁名隆。
牛亭始卜，马獵初封。翠碑刻凤，丹旐图龙。
烟横古树，云锁乔松。敬铭盛德，永播笙镛。

原州百泉县令李君神道碑

〔唐〕杨　炯

金城裂地之灾，玉弩惊天之祸。蹴昆仑以西倒，蹋泰山而东覆。三微历数，尽薰歇以声沈；万国衣裳，咸土崩而瓦散。是故殷忧启圣，圣人腾海岳之符；草昧兴王，王者受风雷之祉。则有思穷图谶，潜观赤伏之萌；识洞礻几祥，暗察黄星之兆。天悬两日，询去就於河宗；地震三川，考兴亡于柱史。危邦不入，乱邦不居。翦荆棘而叩天门，临坛场而对休命。及其元黄再造，日月重轮，功成而不居，名遂而身退。南华吾师也，亲居贱职；东方达人也，安乎卑位。然后武城弦唱，优游礼乐之中；彭泽琴樽，散诞羲皇之表。虽杜当阳之文武，兰菊犹存；而薛孟尝之池台，风烟遂歇。悲夫！死生命也，贵贱时也。用之则行，舍之则藏。出处者君子之恒务，左右者君子之攸宜。吾闻其语矣，今见其人也。

君讳楚才，卫州卫县人也。昔绕枢神电，轩辕氏之驭百灵；贯斗祥星，颛顼氏之临四海。金科作范，商邱有帝系之□；玉札披图，幽谷有贞人之气。由是公侯策命，历千载而弥昌；钟鼎欢娱，经百王而不替。岂直将军列位，孙吴暗合之兵；协律当官，天地冥符之乐，若斯而已矣？曾祖裕，后魏东宫舍人太子洗马使持节徐州诸军事徐州刺史敦煌郡开国公，赠兖、豫二州刺史。直城西望，高阙东临。非无置驿之欢，实有前驱之宠。琅琊负海，八门都督之荣；玉漳濒河，百代封侯之贵。大父昌，北齐彭城王府中兵参军事，隋济阴郡守，袭封敦煌公。文场笔海，□烂等于星辰；辩囿谈丛，铿锵协于风雅。九千里之丹凤，始践王门；七十日之黄龙，初阶郡职。考孝友，隋晋州岳阳县令。颜回称太平王佐，月角殊姿；仲由称礼义霸臣，星衡诡状。唐都晋野，有恒山大岳之风；墨绶铜章，有错节盘根之化。若夫于公之宅，驷马争驱；辛氏之门，五龙齐驾。英灵不已，还当命代之期；将相有徵，克保承家之业。东郊竞日，探秘迹于玑衡；西蜀谈元，测灵心于造化。雄才壮思，首九奏而和八音；广见洽闻，披五车而诵三箧。加以兴居礼乐，出入孝忠，简于一人，备于万物。弓旌叠凑，始命贤良；币帛交驰，载徵岩穴。从微至著，滥觞萌括地之波；积小成高，覆篑渐排□之构。隋大业十二年补谒者台散从员外郎，非其好也。

属三千否运，百六灾年。诸侯窥玉鼎之尊，天子厌金陵之气。蚩尤则命风召雨，桀黠于中州；共工则折柱倾维，崩腾于海县。能扶天下之危者，必据天下之安；能除天下之忧者，必享天下之乐。我高祖神尧皇帝所以从人望，宅灵心，镇天关，回地轴。鼓声雷骇，亲张霹雳之威；旌羽星悬，手握招摇之柄。君冲情索隐，妙□知来。候东井而考前闻，裂西河而尊故事。上略中略，奏山石之奇谋；文韬武韬，奉川璜之秘诀。义宁二年授车骑将军，累加开府，武德五年迁右卫二十四府右车骑将军，仍于邛州镇守。皇阶甫辟，犹劳尉候之虚，天步初夷，尚有风尘之警。示之以文德，陈之以武功。所以外户不扃，所以重门罢柝。六年转中山府左列。

南州旧俗，淫其白兽之祠；西□余□，背我黄龙之约。王师直进，陵剑栈以长驱；庙略遐宣，指铜邱而决胜。七年诏君讨袭，枫天枣地，金门玉帐之营；方卦圆蓍，剡木弦弓之射。以此众战，谁能敌之？以此攻城，何城不克？雷出而星曜，龙腾而凤飞。一鼓而擒四姓，三战而平百濮。大夫耆老，非唯二十七人；拓土开疆，岂直五千余里？返行饮至，舍爵策勋焉，礼也。其年加上大将军，赏口十六人，并良马一匹，而俄以争功得罪。

游侠从军，特降王纶，遐迁腾府。通塞有命，潘安仁之绪言；富贵在天，卜子夏之余论。无阶封禅，空叹息于周南；绝望夏台，竟栖迟于汉北。太宗文武圣皇帝承圣皇之大宝，奉天帝之休期，雷雨八瀛，光华四极。旌贤赦过，维新之命屡覃；念功简劳，惟旧之恩累洽。贞观元年授长乐监，仍命于北门供奉。

宜春禁苑，太液神池。浸石菌而扬波，擢金茎而挹露。南经丹徼，恒陪万乘之游；北绕黄山，再奉三驱之礼。当是时也，穆穆焉，皇皇焉，济济焉，锵锵焉。一阴一阳而有序，自南自北而无外。犹复中宵不寐，殷勤多士之林。昃景忘疲，涣汗非常之辟。十四年应诏四科举，射策登甲第，明于国家之大体，达于人事之始终，可谓宰相之璞，可谓皇居之宝。洛阳才子，一承宣室之谈；鲁国儒生，行践中都之邑。寻授灵州鸣沙县令，累迁原州百泉县令。

科通紫微，印负黄州。凉秋九月，寒沙西面。平□匝陇，处处而秋阴；圆魄低开，苍苍而夜色。君乘辎演教，佩绂临人，德被三城，风移五县。抽琴命操，还临单父子堂；击石飞鸣，即对李泉之学。明以御下，将水镜而通辉；清以立身，共冰壶而合照。神行有感，方登玉铉之阶；灵化无方，独叹琼棺之墓。春秋七十有一，以显庆元年十二月八日，终于官舍。

君年十一丁内艰，朋友相哀，家人不识。昔称鲁、闵，今曰荀、何，近古以来，未之有也。隋郡东曹掾江溢见叹曰:“此真可谓保家纬化,嗟尚者久之。”大业末年,皇纲渐紊。不扫一室,自怀包括之心;独守大元,且忘名利之境。于时魏特进房仆射杜相州等,并以江海相期,烟霞相期。付同心之雅会,讫刎颈之良游。或闭户读书,累月不出;或登山涉水,经日忘归。斯贤达之素交,盖千年而一遇,洎尘埋五岳,海没三山,辞殷而奉周,背楚而归汉。深谋远虑,即良平无以加也;行军用兵,则彭韩不能尚焉。数奇命蹇,遂无望于高门;日往月来,竟销声于下邑。情均荣辱,则万象同归;迹混彭殇,则百龄俱尽。浮生若寄,大渐弥留,遗诲子孙,庶几薄葬。等梁鸿之宅兆,邈矣他乡;符祭仲之高居,依然新郑。唯仁与达,君其有焉;存荣殁哀,此之谓也。即以某年月日,葬于某原。

夫人广平宋氏,齐尚书左丞士顺之曾孙,隋建安郡司法长文之季女。霜凄月莹,菊艳苕华,淑问秀于闺房。柔风洽于诗礼。琴前镜里,孤鸾别鹤之哀;竹死城崩,杞妇湘妃之怨。长子金河府校尉上柱国辅仁等,十轮方驾,万石骈衡。窥上帝之兵钤,入先王之册府。指苍天而永诉,血下□襟;对白日以长号,悲未填臆,于是缌麻执友,素盖宾朋,传祖德于高阳,考丰碑于太学。庶使城隍一变,犹知邓艾之名;陵谷三迁,尚识锺繇之字。其铭曰:

玉斗之英,瑶光之精。巡河并洛,握纪提衡。
柱史论道,将军用兵。陆离簪绂,奕叶公卿。
岳牧腾誉,弦歌有声。阶兰叠影,岩桂增荣。
山泽通气,风□表灵。凝脂点漆,月角珠庭。
白玉无玷,黄金满□。忠为令德,孝卖天经。
朋友千里,烟霞百灵。琴尊野尚,松竹山情。
数属郡海,时逢斗星。黄龙电震,白骑雷惊。
赫矣高祖,元亨利贞。圣人有作,天下文明。
自北提剑,因兹间行。攀鳞北海,附翼南冥。
水火之阵,孤虚之营。左提右挈,东讨西征。
巨猾斯斩,元凶载清。功符卫霍,知若良平。
自满知损,居中忌盈。萧条异县,坎□浮生。
降以中旨,宾于上京。陈书诣阙,对问扬庭。
山连雁塞,野接龙□。期月而已,三年有成。
波澜不息,箭刻无停。梁木其坏,高台已倾。
关□断绝,陇雁飞鸣。顿双凫于叶县,□四马于滕城。

县考碑

彭阳古属雍州，秦肇置县朝那(前二七二年)，治今古城，属北地郡。西汉元鼎三年(前一一四年)，析北地郡另置安定郡，朝那属之。

三国郡上设州，朝那属曹魏雍州安定郡，西晋因之。东晋十六国皇始元年(三五一)，改隶陇东郡。夏胜光元年(四二八)，在阳晋川黄石固(今红河川上游)置长城护军。北魏神龟元年(五一八)，朝那县废，置长城郡、黄石县，治今沟口乡境；正光五年(五二四)置白池县，治今城阳乡境，二县皆隶长城郡。西魏废帝二年(五五三)改黄石县为长城县。

隋开皇二年(五八二)，废长城郡和白池县。大业二年(六零八)，改长城县为百泉县，属平凉郡。唐武德八年(六二五)，迁百泉县于今彭阳。贞观十年(六三六)，彭阳置折冲都尉府。五代时，百泉县先后为梁岐、后唐、后晋、后汉、后周之原州所辖。

宋咸平六年(一零零三)置彭阳城。相当于县级军事设置，属镇戎军。金大定二十二年(一一八二)置东山县，治今古城。元至元十年(一二七三)改东山县为广安县，十五年，升为广安州，属开城府。明因之。弘治十五年(一五零二)，广安州废，辖域并入固原州。清、民国以至本世纪八十年代初，本境隶于固原。

一九八三年七月二十九日，国务院批准析固原县东部二五二四点八平方公里设彭阳县，十月十八日县立。

彭阳历史悠久，人文荟萃，但因县治断限，建置沿革，鲜为人知。为彰往察来，特勒石于碑。

中共彭阳县委　彭阳县人民政府

公元一九九六年五月立

彭阳十年县庆纪

彭阳古属雍州，秦肇置县朝那，后历设长城、黄石、白池、百泉、东山、广安等郡州县一七七零余载。明代废州并入固原。一九八三年七月二十九日，国务院批准从固原析出东部两区十五个人民公社，二五二四点八平方公里，十八点六万人，设彭阳县。同年十月十八日，彭阳县正式成立。一九九三年七月，又将固原县五里山村七点五二平方公里，七百二十人划归彭阳县，建宝中铁路彭阳火车站。

重设县治，适逢中共十一届三中全会之后，全县人民沐改革开放之春风，浴国务院"三西"扶贫之甘霖，抓机遇，勤创业，打基础，求发展，团结务实，经十年之沐雨栉风，历三届县委、政府之励精图治，农业基础建设初具规模，公路、水库、农田、邮电、广播电视、农电线路长足日新，果烟牧支柱产业形成基地，粮油产量连创记录，工业迅速发展，门类增多，国民经济稳步增长，人民渐脱贫困而达温饱，部分奔向小康。市场繁荣、商贸活跃，科教文卫体等各项事业正显勃勃生机。昔日之田野上，一座占地二平方公里县城矗立在茹河之畔，栖凤山麓，高楼鳞次栉比，造型各异，街道宽阔整洁，柏槐蔽日，新落成的县委办公楼、影剧院、教学楼、工人俱乐部同西门经济区、农贸市场、街心公园争辉添彩。十年发展之快，人民生活提高之迅，城乡面貌变化之大，为彭阳历史亘古未有。

一九九三年，中共彭阳县委、县人民政府以宣传彭阳、总结经验、促进发展为宗旨，举办十年县庆活动。金秋十月，硕果累累，农村庆贺丰收，县城节日盛妆。十月五日，庆祝大会在人民广场隆重举行。以宁夏回族自治区副主席程法光、固原地委书记芮存章为团长的区、地代表团，自治区三十六个厅、局、委、办和地区十二个处、局、室领导，毗邻的平凉、镇原、固原、隆德、海原、西吉、泾源等市县的代表，及曾在彭阳工作过的部分领导、专家、教授、科技工作者莅临彭阳，与建县十年先进集体、先进个人代表、离退休干部、老劳模代表和三万余群众共庆盛典。上午九时，礼炮鸣响，和平鸽翱翔，气球腾飞，县城彩旗飘扬，鼓号喧天，流光溢彩，街面楼顶、栖凤山坡人山人海，欢呼雀跃。县长徐文彬主持庆典，县委书记柳富致词，程法光、芮存章讲话。

会后举行盛大庆祝游行活动，象征十年的十辆彩车徐徐前导，二十二个游行方队载歌载舞，翩翩而行，巨龙翻飞，雄狮振鬣，秧歌社火，各显特色。是夜，华灯齐放，焰火凌空，人塞街巷，广场秦腔助兴，剧院歌舞庆贺，山城彻夜不眠。

此次庆典，盛况空前，当刻石以记之。

中共彭阳县委　彭阳县人民政府

公元一九九六年古五月立

第八章　人物 表彰

彭阳历史悠久，距今3万年前就有人类在此繁衍生息。闻名古今的朝那湫，留存着从伏羲、女娲到炎黄“人文初祖”生命活动的信息。沐千载风雨的朝那古城，铭记着皇甫家族的荣辱兴衰。还有创造战国秦长城、宋代石窟、明代璎珞宝塔的贤能之士，都是彭阳的骄傲。彭阳地方不大，人才辈出。两千多年来，生活在这片土地上的人们共同创造了昨日的辉煌，更有一批才俊英杰，不甘平庸，自强不息，施展抱负，书写人生，为造福桑梓、推动社会发展作出了卓越的贡献，也为彭阳的历史打上了极具个性特色的印记，留下了一串串令后人为之震撼、为之感动、为之思索的足迹。记载他们，就是在铭记历史。

1983年7月29日，中华人民共和国国务院批准设立彭阳县，其文化积淀十分厚重。文化传承者、创新者、发扬者不可胜数，也难枚举。志书以人系事，记载了以皇甫家族为代表的历史文化人物。志仅列入人物表彰内的系彭阳县文化旅游广电系统内的先进集体和先进个人。

第一节 人物传记

皇甫谧(215—282) 幼名静,字士安,号玄晏先生,安定朝那(今宁夏固原东南,一说甘肃灵台境内)人。他是中国魏晋时期著名的学者,在史学、文学、天文、医学方面都有建树。

皇甫谧学识渊博,一生以著述为务,在针灸医学、文学、史学、哲学等领域负有盛名,与扁鹊、华佗、李时珍等并列为“华夏古代十大名医”;他的铜像被陈列在俄罗斯莫斯科博物馆,受到全世界人民的膜拜。他的经典名著《黄帝三部针灸甲乙经》,集中国古代针灸医术之精华,开创了针灸医学的新时代,奠定了其“世界针灸鼻祖”的地位,至今仍在世界针灸医学界独占鳌头,已被列入世界精神文化遗产名录。《黄帝三部针灸甲乙经》为当今世界保存最早的一部针灸医学专著,名列“影响世界的100本书”之中,成为世界医学界的经典。他的针灸术现在被140个国家采用,被联合国教科文组织列为世界级历史文化名人。

皇甫谧出身于“累世富贵”、声名煊赫的士族家庭。皇甫谧的七世祖皇甫棱出任度辽将军,六世祖皇甫旗为扶风都尉,五世祖皇甫节为雁门太守,节之弟皇甫规初为安定郡功曹,桓、灵时期为安羌名将——凉州四明之一,文武双全,拜将封侯,名垂青史。他的曾祖父皇甫嵩是镇压黄巾起义的悍将,官拜太尉,封侯荫子。后来,皇甫氏家族渐趋没落。祖父皇甫叔献,当过霸陵令,父亲皇甫叔侯,仅举孝廉。皇甫谧有两个儿子,长子童灵未见所终,次子方回,自东晋永嘉年间避乱荆州,被王敦之弟王廙杀害。此后,皇甫谧后裔见于史籍的有皇甫谧六世孙皇甫希之。《晋书》载,东晋权臣桓玄曾征召希之为著作郎,但他有乃祖遗风,倔强而不受召。

皇甫谧生于汉末,长于曹魏,逝于西晋。东汉建安二十年(215),皇甫谧出生于安定郡朝那县,幼年过继给叔父顶门立户,即跟随叔父母迁居新安(今河南渑池县境),魏嘉平六年(254)皇甫谧40岁时,叔父的儿子已经成年,又值皇甫谧丧所生后母,便归其本宗,以享受士族特权。他42岁时,由于身体羸弱,风寒侵袭,开始练习针灸医术。从魏景元元年(260)至晋咸宁二年(276),朝廷屡次征召,皇甫谧均称病不出,只在晋武帝泰始四年(268)向皇帝上表借书,武帝司马炎命“送一车书与之”。西晋太康三年(282),皇甫谧去世，享年 68 岁。

皇甫谧一辈子没有做过官，年轻时自己还耕种过田地，一直过着清贫的生活。他去过河南、陕西等地和洛阳、成都等大都市，丰富了生活，开阔了眼界，增长了知识，积累了经验。他医、文、史并茂，名噪一时，成为千古学者。所著诗赋诔颂论难甚多，又著有《黄帝三部针灸甲乙经》《帝王世纪》《玄晏春秋》《年历》《高士》《逸士》《列女》等。他的学生挚虞、张轨、牛综、席纯皆为晋代名臣。挚虞是西晋著名的文学家、批评家，张轨是十六国前凉政权的始建者。

皇甫规（104—174） 字威明，安定朝那（今古城镇）人。出身世代武官之家，性坚毅，有武略，喜读书，好文学。

皇甫规一生是非分明，尽力国事，光明磊落，虚怀若谷，不计私利，对德才兼优之士，则恭己下人。在度辽将军任中，他见时任护羌校尉的张奂才略兼优，便向皇帝上疏说："臣闻人无常俗，而政有治乱；兵无强弱，而将有能否。伏见中郎将张奂才略兼优，宜正元帅，以从众望。若犹谓愚臣宜充军事者，愿乞冗官，以为副。"朝廷采纳了他的建议，以张奂代为将军，皇甫规为中郎将。后来张奂调迁，皇甫规才复任度辽将军。一次，不愿做官的学士王符（今甘肃镇原人）前来拜访，皇甫规急忙翻起身，衣带都顾不上系，鞋也穿不及就出门迎接；而另一位用钱买得雁门太守的官员来见时，却被他拒之门外。"党锢之祸"，天下贤者多被株连，皇甫规以未与其祸牵连为耻，特上疏自讼，要求坐罪。时人都说皇甫规品德高尚，从自荐其过的这一举动就足以表明他的坦荡胸怀。《后汉书》的作者范晔评价皇甫规说："察皇甫规之言，其心不怍哉！夫其审己则干禄，见贤则委位，故干禄不为贪，而委位不求让；称己不疑伐，而让人无惧情。故能功成于戎狄，身全于邦家也。"这样的高度评价，皇甫规确实当之无愧！

皇甫绩（541—592） 字功名，安定朝那（今古城镇）人，3 岁时其父去世，为外祖父韦孝宽抚养。韦孝宽因诸子不勤奋学习，管教甚严，因怜悯皇甫绩很小就成为孤儿，凡事都比较宽容。皇甫绩便叹息道："我无家训，养于外氏，不能克躬励己，将来有何成就！"令左右自杖三十。韦孝宽闻而相对流涕，从此皇甫绩专精好学，略涉经史，北周武帝为鲁公时，引荐为侍读。

周武帝建德初年，转为宫尹中士。武帝常避暑云阳宫，宣帝为太子监国。侍卫欲刺太子作乱，城门已闭，百官多逃，皇甫绩听见后急忙去救，在玄武门遇见皇太子，太子下门楼拉住皇甫绩的手，悲喜交集。武帝听说后，甚为高兴，升为小宫尹。宣政初年，根据前后功劳，封皇甫绩为义阳县男，又调为御正下士。周宣帝死后，隋文帝杨坚禅位，转皇甫绩为内史中大夫，晋封为郡公，拜大将军。

开皇元年（581），调为豫州刺史，又拜都官尚书。后为晋州刺史。将上任就对隋文帝说：陈国有三可灭。帝问其状，皇甫绩说："大吞小，一也；以有道伐无道，二也；纳叛臣肖岩，于我有词，三也。陛下若能命威武之将征伐，臣请求参与军事。"文帝听从他的意见，派之征伐。陈国平定后，拜为苏州刺史，后又任信州总管。

皇甫镛（759—836） 唐宪宗时大臣，字和卿，祖籍安定郡朝那县（今古城镇）人。进士及第的皇甫镛，平时"寡言正色，衣冠甚伟，不屑世务，所交皆知名之士"，表现出一派"器宇轩昂，磊落正派"的君子风度。唐宪宗在位期间（806—820），他的兄长皇甫镈担任宰相，权倾一时，当时不少势利小人之辈，趋炎附势，千方百计巴结他的兄长。皇甫镈一伙助纣为虐，打击忠臣，宠信江湖术士，甚至做出为害皇帝的坏事。皇甫镛经常告诫哥哥，权宠太盛，会物极必反，而哥哥根本听不进弟弟的劝告。皇甫镛认为哥哥已是权迷心窍，不可挽回，便决定从此以后，远离哥哥，从京城长安迁往东都洛阳居住。

皇甫镛历任河南少尹、国子监祭酒、银青光禄大夫。在任太子右庶子时，与诗人白居易等名士成为好友，经常在一起把酒论道，吟咏终日，根本不把功名利禄和荣华富贵放在眼里，被当时社会各界人士称为"达人"。正因为如此，所以当新皇帝穆宗继位以后，在惩办皇甫镈一伙党羽罪臣时，皇甫镛虽然是皇甫镈的同胞弟弟，却没有受到牵连。

皇甫镛于唐文宗开成元年（836）病故。他一生道德、文章兼优，能文、工诗，著有诗文十八集，《性言》十四篇。白居易亲自给他撰写了《唐银青光禄大夫太子少保安定皇甫公墓志铭并序》，载《白氏长庆集》。

杨一清（1454—1530） 字应宁，云南安宁人。明成化八年（1472）进士。弘治十五年（1502）冬，督理陕西苑马寺马政。弘治十七年（1504）为都察院右都御史衔任三边总制，驻节固原。是年，杨一清视察马政后，即筑建彭阳城（今县城旧城），作为灵武监和清平苑衙门驻址。正德元年（1506）春，杨一清临危受命第二次总制陕西三边军务。嘉靖三年（1524），杨一清以少傅、太子太傅、兵部尚书兼左左都御史衔第三次总制陕西三边军务。嘉靖四年（1525）杨一清筑建了今彭阳县北境的的白马城，并开挖大涝池（今罗洼乡），以接济来往军马饮水。杨一清著有《关中奏议》《石淙类稿》《石淙诗集》《西征日录》等。

陈荣先（1836—1889） 字耀堂，汉族，城阳乡涝池村涝池组人，清咸丰贡生。是彭阳境内通过科举考试获取功名最早的读书人，也是学衔最高的读书人之一，是固原“东山文化之乡”的杰出人物。少年时的陈荣先家境贫寒，几近辍学，承蒙乡邻私塾老师贠保清厚爱，收到他办的私塾就读，给他减免了学费。从此，他倍加珍惜来之不易的学习机会，数十年如一日，认真刻苦勤奋，才华出众，精通六艺，能诗善文，老师讲授的知识，他都能理解，且过目不忘，深得贠老先生的赞赏：“脑瓜灵、肯下功夫、悟性好，是块读书的好料！”终于不负众望，于清咸丰元年（1851）科举中贡。他中贡后先创办私塾，后走上做官的道路，首任甘肃省庆阳府合水县儒学训导两届六年，他为人谦和低调、处事公正有度、训导尽责有方、业绩特别突出，清光绪七年（1881）受皇恩诰封，他的父亲陈遇翰被追封为“修职佐郎”，他的母亲韩氏被追封为“八品孺人”。同时，升迁为秦州（今甘肃省天水市）知州，赴任前回乡探亲，还未到任，因病不幸去世。

虎继召（1860—1943） 汉族，城阳乡陈沟村沟门组人，清末贡生。虎继召天资聪颖，曾受教于涝池陈荣先先生门下，当时虽家境贫寒但能自强不息。在私塾里学习时，他就比其他孩子懂事，自觉苦读。他时刻想着能多读些书，充实自己，总觉得读书的时间太少，漫漫长夜，忘我苦读，常常到三更。即使放学后帮家人干活，总是把书本带在身上，趁劳作之余，挤时间阅读。日复一日，利用点点滴滴的时间，博览群书，终于考取功名。他把“沧桑正道，耕读为本”作为自己座右铭，写在纸上，贴在墙上，时刻勉励自己不忘读书。入贡后被任命为化平（今泾源县）县长，因时局动乱没有赴任，教书育人一生。在城阳私塾教书多年，桃李满东乡，韩光祖、虎映旌、孙守奎、杨正东等是他的得意门生。1940 年，与民国固原县参议杨孚魁、贡生韩兴邦等联合首发倡议，带头捐资，共同筹划建设城阳保国民学校。

韩志道（1923—2009） 字塞翁，汉族，城阳乡涝池村塬畔组人，南京建国法商学院法律系专科学历，1949 年 5 月参加革命工作。民国 21—28 年（1932—1939），在本村读私塾开始启蒙教育；民国 28—33 年（1939—1944），在固原第一小学、固原中学上学；民国 33—36 年（1944—1947），在平凉师范上学；1947—1949 年，在江苏无锡国学专修学校、南京建国法商学院上学；1949—1950 年，在解放军第二野战军军政大学学习，随后编入一团一营南下，投入到解放大西南的战斗中。云南解放后，转业至云南省嵩明县工作。先后任嵩明县嵩阳镇人民委员会副主席，嵩明县第一中学校长、嵩明县人民政府司法科副科长、嵩明县人民法院副院长等职。1958—1978 年，被错划为右派分子，在煤矿、农村劳动改造；1978 年 4 月，平反改正，恢复公职；1987 年 8 月离休。多年来，不论时势如何变化，境遇多么窘迫，他学习知识，追求真理的初衷始终没有改变。一贯好学上进，勤奋刻苦，积累了丰富的专业学识和国学修养；为人胸怀坦荡，处事谦和低调，意志坚强果断，工作勤勉努力，为解放大西南以及新中国社会主义建设事业作出了贡献。在南京上学期间，他有幸拜会了同乡韩练成将军，受到其革命思想的宣传引导和经济资助，得以顺利完成学业，并从此走上了与共和国休戚与共的人生道路。在随刘邓大军解放大西南的战斗中，因表现突出，荣获"进军西南二等模范"称号。1988 年 7 月获中央军委颁发的"解放大西南功勋荣誉奖章"。韩志道自幼酷爱书法，一生广泛临摹名家书帖，笔耕不辍。早在南京读书时期，有幸受到著名书法家于右任先生的亲点，笔法不断提升。特别在离休以后，作为云南省老干部书画协会、北京东方书画家协会会员，对书法艺术更是投入了无限的热忱和全部的精力，技艺日臻精进，在云南书画界享有盛誉。其书法作品多次获奖，被收录到《中国老年书画家大典》《中华翰墨名家作品博览》《中国书画作品收藏宝典》等辞书。2003 年春节，正值 80 岁高龄，嵩明县文化馆和云南民族画院为其举办了"韩志道春节书法展"。《昆明日报》以《翰墨书豪情，黄花晚节香》为题进行了报道，这也正是对其艺术和人格的最好诠释。

焦达人（1925—1998） 名国栋，字达人，以字行，社会知名人士。祖籍陕西宝鸡，出生固原。1943 年毕业于平凉师范，先在兰州教书，不久返回故里，任固原里门实验小学校长，兼固原县教育工会理事长。工作之余，参与"萧关诗社"活动并开始发表诗作。1949 年以后，焦达人先后在固原、七营、彭堡、城阳、红河等处教书。1955 年任教于城阳小学时，举家迁居城阳，定居于此。1958 年，受当时极左政策影响，被免去公职，下放劳动。焦达人工诗善书，多才多艺。在农村劳动之余，仍赋诗作文，编写戏曲。先后在《宁夏日报》《六盘山》《固原日报》发表了《赶集》《五峰山》《漫话毛驴》等散文和《乡居杂咏》等诗作，创作了《茹河岸边》《邻里风波》《墙里墙外》《一举两得》《农家春》《张连卖粮》等十几个剧本和文艺节目，或在当地演出，或参加自治区、地、县文艺会演，产生了广泛影响，其中《农家春》获自治区现代戏会演创作三等奖。他擅隶书，长国画，书画作品多次参加各级各类展出。

1979 年，焦达人受聘任教于城阳中学，时已年近六十，仍不顾多年弃教，业务生疏，毅然承担起高中两个班的语文教学重担，全力以赴，投身教学，连续 3 年获学校全勤奖。彭阳建县后,焦达人调县教研室工作。不久,受聘参加首部《彭阳县志》编纂工作。1989年,被评为自治区修志先进个人。在此前后,他还写下了《彭阳风物十咏》等数十首律诗、绝句,部分作品被收入《西海固风情》《彭阳县志》《彭阳文史资料》等书。晚年,焦达人不幸股骨骨折,在病榻上仍修改志稿,抱病参加县志稿评审会,为县志定稿提出许多有益的建议。彭、固分县前,焦达人是固原县第三届政协委员;彭阳建县后,为彭阳县第一届政协委员,第二、第三届政协常委,政协文史资料委员会副主任。

虎炳文(1930—1994) 字东山,汉族,城阳乡城阳村转湾组人,曾任中共彭阳县委组织史编纂小组成员、县政协委员。虎炳文少年时聪颖好学,颇有大志。民国33年(1944)毕业于城阳中心小学后,考入固原中学,他品学兼优,成为该校高才生。1945年,民国固原县县长孙伯泉召集固原中学师生与社会绅士、名流在固原西湖开会时,提问范仲淹所作《岳阳楼记》中的名句,临场的人面面相觑,只有虎炳文倒背如流,当时惊动全场,四座群贤对他赞不绝口。自此,炳文先生名扬萧关。毕业后到固原县三科(教育)任科员,解放后,他学识渊博,留任为国家教师。先在城阳小学任教导主任,后调入三营小学任教导主任,主持学校工作。他本人工作得法,因材施教,深受学生厚爱。他不仅教艺高超,更热爱写作,撰写的各类材料,文辞斐然。1957年反右派斗争时受到迫害,被错划右派分子。1979年落实政策予以平反,安排在城阳中学任教。1982年春任城阳中学教导主任,1983年担任城阳学区工会负责人兼城阳中学工会主席,1985年调县委统战部工作,1988年9月1日他在编纂彭阳三套民间文学集成工作中成绩显著,被自治区文化厅授予"彭阳县民间文学金马奖"证书。参与编纂《中国共产党宁夏回族自治区彭阳县组织史资料(1932—1987)》。他擅长书法,作品曾获"彭阳县庆祝自治区成立30周年书法展"一等奖、于右任全国书法大赛及泾河流域县(市)政协联谊会"第四次会议书法联展"优秀奖、"庆祝彭阳县建县十周年书画展"一等奖。

第二节 表 彰

彭阳县文化旅游广电工作获奖一览表

表 8-1

国家级以上表彰

序号	获奖名称	授奖单位	获奖时间
1	郑振铎——王冶秋文物保护奖先进集体	国家文物局	2006 年 12 月
2	全国文物工作先进县	国家文物局	2007 年 12 月
3	2017 年度全国十大考古新发现	中国文物报社 中国考古学会	2018 年 5 月
4	2017 年度广播影视基层统计工作先进集体	国家广播电视总局	2018 年 9 月
5	节约型机关	国家机关事务管理局 中共中央直属机关事务管理局 国家发展改革委 财政部	2022 年 10 月

自治区级以上表彰

序号	获奖名称	授奖单位	获奖时间
1	宁夏回族自治区文物保护工作先进集体	宁夏回族自治区文化厅	2007 年 6 月
2	文物保护先进单位	宁夏回族自治区文化厅	2008 年 3 月
3	2009 年度文化工作考核先进市、县(区)级一等奖	宁夏回族自治区文化厅	2010 年 1 月
4	2010 年全区旅游系统政风行风建设先进单位	宁夏回族自治区旅游局	2011 年 1 月
5	在 2010 年度全区广播电视户户通工作考核中,荣获三等奖	宁夏广播电影电视局	2011 年 2 月
6	2010 年度文化工作考核先进市、县(区)一等奖	宁夏回族自治区文化厅	2011 年 2 月
7	在 2010 年度全区广播影视公共服务体系考核中,荣获三等奖	宁夏广播电影电视局	2011 年 2 月
8	全区直播卫星公共服务户户通工作先进集体	宁夏回族自治区直播卫星公共服务工作领导小组	2012 年 2 月
9	2012 年度文化工作考核先进市、县(区)二等奖	宁夏回族自治区文化厅	2013 年 1 月
10	全区文化、科技卫生“三下乡”先进集体	自治区党委宣传部 文明办 教育厅 科技厅 司法厅 农牧厅 林业厅 文化厅 卫计委 新闻出版广电局 团委 妇联 科协 文联	2016 年 1 月

续表 8-1

自治区级以上表彰			
序号	获奖名称	授奖单位	获奖时间
11	驻村帮扶工作先进单位	自治区扶贫开发领导小组	2017 年 2 月
12	第一次全国可移动文物普查先进集体	宁夏回族自治区文化厅	2017 年 6 月
13	2017 年“新春乐”第十三届全区社火大赛优秀组织奖	宁夏回族自治区文化厅	2017 年 7 月
14	2017 年“新春乐”第十三届全区社火大赛金奖	宁夏回族自治区文化厅	2017 年 7 月
15	2017 年“新春乐”第十三届全区社火大赛银奖	宁夏回族自治区文化厅	2017 年 7 月
16	2017 年“新春乐”第十三届全区社火大赛铜奖	宁夏回族自治区文化厅	2017 年 7 月
17	宁夏回族自治区彭阳县 2017 最美中国生态、自然旅游城市文化魅力、特色魅力旅游城市	新华网第五届旅游业融合与创新论坛（中国·陵水）	2017 年 9 月
18	全区新闻出版广电系统党的十九大安全保障工作先进集体	宁夏回族自治区新闻出版广电局	2017 年 12 月
19	自治区文化扶贫工程贫困地区村综合文化服务中心建设先进集体	自治区党委宣传部　财政厅　文化厅　新闻出版广电局　体育局	2017 年 12 月
20	自治区精神文明建设先进集体	自治区精神文明建设指导委员会	2018 年 8 月
21	“非遗过大年　文化进万家”2019 年全区社火大赛二等奖	宁夏回族自治区文化和旅游厅	2019 年 4 月
22	“非遗过大年　文化进万家”2019 年全区社火大赛优秀奖	宁夏回族自治区文化和旅游厅	2019 年 4 月
23	“激情广场　舞动塞上”全区广场舞大赛优秀组织奖	宁夏回族自治区党委宣传部　宁夏回族自治区文化和旅游厅　宁夏回族自治区体育局　宁夏回族自治区广播电视台	2019 年 9 月
24	“激情广场　舞动塞上”全区广场舞大赛三等奖	宁夏回族自治区党委宣传部　宁夏回族自治区文化和旅游厅　宁夏回族自治区体育局　宁夏回族自治区广播电视台	2019 年 9 月
25	2021 年宁夏黄河流域非遗作品创意大赛暨“两晒一促”优品大赛三等奖	自治区文旅厅	2021 年 6 月
26	宁夏社会科学普及教育基地	宁夏社会科学界联合会	2021 年 6 月
27	庆祝中国共产党成立 100 周年“永远跟党走　幸福生活舞起来”全区广场舞大赛三等奖	宁夏回族自治区党委宣传部　宁夏回族自治区文化和旅游厅　宁夏回族自治区妇女联合会　宁夏回族自治区体育局　宁夏广播电视台	2021 年 7 月

续表 8–1

自治区级以上表彰			
序号	获奖名称	授奖单位	获奖时间
28	庆祝中国共产党成立 100 周年“永远跟党走　幸福生活舞起来”全区广场舞大赛优秀奖	宁夏回族自治区党委宣传部　宁夏回族自治区文化和旅游厅　宁夏回族自治区妇女联合会　宁夏回族自治区体育局　宁夏广播电视台	2021 年 7 月
29	“喜迎二十大　奋进新征程”2022 年全区广场舞大赛三等奖	中共宁夏回族自治区委员会宣传部　宁夏回族自治区文化和旅游厅　宁夏回族自治区妇女联合会　宁夏回族自治区体育局　石嘴山市人民政府　宁夏广播电视台	2022 年 6 月
30	2022 年“文化进万家·视频直播家乡年”宁夏非遗短视频展播	宁夏回族自治区文化和旅游厅	2022 年 3 月
31	“喜迎二十大　奋进新征程”2022 年全区广场舞大赛	中共宁夏回族自治区委员会宣传部　宁夏回族自治区文化和旅游厅　宁夏回族自治区妇女联合会等	2022 年 6 月
32	“晒文旅·晒优品·促消费”大型文旅推介活动第二季	宁夏回族自治区文化和旅游厅	2022 年 8 月
33	自治区 2019—2021 年度文化市场综合执法优秀案卷	宁夏回族自治区文化和旅游厅	2022 年 12 月

市级以上表彰			
序号	获奖名称	授奖单位	获奖时间
1	《彭阳县文物志》优秀志书	固原市人民政府	2007 年 4 月
2	2011 年度全市农业生态观光旅游建设先进单位	六盘山旅游管委会　固原市旅游局	2012 年 1 月
3	2011 年度全市文化体育广播电视工作先进单位二等奖	固原市文化体育广播电视局	2012 年 2 月
4	全市文广系统直播卫星公共服务户户通工作先进集体	固原市文化体育广播电视局	2013 年 2 月
5	全市 2013 年度文化广播电视工作综合考核二等奖	固原市文化体育广播电视局	2014 年 2 月
6	全市 2014 年度文化新闻出版广电工作综合考核二等奖	固原市文化体育新闻出版广电局	2015 年 3 月
7	2015 年度旅游效能目标管理考核一等奖(奖金 3 万元)	宁夏六盘山旅游管委会　固原市旅游局	2016 年 3 月
8	全市 2015 年度文化新闻出版广播电视工作综合考核二等奖	固原市文化体育新闻出版广电局	2016 年 3 月
9	固原首届十佳政务微信游彭阳	中共固原市委宣传部 固原市网络安全和信息化办公室	2016 年 7 月

续表 8-1

市级以上表彰			
序号	获奖名称	授奖单位	获奖时间
10	2016 年度全市旅游工作先进单位	固原市旅游发展委员会	2017 年 2 月
11	2016 年度文化体育新闻出版广电工作综合考核一等奖	固原市文化体育新闻出版广电局	2017 年 2 月
12	全市 2016 年度文化体育新闻出版广电工作综合考核一等奖	固原市文化体育新闻出版广电局	2017 年 4 月
13	固原市首届文化大院文艺调演暨第五届移风易俗树文明新风小品小戏大赛优秀组织奖(奖金 1 万元)	中共固原市委宣传部　固原市文明办　固原市文化体育新闻出版广电局	2017 年 9 月
14	2017 年固原市第五届群众广场舞大赛优秀组织奖	中共固原市委宣传部　固原市文化体育新闻出版广电局　固原日报社	2017 年 6 月
15	2017 年固原市第五届群众广场舞大赛优秀奖	中共固原市委宣传部　固原市文化体育新闻出版广电局　固原日报社	2017 年 6 月
16	2017 年固原市首届剪纸创意大赛成果展优秀组织奖	固原市文化体育新闻出版广电局　固原市群众艺术馆　固原市非物质文化遗产保护中心	2017 年 11 月
17	2017 年度固原市广播电视工作一等奖	固原市文化体育新闻出版广电局	2018 年 3 月
18	“庆七一　迎大庆　舞神韵　展风彩”2018 年固原市第六届群众广场舞大赛三等奖	中共固原市委宣传部　固原市文化旅游广电局	2018 年 6 月
19	“庆七一　迎大庆　舞神韵　展风彩”2018 年固原市第六届群众广场舞大赛优秀组织奖	中共固原市委宣传部　固原市文化旅游广电局	2018 年 6 月
20	2018 年固原市第六届小戏小品大赛优秀组织奖	中共固原市委宣传部　固原市文化体育新闻出版广电局　固原日报社　固原市文学艺术界联合会	2018 年 11 月
21	壮丽 70 年　奋斗新时代“我和我的祖国”固原市群众合唱比赛二等奖	中共固原市委宣传部　固原市文化旅游广电局	2019 年 7 月
22	壮丽 70 年　奋斗新时代“我和我的祖国”固原市群众合唱比赛优秀奖	中共固原市委宣传部　固原市文化旅游广电局	2019 年 7 月
23	“壮丽 70 年　奋斗新时代”2019 年固原市第七届群众广场舞大赛三等奖	中共固原市委宣传部　固原市文化旅游广电局	2019 年 7 月
24	“壮丽 70 年　奋斗新时代”2019 年固原市第七届群众广场舞大赛优秀奖	中共固原市委宣传部　固原市文化旅游广电局	2019 年 7 月
25	壮丽 70 年　奋斗新时代　2019 年固原市第七届群众广场舞大赛优秀组织奖	中共固原市委宣传部　固原市文化旅游广电局	2019 年 7 月

续表 8-1

市级以上表彰			
序号	获奖名称	授奖单位	获奖时间
26	2020 年固原市第八届群众广场舞大赛三等奖	中共固原市委宣传部 固原市文化旅游广电局	2020 年 9 月
27	2020 年固原市第八届群众广场舞大赛优秀奖	中共固原市委宣传部 固原市文化旅游广电局	2020 年 9 月
28	2020 年固原市第八届群众广场舞大赛优秀组织奖	中共固原市委宣传部 固原市文化旅游广电局	2020 年 9 月
29	固原党史宣传教育基地	中共固原市委党史研究室	2021 年 6 月
30	2021 年固原市第九届群众广场舞大赛优秀组织奖	中共固原市委宣传部 固原市文化旅游广电局	2021 年 7 月
31	2022 年全市星级饭店从业人员服务技能竞赛	固原市文化旅游广电局	2022 年 6 月
32	“喜迎二十大　奋进新征程”固原市广场舞大赛二等奖	中共固原市委宣传部 固原市文化旅游广电局	2022 年 7 月
33	“喜迎二十大　奋进新征程”固原市广场舞大赛优秀组织奖	中共固原市委宣传部 固原市文化旅游广电局	2022 年 7 月

彭阳县乡镇和县直部门（单位）文化工作获奖一览表

表 8-2

国家级以上表彰				
序号	获奖单位	获奖名称	授奖单位	获奖时间
1	彭阳县	全国家电下乡工作先进县	财政部	2010 年
2	图书馆	“三级图书馆”	文化部	2010 年 1 月
3	图书馆	全国“服务农民　服务基层”文化建设先进集体	中共中央宣传部 文化部 国家广电总局 国家新闻出版总署	2010 年 11 月
4	彭阳县	服务农民　服务基层文化建设先进集体	中宣部　文化部 国家广电总局　国家新闻出版局	2011 年
5	广播电视台	2013 年度全国文化惠民工程宣传先进集体	全国县域经济研究中心	2014 年
6	图书馆	2018 年阅读推广优秀项目	中国图书馆学会	2018 年 7 月
7	图书馆	“二级图书馆”	文化和旅游部	2018 年 8 月
8	史志办	全国方志系统先进集体	中国地方志指导小组	2019 年

续表 8-2

自治区级以上表彰				
序号	获奖单位	获奖名称	授奖单位	获奖时间
1	文化馆	全区首届“广夏杯”优秀组织奖	自治区文化厅	1996 年
2	文化馆	“桃园杯”七一大赛优秀组织奖	自治区文化厅	2000 年
3	文化馆	“群英杯”岗位技能大赛三等奖	自治区文化厅	2003 年
4	博物馆	宁夏回族自治区文物保护工作先进集体	自治区文化厅	2007 年
5	博物馆	文物保护先进单位	自治区文化厅	2008 年
6	图书馆	2008 年度文化工作先进基层单位	自治区文化厅	2009 年 2 月
7	图书馆	图书馆工作先进集体	自治区文化厅	2010 年 4 月
8	史志办	全区方志工作先进集体	自治区地方志编纂委员会	2011 年
9	图书馆	2010 年度文化工作贡献奖	自治区文化厅	2011 年 2 月
10	图书馆	全区文化系统先进集体	自治区文化厅	2011 年
11	史志办	全区方志工作先进集体	自治区方志编纂委员会	2012 年
12	检察院	全区文化建设示范院	自治区人民检察院	2012 年
13	图书馆	农家书屋工程建设先进集体	宁夏农家书屋工程领导小组办公室　宁夏新闻出版局	2012 年 3 月
14	史志办	全区方志系统先进集体	自治区方志编纂委员会	2014 年
15	县文联	全市文联系统工作先进单位	自治市文联	2014 年
16	县文联	全区文联工作先进集体	自治区文联	2014 年
17	博物馆	第一次全区可移动文物普查先进集体	自治区文化厅	2017 年
18	自然资源局	全区唱响礼赞新中国展演歌曲三等奖	自治区宣传部	2019 年
19	文　联	全区文联系统先进集体	自治区文联	2019 年
20	图书馆	全区学雷锋活动示范点	中国共产党宁夏回族自治区委员会宣传部	2021 年 2 月

市级以上表彰				
序号	获奖单位	获奖名称	授奖单位	获奖时间
1	图书馆	“创建学习型组织、争做知识型职工”竞赛活动先进班组	固原市创争领导小组	2009 年 4 月

续表 8-2

市级以上表彰				
序号	获奖单位	获　奖　名　称	授奖单位	获奖时间
2	检察院	2012 年春节团拜会演出一等奖	固原市检察院	2012 年
3	图书馆	巾帼文明岗	固原市城镇妇女“巾帼建功”领导协调小组	2018 年 3 月
4	图书馆	固原市级文明单位	固原市精神文明建设指导委员会	2018 年 8 月
5	图书馆	固原市科普教育基地	固原市科学技术协会　固原市教育体育局　固原市自然资源局　固原市农业农村局　固原市文化旅游广电局	2020 年 12 月
6	图书馆	固原市级文明单位	固原市精神文明建设指导委员会	2021 年 10 月
7	图书馆	宁夏社会科学普及教育基地	宁夏社会科学界联合会	2023 年 5 月

彭阳县乡镇和县直部门(单位)文化工作获市级以上表彰的先进模范人物一览表

表 8-3

姓　名	所在单位	获奖名称	授奖单位
杨树林	史志办	2006 年全国党史系统先进个人	中央党史研究室
万亚平	文广局	2005 年全国文化系统先进个人	人事部　文化部
文　元	文广局	2006 年广播电视村村通先进个人	国家发改委　财政部　广电总局
晁运铎	文化广播电视旅游局	2008 年十七大安全播出三等功	国家广播总局
张启龙	文化广播电视旅游局	2008 年十七大安全播出三等功	国家广播总局
张建贵	文化广播电视旅游局	2009 年全国文化系统先进工作者	人事部　文化部
李世学	刘源乡	1992 年“231 工程”先进个人	区委、区政府
常国太	红河乡	1992 年“231 工程”先进个人	区委、区政府
高万伟	文化局	1991 年民间文学集成先进工作者	全国艺术科学规划领导小组
虎斌勤	文广局	2010 年宁夏广播电视政府奖技术维护三等奖	自治区广播电影电视局　宁夏广播电视协会
	文广局	2011 年宁夏直播卫星公共服务户户通工作先进个人	自治区广播电影电视局
	文广局	2017 年全区新闻出版广电系统党的十九大安全保障工作先进个人	自治区新闻出版广电局

续表 8-3

姓 名	所在单位	获奖名称	授奖单位
虎斌勤	广电局	2011 年广电技术维修三等奖	区广电局
	文化旅游广播电视局	2012 年直播卫星公共服务“户户通”工作先进个人	宁夏直播卫星公共服务工作领导小级办公室
王 丽	广电局	2018 年度优秀通讯员	方园杂志社
刘世锋	农业局	2015 年文化下乡先进个人	区委宣传部
王克明	广电局	2001 年全国广电系统先进个人	广电总局 国家计委
叶常青	史志办	2007 年全国方志系统先进个人	中国地方志指导小组
燕南访	文化馆	1995 年地区百名优秀青年	国家地委 专员公署
杨宁国	博物馆	2018 年全国文物系统先进工作者	人力资源社会保障部 国家文物局
	博物馆	2019 年优秀辅导员	中国宋庆龄基金会
	博物馆	2005 年度宁夏优秀青年岗位能手称号	自治区团委 自治区劳动和保障厅
	博物馆	2008 年信德之星	宁夏回族自治区精神文明建设指导委员会
	博物馆	2009 年全区文化遗产保护先进个人	自治区文化厅
	博物馆	2009 年 100 位为宁夏建设作出突出贡献的英雄模范人物	自治区“双评”活动组委会
	博物馆	2009 年全区反走私工作先进个人	自治区打击走私工作领导小组
	博物馆	2010 年自治区先进工作者	中共宁夏自治区委员会 宁夏回族自治区人民政府
	博物馆	2018 年自治区 60 年感动宁夏人物	宁夏回族自治区精神文明建设指导委员会
	博物馆	2020 年杨宁国劳模创新工作室	宁夏回族自治区总工会
	博物馆	2010 年固原市先进工作者	中共固原市委员会 固原市人民政府
	博物馆	2019 年为固原市精神文明建设工作作出突出贡献	中共固原市委员会 固原市人民政府
	博物馆	2019 年六盘英才	中共固原市委员会 固原市人民政府
	博物馆	2021 年杨宁国劳模创新工作室	固原市总工会

续表 8-3

姓　名	所在单位	获奖名称	授奖单位
张库存	文化旅游广播电视局	2012 年全区文化体制改革工作先进个人	宁夏回族自治区文化体制改革工作领导小组
高　筱	文化旅游广播电视局	2012 年直播卫星公共服务“户户通”工作先进个人	宁夏直播卫星公共服务工作领导小级办公室
徐枫兰	文化旅游广播电视局	2012 年自治区文明旅游行业先进个人	宁夏回族自治区旅游局
褚彩虹	文化旅游广播电视局	2012 年电视播音作品《百里飘香》获宁夏广播电视政府奖播音主持类电视播音二等奖	宁夏广播电视协会
王晓燕	文化旅游广播电视局	2012 年全市文化广播电视工作先进个人	固原市文体局
马咪娜	文化旅游广播电视局	2012 年新闻稿件《这里的变化静悄悄》获2012 年度全市优秀新闻稿件	固原市委宣传部
李　慧	文化旅游广播电视局	2012 年《草根剧团演好戏　周沟村民添欢喜》获 2012 年度全市优秀新闻稿件	固原市委宣传部
杨廷龙	文化旅游广播电视局	2012 年全市文化广播电视工作先进个人	固原市文体局

后　记

在彭阳县委、县政府的领导下，彭阳县文化旅游广电局坚持以习近平新时代中国特色社会主义思想为指导，深入学习贯彻习近平总书记视察宁夏重要讲话和重要指示批示精神，以习近平文化思想为根本遵循，运用辩证唯物主义和历史唯物主义的立场、观点和方法，尊重历史，尊重事实，一切从实际出发，全面、真实、系统地记述彭阳县成立以来，文化旅游广电系统的发展历程和取得的辉煌成就。记载历史，昭示未来。

彭阳县文化旅游广电局高度重视《彭阳县文化旅游广电志》编修工作，将其列为年度重点工作。编修工作于2022年3月启动，成立志书编辑部，召开专题会议。由分管局长牵头，旅游发展中心、广电公共服务中心、文化市场综合执法大队、图书馆、博物馆、文化馆、文物管理所、局各办公室等部门具体负责推进编修工作。组织资料征集培训、编前培训，纲目审定、人员组织和协调解决具体问题。制定编写进度时间表和纲目规划，多次提请县史志办和县文化旅游广电局修改审定。全体编辑部成员和审稿人员严把质量关，树立高度的政治意识和责任意识，严把政治关、体例关、史实关，注重资料征集的真实性和准确性，利用信息化手段核查所有的数据资料，进行科学分析、逐一甄别、精心编排、用心编修设计。尽最大力量将彭阳县文化旅游广电工作和文博事业的每一个历史史料、每一个重大事件、每一个典型案例全面真实、准确无误地收集入志书，使志书达到记载彭阳文化旅游广电系统人民的奋斗历程、记载先进经验和典型事例、全面展示彭阳文化旅游广电人的历史风采的目的。

《彭阳县文化旅游广电志》严格按照志书的编写体例，综合运用述、记、志、传、图、表、录七种体裁，以志为主。志书共设8章29节125目和概述、大事记、后记部分。全志近50万字、近100幅图照，从各个层面、每个角度记录彭阳文化旅游广电部门从彭阳县成立以来的建设发展和奋斗历程。这些数据资料都是从数百万字的原始文字资料和几千张的原始图片资料中整理编辑而成的。其间编辑部成员付出了大量的工作，倾注了汗水。收集整理资料、调研讨论、数据推算、多次核对，编修始终坚持"严"字当头，谨慎细致，精琢细磨。彭阳县文化旅游广电部门高度重视、下属各部门通力配合、专家学者不吝赐教、社会各界共同关注，确保高质量完成《彭阳县文化旅游广电志》的编修工作。

在《彭阳县文化旅游广电志》出版过程中，除了上级主管部门和彭阳县委、县政府的坚强领导和大力支持之外，还应特别感谢方志出版社的编辑人员，固原市地方志研究室领导和专家。特别要感谢的是《彭阳县文化旅游广电志》主编韩文涛，他从志书的编写体例、纲目审定、内容编排开始多次调研指导。最后又组织专家对志书进行评审，提出许多修改意见，这些宝贵的意见和编纂经验使这部志书更加完美。

掩卷而思，《彭阳县文化旅游广电志》付梓出版，是固原市领导重视与支持，彭阳县委、县政府坚强领导，文化旅游广电部门通力合作，编辑部成员群策群力，是集体智慧的结晶。志书编修过程虽经六审六校，多次修改，编修人员尽心竭力，精益求精，但由于经验和能力有限，加之时间仓促，不妥之处在所难免，恳请专家、学者和社会各界人士批评指正。

志书编辑部

2023 年12 月